Easy 시리즈 ❷

쉽게 배워 폼나게 활용하는

한글 2007
Hangul 2007

IT연구회

해당 분야의 IT 전문 컴퓨터학원과 전문가 선생님들이 빠른 기능 이해와 실생활에서 활용 가능한 내용을 엄선하여 최선의 책을 출간하고자 만든 집필/감수 전문 연구회로서, 수년간의 강의 경험과 노하우를 수험생 여러분에게 전달하고자 최선을 다하고 있습니다.
IT연구회에 참여를 원하시는 선생님이나 교육기관은 ccd1@cyber.co.kr로 언제든지 연락주십시오. 좋은 교재를 만들기 위해 많은 선생님들의 참여를 부탁드립니다.

구경화_IT 전문강사	김경화_IT 전문강사	김수현_IT 전문강사
김시령_IT 전문강사	김현숙_IT 전문강사	남궁명주_IT 전문강사
노란주_IT 전문강사	류은순_IT 전문강사	민지희_IT 전문강사
문경순_IT 전문강사	박상휘_IT 전문강사	박성화_IT 전문강사
변진숙_IT 전문강사	서지영_IT 전문강사	송희원_IT 전문강사
양은숙_IT 전문강사	오해숙_IT 전문강사	윤정아_IT 전문강사
이미연_IT 전문강사	이천직_IT 전문강사	이해인_IT 전문강사
장명희_IT 전문강사	장은경_ITQ 전문강사	조영식_IT 전문강사
조완희_IT 전문강사	최갑인_IT 전문강사	최은실_IT 전문강사
한윤희_IT 전문강사	김건석_교육공학박사	옥향미_인천여성의광장 IT 전문강사
이윤정_울진컴퓨터학원장	이은직_인천대학교 IT 전문강사	정장섭_현대컴퓨터학원장
조은숙_동안여성회관 IT 전문강사		

한글 2007

2014. 7. 25. 1판 1쇄 발행
2016. 1. 5. 1판 2쇄 발행

저자와의
협의하에
인지생략

지은이 | 한정수, IT연구회
펴낸이 | 이종춘
펴낸곳 | BM 성안당

주소 | 121-838 서울시 마포구 양화로 127 첨단빌딩 5층(출판기획 R&D 센터)
     | 413-120 경기도 파주시 문발로 112(제작 및 물류)
전화 | 02) 3142-0036
     | 031) 950-6300
팩스 | 031) 955-0510
등록 | 1973.2.1 제13-12호
출판사 홈페이지 | www.cyber.co.kr
내용 문의 | thismore@hanmail.net
ISBN | 978-89-315-5270-6(13000)
정가 | 11,000원

이 책을 만든 사람들
책임 | 최옥현
진행 | 최창동
본문 디자인 | 김경미
표지 디자인 | 박원석
홍보 | 전지혜
국제부 | 이선민, 조혜란, 신미성, 김필호
마케팅 | 구본철, 차정욱, 나진호, 이동후, 강호묵
제작 | 김유석

이 책의 어느 부분도 저작권자나 BM 성안당 발행인의 승인 문서 없이 일부 또는 전부를 사진 복사나 디스크 복사 및 기타 정보 재생 시스템을 비롯하여 현재 알려지거나 향후 발명될 어떤 전기적, 기계적 또는 다른 수단을 통해 복사하거나 재생하거나 이용할 수 없음.

※ 잘못된 책은 바꾸어 드립니다.

성안당 자료 다운로드

Easy 시리즈의 소스/정답 파일과 무료동영상 강의 파일은 성안당 사이트(www.cyber.co.kr)에서 다운로드 받을 수 있습니다.

① 'www.cyber.co.kr'에 접속하여 로그인(아이디/비밀번호 입력)한 후 [자료실]을 클릭합니다.

② [자료실]에서 시리즈명(easy)을 입력하고 검색한 후 도서 제목을 클릭하여 파일을 다운로드합니다.

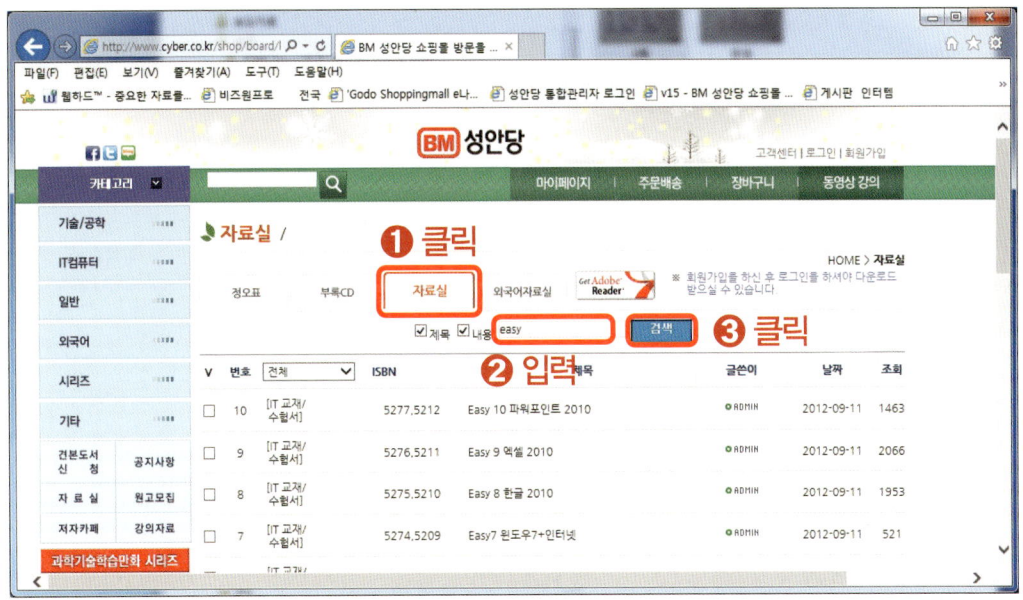

차례

1장 한글 화면의 구성 및 시작
- 실습 1 한글 2007의 시작과 종료 및 화면 구성 ········· 9
- 실습 2 한글 2007 종료하기 ········· 10
- 실습 3 도구 상자 설정하기 ········· 13

2장 문서의 편집 용지 설정, 저장, 불러오기
- 실습 1 문서 편집 용지 설정하기 ········· 16
- 실습 2 문서 암호로 저장하고 불러오기 ········· 18
- 혼자 풀어보기 ········· 22

3장 수학문제지 만들어 보기
- 실습 1 글자, 특수문자 입력하기 ········· 25
- 실습 2 한자 변환하기 ········· 28
- 실습 3 글자 겹치기 ········· 31
- 실습 4 수식 입력하기 ········· 33
- 혼자 풀어보기 ········· 41

4장 우리반 명단 주소록 만들어 보기
- 실습 1 글자 복사하고 이동하기 ········· 44
- 실습 2 글자 찾아서 바꾸기 ········· 47
- 실습 3 글자 바꾸기 ········· 49
- 실습 4 이름 가나다 순으로 정렬하기 ········· 51
- 실습 5 되돌리기, 다시 실행하기 ········· 53
- 혼자 풀어보기 ········· 55

5장 알록달록 안내문 만들어 보기
- 실습 1 글자 모양 고치기 ········· 59
- 실습 2 모양 복사하기 ········· 63
- 혼자 풀어보기 ········· 66

6장 목차 만들어 보기
- 실습 1 정렬, 여백, 간격 조절하기 ········· 69
- 실습 2 문단 테두리/배경 지정하기 ········· 71
- 실습 3 탭 설정하기 ········· 73
- 실습 4 스타일 작성하기 ········· 77
- 혼자 풀어보기 ········· 83

7장 표 만들기와 표 편집하기
- 실습 1 표의 생성 및 삭제 ········· 88
- 실습 2 셀 범위 지정하기/셀 크기 변경하기 ········· 91
- 실습 3 셀 테두리 배경, 줄/칸 추가하기, 지우기, 셀 합치기 ········· 95
- 실습 4 표에서의 계산 및 자동 채우기/캡션 달기 ········· 104

| | 실습 5 표에서의 정렬 | 113 |
| | 혼자 풀어보기 | 116 |

8장 표를 이용하여 차트 만들어 보기
- 실습 1 차트 작성하기 … 121
- 실습 2 차트 편집하기 … 125
- 혼자 풀어보기 … 133

9장 전통 한옥마을 둘러보기
- 실습 1 글상자/도형 그리기 … 136
- 실습 2 그림 삽입 … 144
- 실습 3 그리기마당 … 151
- 혼자 풀어보기 … 157

10장 인터넷 화면 캡처하여 문서 작성하기
- 실습 1 글맵시 사용하기 … 162
- 실습 2 인터넷 화면 캡처하여 사진 편집하기 … 167
- 혼자 풀어보기 … 176

11장 안내문 만들기
- 실습 1 문단 첫 글자 장식 … 179
- 실습 2 머리말과 꼬리말 … 182
- 실습 3 쪽번호 매기기 … 185
- 실습 4 각주 달기 … 187
- 실습 5 문단 번호 모양/글머리표 … 190
- 혼자 풀어보기 … 194

12장 맞춤법 검사와 인쇄하기
- 실습 1 맞춤법 검사 … 197
- 실습 2 인쇄하기 … 200
- 혼자 풀어보기 … 203

13장 책갈피와 하이퍼링크
- 실습 1 책갈피 … 206
- 실습 2 하이퍼링크 … 209
- 혼자 풀어보기 … 217

기능정리 … 220
실력점검테스트 … 223

1장

한글 화면의 구성 및 시작

한글 2007의 실행과 종료, 한글 2007의 화면 구성, 도구 상자 설정하는 방법을 배워 봅니다.

완성파일 미리보기

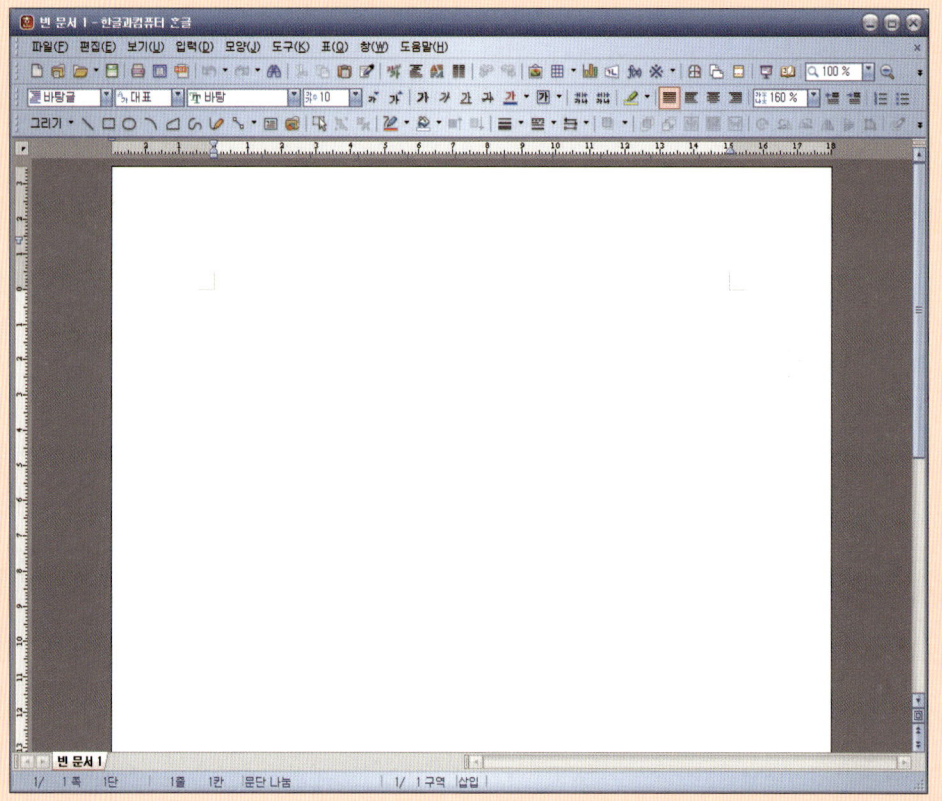

체크 포인트

- **실습 1** 한글 2007을 실행하고 한글 2007의 화면 구성을 배워 봅니다.
- **실습 2** 한글 2007의 다양한 종료 방법을 배워 봅니다.
- **실습 3** 한글 2007의 도구 상자를 화면에 표시하고 숨기는 기능을 배워 봅니다.

 # 한글 2007의 시작과 종료 및 화면 구성

한글 2007을 실행하고 한글 2007의 화면 구성을 배워 봅니다.

한글 2007 실행

01 [시작]-[모든 프로그램]-[한글과컴퓨터]-[한글과컴퓨터 한글 2007] 메뉴에서 '한글과컴퓨터 한글 2007'을 클릭하여 실행합니다.

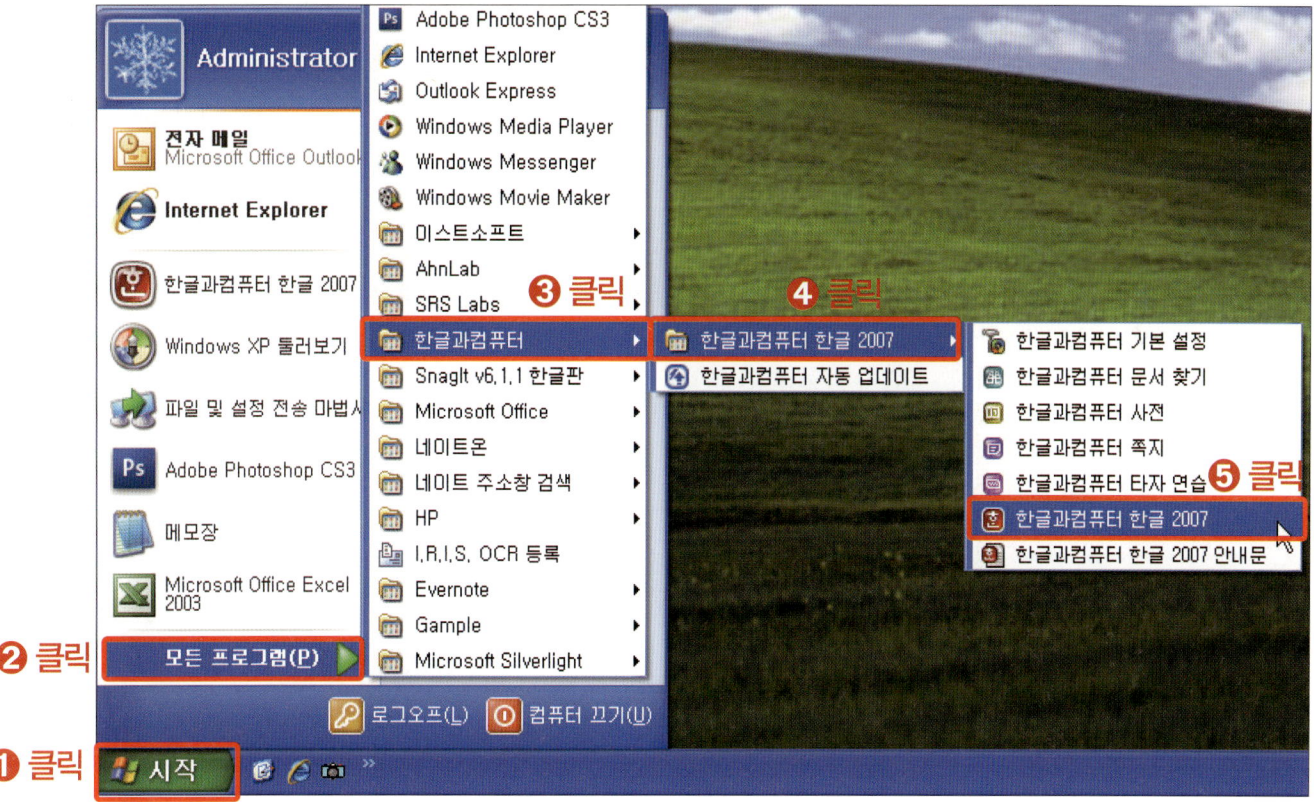

 바탕화면의 '한글과컴퓨터 한글 2007' 바로가기 아이콘을 더블 클릭해도 실행됩니다.

02 한글 2007 프로그램이 실행되는 것을 확인합니다.

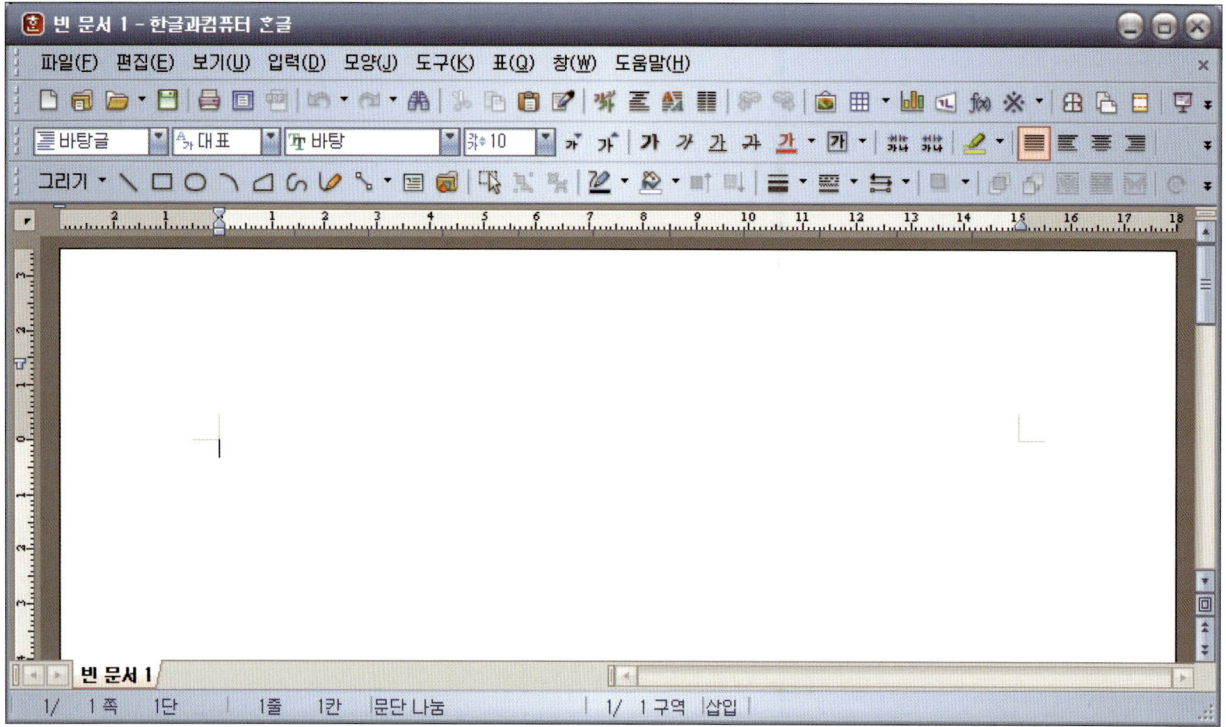

새 문서 생성

03 새 문서를 열기 위해서 **[파일]-[새 문서]를 클릭**합니다.

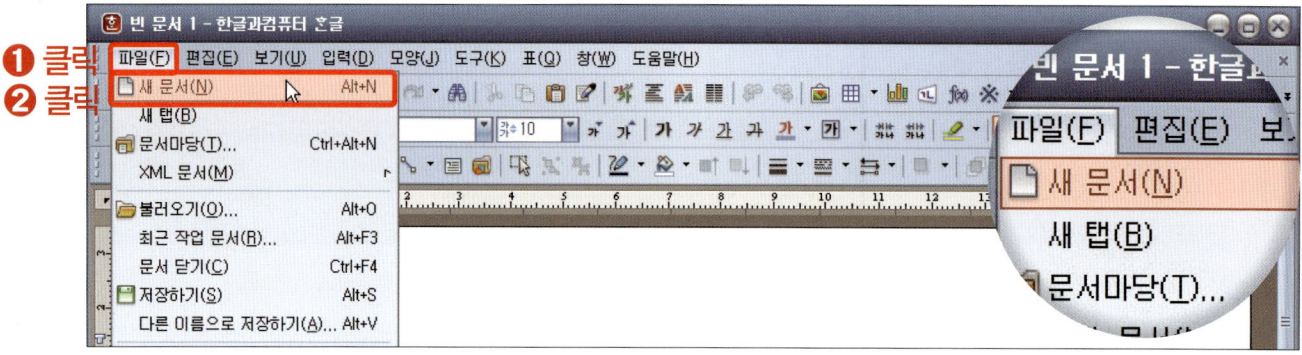

04 [빈 문서 2]라는 새로운 창이 열리면서 새 문서가 생성됩니다.

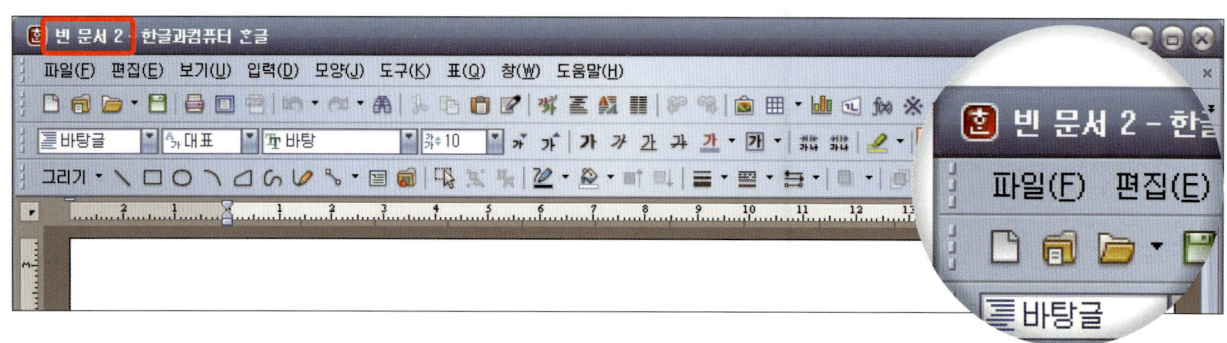

새 탭 생성

05 같은 창에서 새 문서를 생성하기 위새서는 [파일]-[새 탭]을 클릭합니다.

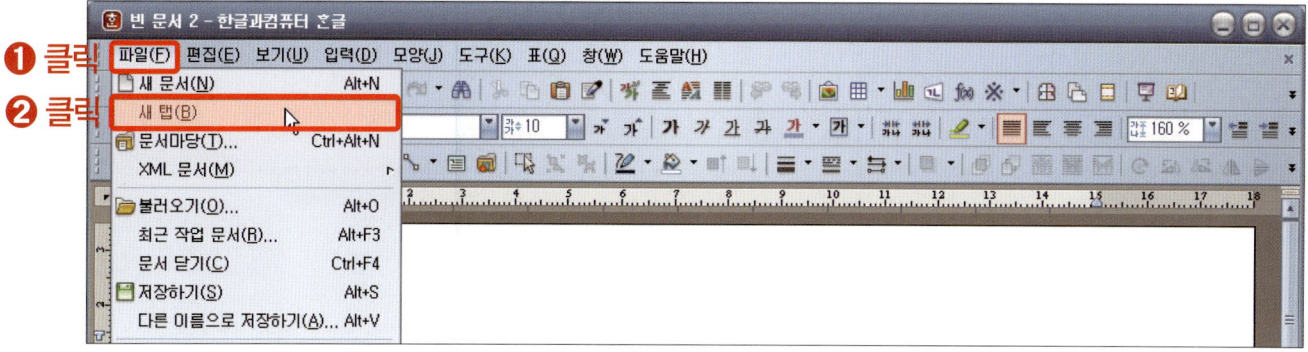

06 [빈 문서 3]이라는 이름으로 같은 창에 새 문서가 탭으로 생성됩니다.

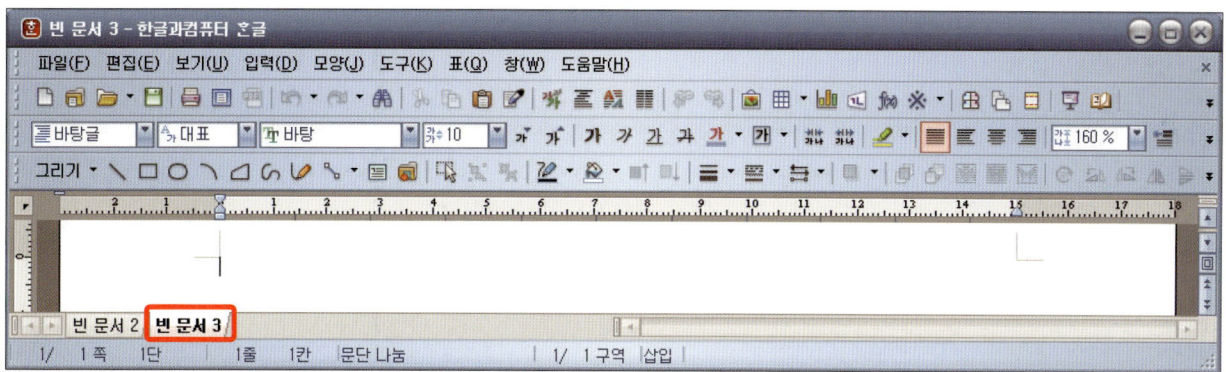

실력 쑥쑥 TIP

[새 문서] / [새 탭]

[새 문서]와 [새 탭]은 모두 새로운 문서 작업을 위하여 빈 문서를 새로 시작하는 것입니다. 차이점은 새 문서는 빈 문서를 창 모양으로 만드는 것이고, 새 탭은 현재 문서 창 안에 탭을 하나 덧붙여 만드는 것입니다.

한글 2007 종료하기

한글 2007의 다양한 종료방법에 대하여 배워 봅니다.

01 제목 표시줄에 있는 **[한글 아이콘]을 더블 클릭**하면 한글 2007이 종료됩니다.

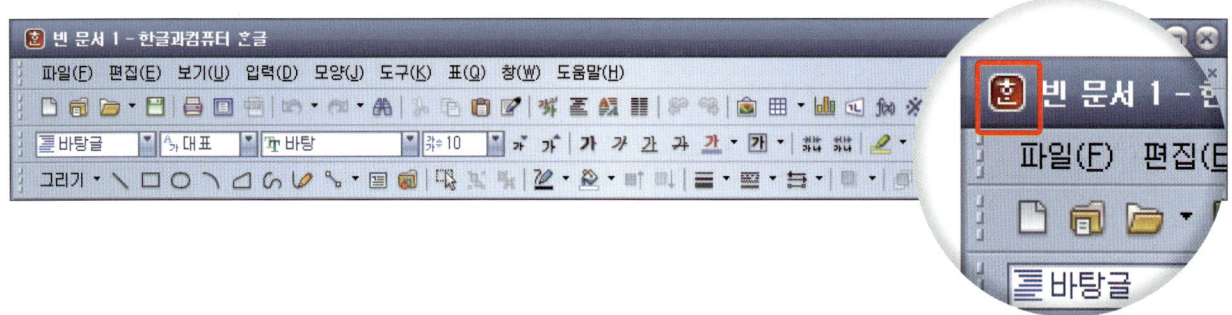

> tip : 내용 입력상태일 경우 저장 여부를 확인한 후 종료됩니다.

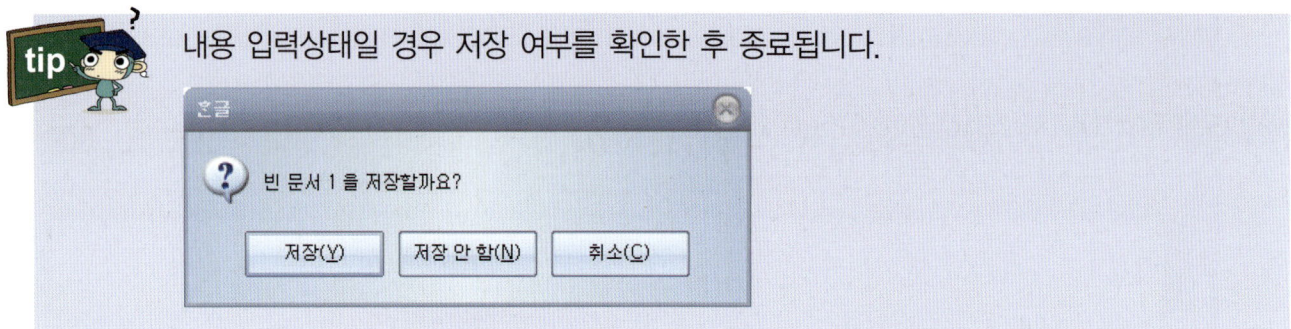

02 메뉴 표시줄에서 **[파일]-[끝]을 클릭**하면 한글 2007이 종료됩니다.

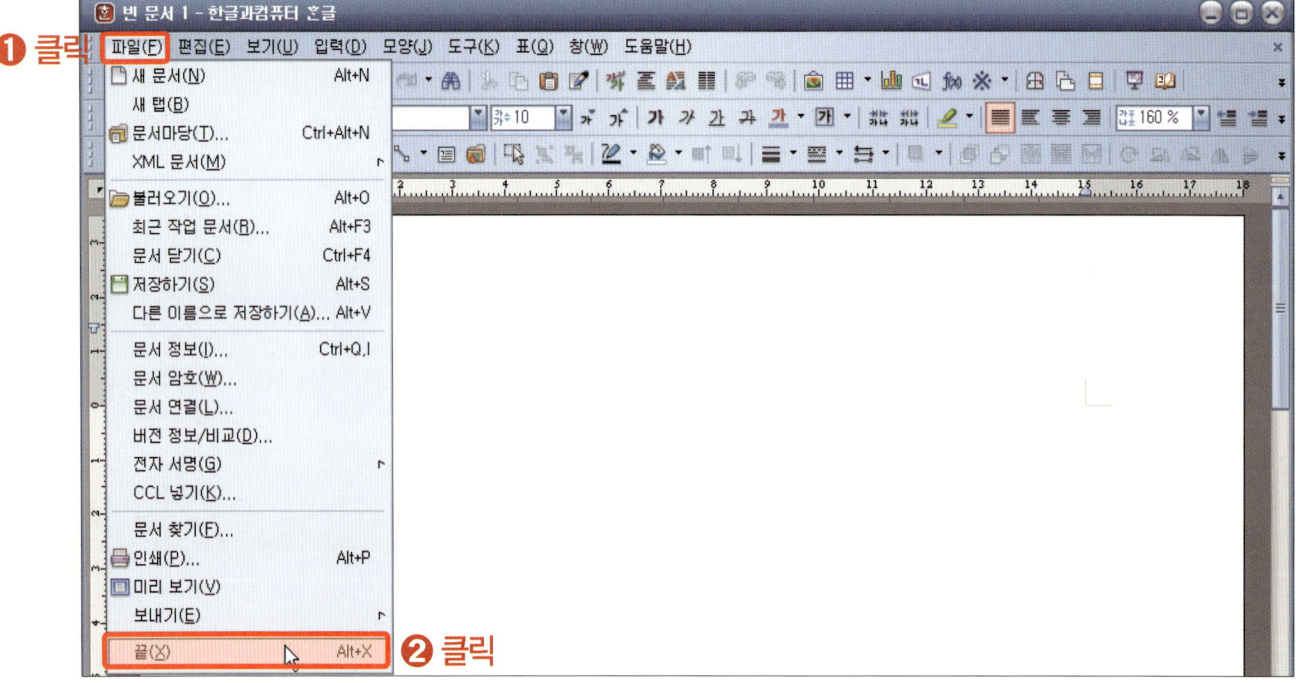

03 **제목 표시줄에서 마우스 오른쪽 단추를 클릭한 후 [닫기]를 클릭**하면 한글 2007이 종료됩니다.

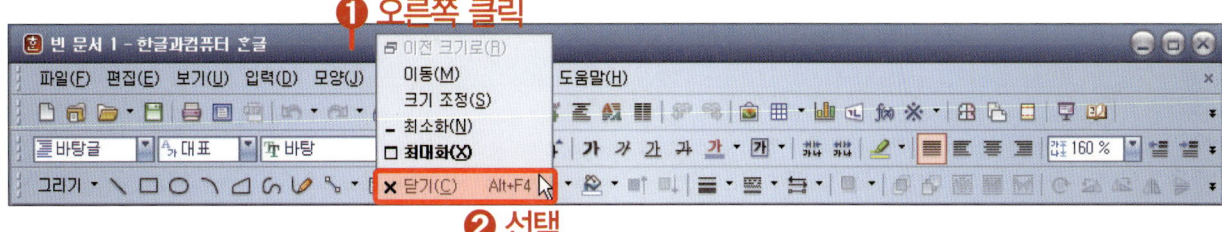

04 **창 조절 단추에서 [닫기 ⊗]를 클릭**하면 한글 2007이 종료됩니다.

 종료 단축키 : Alt + F4, Alt + X

실력 쑥쑥 tip
한글 2007에서의 단축키 확인

한글 2007의 메뉴 표시줄에서 메뉴들을 클릭하면 각 항목의 오른쪽에 단축키들이 표시되어 있습니다.

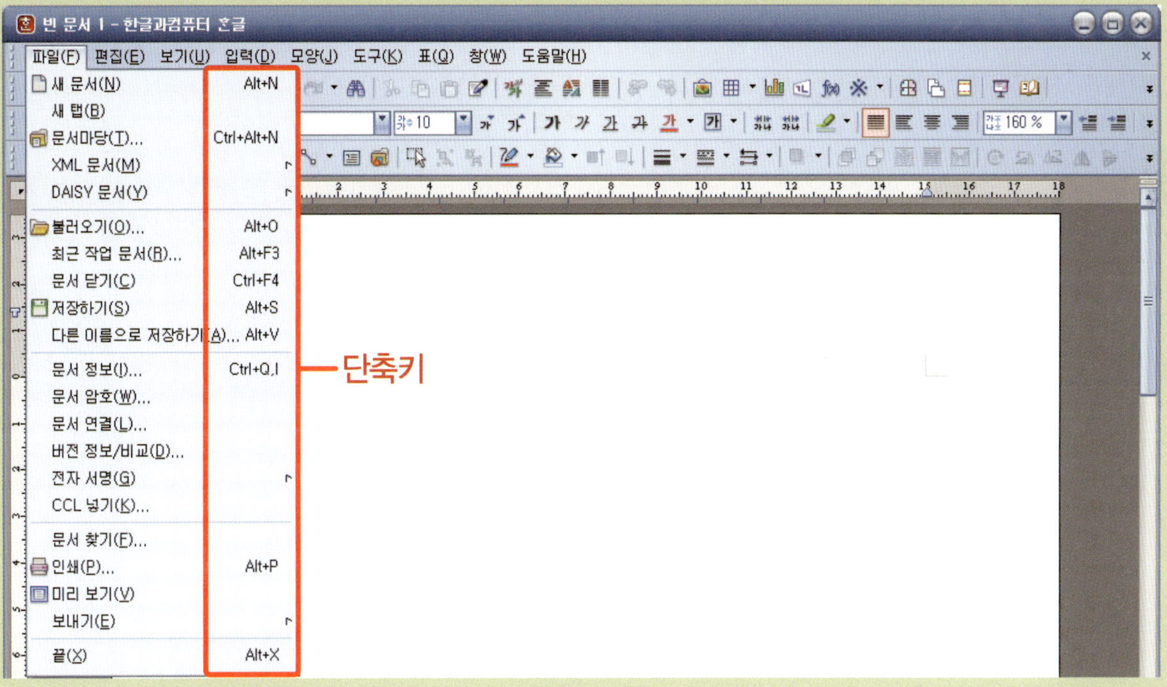

한글 2007의 화면 구성

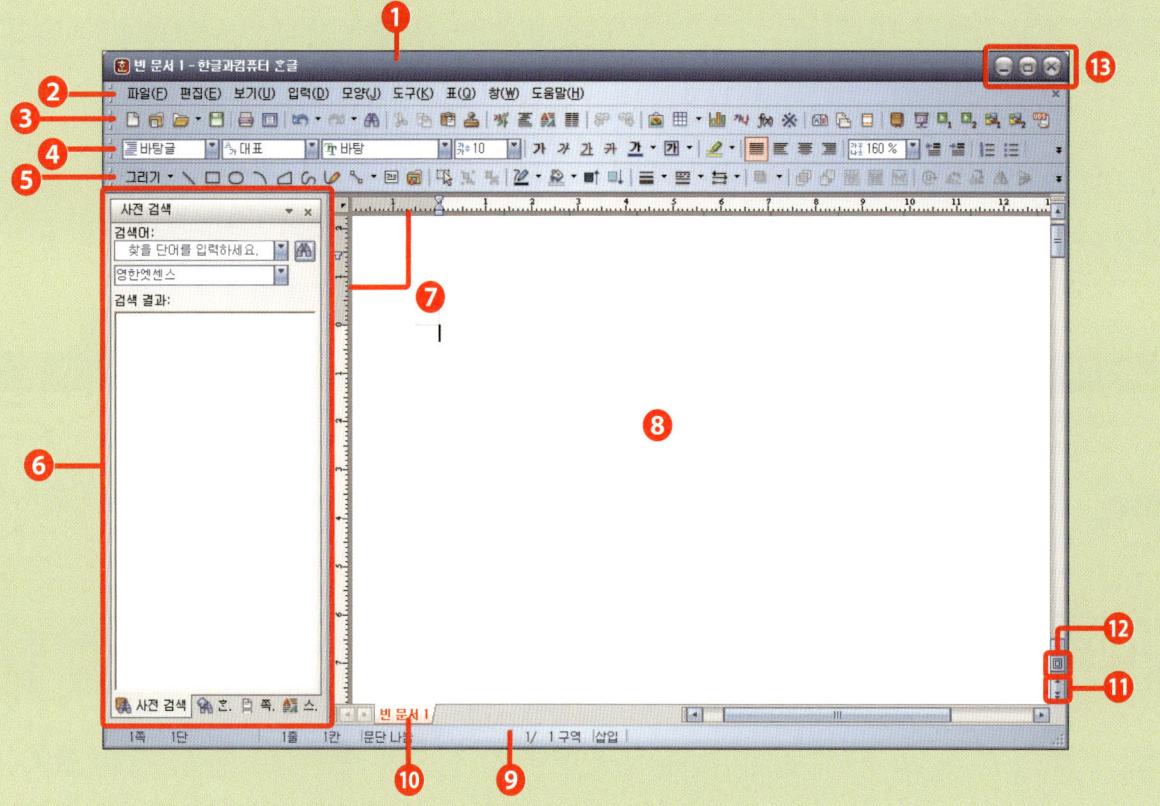

❶ **제목 표시줄** : 문서의 제목과 저장된 경로가 표시됩니다.
❷ **메뉴 표시줄** : 한글 2007에서 사용할 수 있는 기능을 메뉴별로 모아 놓은 곳입니다.
❸ **기본 도구 상자** : 새 글, 저장, 인쇄 등과 같은 메뉴에서 기본적으로 자주 사용하는 기능을 아이콘으로 묶어 놓은 도구 상자입니다.
❹ **서식 도구 상자** : 편집 창에 들어가는 글자의 크기나 모양 등을 바꿀 때 사용하는 기능을 아이콘으로 묶어 놓은 도구 상자입니다.
❺ **그리기 도구 상자** : 그림을 그리거나 도형, 그리기 개체를 넣을 때 사용하는 기능을 아이콘으로 묶어 놓은 도구 상자입니다.
❻ **작업 창** : 작업 창을 활용하면 문서 편집 시간을 줄이고 작업 속도를 높이는 등 효율적인 문서 작업을 수행할 수 있습니다.
❼ **눈금자** : 개체의 가로/세로 위치나 너비/높이를 파악하기 위해 사용합니다.
❽ **편집 창** : 글자, 그림, 표, 차트와 같은 내용을 넣고 꾸미는 실제 작업 공간입니다.
❾ **상황선(상태 표시줄)** : 문서 창의 맨 아래쪽에 있는 [상황선]은 커서가 있는 위치의 쪽 수/단 수, 줄 수/칸 수, 구역 수, 삽입/수정 등을 사용자에게 표시해 줍니다.
❿ **문서 탭** : 작성 중인 문서와 파일명을 표시합니다.
⓫ **쪽 이동 아이콘** : 작성 중인 문서가 여러 쪽일 때, 쪽 단위로 이동합니다(상황선 왼쪽을 보면 현재 쪽을 확인할 수 있습니다).
⓬ **보기 선택 아이콘** : 쪽 윤곽, 문단 부호 보기, 조판 부호 보기, 투명선, 격자 설정, 찾기와 같은 보기 기능을 선택할 수 있습니다.
⓭ **창 조절 단추** : 최소화, 최대화, 닫기 단추가 나타납니다.

 도구 상자 설정하기

한글 2007의 도구 상자는 문서를 작성하면서 자주 사용되는 기능들을 아이콘 모양으로 만들어 모아 놓은 곳입니다. 도구 상자를 화면에서 보이기/숨기기하는 방법을 배워 봅니다.

도구 상자 숨기기

01 [보기]-[도구 상자]에서 **[기본]을 클릭하여 체크를 해제**합니다.

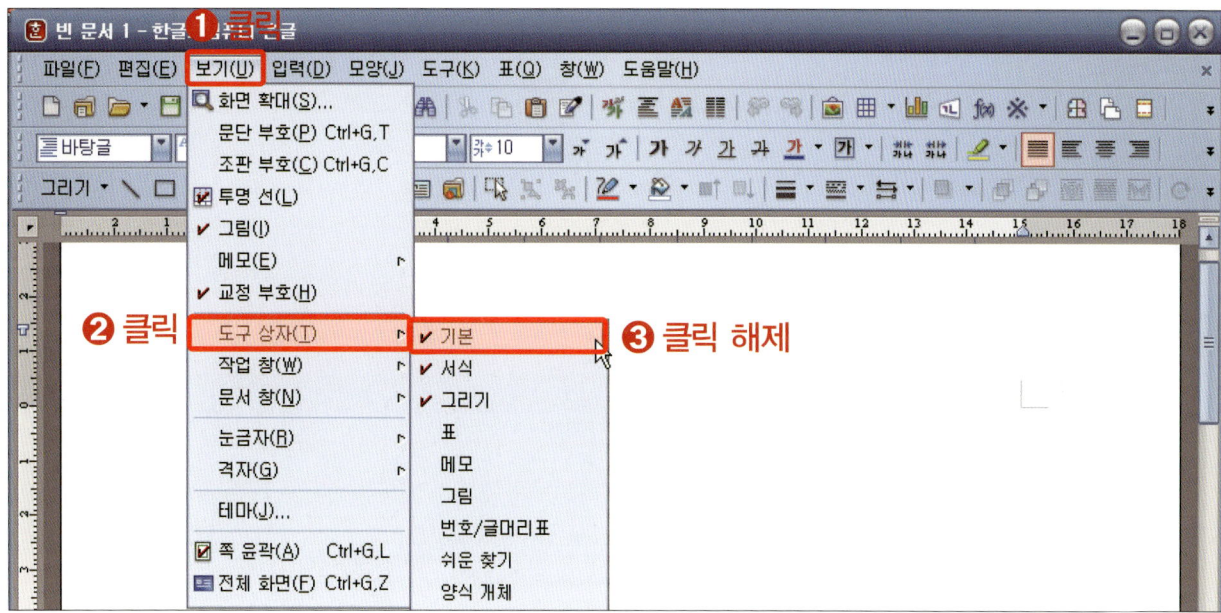

02 도구 상자에서 기본 도구 상자가 숨겨진 것을 확인할 수 있습니다.

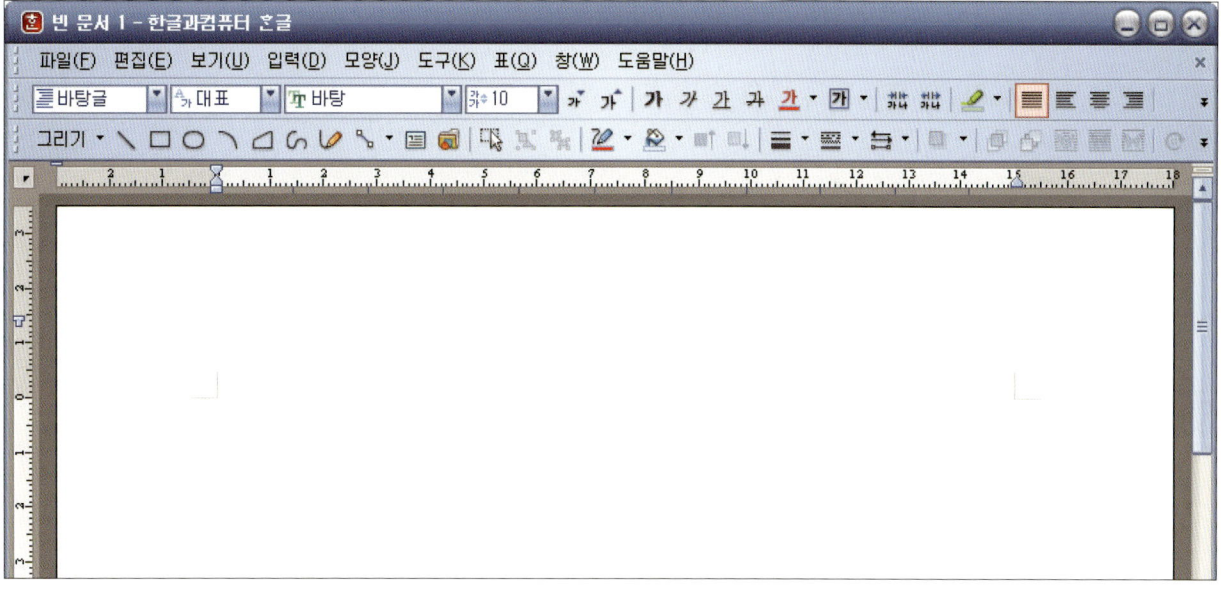

1장 한글 화면의 구성 및 시작 **13**

도구 상자 나타내기

03 기본 도구 상자를 화면에 다시 나타나게 하기 위해서는 **[보기]-[도구 상자]에서 [기본]을 클릭**하여 체크 상태로 전환합니다.

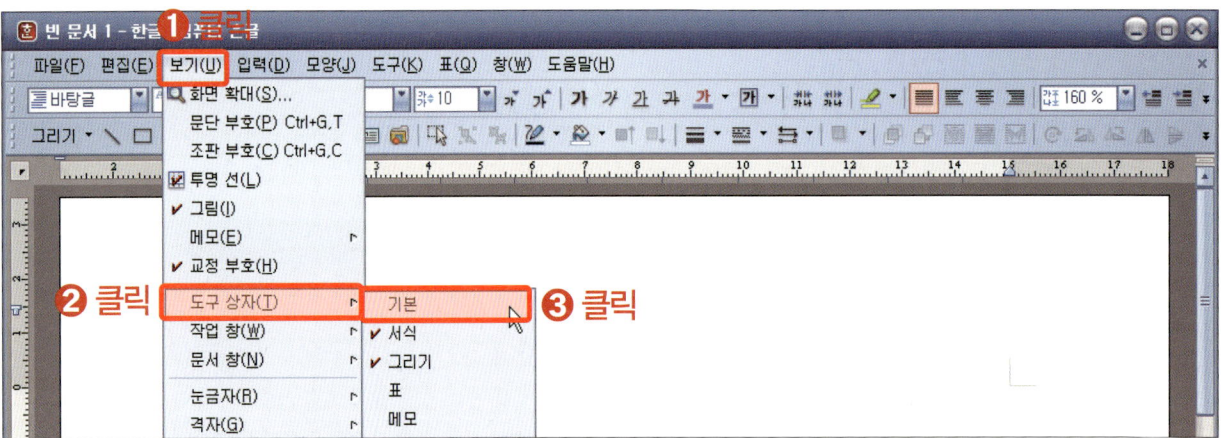

04 도구 상자에서 **기본 도구 상자가 표시**된 것을 확인할 수 있습니다.

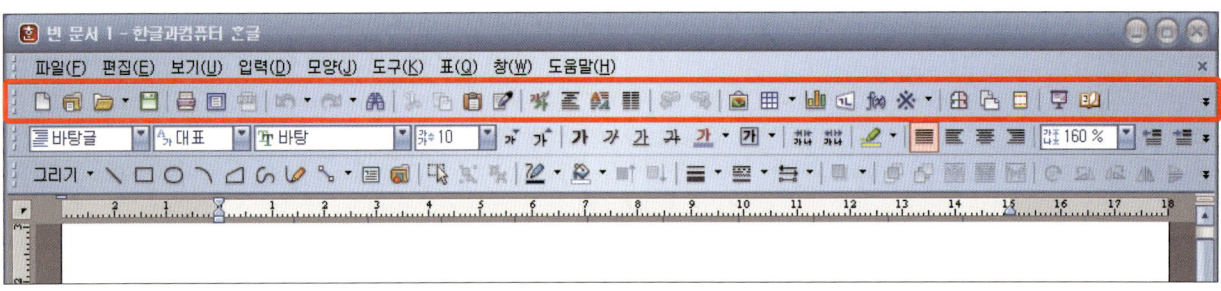

실력 쑥쑥 tip
도구 상자 표시

메뉴 표시줄 또는 도구 상자의 빈 공간에서 마우스 오른쪽 단추를 클릭하면 현재 화면에 표시된 도구 상자들이 체크되어 있는 것을 확인할 수 있으며, 이와 같은 방법으로 쉽게 도구 상자를 숨기거나 표시할 수 있습니다.

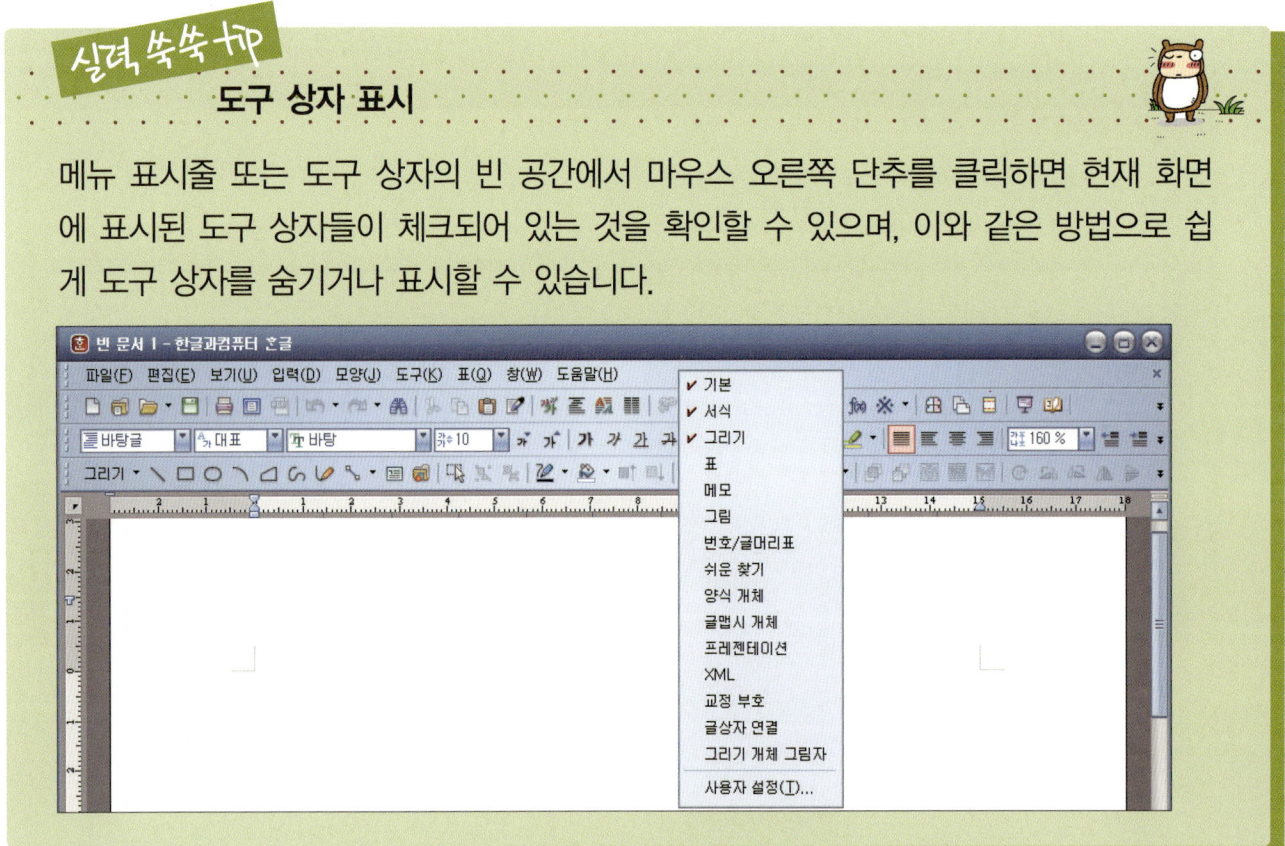

2장 문서의 편집 용지 설정, 저장, 불러오기

문서를 작성하는 기본 용지의 크기 및 여백을 지정하는 방법과 문서를 암호로 저장 및 암호를 해제하는 방법에 대하여 배워 봅니다.

완성파일 미리보기

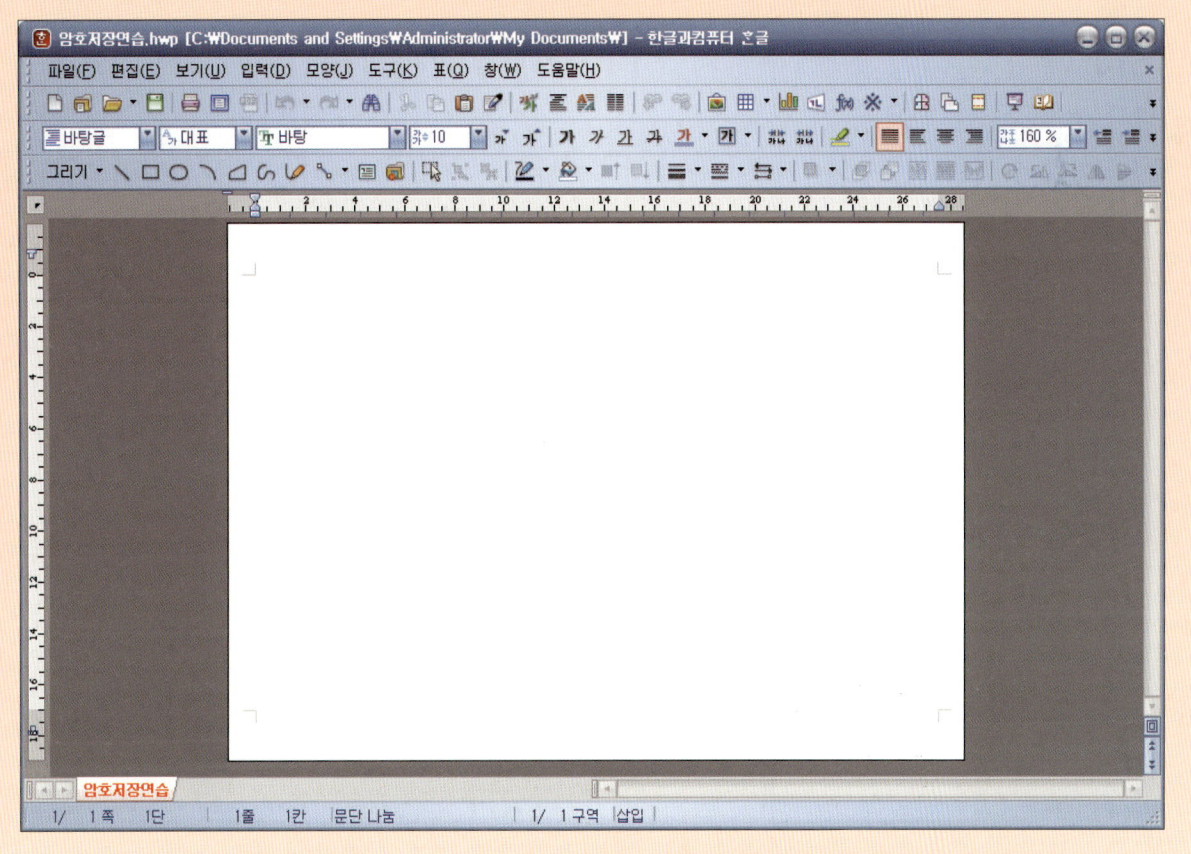

체크 포인트

실습 1 용지의 종류, 용지의 방향, 용지의 여백 지정하는 방법을 배워 봅니다.

실습 2 문서에 암호를 지정하거나 해제하는 방법을 배워 봅니다.

문서 편집 용지 설정하기

새 문서를 실행하여 편집 용지의 종류는 A4(국배판), 용지 방향은 넓게, 위쪽/아래쪽/머리말/꼬리말은 10으로 지정하고, 왼쪽, 오른쪽은 11로 지정하는 방법에 대해 배워 봅니다.

01 한글 2007이 실행되어 있는 상태에서 **[모양]-[편집 용지]**를 클릭합니다.

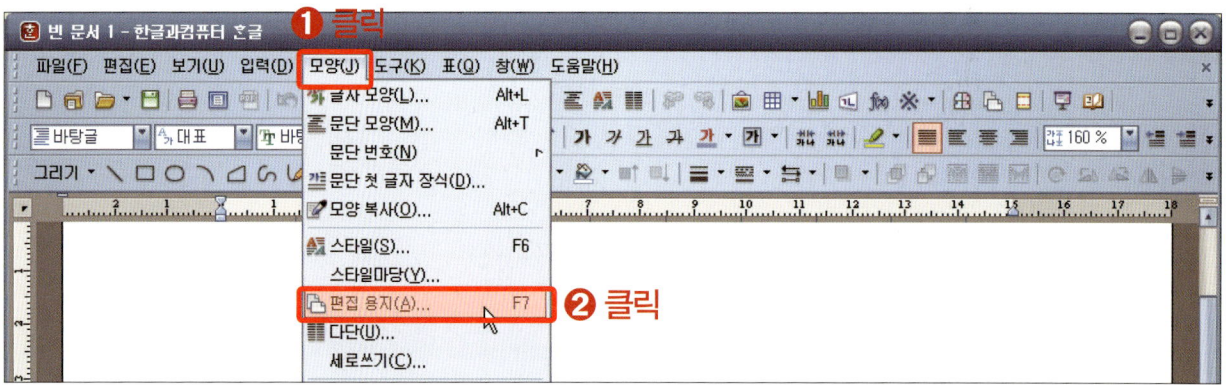

02 [편집 용지] 대화상자의 [기본] 탭에서 '종류'는 'A4(국배판)', '용지 방향'은 '넓게', '위쪽/아래쪽/머리말/꼬리말'은 '10mm'로 지정하고, '왼쪽/오른쪽'은 '11mm'로 각각 지정한 후 [설정] 단추를 클릭합니다.

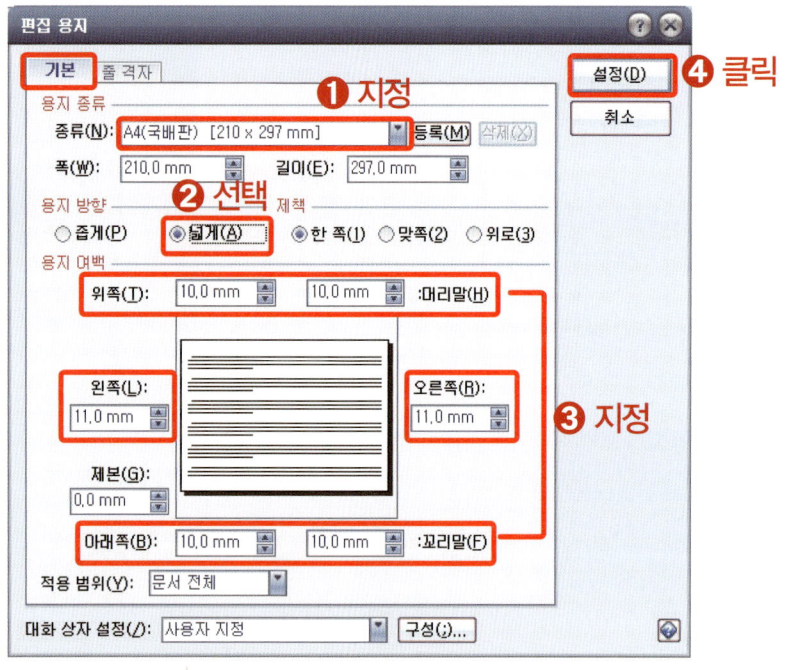

 편집 용지 단축키 : F7 키

03 서식 도구 상자에서 [화면 확대 및 축소]를 **'쪽 맞춤'으로 지정**한 후 용지의 설정을 확인합니다.

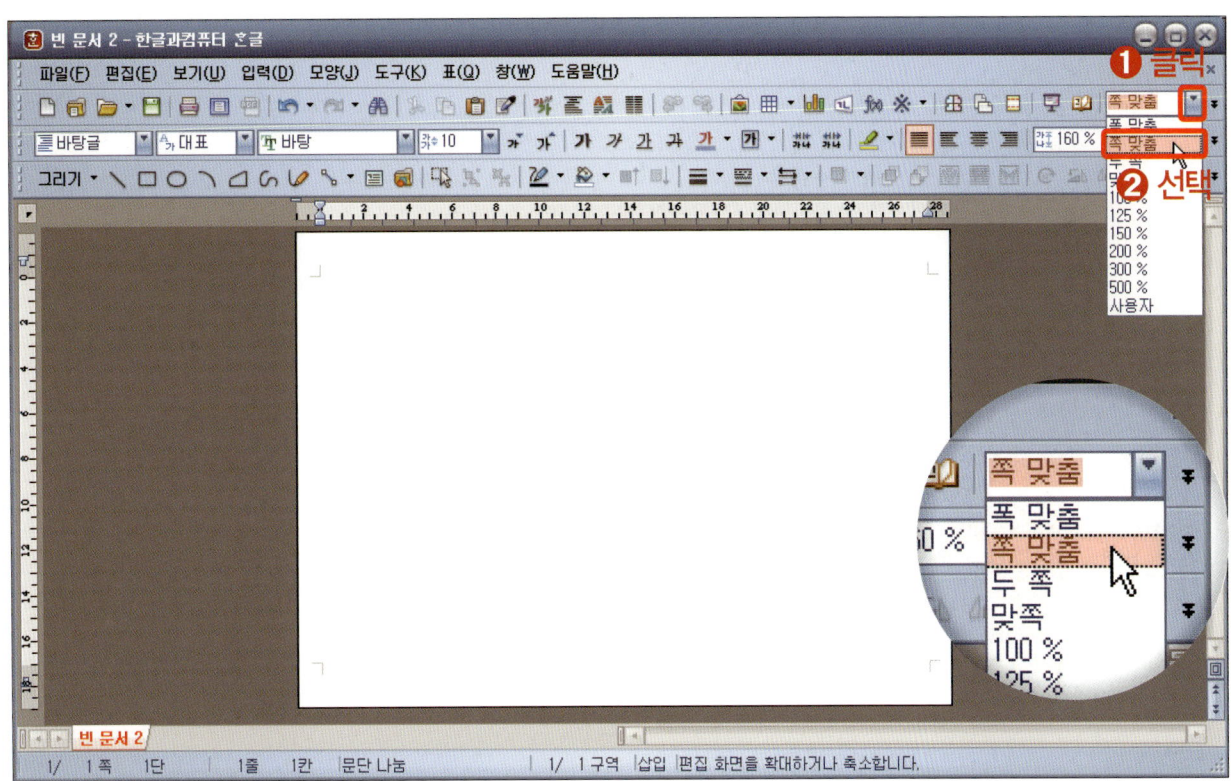

 한글 2007에서 화면의 확대 및 축소를 하기 위해서 Ctrl 키를 누른 채 마우스 휠을 위로 돌리면 화면이 5%씩 확대되고 Ctrl 키를 누른 채 마우스 휠을 아래로 돌리면 화면이 5%씩 축소됩니다.

실력 쑥쑥 tip

편집 용지 적용 범위

[편집 용지] 대화상자의 [기본] 탭에서 '적용 범위'를 '문서 전체'로 지정하면 모든 페이지가 설정한 대로 변경되며, '새 구역으로'를 지정하면 새 페이지를 만들면서 변경됩니다.

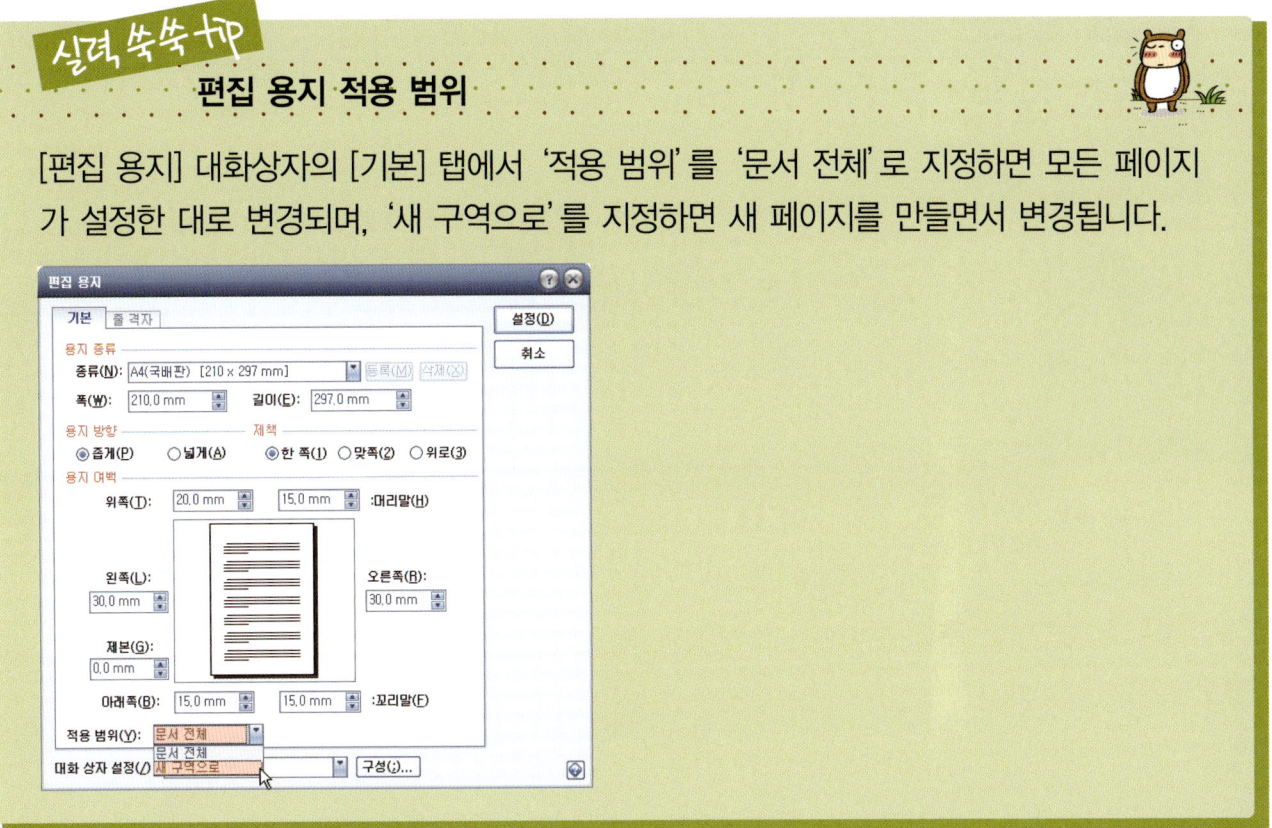

문서 암호로 저장하고 불러오기

문서를 암호로 지정하여 저장하는 방법과 다시 문서를 불러와서 암호를 해제하는 방법에 대하여 배워 봅니다.

암호 지정하여 문서 저장하기

01 문서를 저장하기 위해서 **[파일]-[저장하기]를 클릭**합니다.

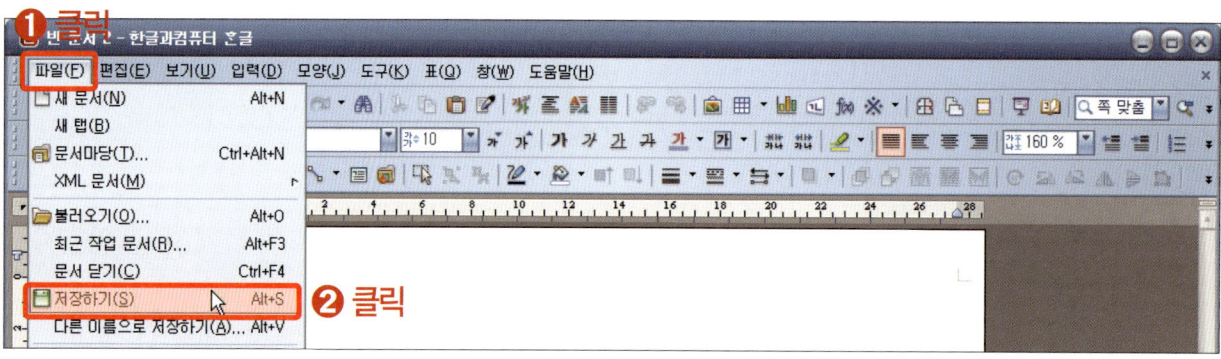

 저장하기 단축키 : Alt+S 키, Ctrl+S 키

02 [다른 이름으로 저장하기] 대화상자에서 좌측 창의 [내 문서]를 클릭하고 파일 이름에 "**암호저장연습**"을 입력한 후 [문서 암호]를 클릭합니다.

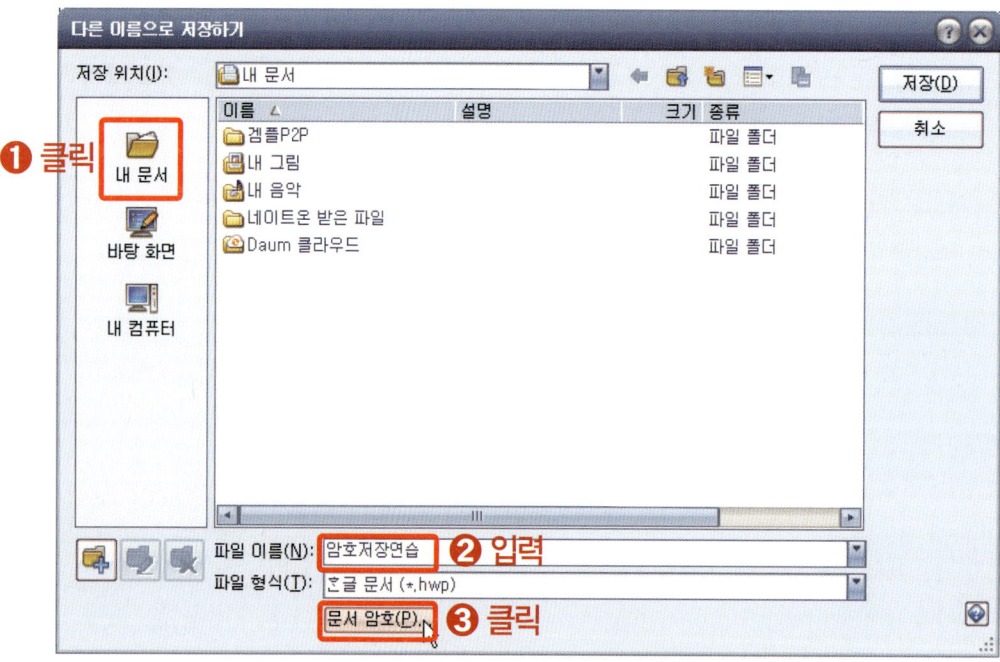

03 [문서 암호 설정] 대화상자에서 '문서 암호'에 "12345"를 입력한 후 '암호 확인'에 "12345"를 재입력하고 [설정] 단추를 클릭합니다.

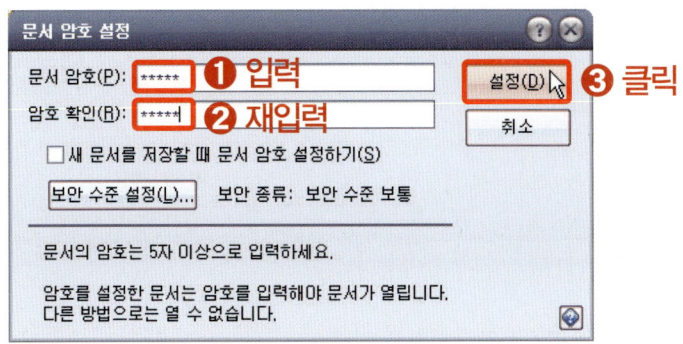

 암호를 입력하면 다른 사람이 보는 것을 방지하기 위해 '*****'로 표시됩니다.

04 [다른 이름으로 저장하기] 대화상자에서 [저장] 단추를 클릭하여 저장을 완료합니다.

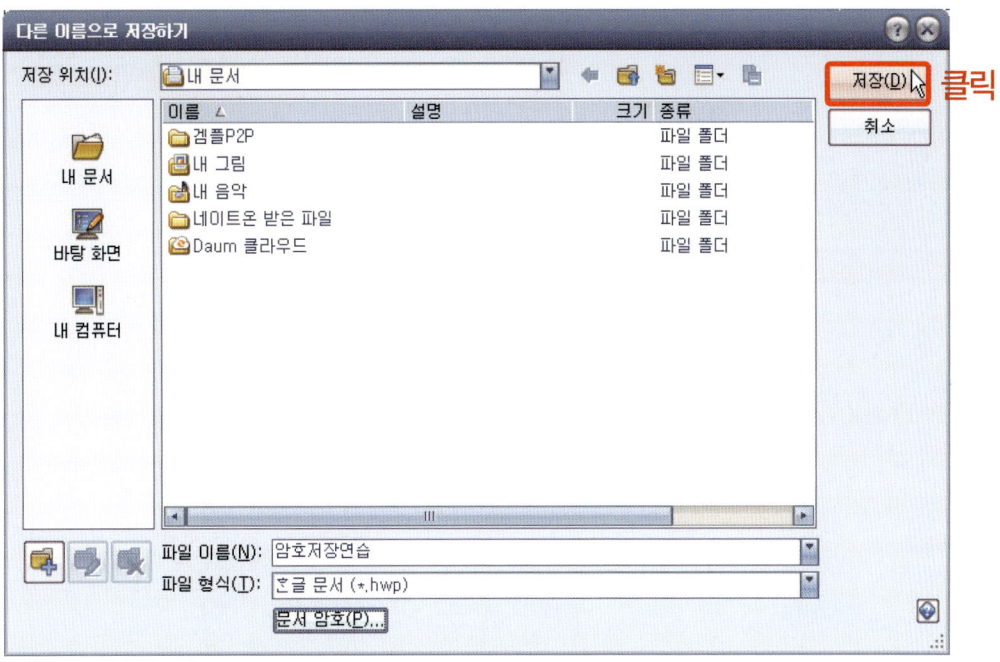

05 제목 표시줄에 '암호저장연습.hwp'라고 되어 있는 것을 확인한 후 [닫기]를 클릭하여 종료합니다.

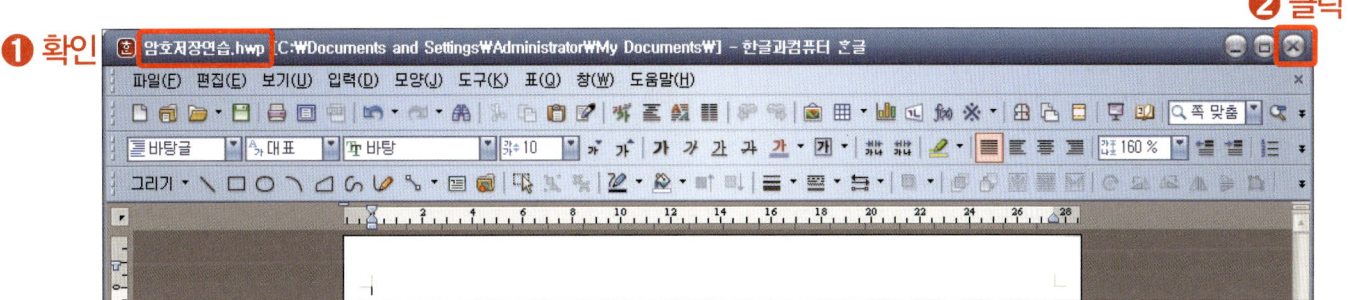

2장 문서의 페이지 설정, 저장, 불러오기 **19**

암호 지정된 문서 불러오기

06 한글 2007을 실행한 후 **[파일]-[불러오기]를 클릭**합니다.

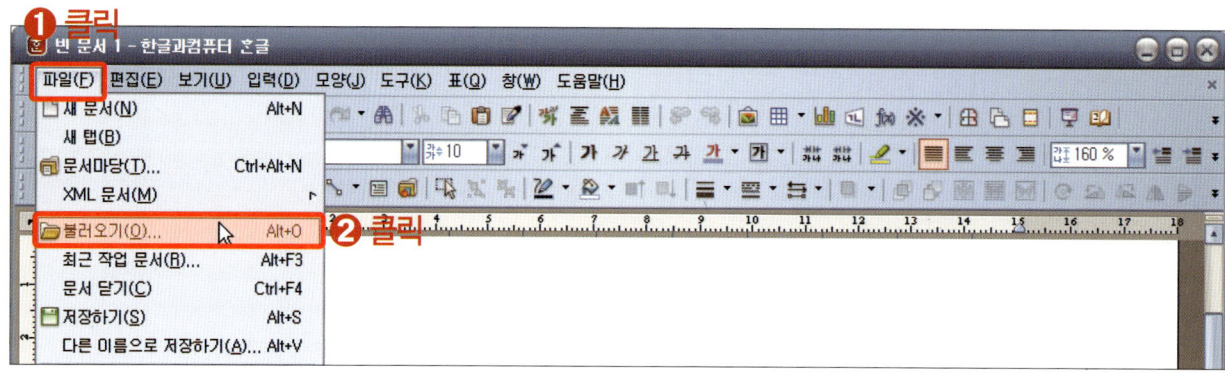

07 [불러오기] 대화상자에서 좌측에 [내 문서]를 클릭하고 **'암호저장연습.hwp' 파일을 선택한 후 [열기] 단추를 클릭**합니다.

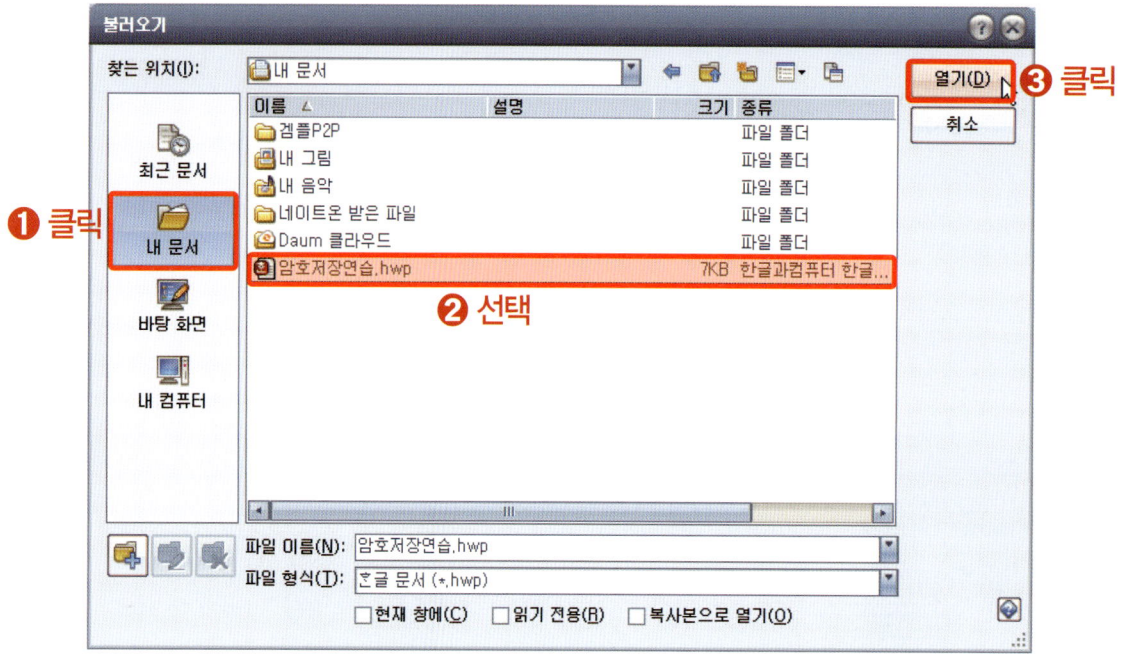

08 [문서 암호] 대화상자에서 '현재 암호'인 **"12345"를 입력한 후 [확인] 단추를 클릭**하면 문서가 열리게 됩니다.

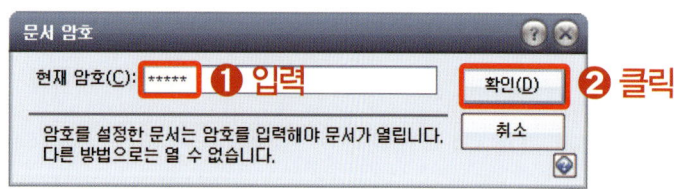

암호 삭제하기

09 암호를 삭제하기 위해서 **[파일]-[문서 암호]를 클릭**합니다.

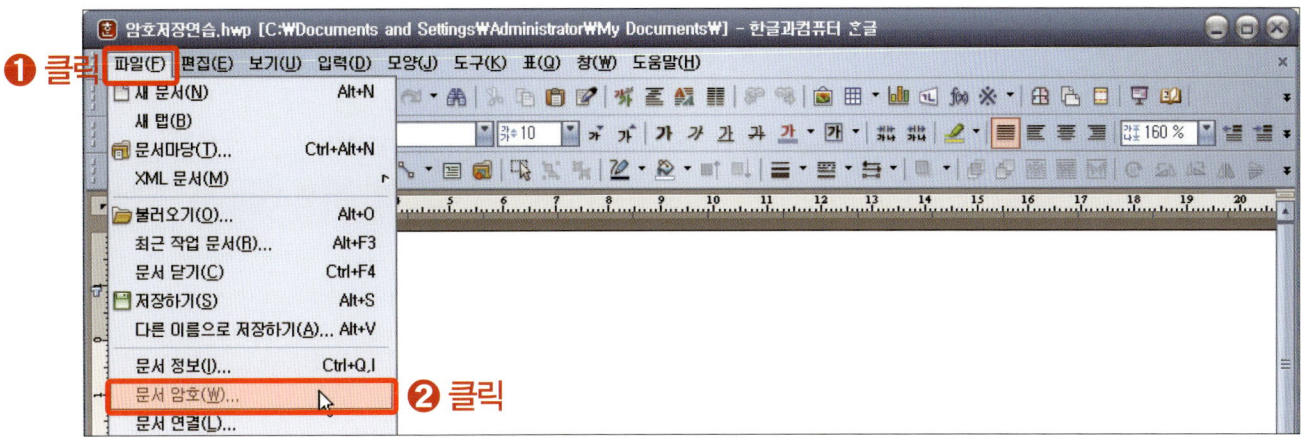

10 [문서 암호 변경]에서 '현재 암호'에 "12345"를 입력하고 **'암호 해제'에 체크를 한 후 [변경] 단추를 클릭**하여 암호를 제거합니다.

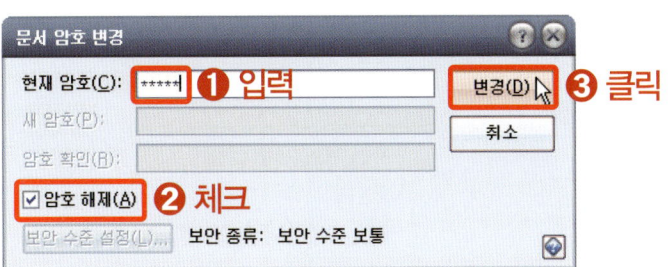

혼자 풀어보기

01 다음과 같이 편집 용지를 설정한 후 [내 문서] 폴더에 본인 이름으로 문서를 저장하여 보세요.

- 편집 용지 : 용지 종류(A4 국배판), 용지 방향(좁게), 왼쪽(11mm), 오른쪽(11mm), 위쪽(10mm), 아래쪽(10mm), 머리말(10mm), 꼬리말(10mm)에, 나머지 여백 0mm로 지정

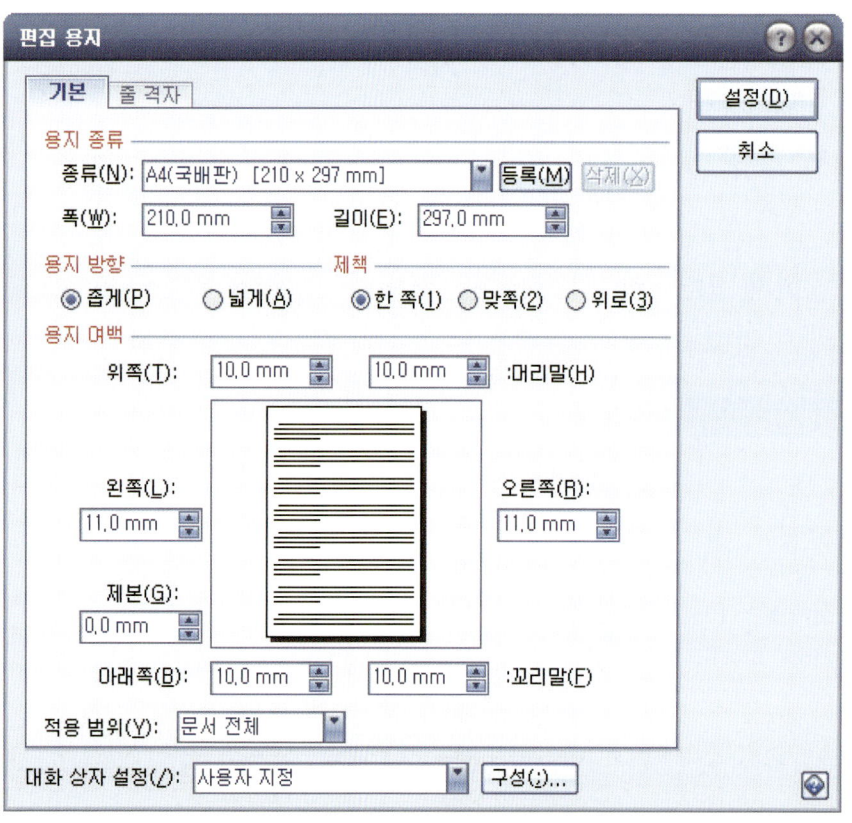

Hint! [모양]-[편집 용지] 또는 F7

02 1번에서 작업한 파일을 [내 문서] 폴더에서 불러와서 암호를 '12345'로 지정한 후 저장하여 보세요.

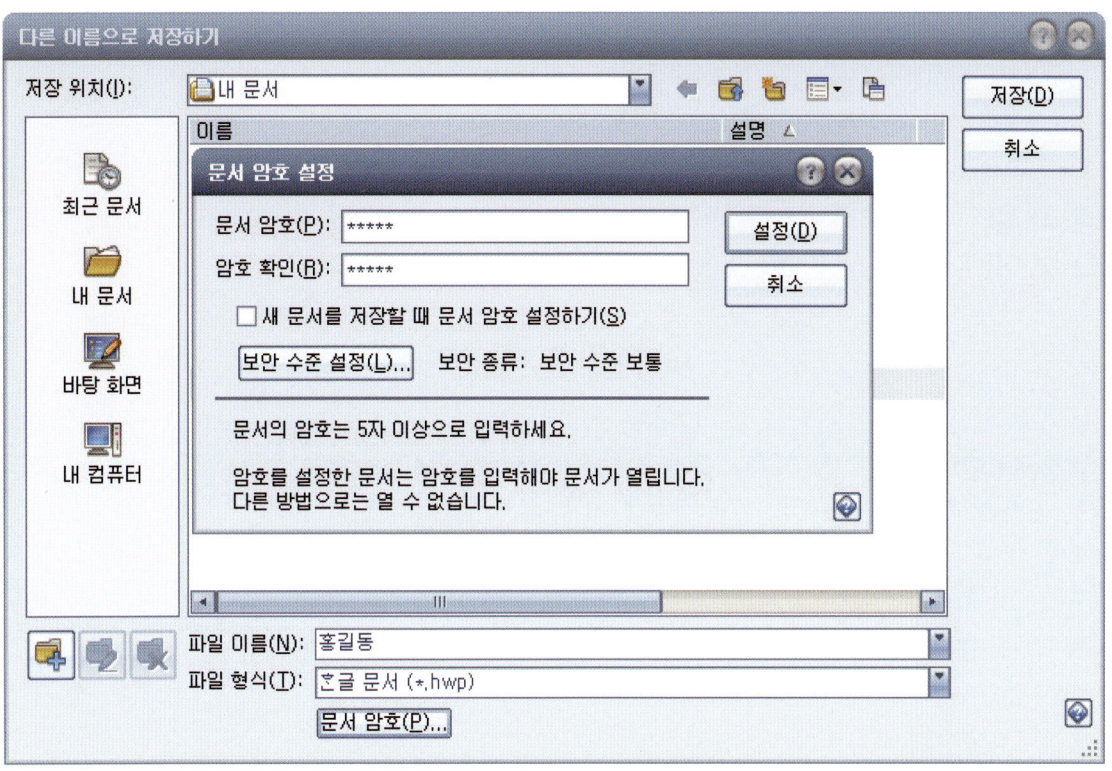

Hint! [다른 이름으로 저장하기] 대화상자에서 [문서 암호] 클릭

3장

수학문제지 만들어 보기

글자 입력, 특수문자 입력, 한자 입력, 글자 겹치기 기능과 수식 입력하기 기능을 이용하여 수학문제지를 만드는 방법을 배워 봅니다.

완성파일 미리보기

수리 영역

문항에 따라 배점이 다르니, 각 물음의 끝에 표시된 배점을 참고(參考)하시오. 배점은 3점 또는 4점입니다.

※ 계산은 문제지의 여백을 活用(활용)하시오.★

모두 ⑩점 맞으세요.

1. $\log_3 12 + \log_3 9 - \log_3 4$의 값은? [3점]

2. $x = \sqrt{2}$일 때, $\dfrac{3}{x - \dfrac{x-1}{x+1}}$의 값은? [3점]

   ① $\sqrt{2}+1$　② $2(\sqrt{2}+1)$　③ $3(\sqrt{2}+1)$　④ $4(\sqrt{2}+1)$　⑤ $5(\sqrt{2}+1)$

3. 부등식 $(x-1)(x+3) < 5$를 만족하는 정수 x의 개수는? [4점]
   ① 1　② 2　③ 3　④ 4　⑤ 5

체크 포인트

실습 1 글자 입력과 특수문자를 입력하는 방법에 대하여 배워 봅니다.

실습 2 한글을 한자로 전환하여 입력하는 방법을 배워 봅니다.

실습 3 글자 겹치기를 이용하여 두 글자를 겹치기하여 봅니다.

실습 4 수식 상자를 이용하여 다양한 수식을 입력하여 봅니다.

글자, 특수문자 입력하기

한글에서의 글자 입력과 특수문자 입력하는 방법에 대하여 배워 봅니다.

글자 입력하기

01 다음과 같이 문서에 내용을 입력합니다.

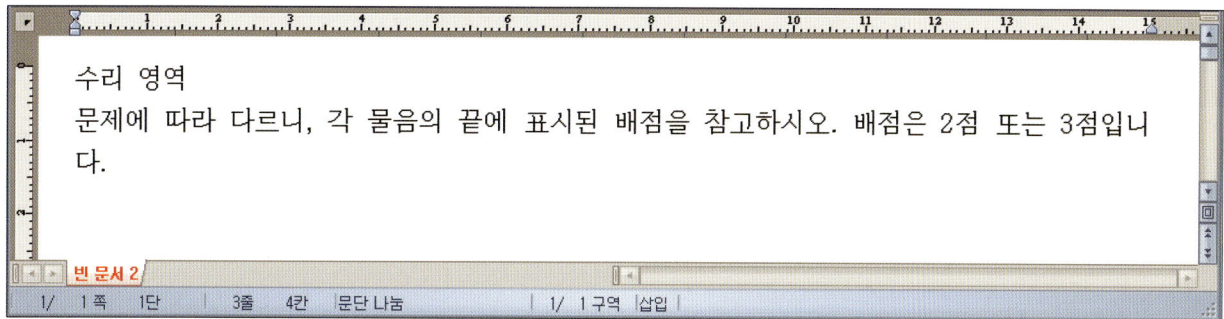

02 **상태 표시줄에 현재 상태가 '삽입'**으로 되어 있는지 확인한 후 **'다르니' 단어 앞을 클릭하여 커서를 위치**시킵니다.

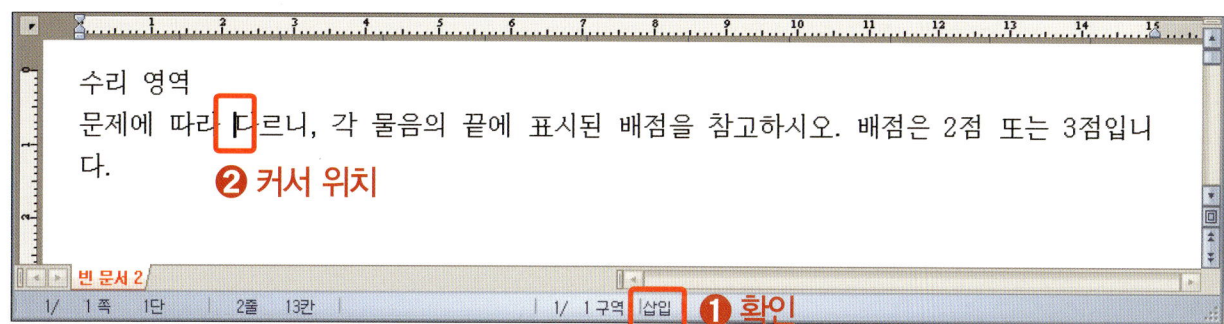

03 "배점이"를 입력하고 SpaceBar 키를 한 번 누르면 '다르니' 단어가 뒤로 밀리면서 글자가 삽입됩니다.

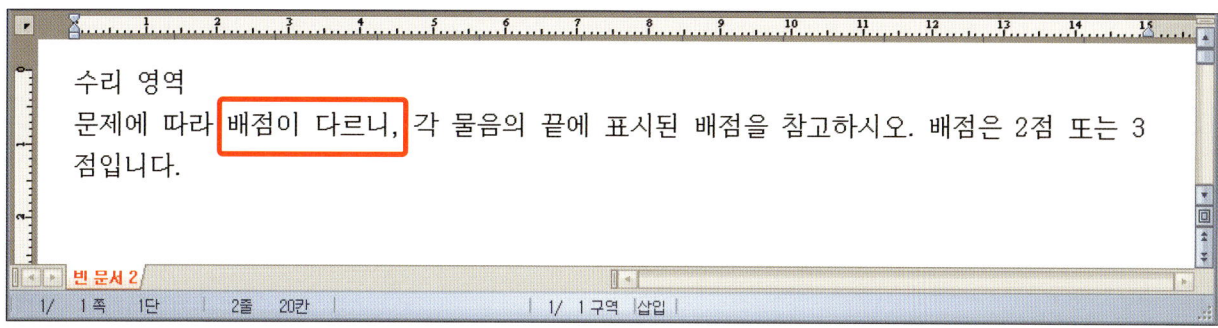

3장 수학문제지 만들어 보기 **25**

04 키보드의 Insert 키를 눌러 **상태 표시줄의 현재 상태를 '수정'으로 변경**하고, '문제' 단어 앞을 클릭하여 커서를 위치시킵니다.

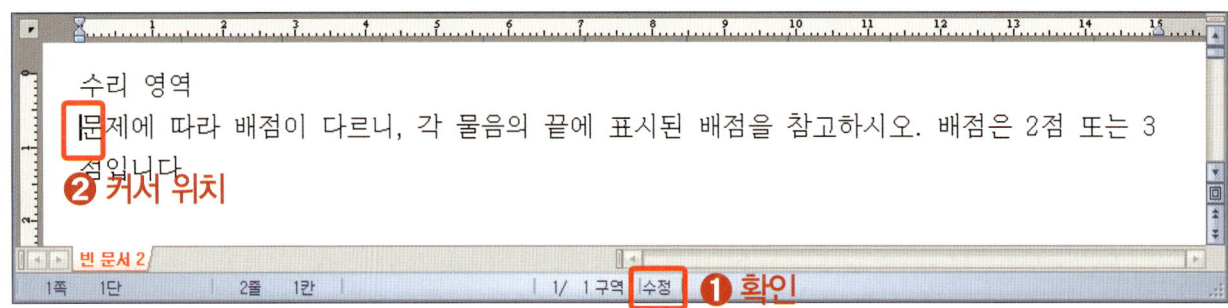

05 **"문항"을 입력**하면 '문제' 단어가 지워지면서 '문항'이 입력됩니다.

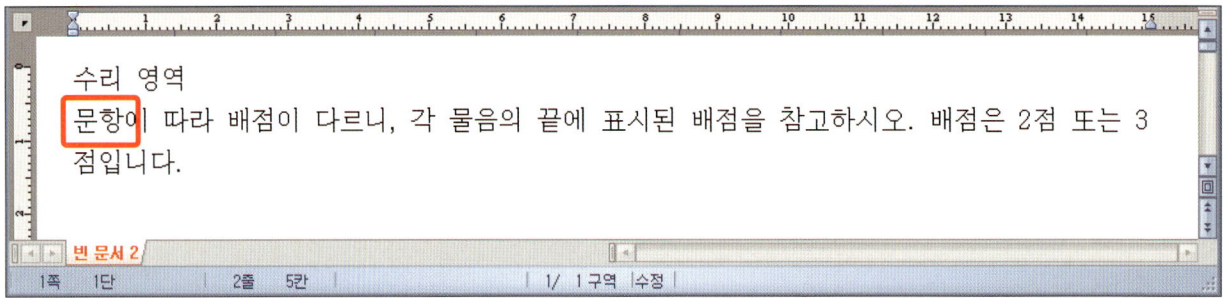

06 키보드의 Insert 키를 눌러 **상태 표시줄의 현재 상태가 '삽입'으로 되어 있는지 확인한 후 '2' 앞에 커서를 위치**시킵니다.

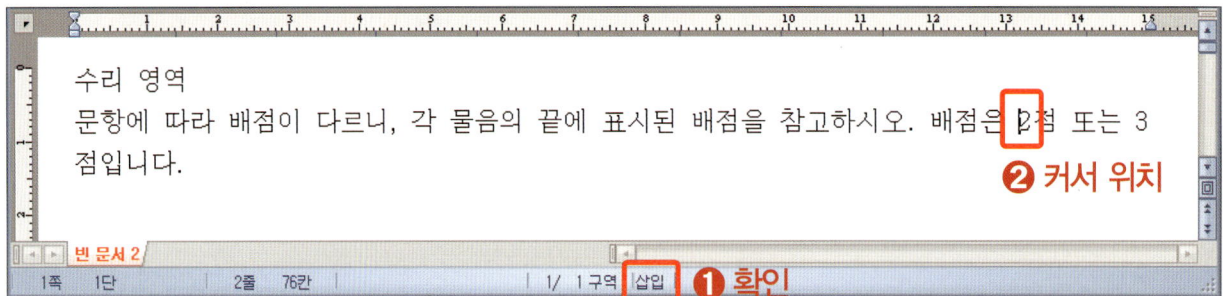

07 Delete 키를 눌러 **'2'를 삭제한 후 "3"을 입력**합니다. 같은 방법으로 **'3'을 '4'로 수정**합니다.

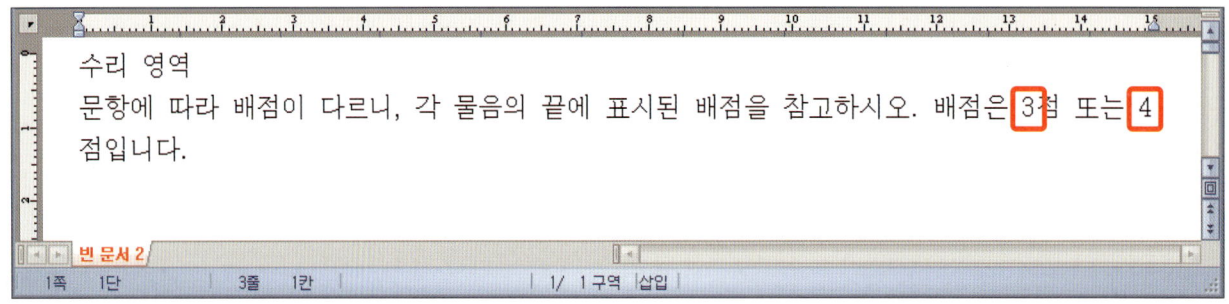

 커서의 뒤쪽에 있는 단어를 지울 때는 Delete 키를 눌러서 지우고 커서 앞의 단어를 지울 때는 BackSpace 키를 이용하여 지우면 됩니다.

특수문자 입력

08 커서를 4번째 줄로 위치시킨 후 [입력]-[문자표]를 클릭합니다.

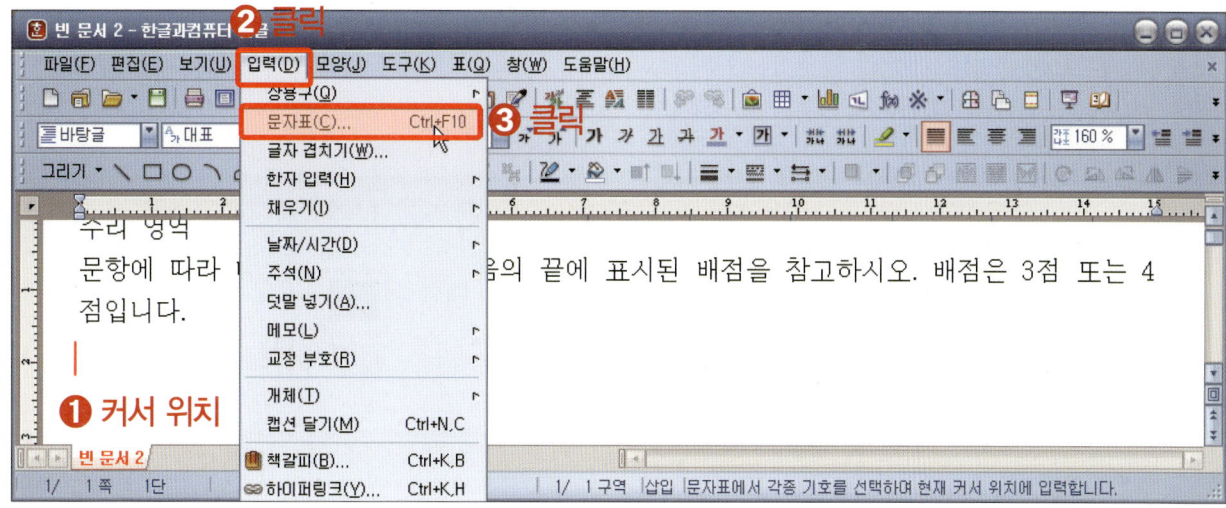

09 [문자표 입력] 대화상자의 [흔글(HNC) 문자표] 탭에서 '문자 영역'을 '전각 기호(일반)'을 선택하고 '문자 선택'에서 '※'을 선택한 후 [넣기] 단추를 클릭합니다.

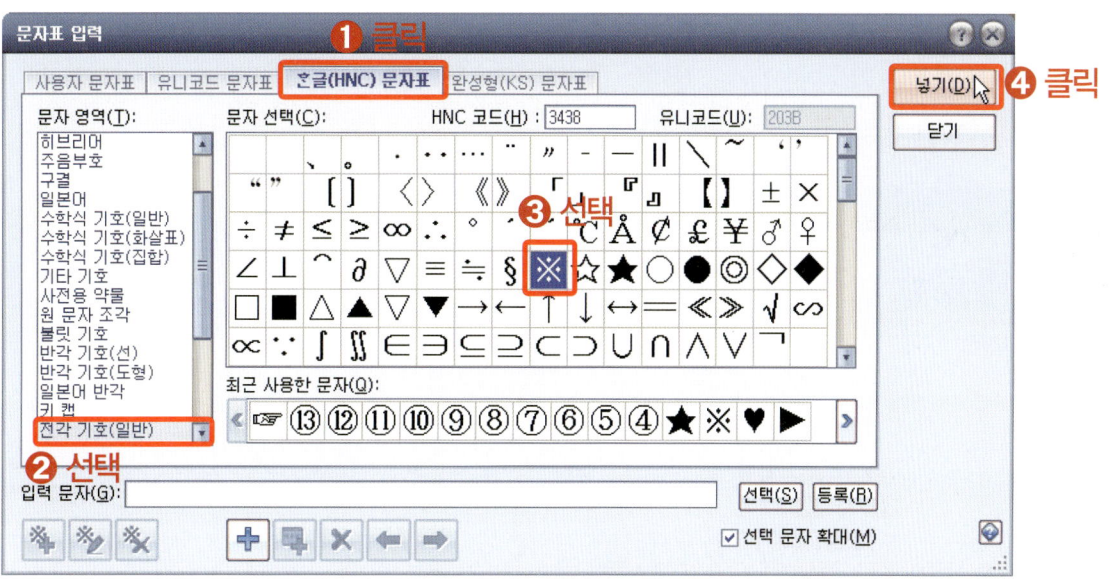

10 나머지 내용을 입력하고 위와 같은 방법으로 [문자표 입력] 대화상자의 [흔글(HNC) 문자표] 탭에서 '문자 영역'을 '전각 기호(일반)'을 선택하고 '문자 선택'에서 '★'를 선택한 후 [넣기] 단추를 클릭하고 [닫기] 단추를 클릭합니다.

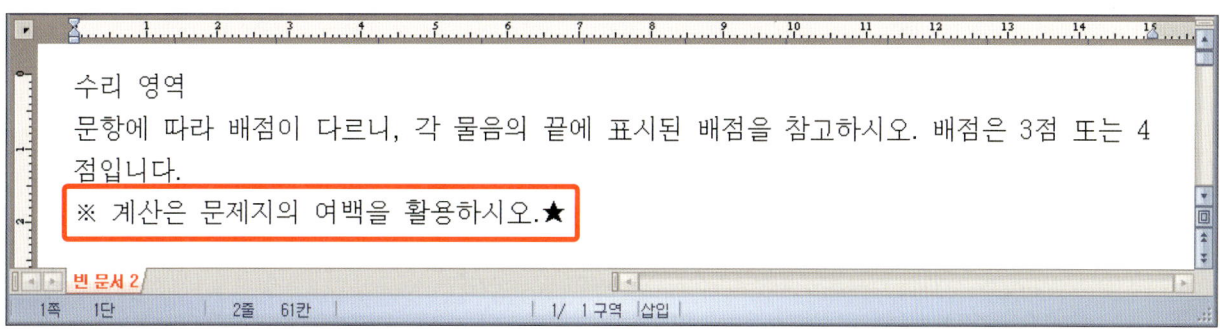

한자 변환하기

한글을 한자로 전환하는 방법을 배워 봅니다.

01 '참고' 단어를 범위 지정한 후 한자키를 누릅니다.

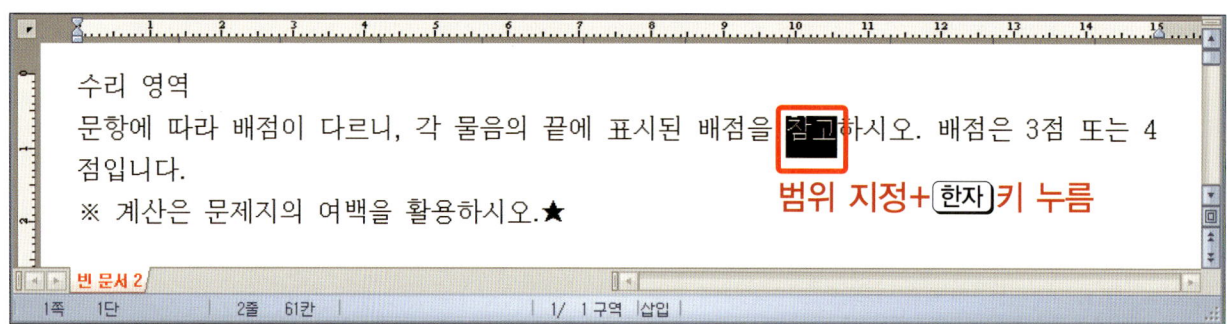

 한자 변환키 : 한자키 또는 F9키

02 [한자로 바꾸기] 대화상자에서 '**參考**'를 선택하고 '입력 형식'에서 '한글(漢子)'를 선택한 후 [바꾸기] 단추를 클릭합니다.

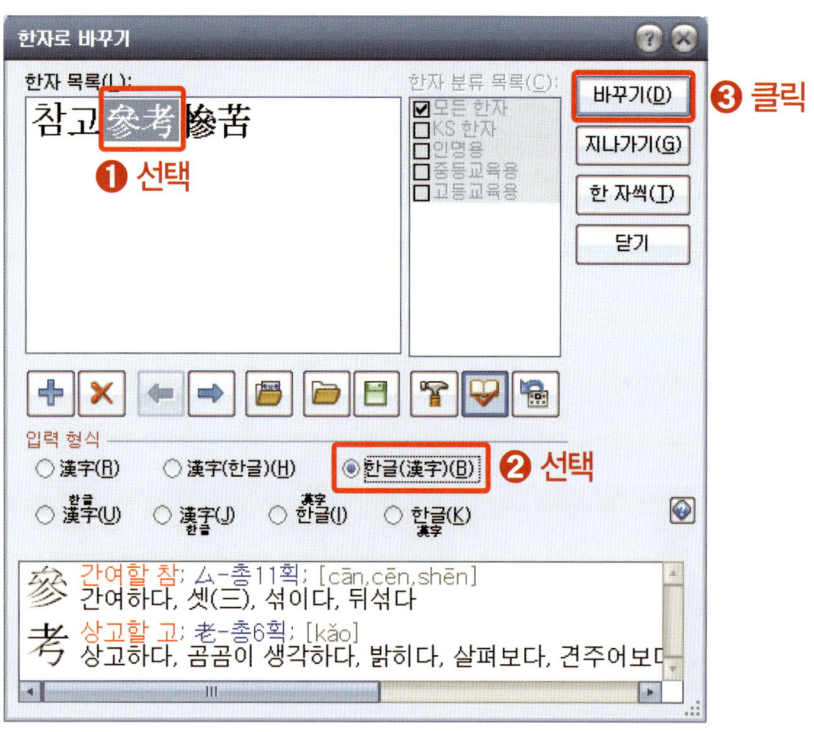

실력쑥쑥 TIP — 한자 입력 형식

한자의 입력 형식은 총 7가지 항목이 있습니다. 이 중에 한 가지를 선택하여 '입력 형식'을 변경할 수 있습니다.

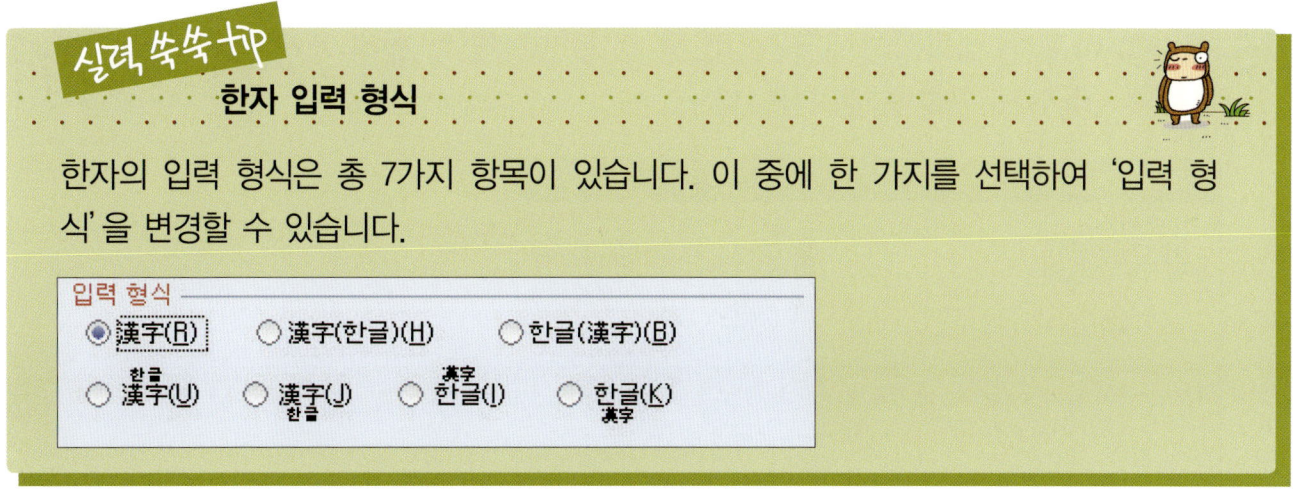

03 '참고(參考)'로 변경되었는지 확인합니다.

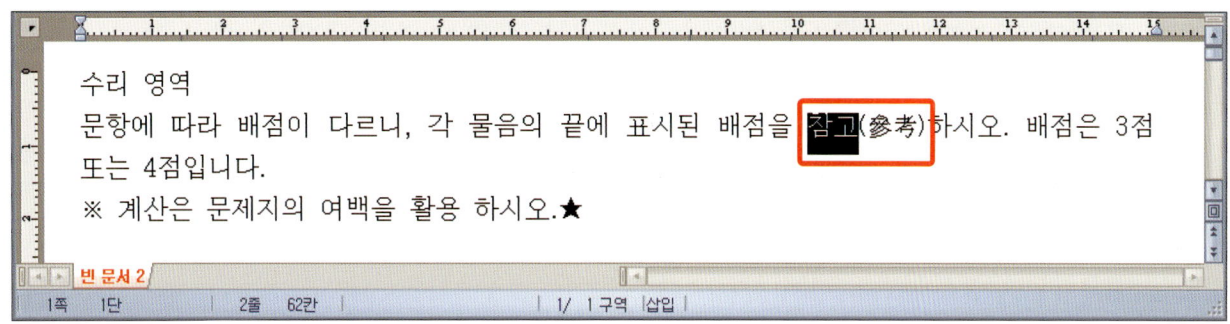

04 '활용' 단어를 범위 지정한 후 [한자]키를 누릅니다.

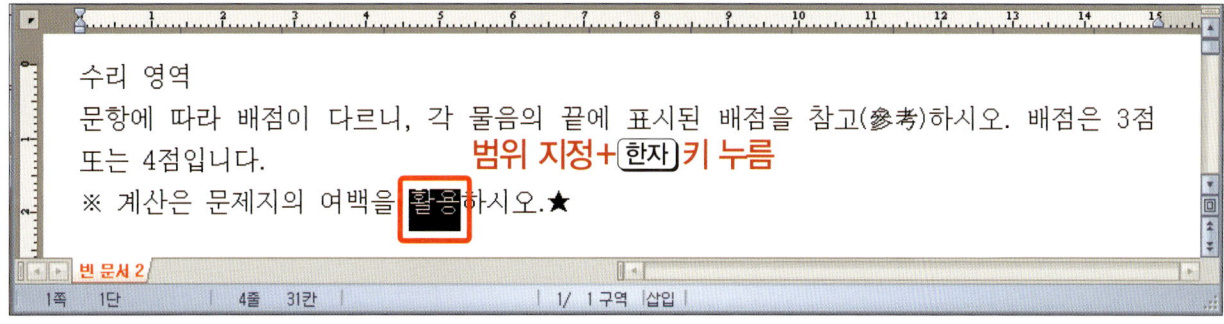

05 [한자로 바꾸기] 대화상자에서 '**活用**'을 선택하고 '**입력 형식**'에서 '**漢子(한글)**'을 선택한 후 [**바꾸기**] 단추를 클릭합니다.

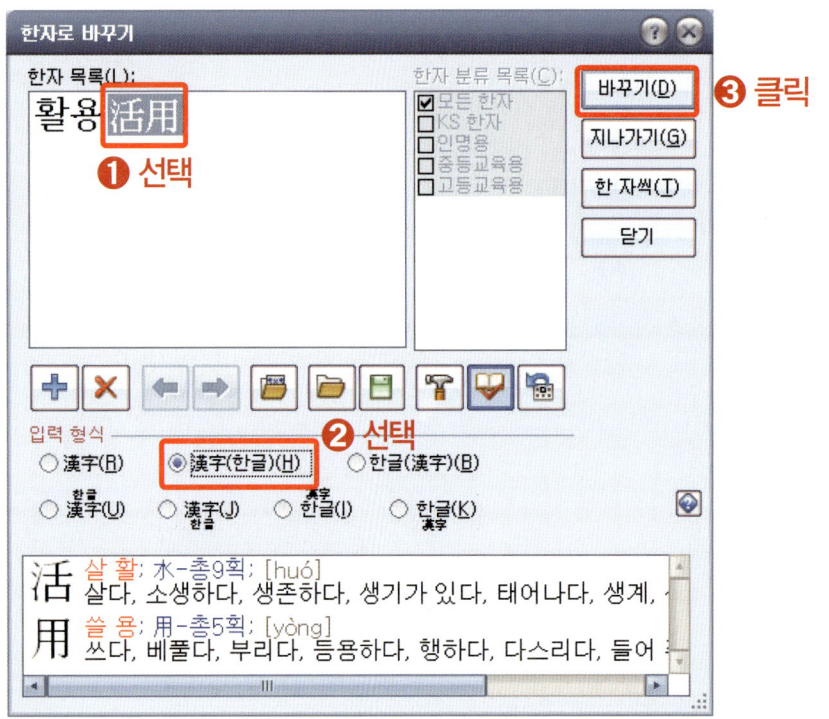

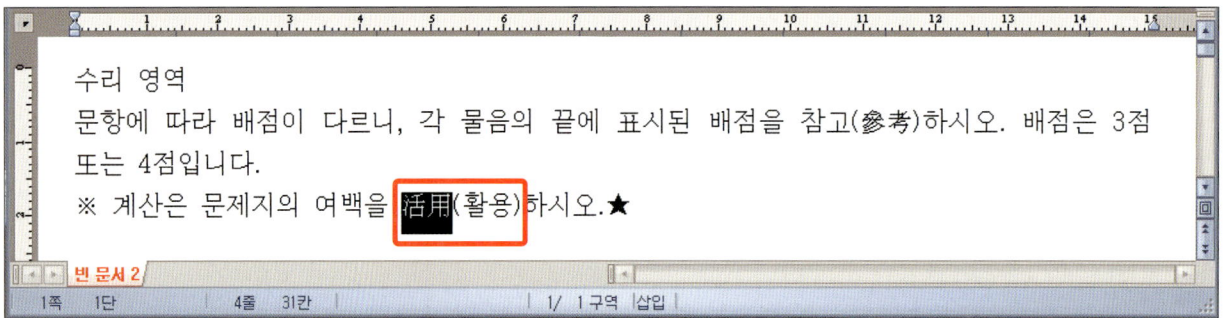

 변환된 한자 뒤에서 F9 키 또는 한자 키를 누르면 한자가 다시 한글로 전환됩니다.

글자겹치기

글자 겹치기를 이용하여 두 글자를 겹치기하여 봅니다.

01 "모두"를 입력한 후 SpaceBar 키로 한 칸 띄우고 [입력]-[글자 겹치기]를 클릭합니다.

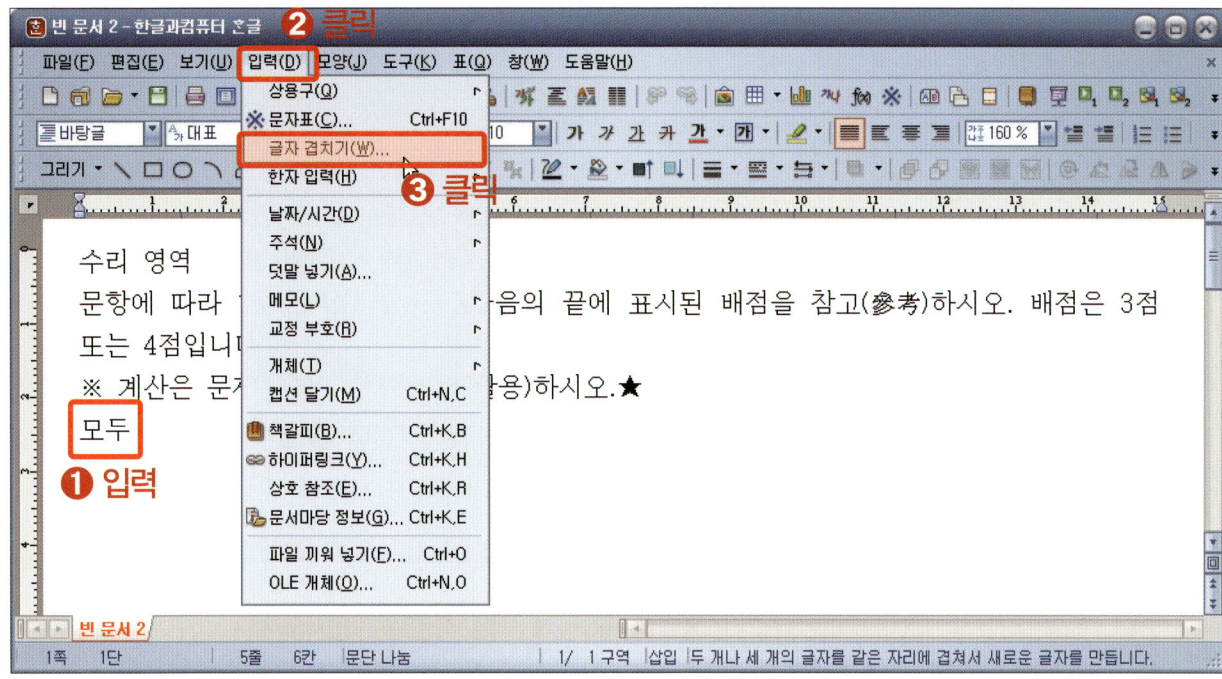

02 [글자 겹치기] 대화상자에서 [원문자 ①]를 클릭하고 '겹쳐 쓸 글자'에 '100'을 입력한 후 [넣기] 단추를 클릭합니다.

3장 수학문제지 만들어 보기 **31**

실력 쑥쑥 tip — 겹쳐 쓸 모양

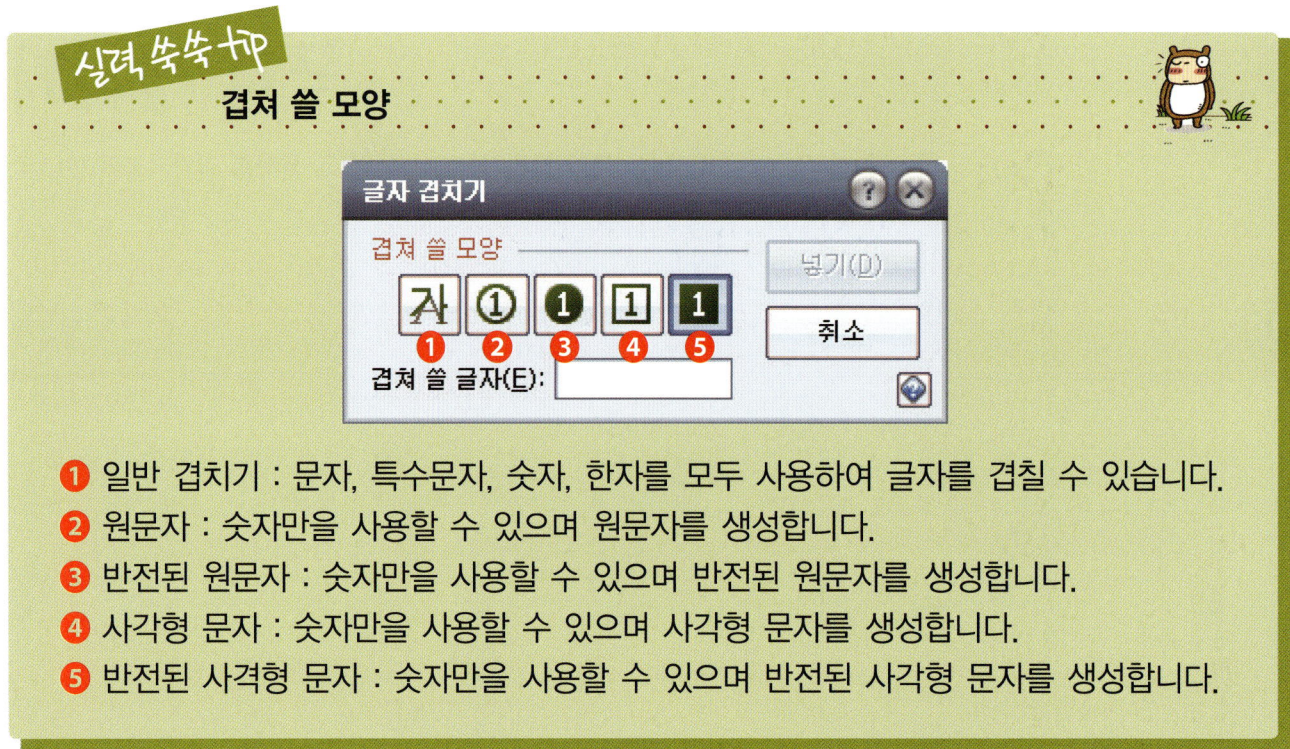

① 일반 겹치기 : 문자, 특수문자, 숫자, 한자를 모두 사용하여 글자를 겹칠 수 있습니다.
② 원문자 : 숫자만을 사용할 수 있으며 원문자를 생성합니다.
③ 반전된 원문자 : 숫자만을 사용할 수 있으며 반전된 원문자를 생성합니다.
④ 사각형 문자 : 숫자만을 사용할 수 있으며 사각형 문자를 생성합니다.
⑤ 반전된 사격형 문자 : 숫자만을 사용할 수 있으며 반전된 사각형 문자를 생성합니다.

03 ○과 100이 겹쳐져서 ⑩이 입력되게 됩니다. 나머지 내용도 입력합니다.

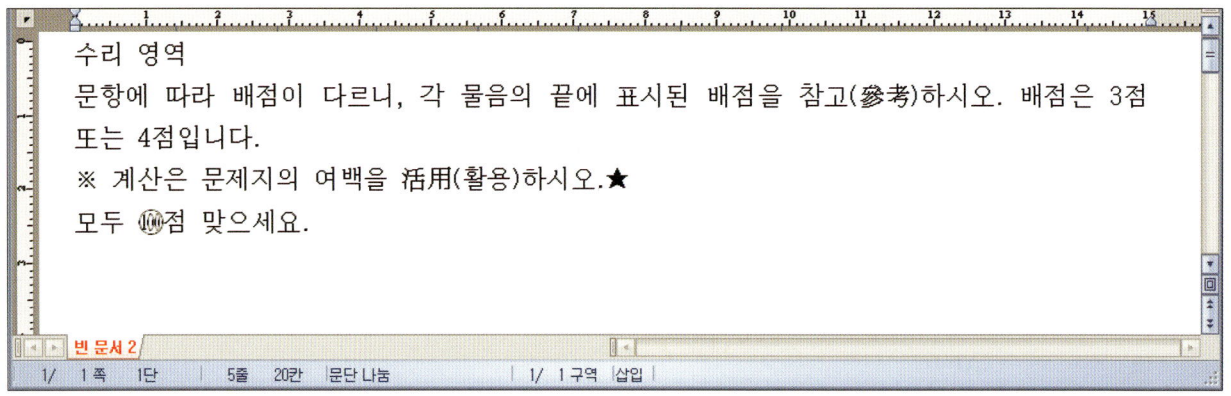

 문자표 입력에서 '전각 기호(원)'을 이용하면 숫자 원문자 ①~⑮까지만 입력이 가능하지만 글자 겹치기를 이용하면 ⑨⑨⑨ 까지 숫자 원문자를 입력할 수 있습니다.

수식 입력하기

수식편집기를 이용하여 다양한 수식을 입력하여 봅니다.

01 "1. "을 입력한 후 수식을 입력하기 위해서 기본 도구 상자에서 [수식 fx] 단추를 클릭합니다.

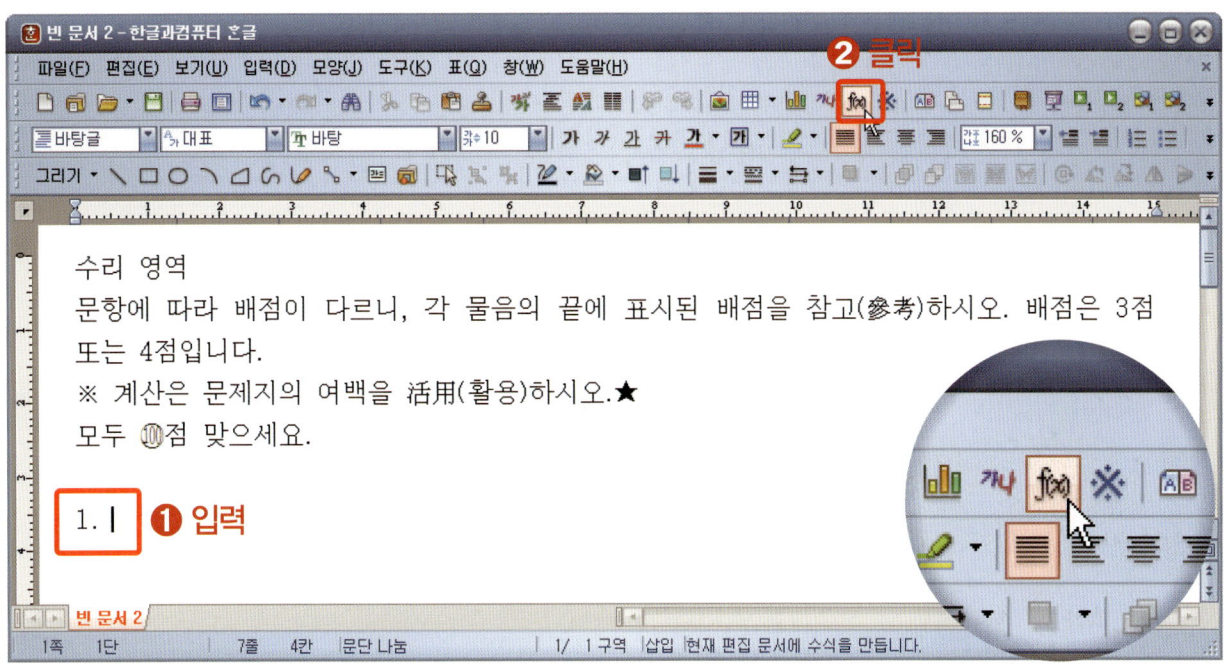

수식 입력하기
메뉴 : [입력]-[개체]-[수식], 단축키 : Ctrl + N , M 키, 도구 단추 : fx

02 [수식 편집기] 대화상자에서 **"log"를 입력한 후 [아래첨자 Aₒ] 단추를 클릭**합니다.

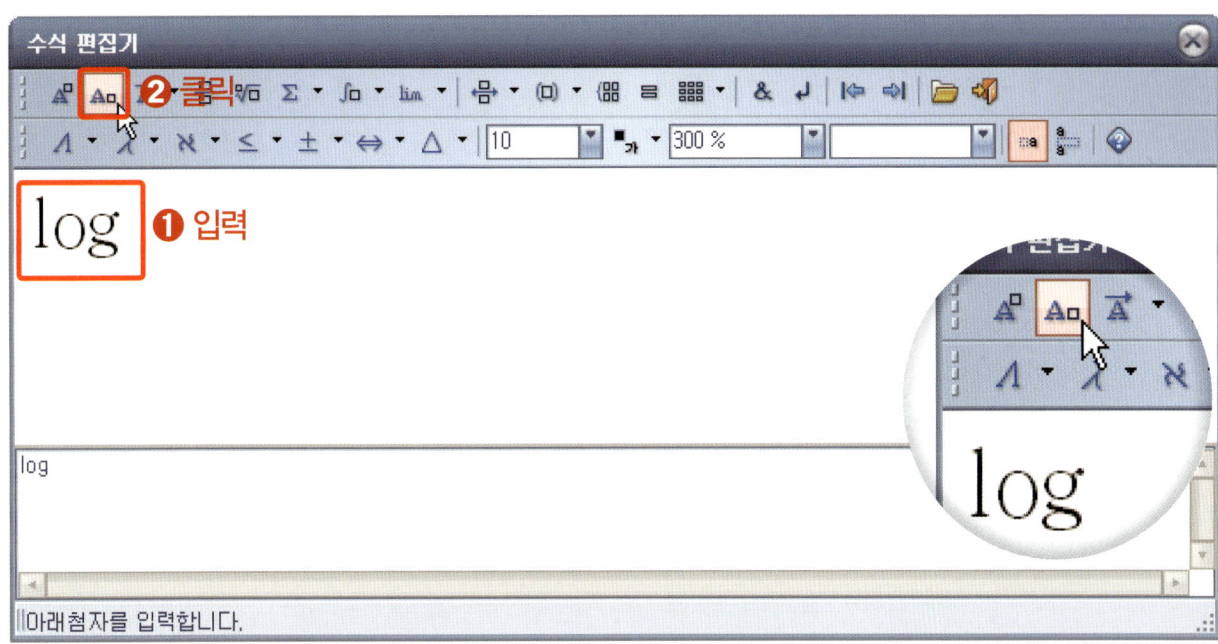

실력 쑥쑥 TIP
[수식 편집기] 대화상자

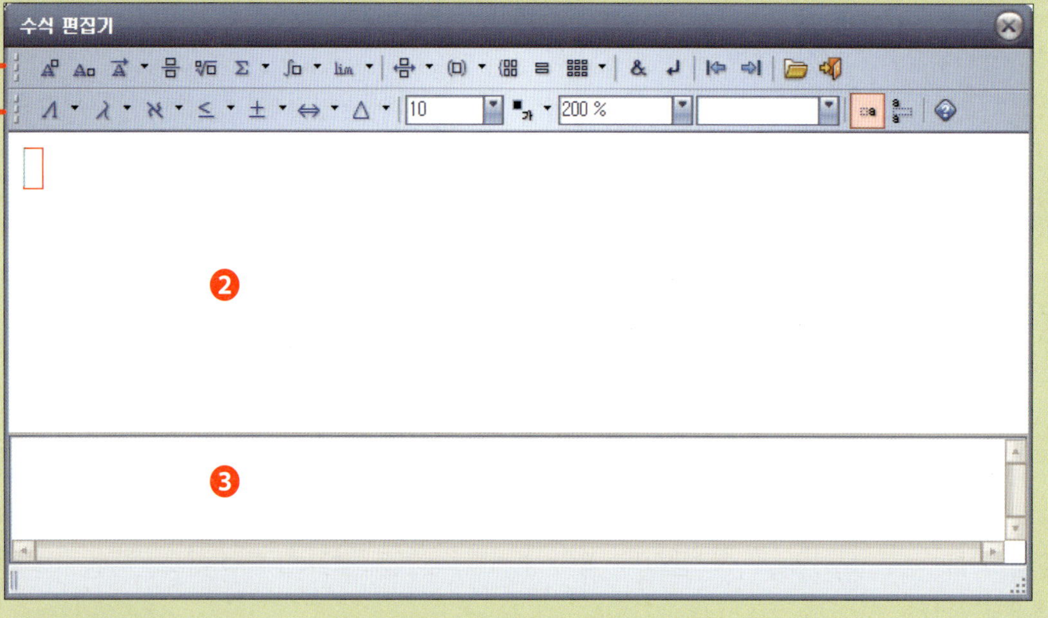

① **[수식] 도구 상자** : 다양한 함수 기호와 수식 템플릿, 수식 기호 및 수식용 명령어가 제공됩니다. 복잡한 수학 기호와 명령어를 굳이 직접 입력하지 않고도 [수식] 도구 상자의 다양한 수식 아이콘을 이용하여 간편하게 수식을 입력할 수 있습니다.

② **수식 편집 창** : [수식] 도구 상자에서 수식 템플릿을 선택한 후 수식 편집 창에서 필요한 값만 입력하면 간편하게 수식을 작성할 수 있습니다.

③ **스크립트 입력 창** : 수식 명령어를 직접 입력하여 수식을 만듭니다. 스크립트 입력 창에서 수식 명령어를 입력하면 수식 편집 창에서 결과를 바로 확인할 수 있습니다.

03 "3"을 입력한 후 아래첨자를 나가기 위해 **[다음 항목 ▶]] 단추를 클릭**합니다.

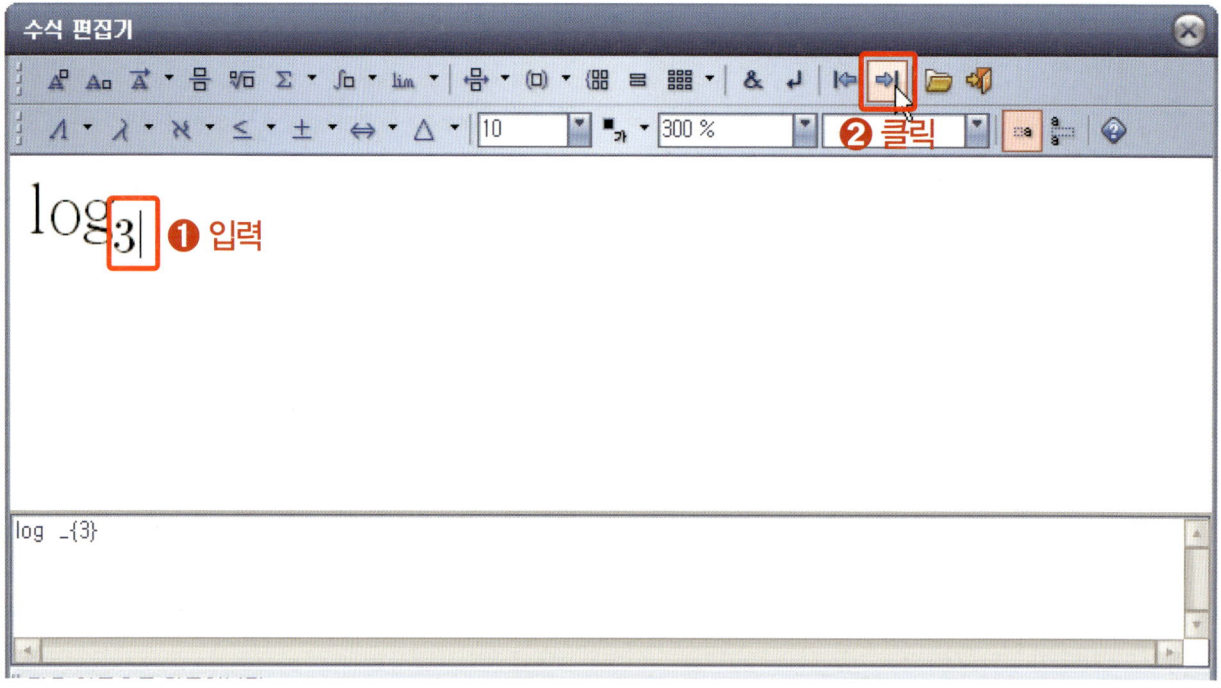

 [Tab]키를 눌러도 입력 범위를 벗어날 수 있습니다.

04 위와 같은 방법으로 다음과 같이 수식을 작성한 후 **[넣기 🔊] 단추를 클릭**합니다.

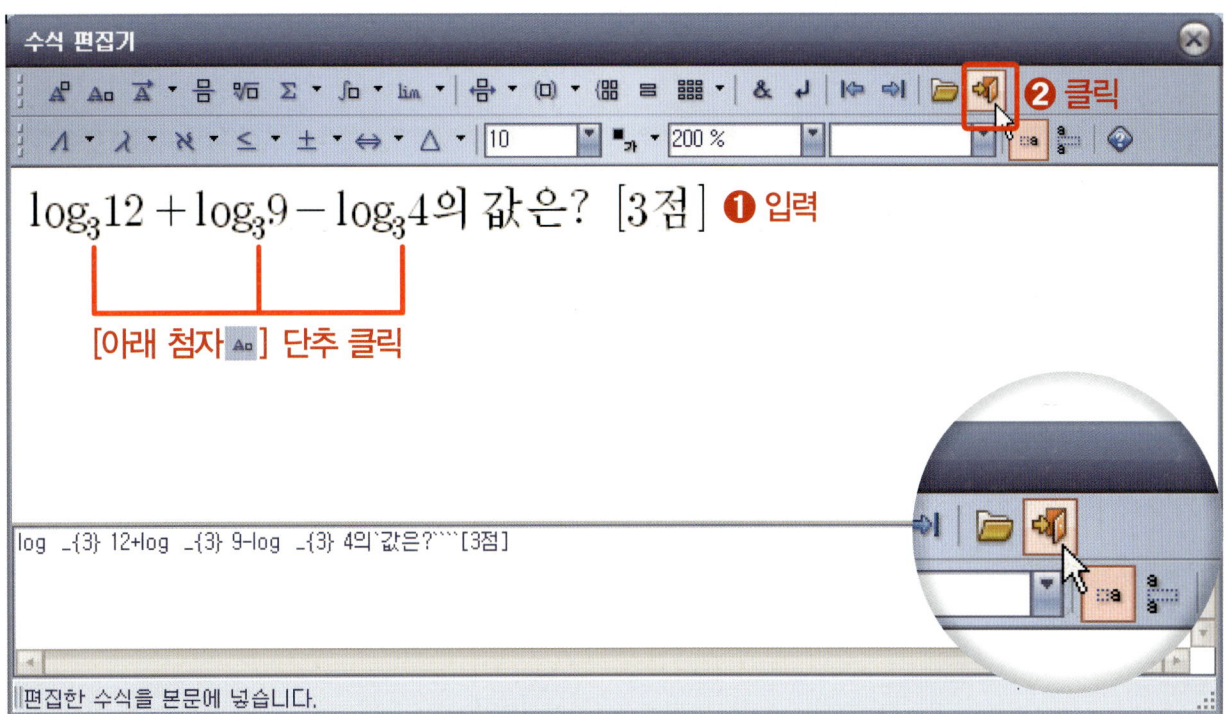

 수식 넣기
단축키 : [Shift]+[ESC], 도구 단추 : 🔊, 닫기 단추 : ❌

05 수식이 완성된 것을 확인합니다. 작성된 수식을 더블 클릭하면 수정이 가능합니다.

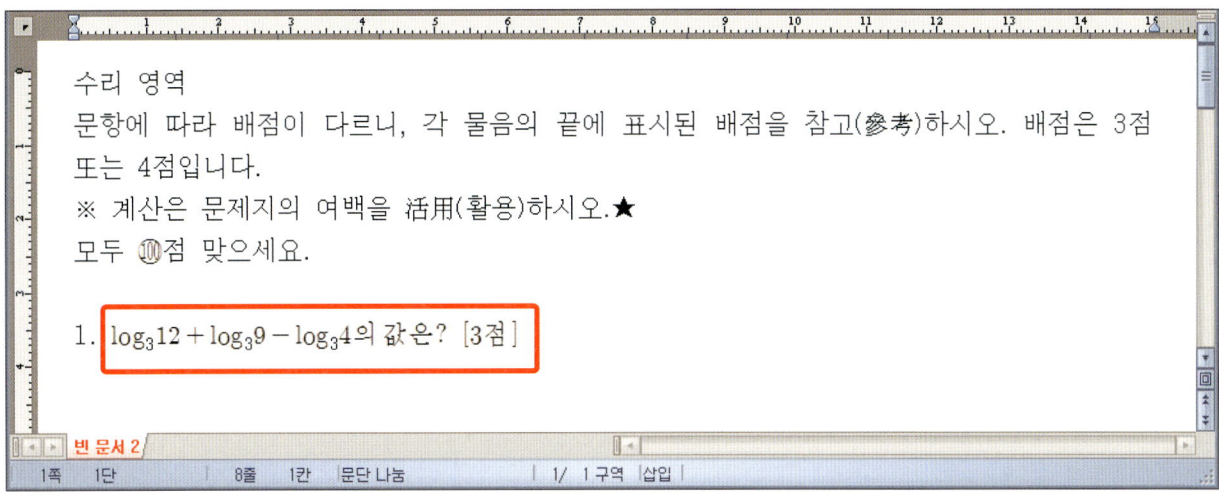

06 다음과 같이 **추가로 내용을 입력**한 후 두 번째 수식을 입력하기 위해서 [**수식 $f\infty$**] **단추를 클릭**합니다.

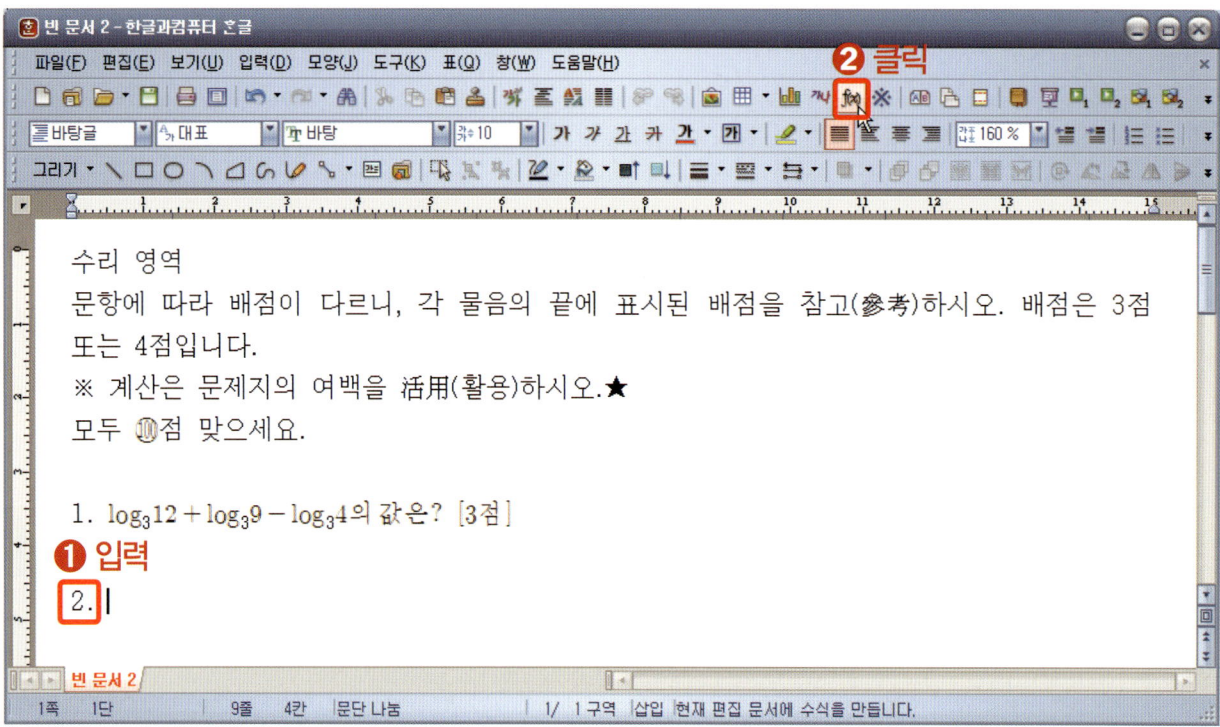

07 [수식 편집기] 대화상자에서 "**x=**"을 입력한 후 [**근호 √□**] **단추를 클릭**합니다.

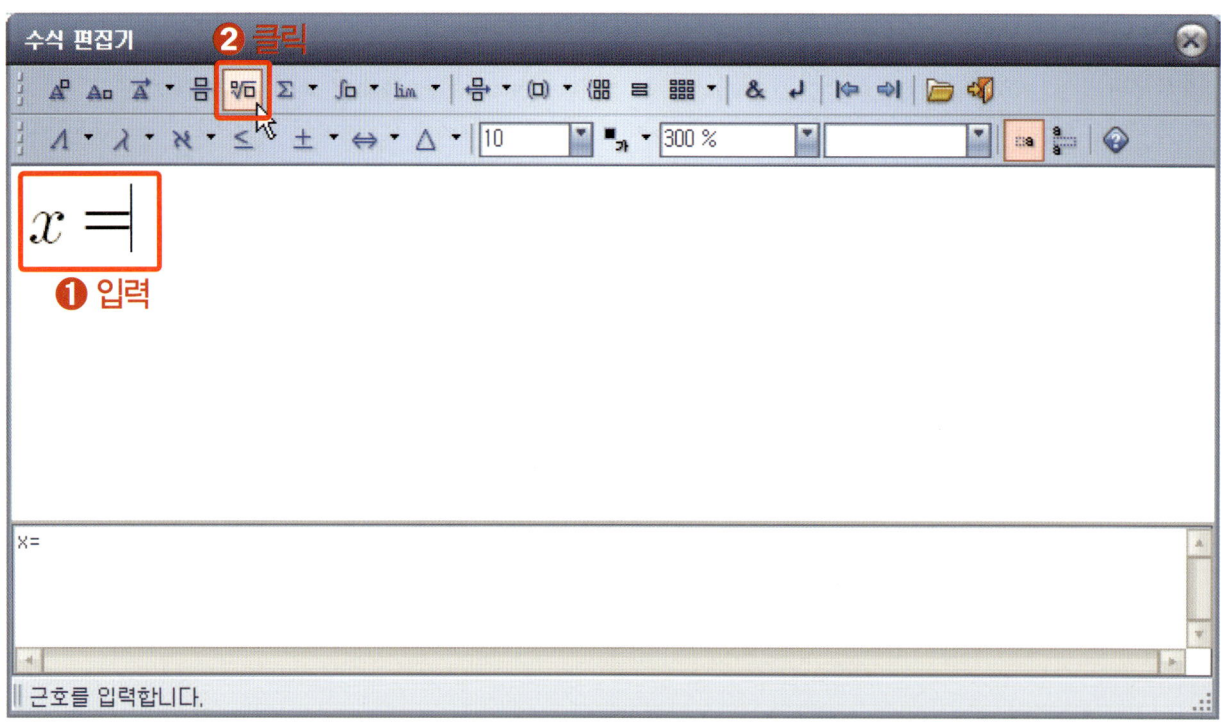

08 "2"를 **입력**한 후 근호를 나가기 위해 **[다음 항목]** **단추를 클릭**합니다.

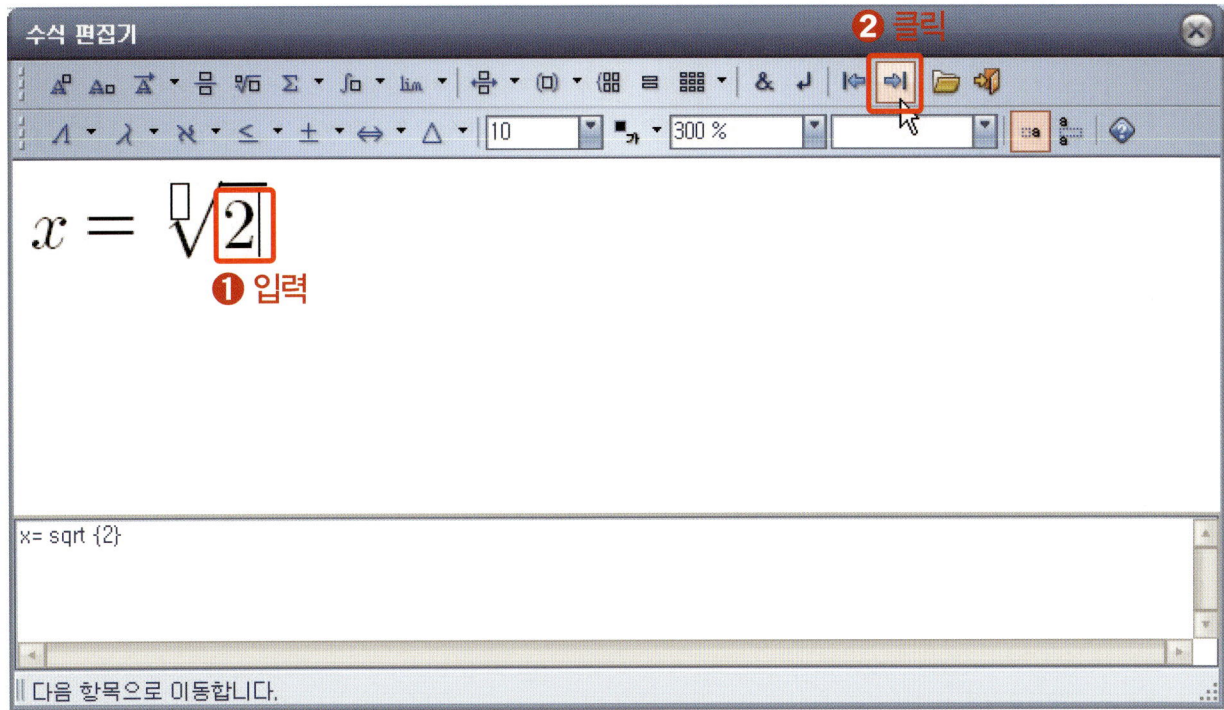

09 "일때,"를 **입력**한 후 분수를 입력하기 위해 **[분수]** **단추를 클릭**합니다.

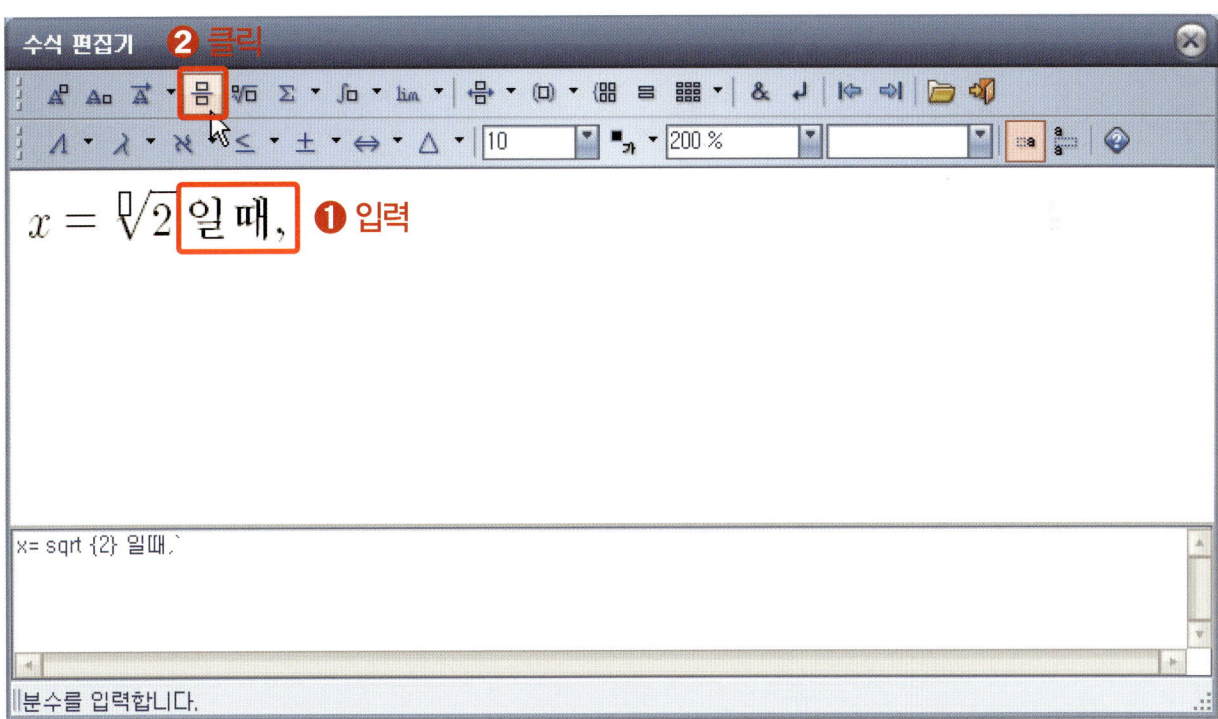

10 "3"을 입력한 후 분모로 이동하기 위해 [다음 항목 →|] 단추를 클릭합니다.

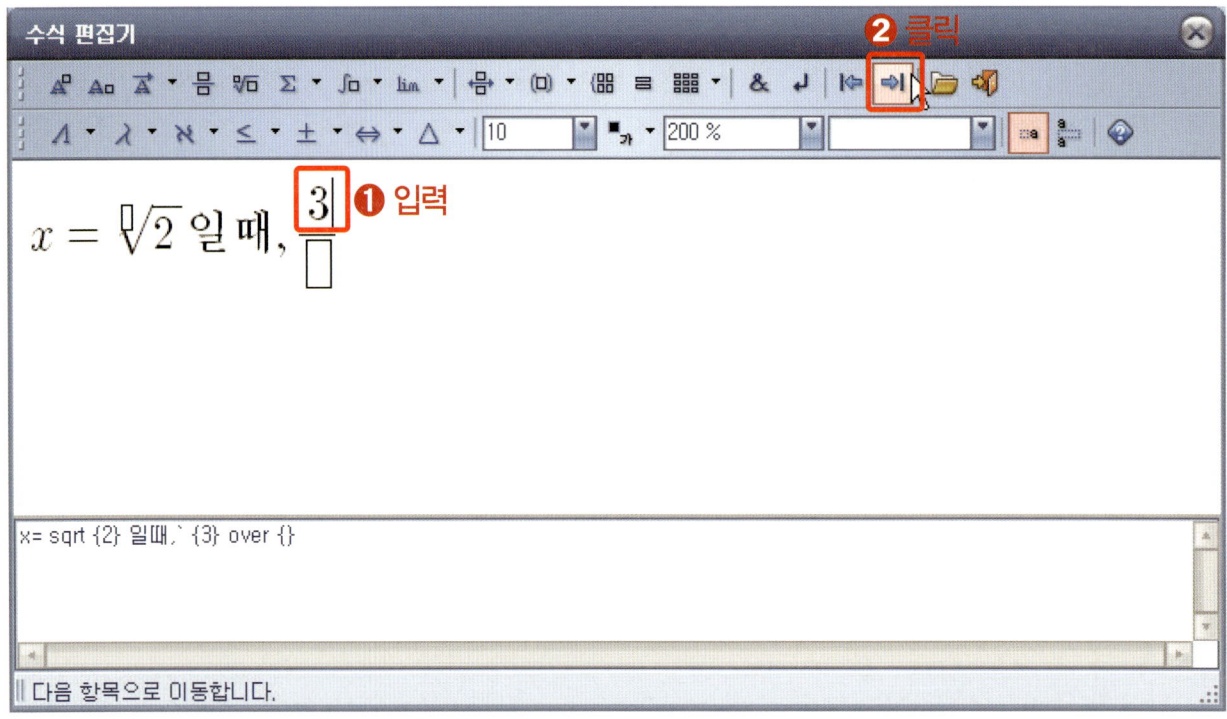

11 "x-"를 입력한 후 [분수 금] 단추를 클릭합니다.

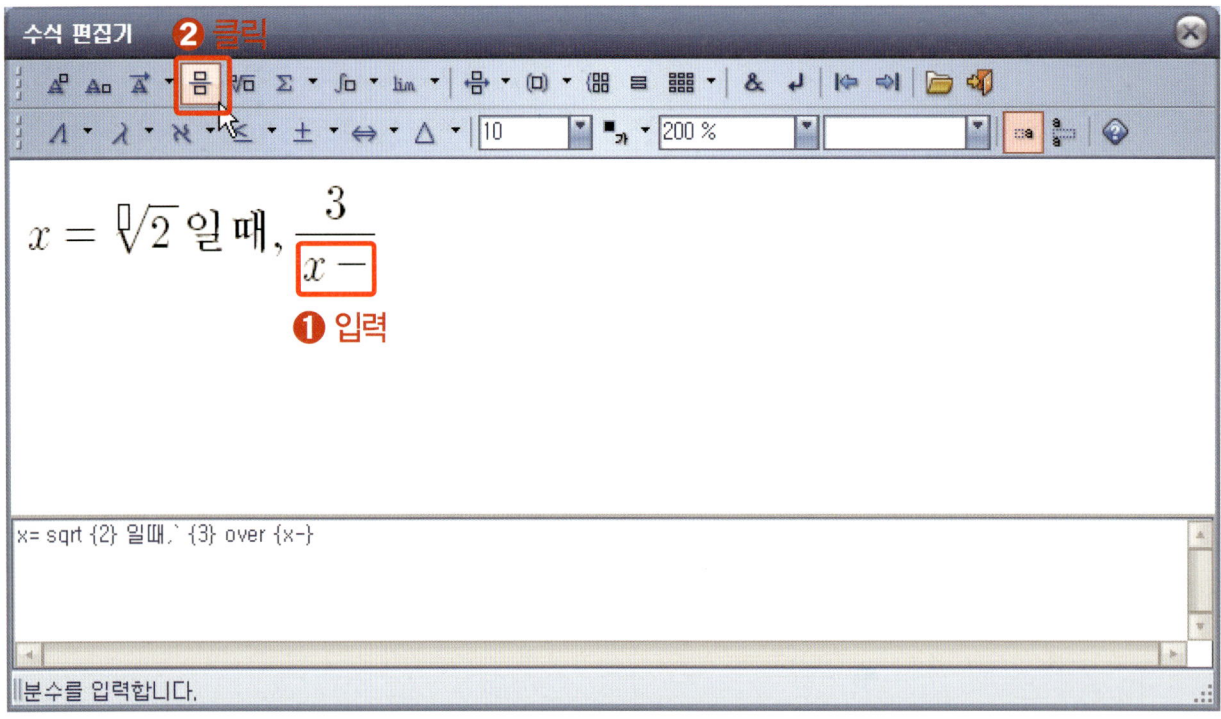

12 "x-1"을 입력한 후 [다음 항목 ➡] 단추를 클릭합니다.

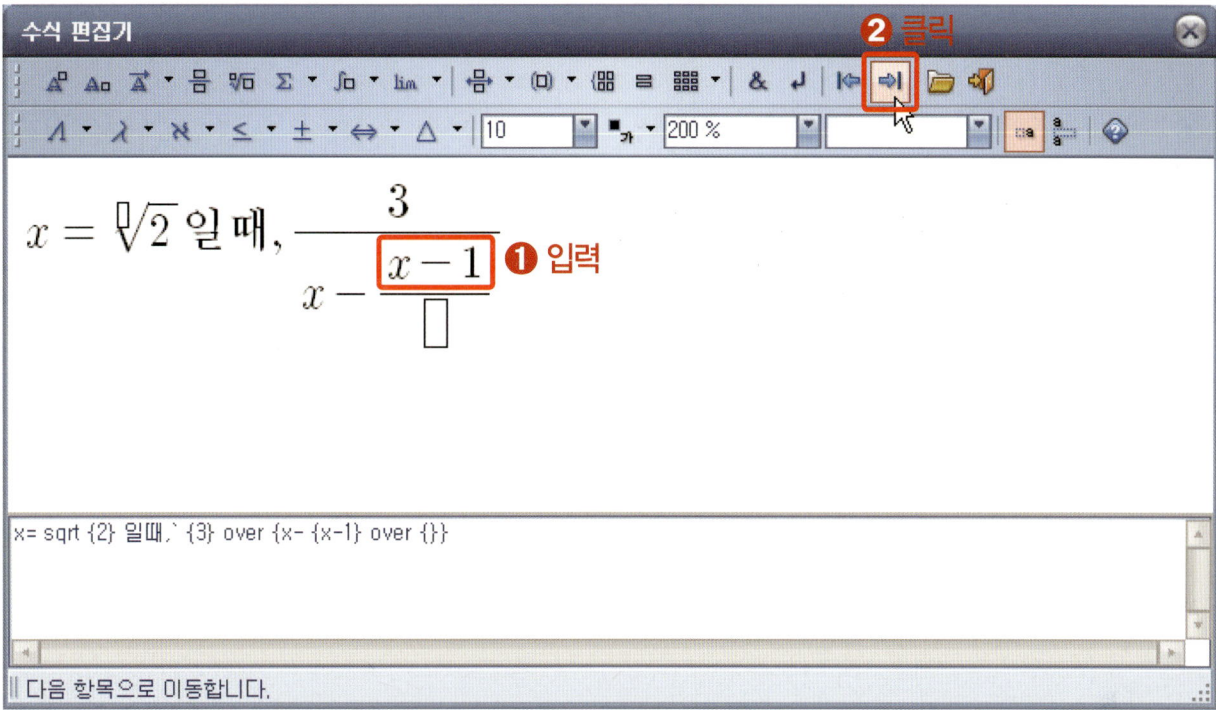

13 "x+1"을 입력한 후 [다음 항목 ➡]을 두 번 클릭하여 완전하게 분수를 빠져 나갑니다.

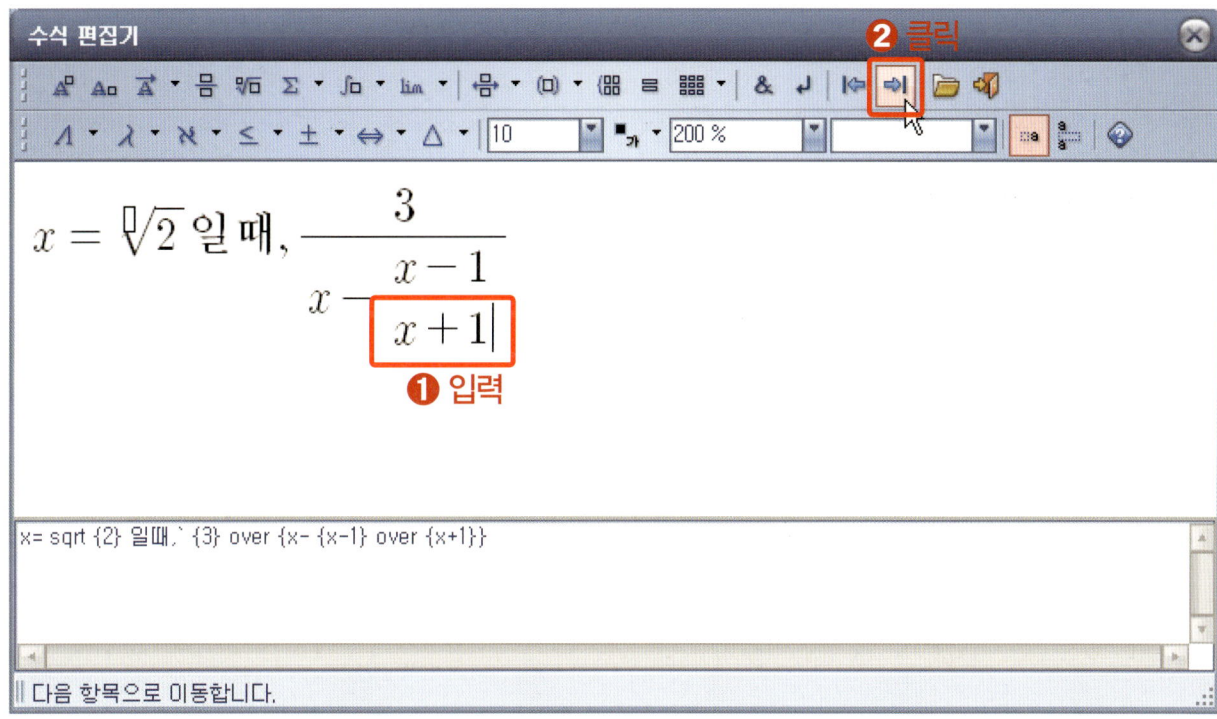

14 나머지 내용을 입력한 후 **[넣기]** **단추를 클릭**하여 수식을 입력합니다.

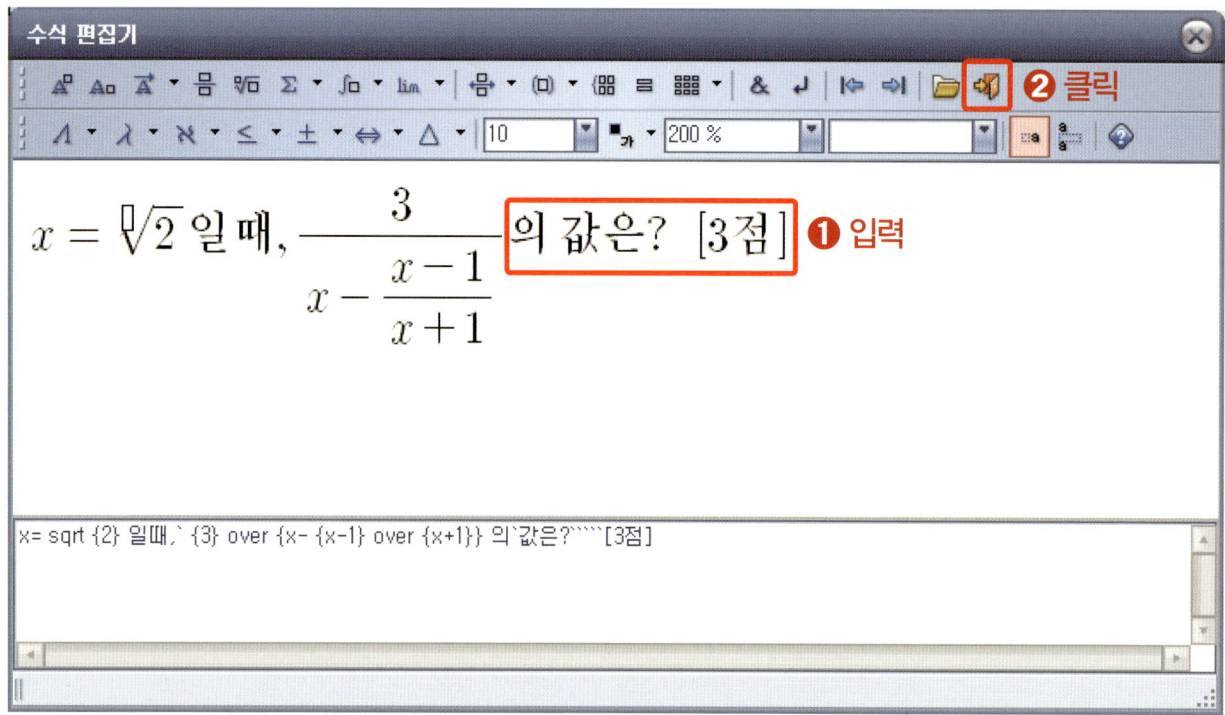

15 다음 그림과 같이 수식을 모두 입력하여 문서를 완성합니다.

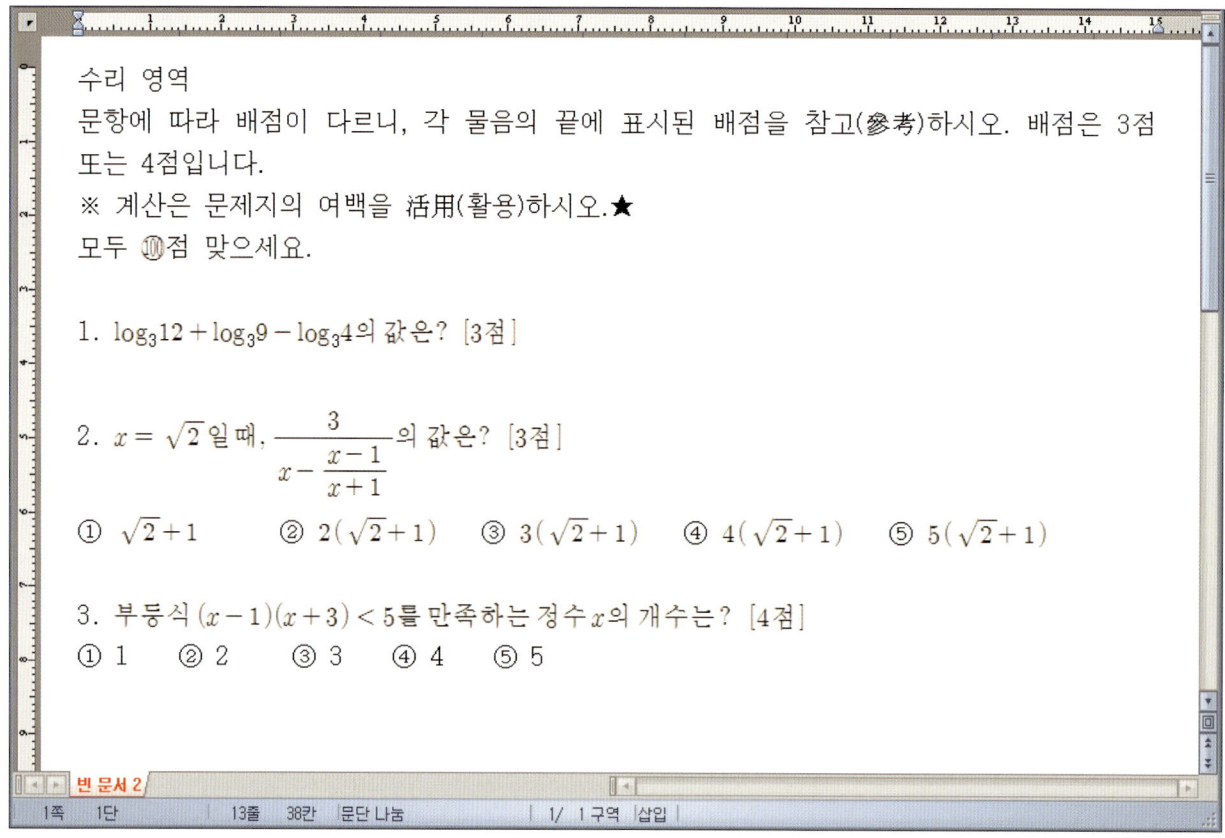

 원문자는 [입력]-[문자표] 메뉴의 '전각 기호(원)'에서 입력합니다.

혼자 풀어보기

01 한글 2007에서 다음과 같은 특수문자 찾아서 입력하여 보세요.

```
한글HNC 문자표-전각 기호 (일반) : ★ ● ♨ ☎ ♣ ℃
한글HNC 문자표-전각 기호 (원) : ㉠ ㉡ ㉢ ① ② ③ ⓐ ⓑ ⓒ
유니코드문자표-(여러가지기호) : ☀ ☂ ☁ ⛄ ☯ ☺ ☢ ☑
유니코드문자표-(딩벳기호) : ✦ ✈ ☆ ✘ ✔ ➪ ➪ ➪ ♥
완성형KS문자표-로마숫자 : Ⅰ Ⅱ Ⅲ Ⅳ Ⅴ Ⅵ Ⅶ Ⅷ Ⅸ Ⅹ
```

Hint! [입력]-[문자표] 또는 Ctrl+F10 키를 이용

02 다음과 같이 문서를 작성한 후 한자로 바꾸기 기능을 이용하여 다음과 같은 문서를 완성하여 보세요.

```
오늘의 漢字
------------------------------------------------

▶ 불광불급(不狂不及) : 미치지 않고서는 이룰 수 없다.
不 : 아닐불
狂 : 미칠광
不 : 아닐불
及 : 미칠급

▶ 낙화유수(落花流水) : 서로 그리워하는 애틋한 정을 이르는 말
落 떨어질낙(락)
花 꽃화
流 흐를유(류)
水 물수
```

Hint! 한자 키 이용

03 특수문자와 한자로 바꾸기 기능을 이용하여 다음과 같은 문서를 작성하여 보세요.

식빵 롤 ▶식빵으로 간단한 간식 만들기◀

★재료(材料)
식빵, 슬라이드 햄, 마요네즈, 오이피클, 계란노른자

♡ 방법(方法)
① 오이피클은 잘게 다져서 준비
② 계란노른자 : 마요네즈 : 피클(Pickle)의 비율은 1:1:1정도로 해주시면 됩니다.
③ 재료들을 모두 넣고 혼합합니다.
④ 식빵은 밀대로 밀어 납작하게 준비합니다. 그런 다음, 준비해 놓은 Sauce를 식빵에 2/3 정도만 펴 바릅니다.
⑤ 슬라이드 햄을 얹은 후에 돌돌 말아 줍니다.

---

04 수식 편집기로 다음 수식 (1), (2)를 각각 입력하여 보세요.

$$(1)\ (a\ b\ c)\begin{pmatrix} p \\ q \\ r \end{pmatrix} = (ap+bq+cr) \qquad (2)\ y = \sqrt{a^2} = |a| = \begin{cases} a & (a \geq 0) \\ -a & (a < 0) \end{cases}$$

Hint! [입력]-[개체]-[수식] 메뉴, Ctrl+N, M키, 수식(fx) 단추 이용

4장 우리 반 명단 주소록 만들어 보기

글자를 이동하고 복사하는 방법과 글자 찾아 바꾸기, 영어 대소문자 바꾸기, 정렬하기, 되돌리기, 다시 실행하기 기능에 대하여 배워 봅니다.

완성파일 미리보기

```
IT 기초반 LIST

이름      전화번호         이메일                    주소              아이디
김철수    010-352-4586     kim7405@hanmail.net       수원시 장안구     kim7405
이반장    010-568-9563     lee8569@hanmail.net       서울시 송파구     lee8569
정하늬    010-856-8563     jun0569@hanmail.net       성남시 수정구     jun0569
```

체크 포인트

실습 1 글자를 이동하고 복사하는 방법을 배워 봅니다.
실습 2 특정 문자를 찾아 바꾸는 방법을 배워 봅니다.
실습 3 소문자를 대문자로 변경하는 방법을 배워 봅니다.
실습 4 이름을 가나다순으로 정렬하는 방법을 배워 봅니다.
실습 5 실수로 삭제한 내용을 되돌리거나 다시 실행하는 방법을 배워 봅니다.

글자 이동하고 복사하기

입력한 내용의 글자를 이동하고 복사하는 하는 방법에 대하여 배워 봅니다.

글자 이동하기

01 '4장.우리반명단주소록만들어보기(소스).hwp' 문서를 불러온 후 [보기]-[조판 부호]를 클릭하여 조판 부호가 나타나도록 지정합니다.

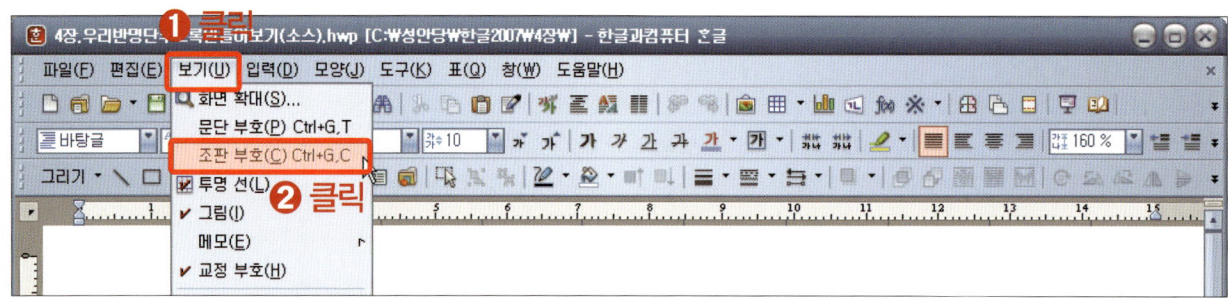

> **tip** 해설을 쉽게 이해하기 위해 띄어쓰기 조판 부호(그림, 그리기 개체, 머리말, 꼬리말 등)를 화면상에 표시합니다.

02 이름, 전화번호, 주소, 이메일의 구분은 Tab 키를 눌러서 입력되어 있는지 확인합니다.

03 주소 부분을 이메일 뒤쪽으로 이동하기 위해 '주소' 앞을 클릭한 후 Alt 키를 누른 채 세로로 주소 영역을 범위 지정합니다.

44 한글 2007

04 지정된 영역에서 마우스 오른쪽을 클릭한 후 [오려 두기]를 클릭합니다.

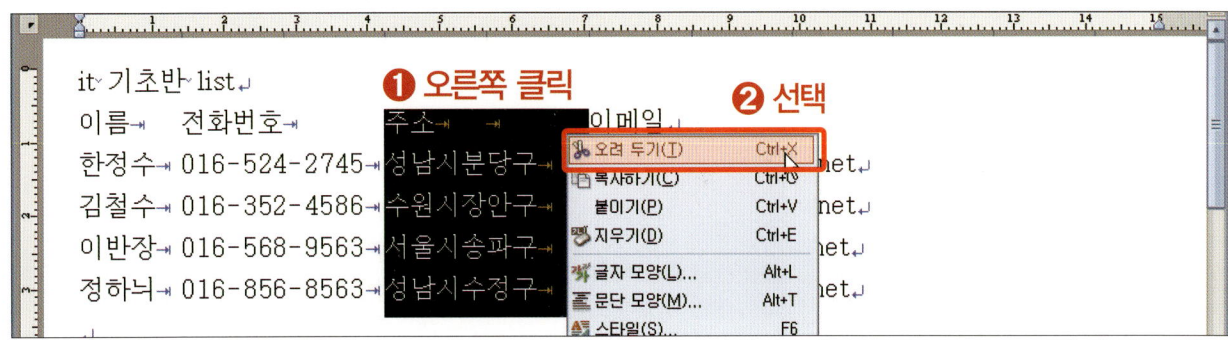

05 이메일 단어 뒤에 커서를 놓고 **Tab** 키를 세 번 눌러서 띄어쓰기를 한 후 **마우스 오른쪽 단추를 클릭하고 [붙이기]를 클릭**합니다.

06 다음 그림과 같이 주소 부분이 이메일 뒤쪽으로 이동된 것을 확인할 수 있습니다.

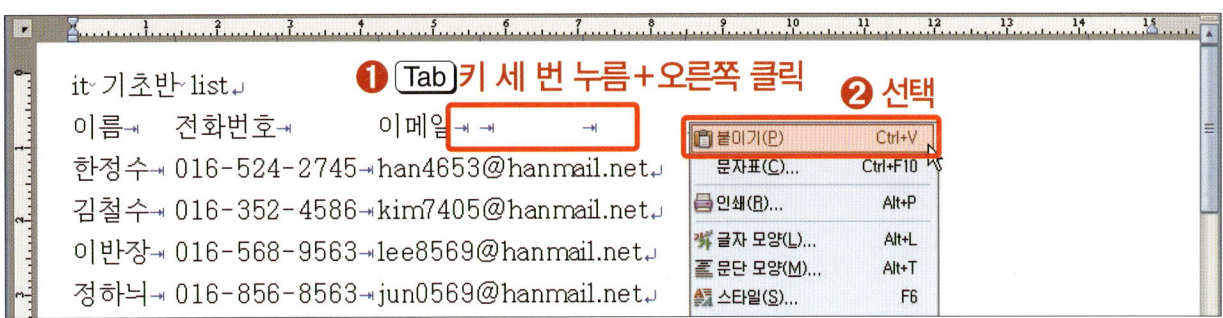

글자 복사하기

07 이메일 부분의 아이디를 복사하기 위해 '이메일' 단어 앞을 클릭한 후 **Alt** 키를 누른 채 세로로 주소 영역을 범위 지정합니다.

08 지정된 영역에서 마우스 오른쪽을 클릭한 후 [복사하기]를 클릭합니다.

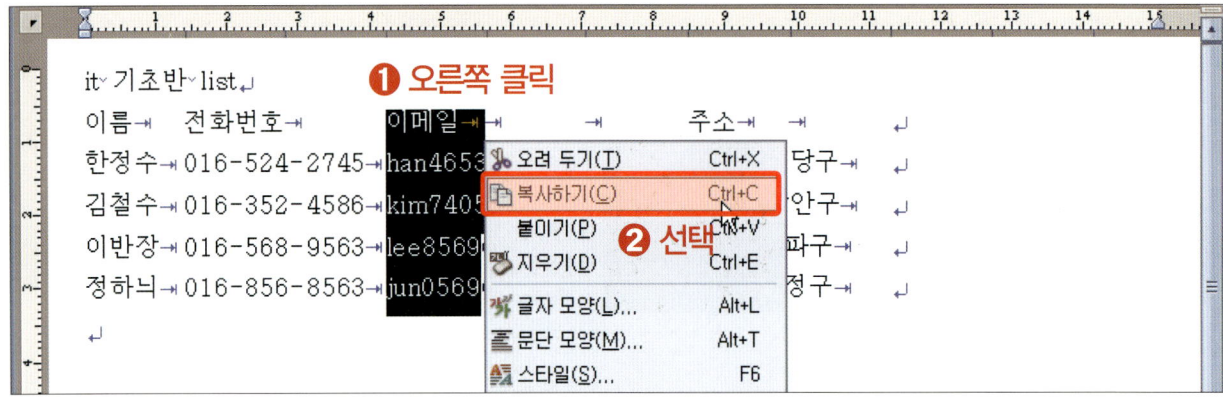

09 '주소' 단어 뒤 문단 부호 자리에 커서를 놓고 마우스 오른쪽 단추를 클릭한 후 [붙이기]를 클릭합니다.

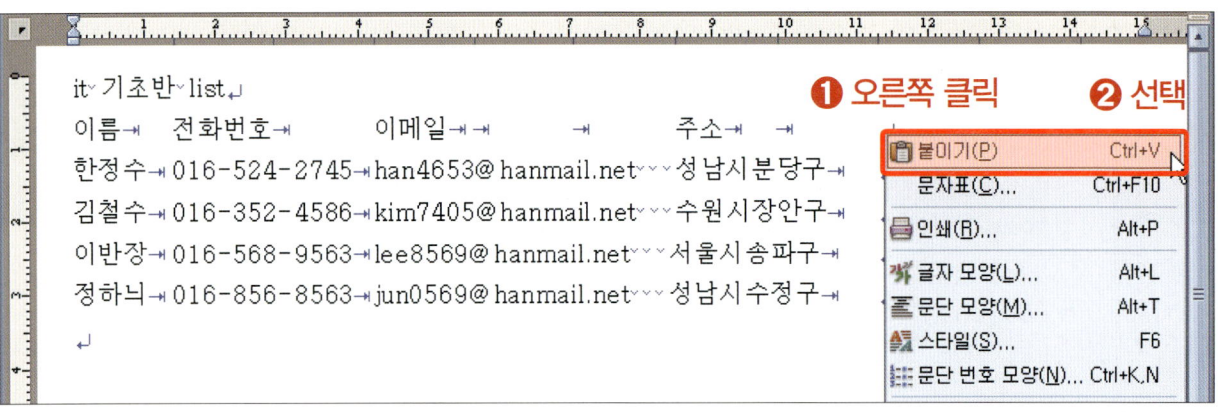

10 '이메일' 단어를 '아이디'로 수정합니다.

글자 찾아서 바꾸기

특정 문자를 찾아 바꾸기 기능을 이용하여 손쉽게 변경하는 방법에 대하여 배워 봅니다.

01 [보기]-[조판 부호]를 클릭하여 조판 부호를 숨깁니다.

02 전화번호의 앞자리 '016'을 '010'으로 변경하기 위하여 **[편집]-[찾아 바꾸기]를 클릭**합니다.

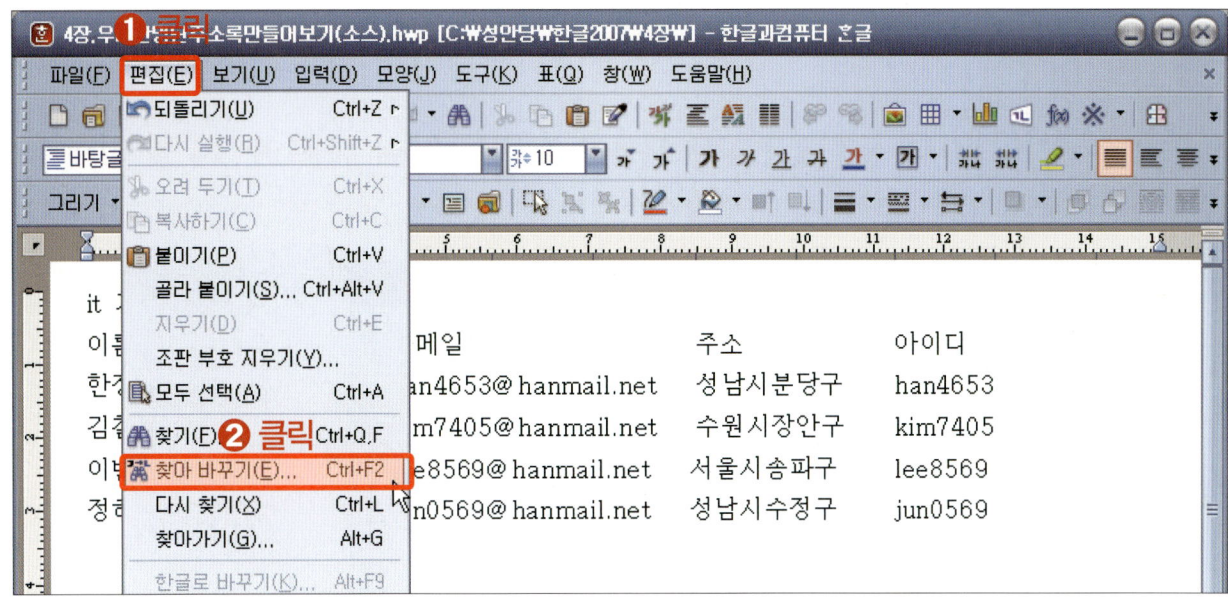

03 [찾아 바꾸기] 대화상자에서 **찾을 내용에 "016"을, '바꿀 내용'에 "010"을 입력한 후 [모두 바꾸기] 단추를 클릭**합니다.

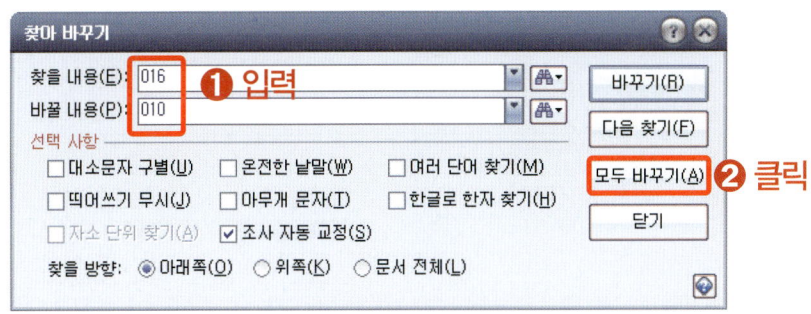

04 '문서의 처음부터 계속 찾을까요?' 대화상자가 나타나면 **[찾음] 단추를 클릭**하고, '더 이상 찾는 내용이 없습니다.' 대화상자에서 **[확인] 단추를 클릭**합니다.

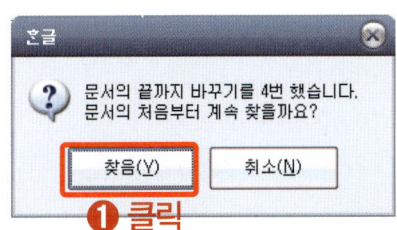 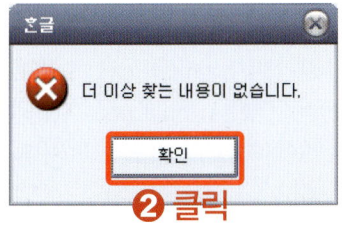

05 [찾아 바꾸기] 대화상자에서 [닫기] 단추를 클릭한 후 '016'이 '010'으로 모두 변경되었는지 확인합니다.

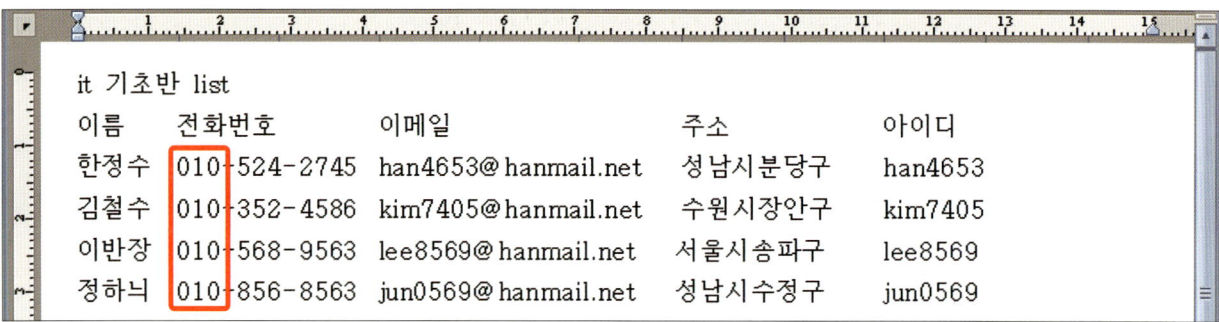

06 붙어있는 주소를 띄어쓰기 위해서 **[편집]-[찾아 바꾸기]를 클릭**합니다.

07 [찾아 바꾸기] 대화상자에서 **찾을 내용에 "시"를, '바꿀 내용'에 "시"를 입력한 후 띄어쓰기 하고 [모두 바꾸기] 단추를 클릭**합니다.

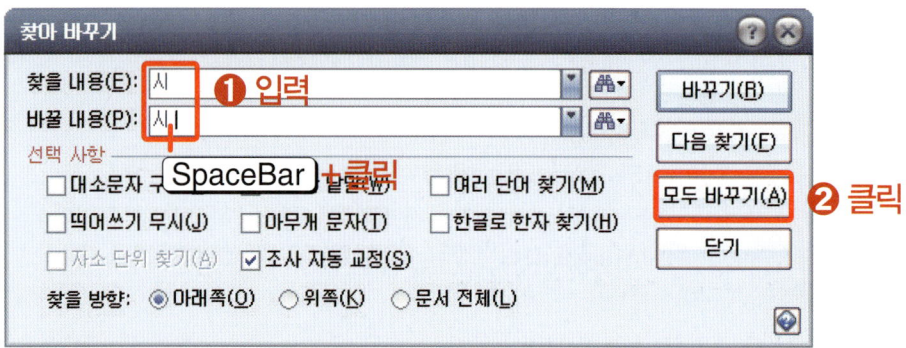

08 '문서의 처음부터 계속 찾을까요?' 대화상자가 나타나면 **[찾음] 단추를 클릭**하고, '더 이상 찾는 내용이 없습니다.' 대화상자에서 **[확인] 단추를 클릭**합니다.

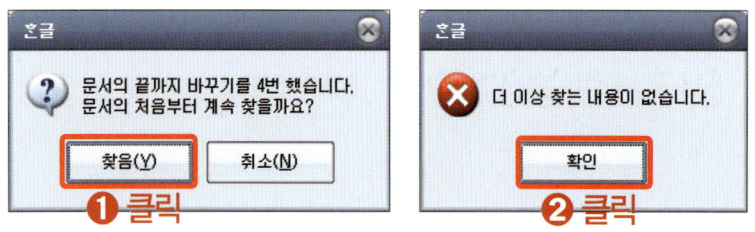

09 [찾아 바꾸기] 대화상자에서 [닫기] 단추를 클릭하면 다음과 같이 '시'와 '구' 사이에 띄어쓰기가 되어 있는 것을 확인할 수 있습니다.

글자 바꾸기

실습 03

글자 바꾸기 기능을 이용하여 소문자를 대문자로 변경하는 방법에 대하여 배워 봅니다.

01 제목을 범위 지정합니다.

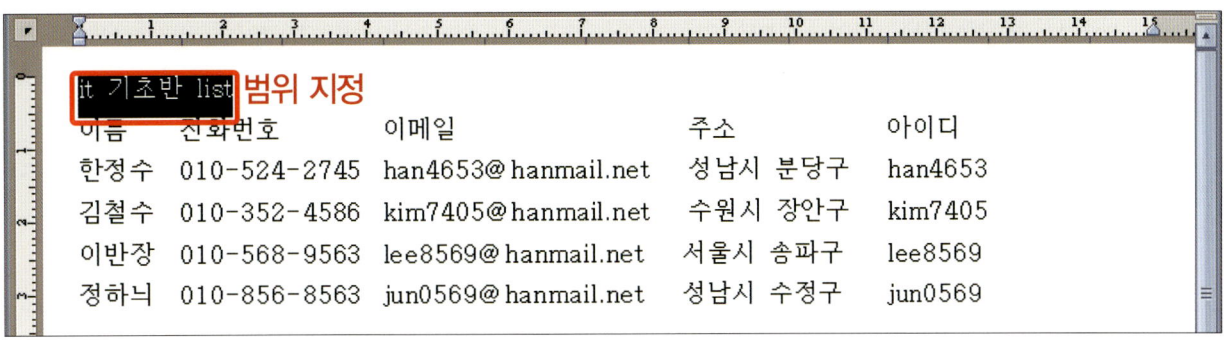

> tip 문장에서 마우스 왼쪽 단추를 두 번 클릭하면 한 단어가 블록 지정되고, 세 번 클릭하면 한 줄이 블록 지정이 됩니다.

02 [편집]-[글자 바꾸기]-[대문자/소문자 바꾸기]를 클릭합니다.

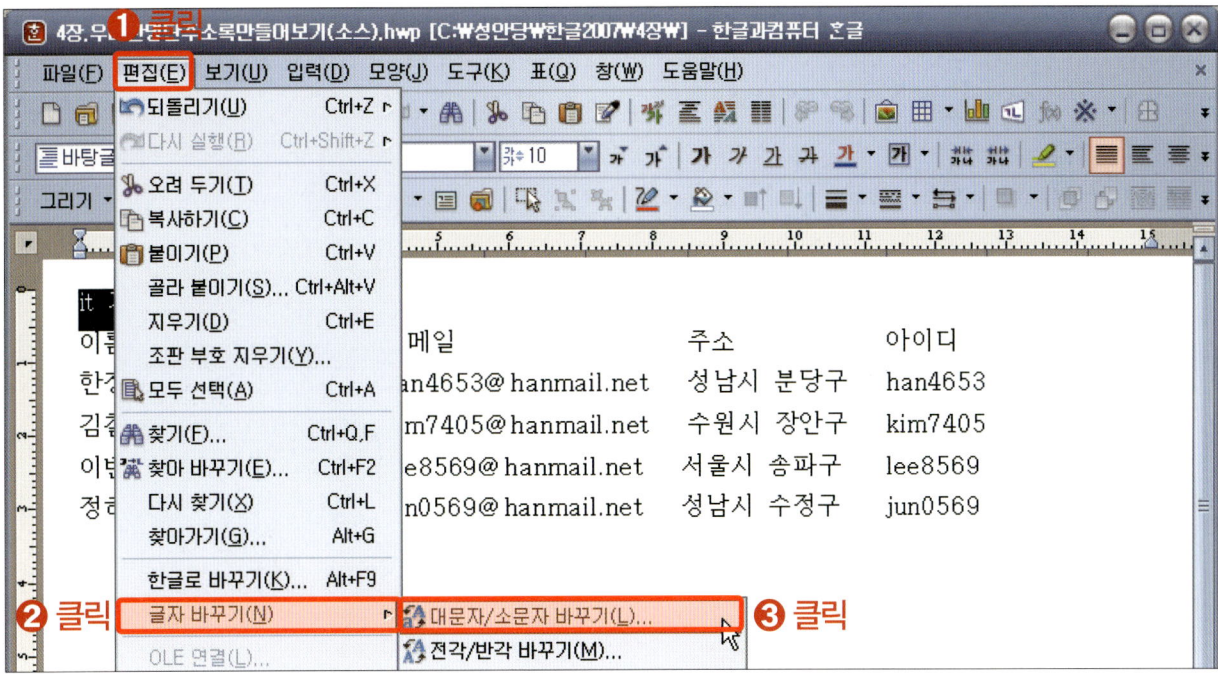

4장 우리 반 명단 주소록 만들어 보기 **49**

03 [대문자/소문자 바꾸기] 대화상자에서 '모두 대문자로'를 선택한 후 [바꾸기] 단추를 클릭합니다.

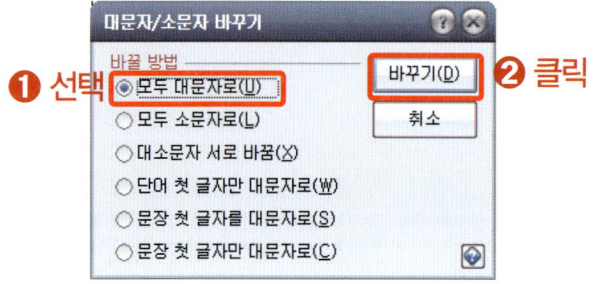

04 다음과 같이 블록이 지정된 부분의 소문자가 대문자로 변경된 것을 확인할 수 있습니다.

IT 기초반 LIST

이름	전화번호	이메일	주소	아이디
한정수	010-524-2745	han4653@hanmail.net	성남시 분당구	han4653
김철수	010-352-4586	kim7405@hanmail.net	수원시 장안구	kim7405
이반장	010-568-9563	lee8569@hanmail.net	서울시 송파구	lee8569
정하늬	010-856-8563	jun0569@hanmail.net	성남시 수정구	jun0569

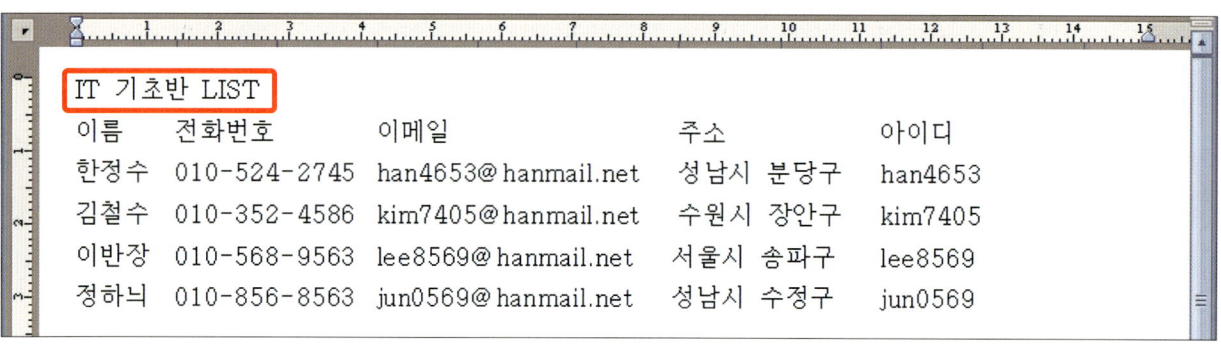

실력 쑥쑥 tip

대문자/소문자 바꾸기

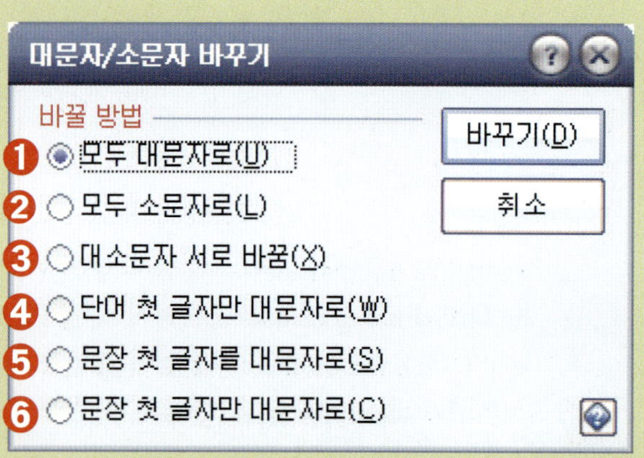

※ 예제 문장 : i love You

❶ 모두 대문자로 : I LOVE YOU

❷ 모두 소문자로 : i love you

❸ 대소문자 서로 바꿈 : I LOVE yOU

❹ 단어 첫 글자만 대문자로 : I Love You

❺ 문장 첫 글자를 대문자로 : I love You

❻ 문장 첫 글자만 대문자로 : I love you

이름 가나다 순으로 정렬하기

한글 2007에는 정렬하는 기능이 있습니다. 이름을 가나다 순으로 정렬하는 방법에 대하여 배워 봅니다.

01 문장에서 정렬을 실행할 내용을 범위 지정한 후 **[도구]-[정렬]을 클릭**합니다.

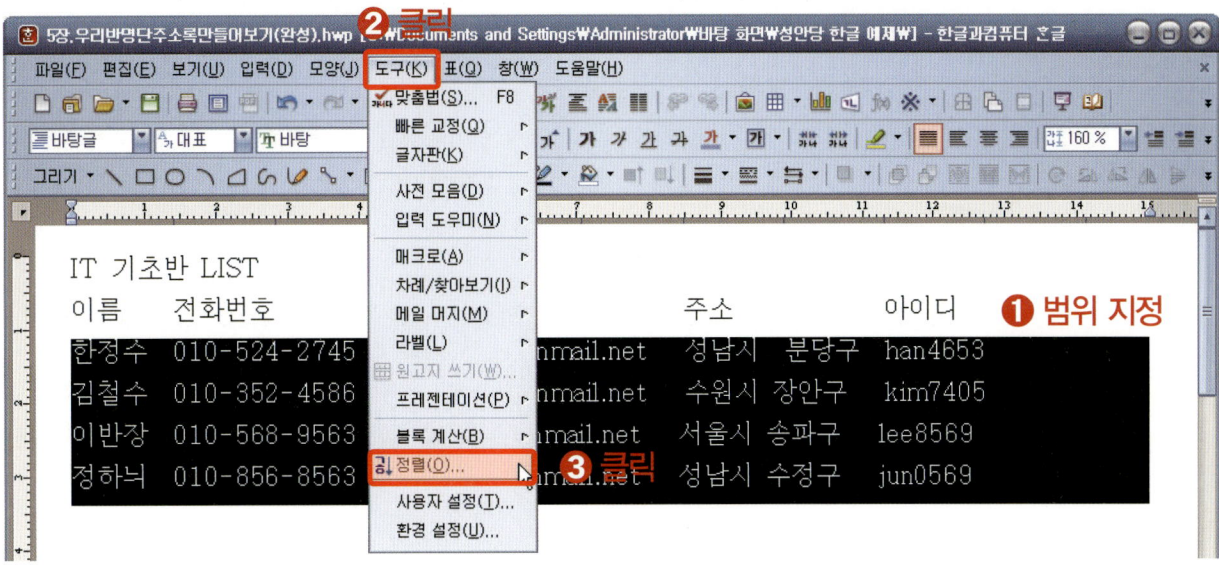

02 [정렬] 대화상자에서 **'기준1'의 위치를 '필드1'로 지정하고 '형식'을 '글자(가나다)'로 지정한 후 [실행] 단추를 클릭**합니다.

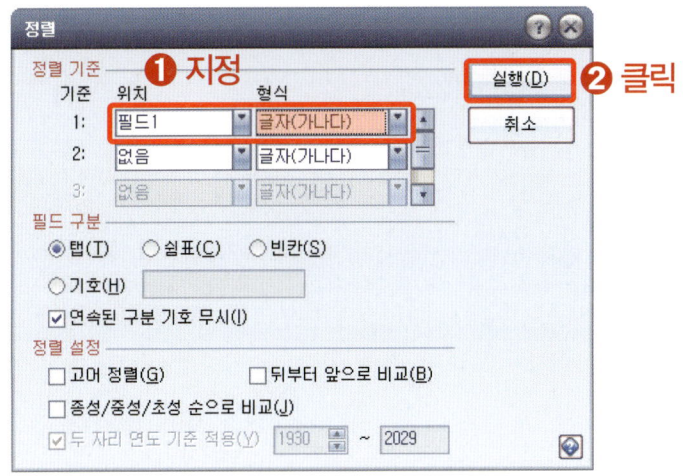

03 다음과 같이 이름(필드1)이 가나다 순으로 정렬된 것을 확인할 수 있습니다.

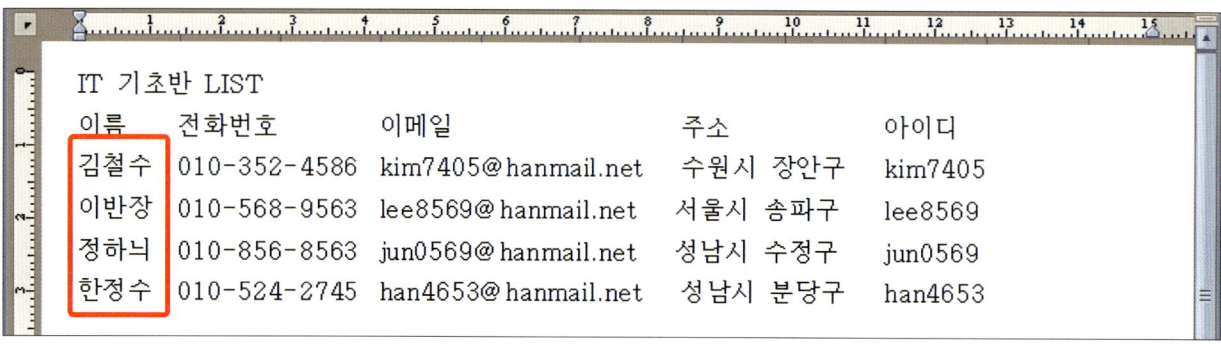

실력 쑥쑥 TIP — 정렬 형식

형식에서 글자(가나다)는 오름차순 정렬이며, 글자(하파타)는 내림차순 정렬을 의미합니다. 그 외 숫자, 날짜, 코드별로 선택하여 정렬할 수 있으며 동시에 정렬은 3개까지 가능합니다.

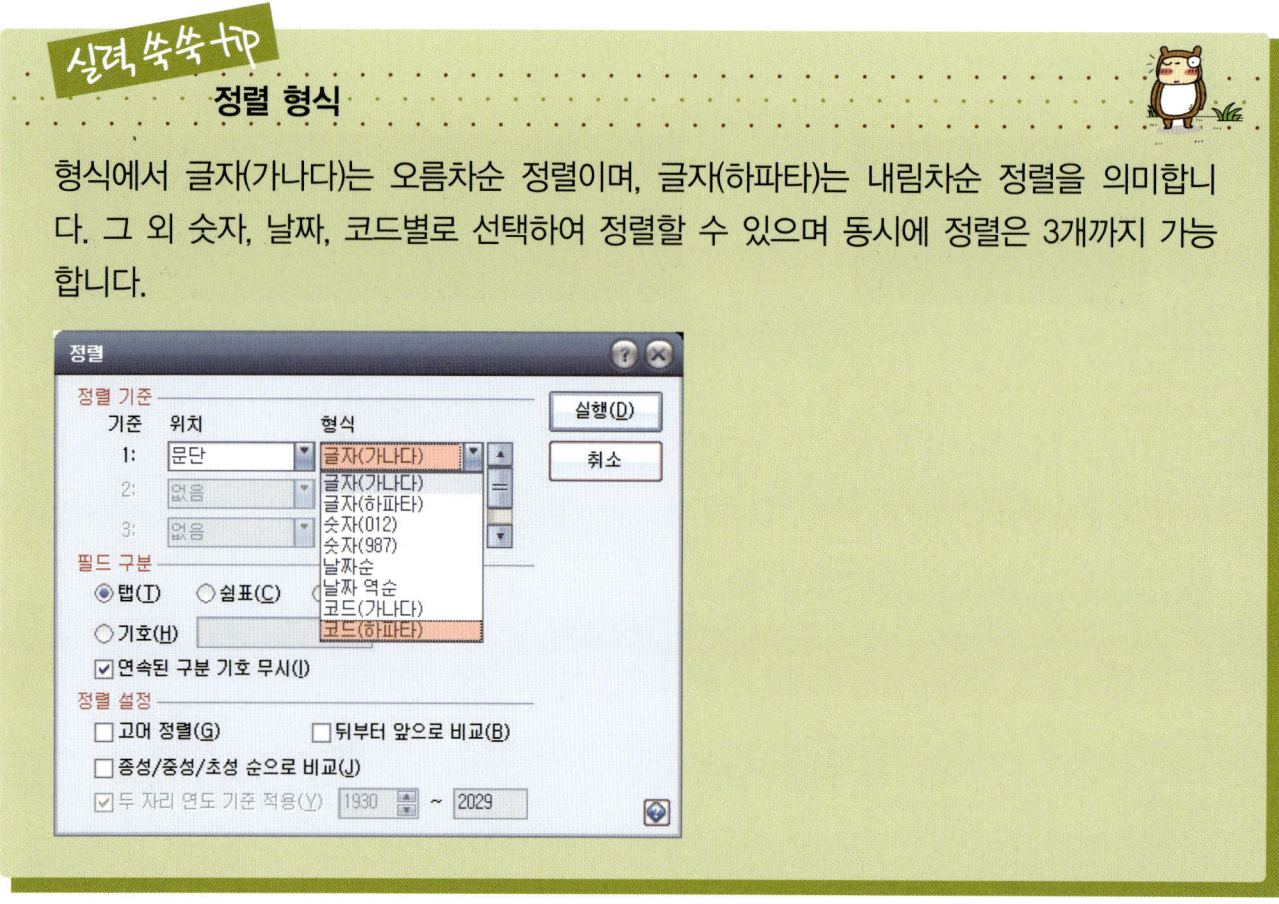

되돌리기, 다시 실행하기

실수로 삭제한 내용이나 단어를 되돌리거나 다시 실행하여 되살리는 기능을 배워 봅니다.

01 하단의 내용을 마우스로 드래그하여 범위 지정한 후 Delete 키를 눌러 삭제합니다.

02 Delete 키를 눌러 삭제한 명령을 취소하고 되돌리기 위해서 [**되돌리기** ↶] **단추를 클릭**합니다.

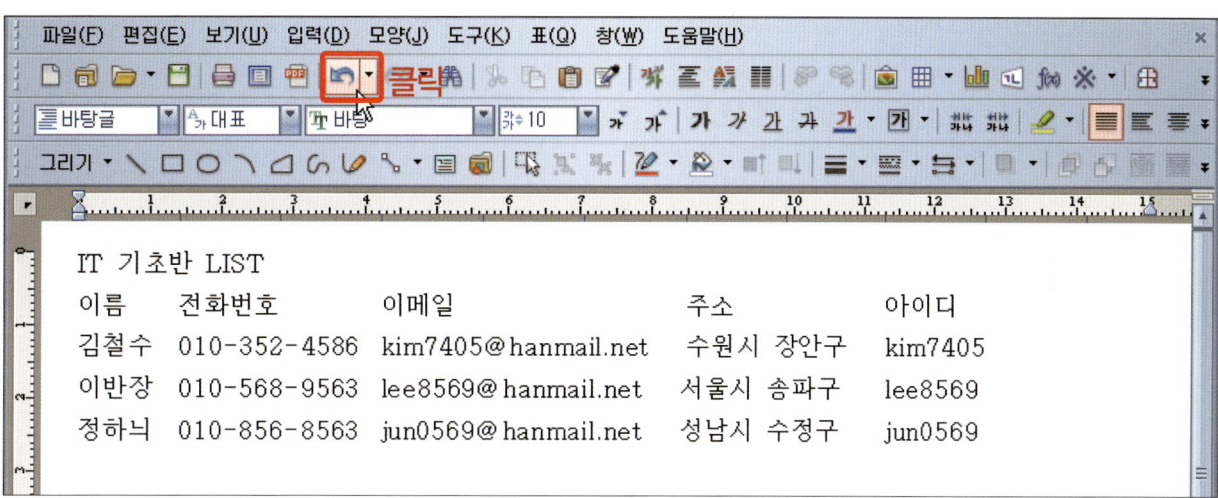

03 다음과 같이 삭제되기 전 상태로 되돌아간 것을 확인합니다.

04 되돌리기를 실행한 **취소명령을 다시 실행하기 위해서 [다시 실행] 단추를 클릭**합니다.

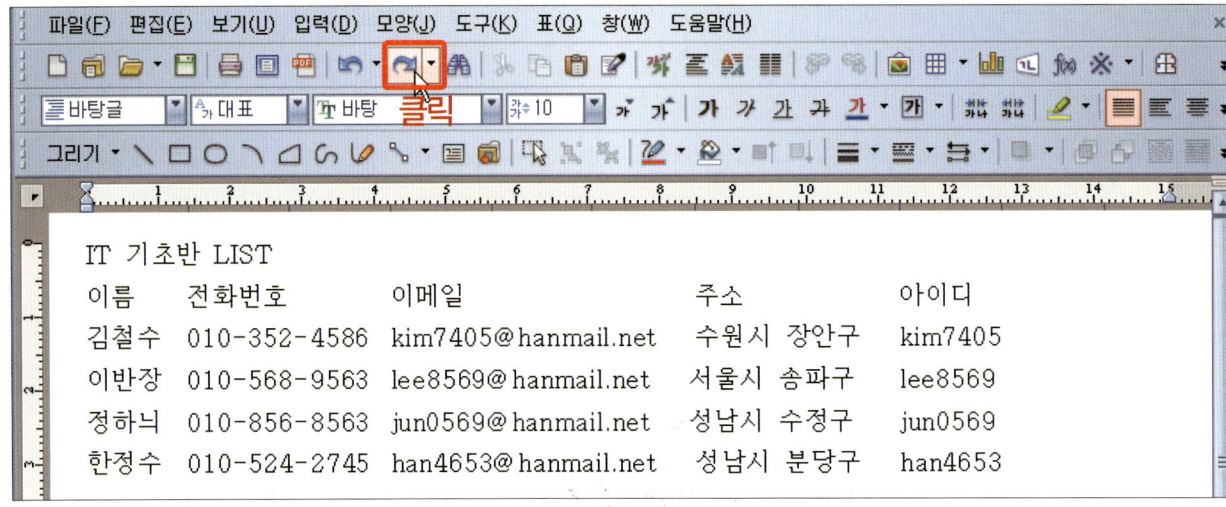

05 취소했던 삭제 명령이 다시 실행되어 하단의 내용이 삭제된 것을 확인합니다.

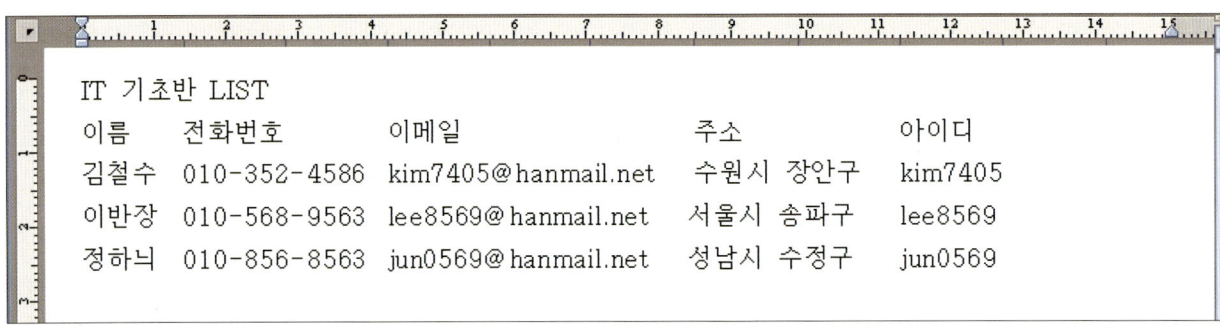

단축키
되돌리기 : Ctrl + Z 키, 다시 실행하기 : Ctrl + Shift + Z 키

실력 쑥쑥 tip

한꺼번에 되돌리기/다시 실행

한글 2007은 입력 및 편집작업이 순서대로 기록이 되어 있어서 되돌리기 및 다시 실행하기 기능을 반복적으로 사용할 수 있으며, [목록 단추]를 클릭하여 한꺼번에 되돌리기 및 다시 실행을 할 수 있습니다.

혼자 풀어보기

01 '4장.혼자풀어보기1번(소스).hwp' 문서를 불러온 후 '계좌제'를 '내일배움카드제'로 찾아 바꾸기를 해보세요.

> (소스)
> 계좌제란?
> 계좌제는 구직자(신규실업자, 전직실업자)에게 일정금액을 지원해, 그 범위 이내에서 자기 주도적으로 직업능력개발훈련에 참여할 수 있도록 하고, 훈련이력 등을 개인별로 통합 관리하는 제도입니다
> 계좌발급 신청 대상자는 현재 구직 중에 있는 전직실업자(고용보험가입 이력이 있는 자) 및 신규실업자(고용보험가입이력이 없는 자)입니다.
>
> (결과)
> 내일배움카드제란?
> 내일배움카드제는 구직자(신규실업자, 전직실업자)에게 일정금액을 지원해, 그 범위 이내에서 자기 주도적으로 직업능력개발훈련에 참여할 수 있도록 하고, 훈련이력 등을 개인별로 통합 관리하는 제도입니다
> 계좌발급 신청 대상자는 현재 구직 중에 있는 전직실업자(고용보험가입 이력이 있는 자) 및 신규실업자(고용보험가입이력이 없는 자)입니다.

Hint! [편집]-[찾아 바꾸기] 기능을 이용합니다.

02 '4장.혼자풀어보기2번(소스).hwp' 문서를 불러온 후 '천원'을 ',000원'으로 찾아 바꾸기를 해보세요.

> (소스)
> 경기도 성금 모금 현황
> 회사   지역   성금액
> 우림사 경기도성남시 100,000천원
> 성안당 경기도파주시 150,000천원
> 성일   경기도용인시 180,000천원
> 제일   경기도안산시 200,000천원
> 거성사 경기도일산시 110,000천원
>
> (결과)
> 경기도 성금 모금 현황
> 회사   지역   성금액
> 우림사 경기도성남시 100,000,000원
> 성안당 경기도파주시 150,000,000원
> 성일   경기도용인시 180,000,000원
> 제일   경기도안산시 200,000,000원
> 거성사 경기도일산시 110,000,000원

Hint! [편집]-[찾아 바꾸기] 기능을 이용합니다.

03 '4장.혼자풀어보기3번(소스).hwp' 문서를 불러온 후 글자 바꾸기 기능을 이용하여 단어의 첫 글자만 대문자로 변경해 보세요.

(소스)
영어회화 한마디
jeong : Hi jay, long time no see
jay : Hi jeong, how have you been?
jeong : I've been good. i started a jewelry store. Come meet me sometime
jay : where the shop is?
jeong : it is located in park avenue.

(결과)
영어회화 한마디
Jeong : Hi Jay, Long Time No See
Jay : Hi Jeong, How Have You Been?
Jeong : I'Ve Been Good. I Started A Jewelry Store. Come Meet Me Sometime
Jay : Where The Shop Is?
Jeong : It Is Located In Park Avenue.

Hint! [편집]-[글자 바꾸기]-[대문자/소문자 바꾸기] 기능을 이용합니다.

04 '4장.혼자풀어보기4번(소스).hwp' 문서를 불러온 후 아래 지시사항대로 작업해 보세요.

> ① 합격여부의 O는 합격으로, X 는 불합격으로 찾아 바꾸기
> ② 합격여부별 내림차순으로 정렬, 성명 오름차순 정렬
> ③ 수험번호 열을 연락처 열 앞으로 이동

```
(소스)                                          (결과)
ITQ 한글 수험자 명단                              ITQ 한글 수험자 명단
성 명     연락처          수험번호    합격여부    성 명    수험번호    연락처          합격여부
김원심    010-456-5912   2011001    O          김원심   2011001    010-456-5912   합격
김혜진    010-404-0226   2011002    X          문은경   2011003    010-917-5233   합격
문은경    010-917-5233   2011003    O          이정은   2011005    010-489-5693   합격
안은영    010-865-9563   2011004    X          김혜진   2011002    010-404-0226   불합격
이정은    010-489-5693   2011005    O          안은영   2011004    010-865-9563   불합격
```

- [편집]-[찾아 바꾸기] 기능을 이용합니다.
- [도구]-[정렬] 기능을 이용합니다.
- Alt 키를 이용하여 범위를 지정하고 마우스 오른쪽 단추를 클릭한 후 [오려 두기], [붙이기] 기능을 이용합니다.

5장 알록달록 안내문 만들어 보기

다양한 글자 모양을 변경하는 방법과 모양 복사하기를 이용하여 예쁜문서를 작성하는 방법을 배워 봅니다.

완성파일 미리보기

제13회 서울국제여성영화제
The 13th
INTERNATIONAL Women's Film Festival
in Seoul
2011.4.07 ~ 4.14

개최기간
2011년 4월 7일(목) ~ 4월 14일(목) (8일간)
장소
신촌 아트레온 1,3,5관(총 3개관), 한국영상자료원, 서울여성플라자, 양천해누리타운 해누리 홀
규모
30개국 115편(장편 37편, 단편 78편)의 초청작 상영, 다양한 부대행사와 이벤트

체크 포인트

실습 1 글자를 다양한 모양으로 고치는 방법에 대하여 배워 봅니다.

실습 2 글자 모양이 지정되어 있는 글자를 모양 복사를 이용하여 복사하는 방법에 대하여 배워 봅니다.

글자 모양 고치기

글자를 입력한 후 글자를 다양한 모양으로 고치는 방법에 대하여 배워 봅니다.

01 '5장.알록달록안내문만들어보기(소스).hwp' 문서를 불러옵니다.

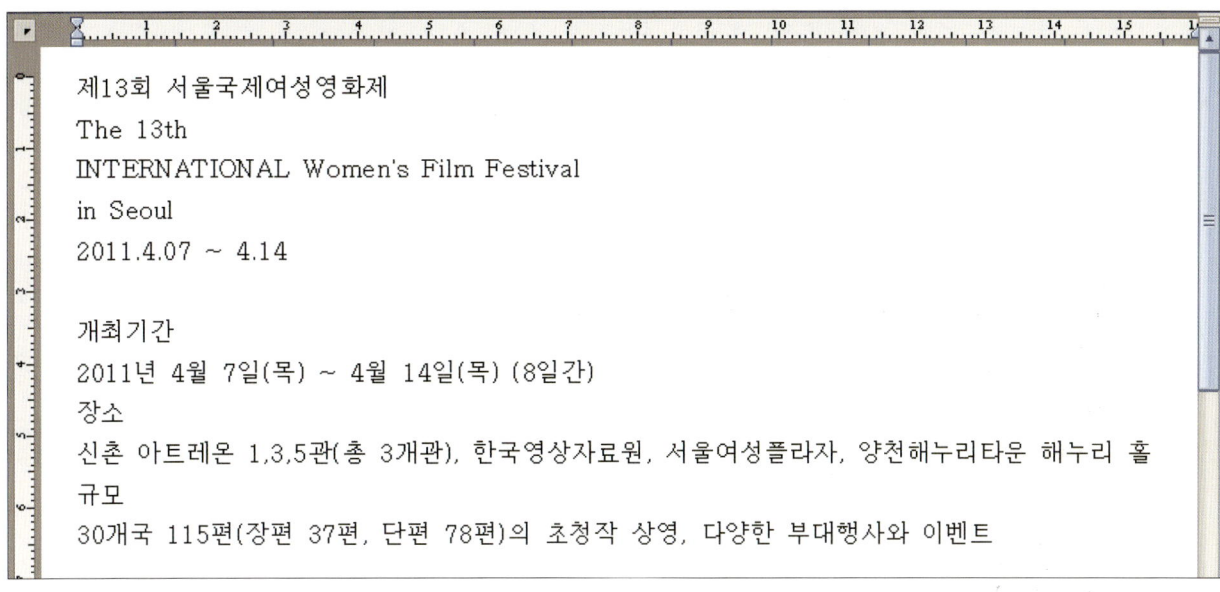

02 제목을 범위 지정하고 '글꼴 : 양재 둘기', '글자 크기 : 20pt', '글자 색 : 흐린 자주빛 보라' 로 지정합니다.

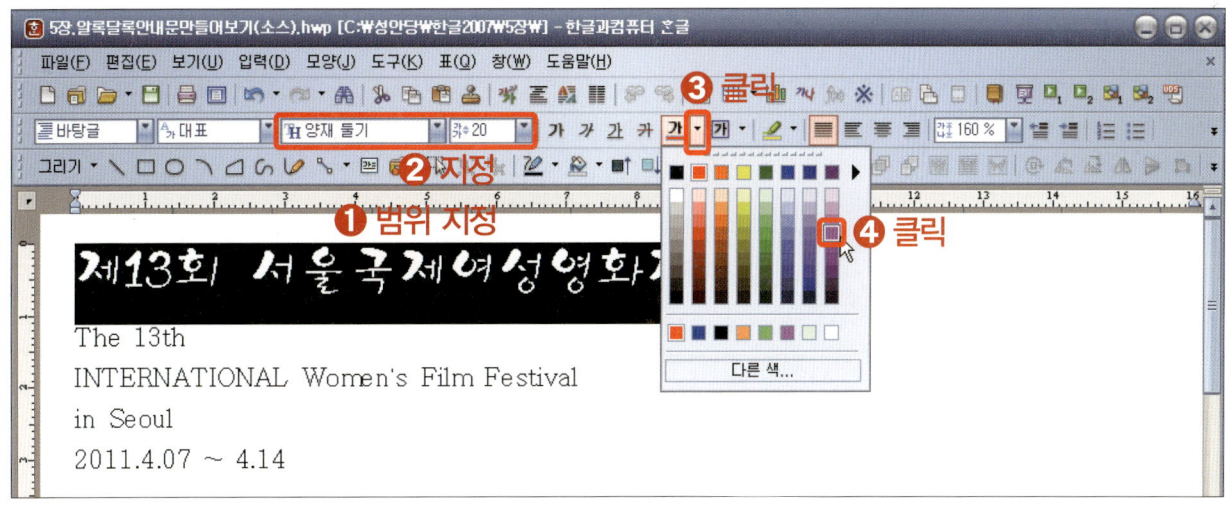

5장 알록달록 안내문 만들어 보기

표 서식

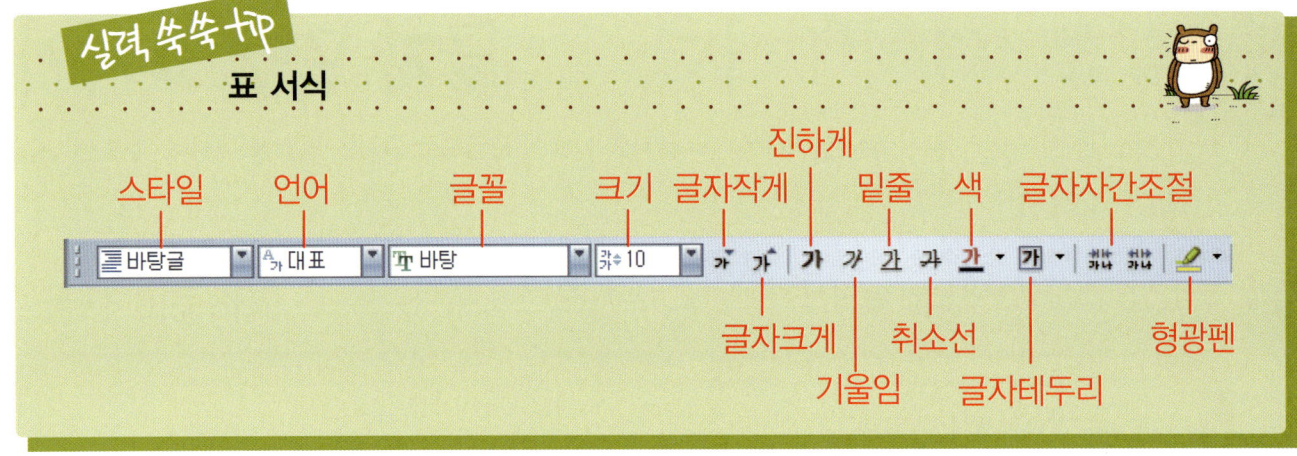

03 'The 13th' 문장을 범위 지정한 후 [모양]-[글자 모양]을 클릭합니다.

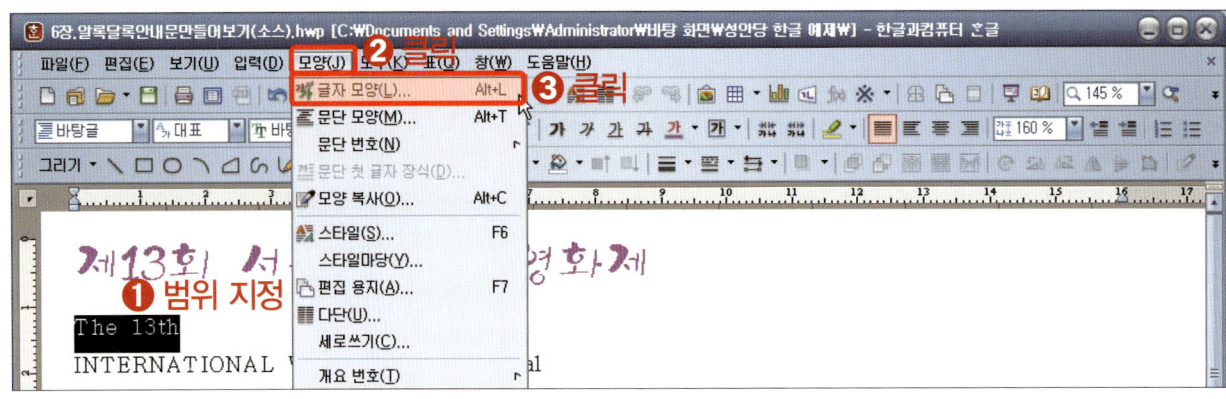

 글자 모양 단축키 : Alt + L

04 [글자 모양] 대화상장의 [기본] 탭에서 '기준 크기 : 13pt', '글꼴 : 맑은 고딕', '속성 : 진하게', '글자 색 : 흰색', '음영색 : 빨강'으로 지정한 후 [설정] 단추를 클릭합니다.

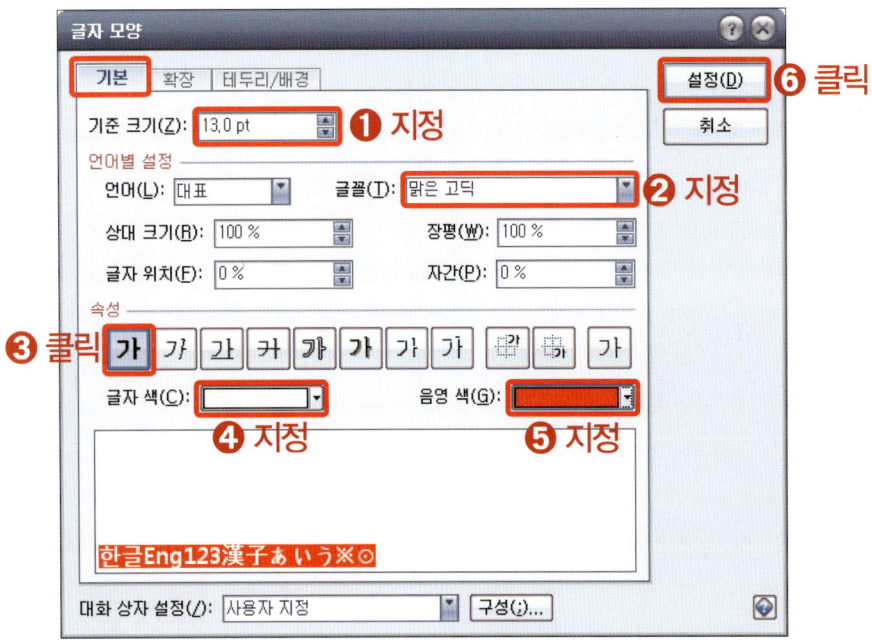

60 한글 2007

05 다음과 같이 범위 지정한 후 '**글꼴 : 맑은 고딕**', '**글자 크기 : 20pt**', '**글자 속성 : 진하게**'로 지정합니다.

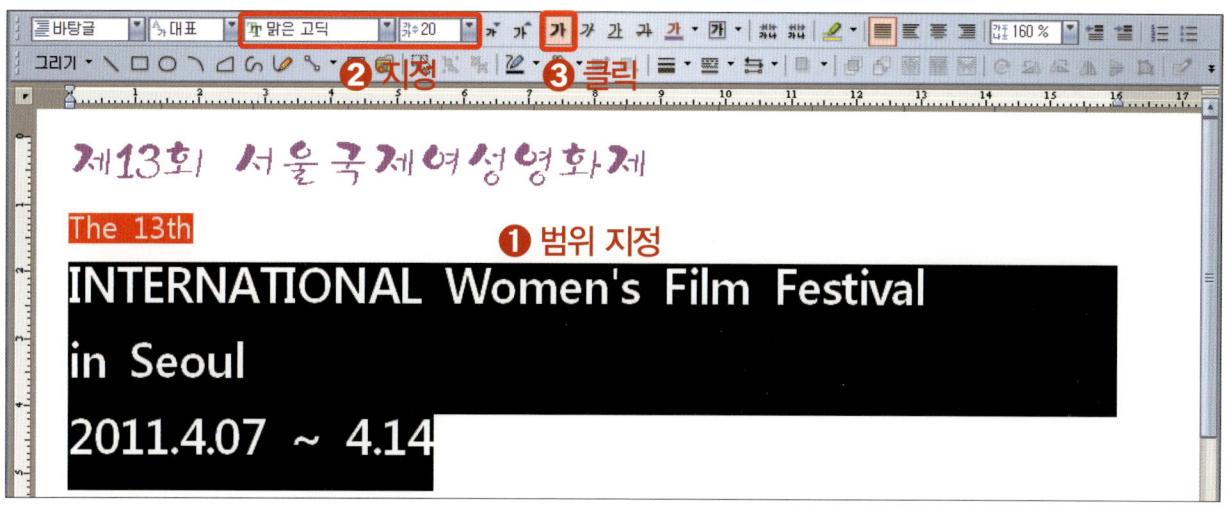

06 분홍색을 지정할 문장을 범위 지정한 후 '글자 색'에서 '다른 색'을 클릭합니다.

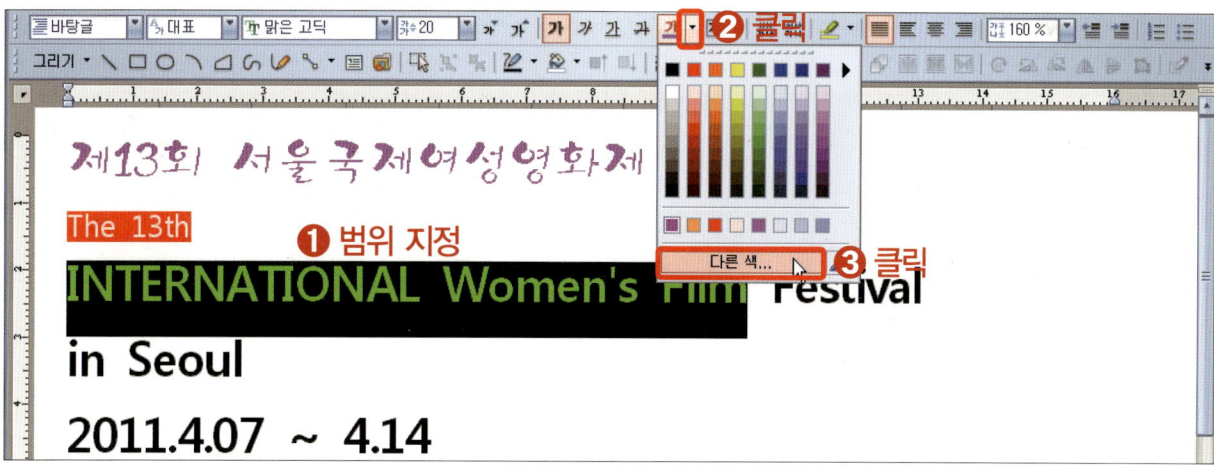

07 [색] 대화상자에서 분홍색을 선택하거나 '**빨강**'에 "**255**", '**파랑**'에 "**255**"를 입력한 후 [설정] 단추를 클릭합니다.

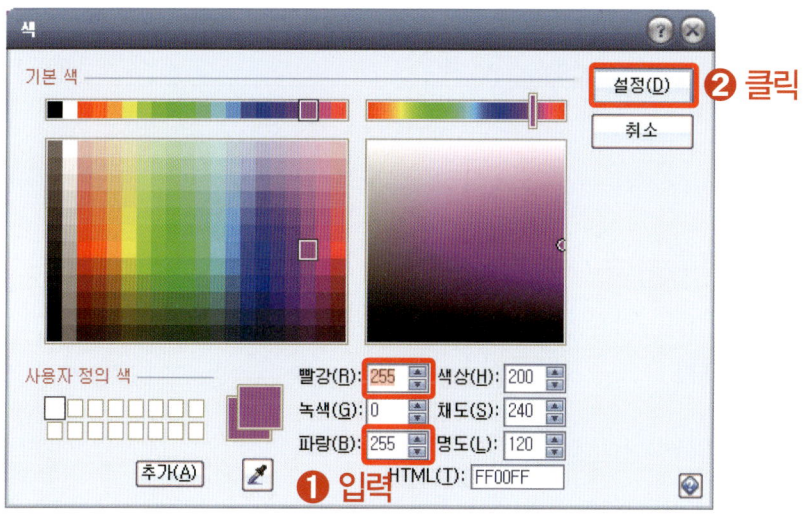

08 'Festival' 단어는 '글자 색 : 밝은 파랑', 'in Seoul' 문장은 '글자 색 : 피망색', '날짜'는 '글자 색 : 흐린 회색'으로 지정합니다.

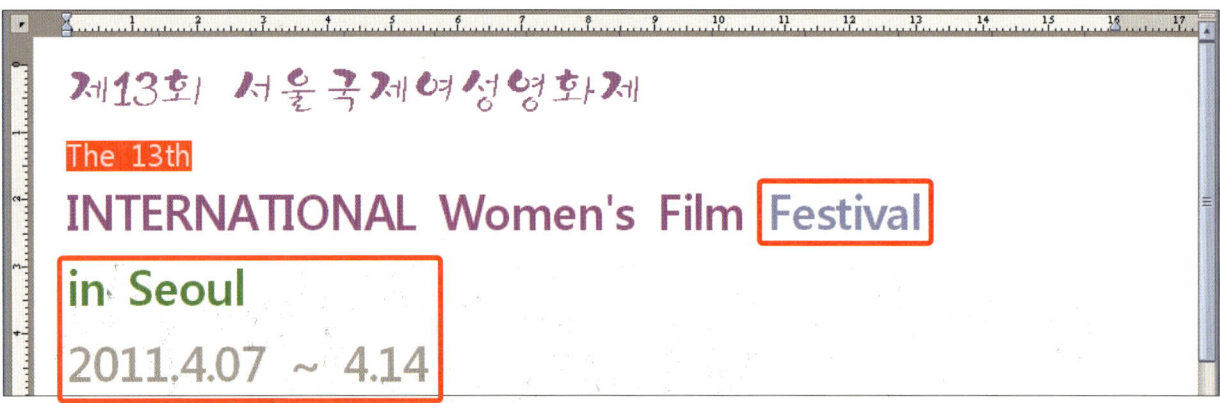

09 글자 모양에 테두리를 적용하기 위하여 다음과 같이 범위 지정하고 **마우스 오른쪽 단추를 클릭한 후 [글자 모양]을 클릭**합니다.

10 [글자 모양] 대화상자의 [테두리/배경] 탭에서 '테두리' 종류는 '실선', 굵기는 '0.1mm', 색은 '밝은 파랑'을 지정한 후 [모두 ▦]를 클릭하고 [설정] 단추를 클릭합니다.

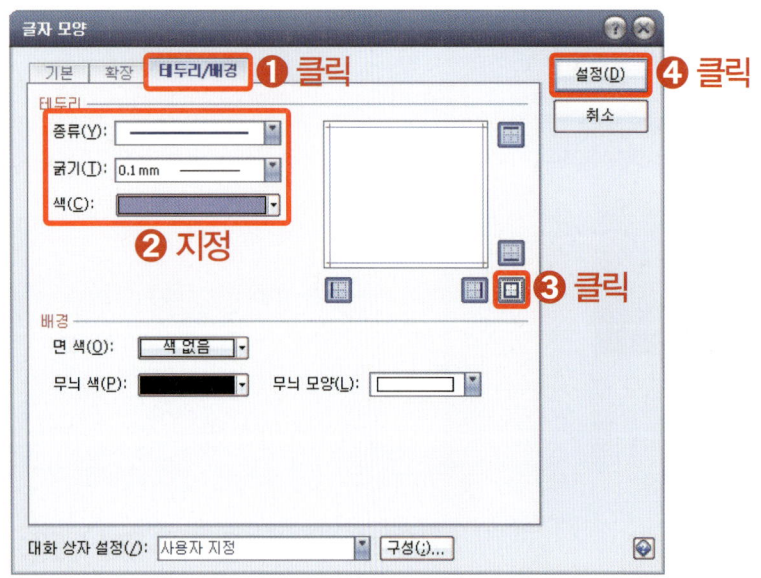

모양 복사하기

글자 모양이 지정되어 있는 글자를 모양 복사를 이용하여 복사하는 방법에 대하여 배워 봅니다.

01 '개최기간' 문장을 범위 지정한 후 마우스 오른쪽 단추를 클릭하여 **[글자 모양]을 클릭**합니다.

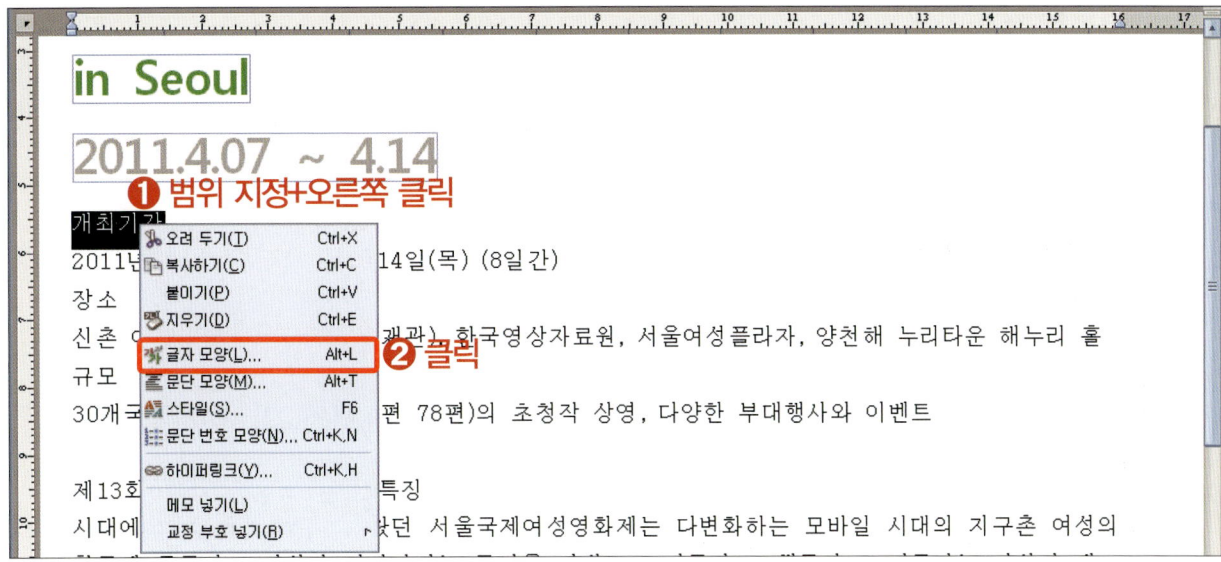

02 [글자 모양] 대화상자의 [기본] 탭에서 '기준 크기 : 12pt', '글꼴 : 맑은 고딕', '속성 : 진하게, 그림자'를 지정합니다.

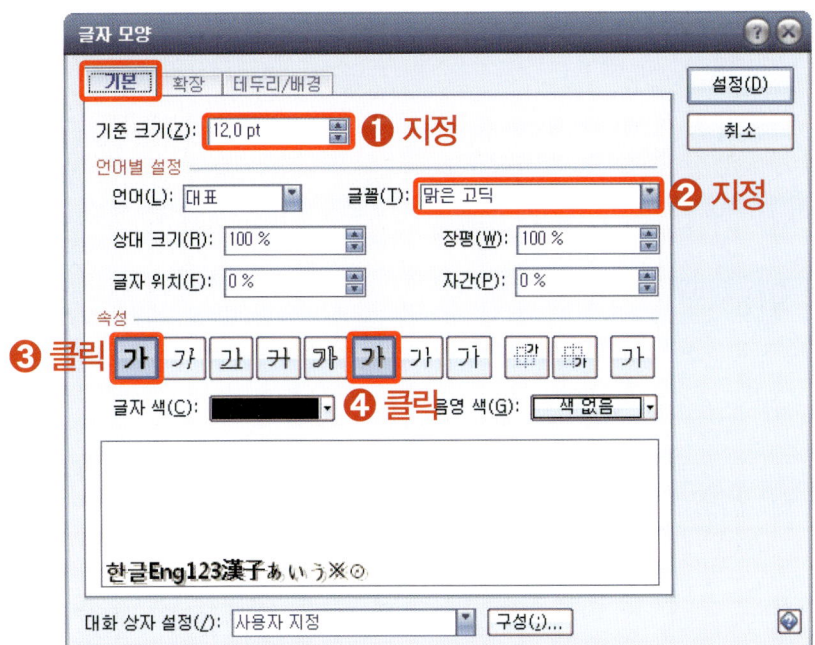

03 [확장] 탭의 '강조점'에서 첫 번째 강조점을 선택한 후 [설정] 단추를 클릭합니다.

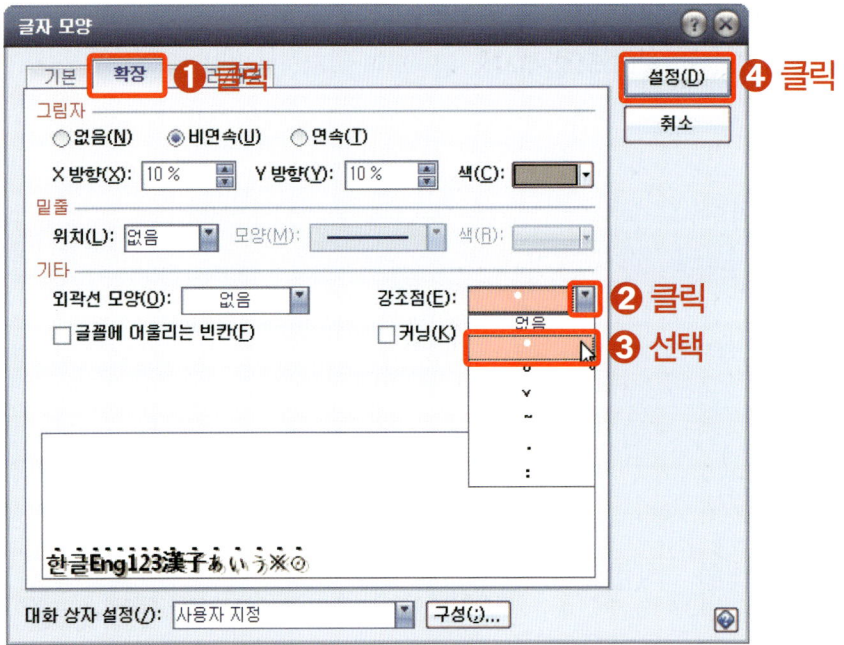

04 글자 모양이 지정된 '개최기간'의 뒤쪽을 클릭하여 커서가 위치시킨 후 [모양 복사 ✎] 단추를 클릭합니다.

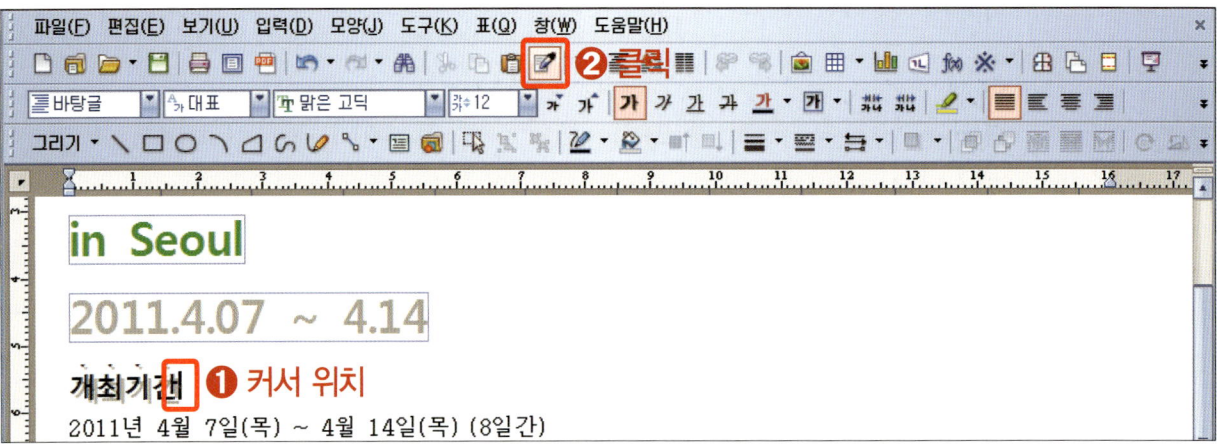

 모양 복사 단축키 : Alt + C

05 [모양 복사] 대화상자에서 **'글자 모양'**을 선택한 후 [복사] 단추를 클릭합니다.

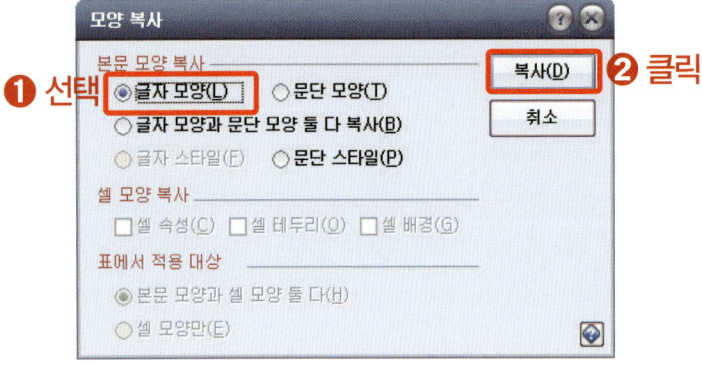

06 '장소'를 범위 지정한 후 [모양 복사 ✏️] 단추를 클릭하거나 단축키 Alt+C를 누릅니다.

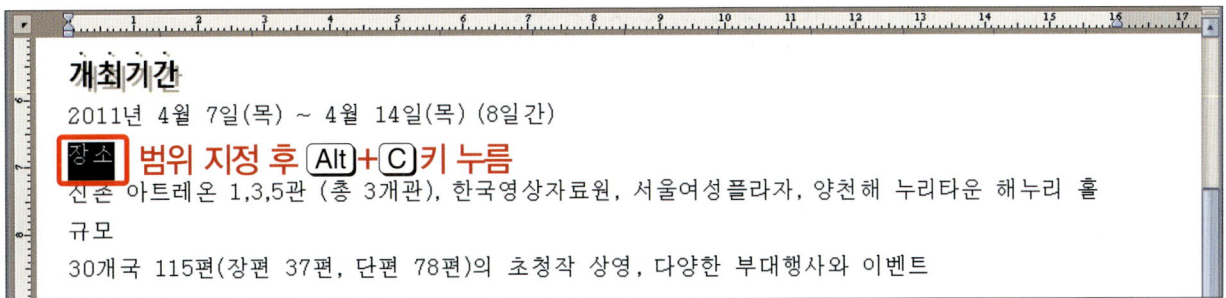

07 위와 같은 방법으로 '규모'를 범위 지정한 후 Alt+C 키를 눌러 모양 복사를 완성합니다.

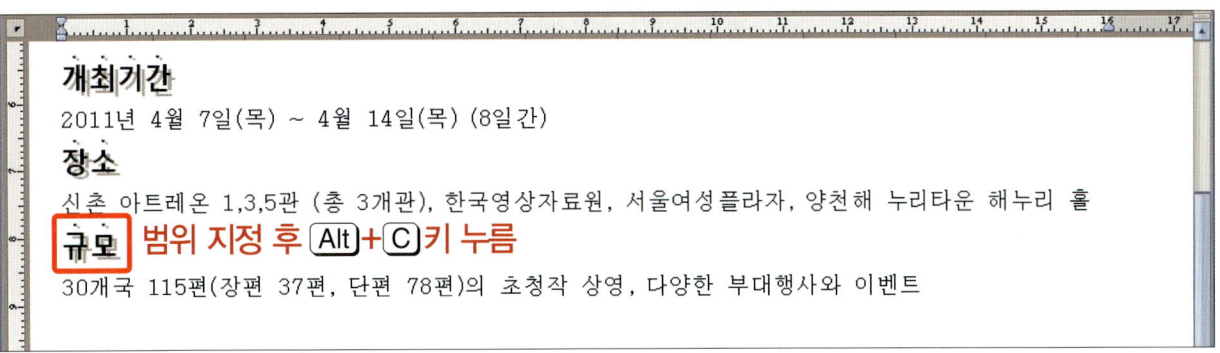

08 다음과 같이 글자 모양을 완성하였는지 확인합니다.

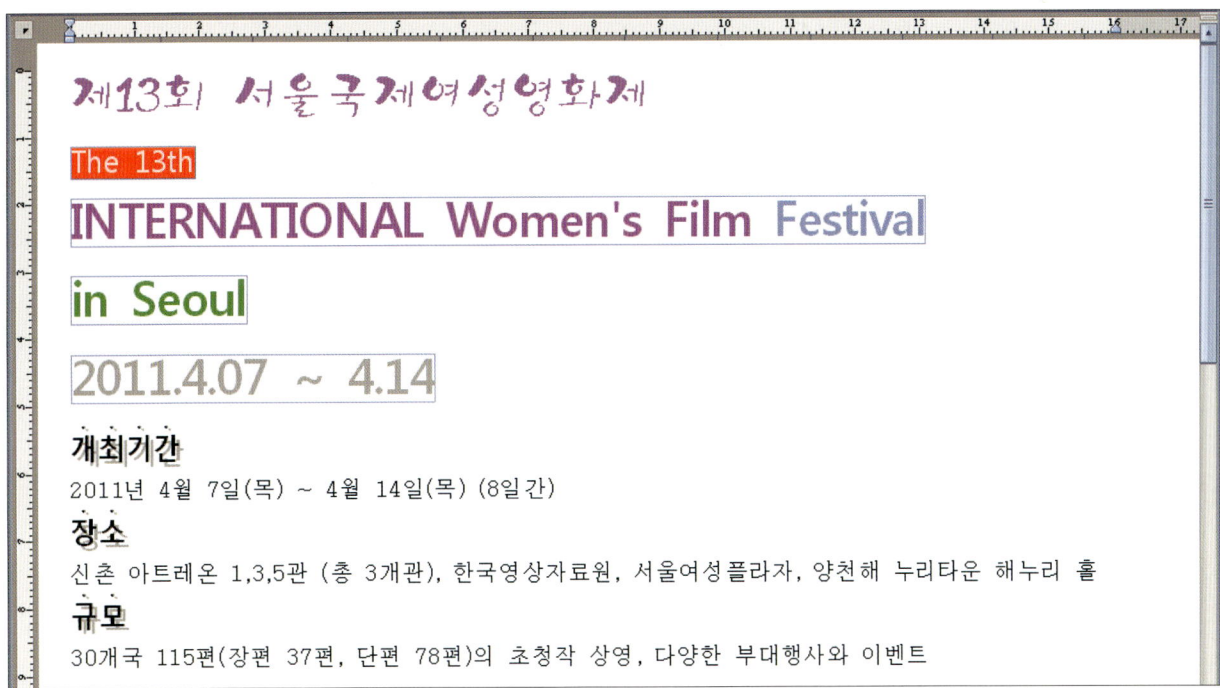

혼자 풀어보기

01 '5장.혼자풀어보기1번(소스).HWP' 문서를 열고 다음 지시사항대로 글자 모양을 지정해 보세요.

> **우리 사장님 매출 향상을 위하여!** — 글꼴 : 궁서체, 글꼴 크기 : 20pt / 글꼴 속성 : 진하게, 양각 / 글자 색 : 검정
>
> **경영개선교육** — 글꼴 : HY견고딕, 글꼴 크기 : 13pt / 글꼴 속성 : 진하게 / 글자 색 : 흰색, 음영색 : 파랑(60%)
>
> ◉ 교육인원 : 30명
> ◉ 지원대상 : 소상공인(기존사업자)
> ◉ 교육시간 : 기초교육(2시간), 전문교육(20시간 내외)
> ◉ 교 육 비 : 무료(20시간 이상 교육, 일부 교육생 부담)
> ◉ 교육내용 : 알기 쉬운 세법, 친절서비스 등 경영개선 교육
> 홈페이지 ☞ http://www.seda.or.kr
>
> 글꼴 : 굴림, 글꼴 크기 : 12pt

Hint! [서식] 도구 상자 또는 [모양]-[글자 모양]에서 지정합니다.

02 '5장.혼자풀어보기2번(소스).hwp' 문서를 열고 다음 지시사항대로 글자 모양을 지정해 보세요.

> ☺ **여름방학안내** ☺
>
> ☀ 방 학 기 간 : 2011년 7월 25일(월)~8월5일(금)
> ☀ 등 원 일 : 8월8일(월요일)
> ☀ 등원준비물 : 칫솔, 치약, 두루마리휴지
> ☀ 방 학 과 제 : 별지로 부착된 방학과제입니다. 등원 일에 유치원으로 보내주세요.
>
> 글꼴 : 휴먼편지체, 글꼴 크기 : 12pt / 글꼴 속성 : 기울임 / 글자 색 : 특수문자는 빨강색
>
> ----------우리들이 지켜야할 약속----------
> ♥ 일찍자고 일찍 일어나기　♥ 식사시간 잘 지키기　♥ 부모님 심부름 잘하기
> ♥ 정리정돈 잘하기　♥ 하루동안 동화책 두 권씩 읽기　♥ 예쁜말 사용하기
>
> 글꼴 : 복숭아, 글꼴 크기 : 11pt / 장평 : 105%, 자간 : -5%

Hint! [서식] 도구 상자 또는 [모양]-[글자 모양], [모양]-[문단 모양]에서 지정합니다.

03 '5장.혼자풀어보기3번(소스).HWP' 문서를 열고 다음 지시사항대로 글자 모양을 지정해 보세요.

> 글꼴 : 휴먼 옛체, 글꼴 크기 : 30pt
> 글자 색 : 흰색, 음영색 : 각각 빨강(10%), 빨강(40%), 빨강(90%)

> 글꼴 : 휴먼 옛체, 글꼴 크기 : 15pt
> 글꼴색 : 탁한 피망색
> 장평 : 150%, '여행' 에 강조점

죽녹원 대나무 향기따라 떠나는 여행~

우리나라에서 가장 아름답다는 담양~순창간 24번국도변의 메타쉐콰이어 가로수길은 계절마다 각기 다른 아름다운 풍경을 자아낸다. 담양 대숲 여행지로는 군에서 조성한 죽녹원에서 죽림욕, 송림욕을 겸할 수 있는 대숲 산책을,.. 그리고 구름다리에서 내려다보는 순창 강천사의 아기자기한 모습과 물 맑은 계곡도 빼놓을 수 없는 코스다.

> 글꼴: HY엽서M, 글꼴 크기 : 11pt
> 테두리/배경 : 실선, 초록색

Hint! [서식] 도구 상자 [모양]-[글자 모양], [모양]-[문단 모양]에서 지정합니다.

04 '5장.혼자풀어보기4번(소스).HWP' 문서를 열고 다음 지시사항대로 글자 모양을 지정해 보세요.

> 글꼴 : 굴림, 18pt, 흰색, 음영색 : 파랑(100%)

◆ **체험관의 시설 현황과 머드 상품의 종류**

▶ **시설 현황**
첨단 마사지실 : 캡슐 1개, 침상 6개, 머드 사우나, 스파 및 아로마탕
체험실 : 머드탕, 해수탕, 민물/머드 사우나, 샤워실 등
▶ **머드 상품의 종류**
화장품 : 스킨/로션, 비누, 클렌징 제품, 크림, 에센스, 마스크 팩 등
바디 및 헤어 용품 : 바디클렌저, 샴푸/린스
◆ **체험 행사 내용**
머드셀프 마사지 존, 대형 머드 마사지탕, 머드러브러브, 갯벌장애물마라톤대회

> 글꼴 : 굴림체, 10pt, 흰색, 음영색 : 빨강(100%)
> 모양 복사를 이용하여 글자 모양 지정

Hint! [모양 복사] 단추를 이용합니다.

6장

목차 만들어 보기

문단 모양에서 정렬, 여백, 간격을 조절하는 방법과 문단 테두리, 배경 지정하기, 탭 설정하는 방법을 배운 다음 글자 모양과 문단 모양을 동시에 지정할 수 있는 스타일에 대하여 배워 봅니다.

완성파일 미리보기

아토피의 치료

아토피 피부염을 치료하기 위해서는 건조한 피부의 보습, 피부염 치료를 위한 부신피질호르몬제, 면역조절제, 국소 면역조절제와 가려움증을 치료하기 위한 항히스타민제가 사용된다.

또한 피부 증상을 악화시키거나 유발하는 알레르겐, 자극 물질, 스트레스를 피하도록 하는 다각적이고 체계적인 치료가 필요하며, 환자의 특성에 따라 개별화된 치료를 시행해야 한다.

아토피에 좋은 식단	
쌀밥	1공기
미역국	1그릇
불고기	1접시
호박볶음	1접시
도라지무침	1접시
물김치	1/2컵

아토피 피부염의 정의

아토피 피부염은 주로 유아기 혹은 소아기에 시작되는 만성적이고 재발성의 염증성 피부질환으로 소양증(가려움증)과 피부건조증, 특징적인 습진을 동반한다.

유아기에는 얼굴과 팔다리의 펼쳐진 쪽 부분에 습진으로 시작되지만, 성장하면서 특징적으로 팔이 굽혀지는 부분과 무릎 뒤의 굽혀지는 부위에 습진의 형태로 나타나게 되며, 많은 경우에 성장하면서 자연히 호전되는 경향을 보인다.

체크 포인트

- **실습 1** 문단 모양을 이용하여 정렬방식, 왼쪽/오른쪽 여백, 첫줄 들여쓰기, 내어쓰기, 간격 조절에 대하여 배워 봅니다.
- **실습 2** 문단 모양을 이용하여 문단에 테두리와 배경을 지정하는 방법에 대하여 배워 봅니다.
- **실습 3** 문단 모양의 탭 설정을 이용하여 탭 위치, 채울모양을 지정하는 방법에 대하여 배워 봅니다.
- **실습 4** 한 번에 글자 모양과 문단 모양을 변경하는 방법에 대하여 배워 봅니다.

정렬, 여백, 간격 조절하기

문단 모양을 이용하여 정렬방식, 왼쪽/오른쪽 여백, 첫줄 들여쓰기, 내어쓰기, 간격 조절에 대하여 배워 봅니다.

01 '6장.아토피의치료(소스).hwp' 문서를 불러옵니다.

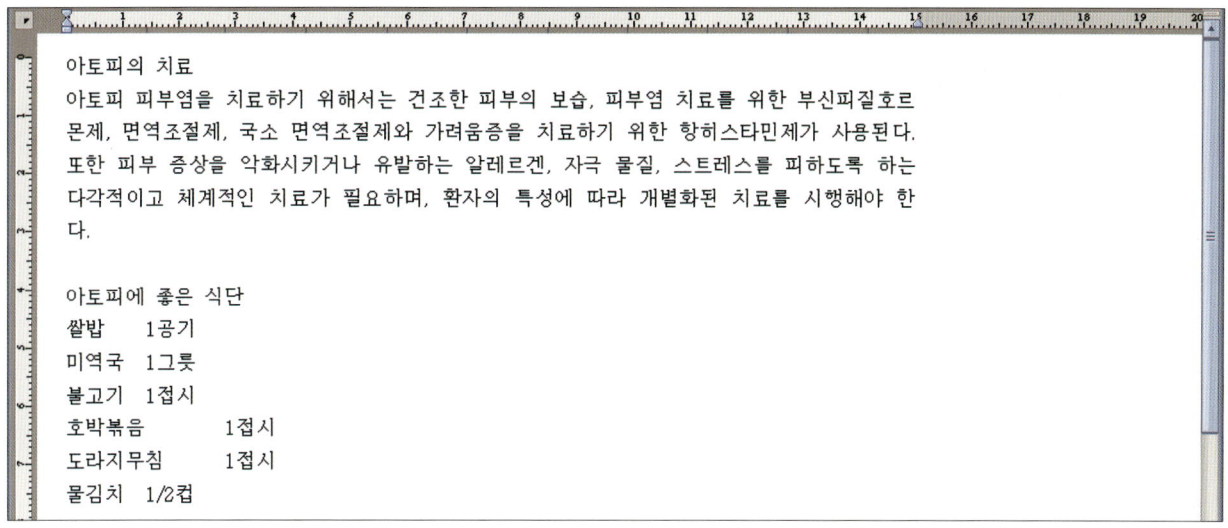

02 제목을 범위 지정한 후 '**글꼴 : 궁서체**', '**크기 : 20**', [**가운데 정렬**]을 **클릭**합니다.

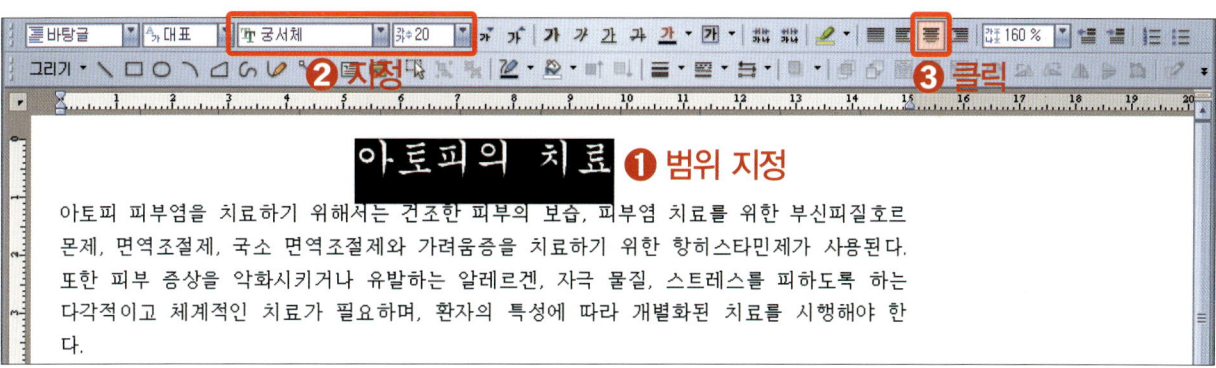

정렬 단축키
양쪽 정렬 : Ctrl+Shift+M, 왼쪽 정렬 : Ctrl+Shift+L
가운데 정렬 : Ctrl+Shift+C, 오른쪽 정렬 : Ctrl+Shift+R

03 본문의 내용을 범위 지정한 후 [모양]-[문단 모양]을 클릭합니다.

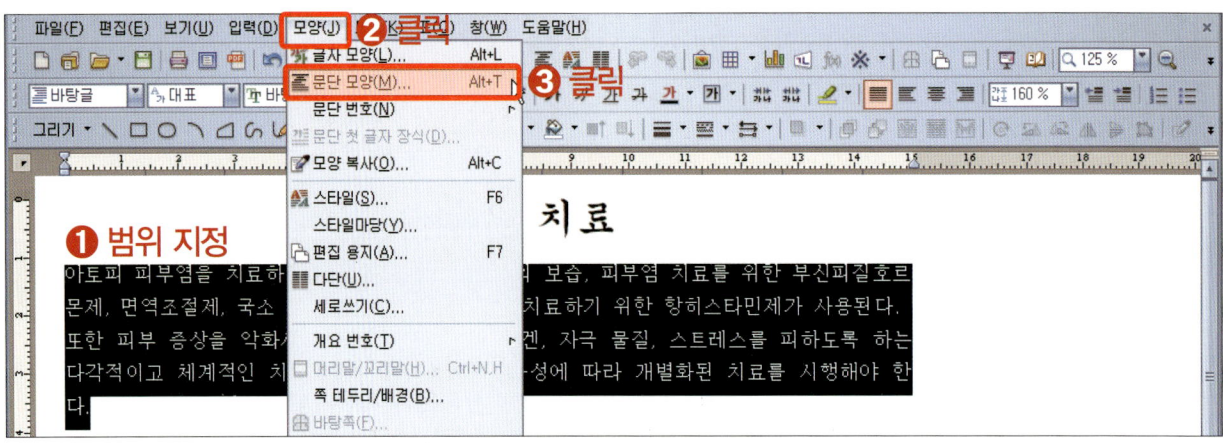

04 [문단 모양] 대화상자의 [기본] 탭에서 '여백'을 '왼쪽 : 10pt', '오른쪽 : 10pt', '첫 줄'은 '들여쓰기 : 10pt'로 지정하고, '간격'은 '줄 간격 : 150%', '문단 아래 : 10pt'로 지정한 후 [설정] 단추를 클릭합니다.

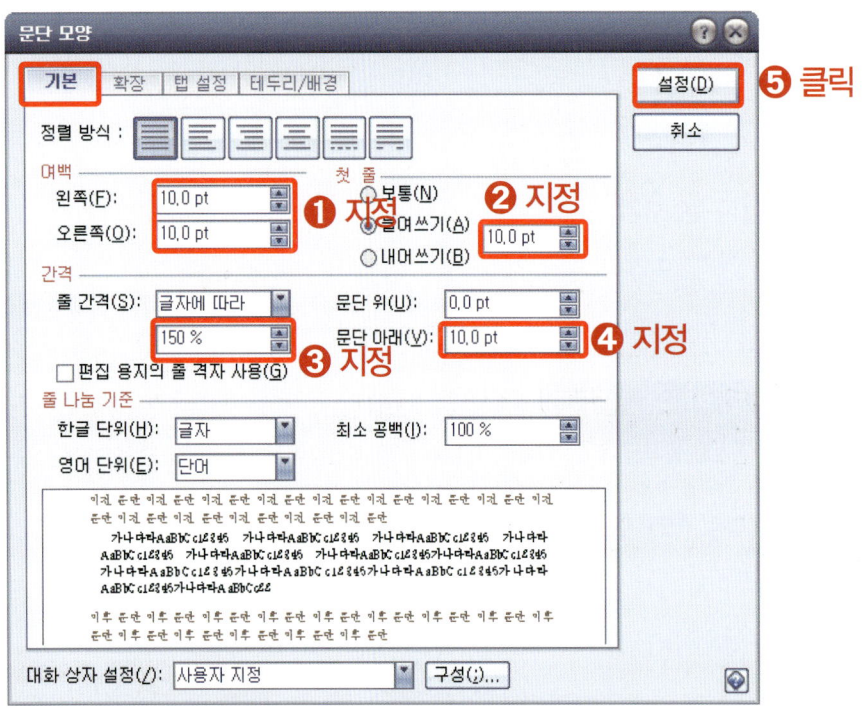

05 범위 지정한 내용의 문단 모양이 바뀐 것을 확인할 수 있습니다.

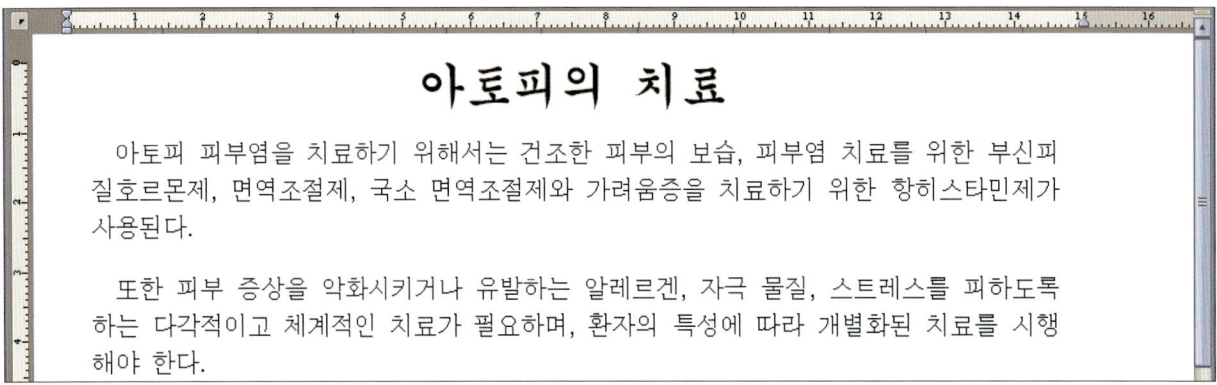

문단 테두리/배경 지정하기

문단 모양을 이용하여 문단에 테두리와 배경을 지정하는 방법에 대하여 배워 봅니다.

01 문단에 테두리 및 배경을 지정할 내용을 범위 지정하고 **마우스 오른쪽 단추를 클릭한 후 [문단 모양]을 클릭**합니다.

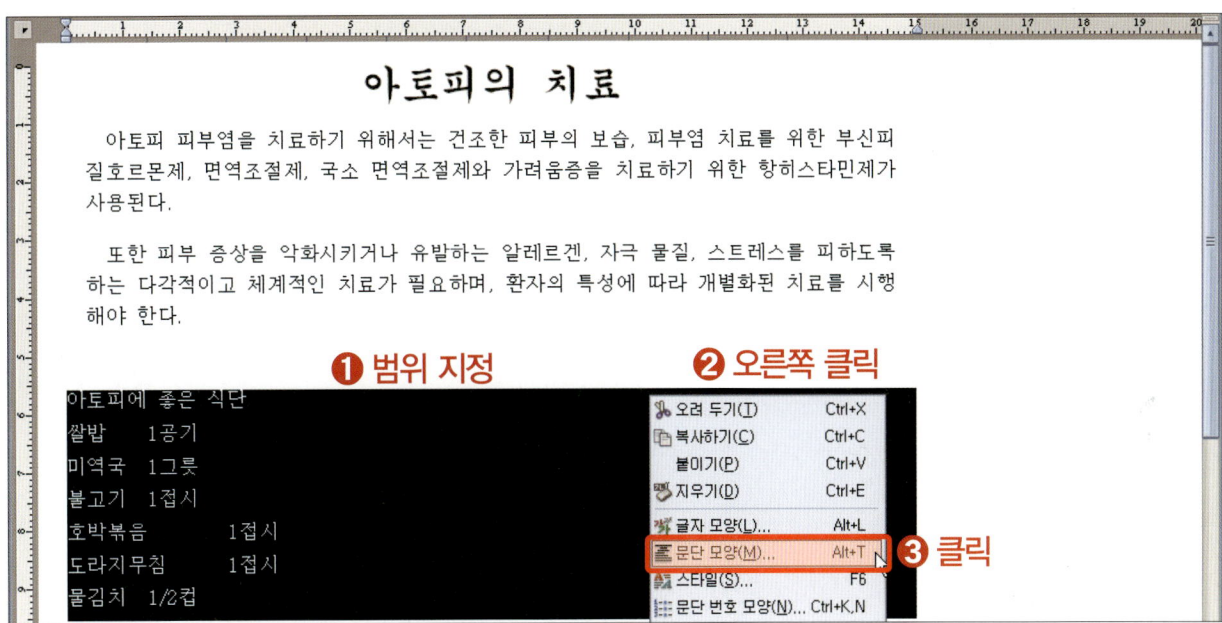

02 [문단 모양] 대화상자의 [테두리/배경] 탭에서 '테두리'의 '종류 : 실선', '굵기 : 0.4mm', '색 : 빨강'으로 지정하고, '문단 테두리 연결'에 체크를 한 후 [모두 ▣] 단추를 클릭합니다. '배경'에서 '면 색 : 흰 겨자색'을 선택하고 [설정] 단추를 클릭합니다.

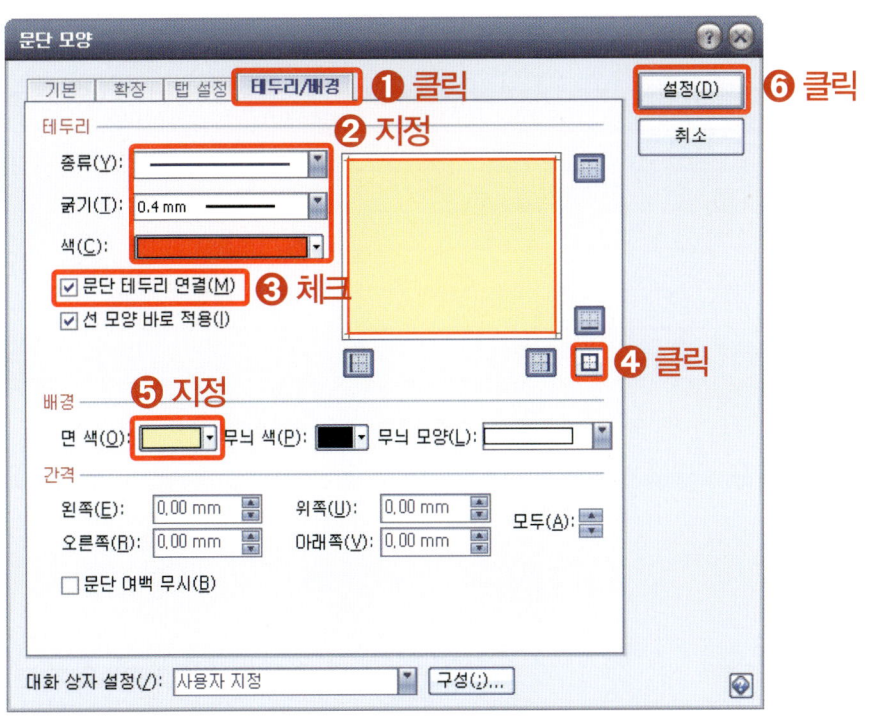

 여러 문단을 범위 지정했을 경우 '문단 테두리 연결'을 체크해야만 범위 지정된 문단 전체에 하나의 테두리가 만들어지며, 체크를 하지 않으면 각각의 문단마다 테두리가 만들어집니다.

03 범위로 지정된 내용에 테두리와 배경이 지정된 것을 확인합니다.

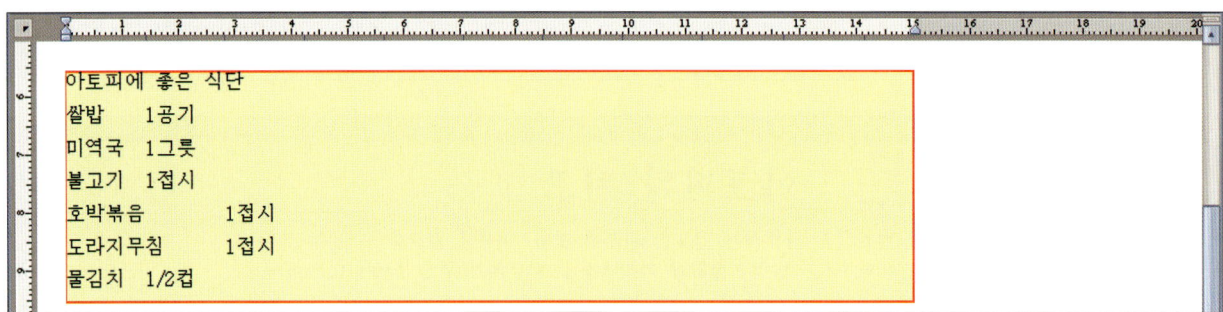

실력 쑥쑥 tip
문단 테두리 연결

[문단 모양] 대화상자의 [테두리/배경] 탭에서 '문단 테두리 연결'에 체크를 하면 문단 테두리가 연결되어 나타나며, 체크 해제하면 각 문단마다 테두리가 나타납니다.

▲ '문단 테두리 연결' 체크한 경우

▲ '문단 테두리 연결' 체크 해제한 경우

탭 설정하기

문단 모양의 탭 설정을 이용하여 탭 위치, 채울 모양을 지정하는 방법에 대하여 배워 봅니다.

01 탭을 설정할 영역을 다음과 같이 범위 지정하고 **마우스 오른쪽 단추를 클릭한 후 [문단 모양]을 클릭**합니다.

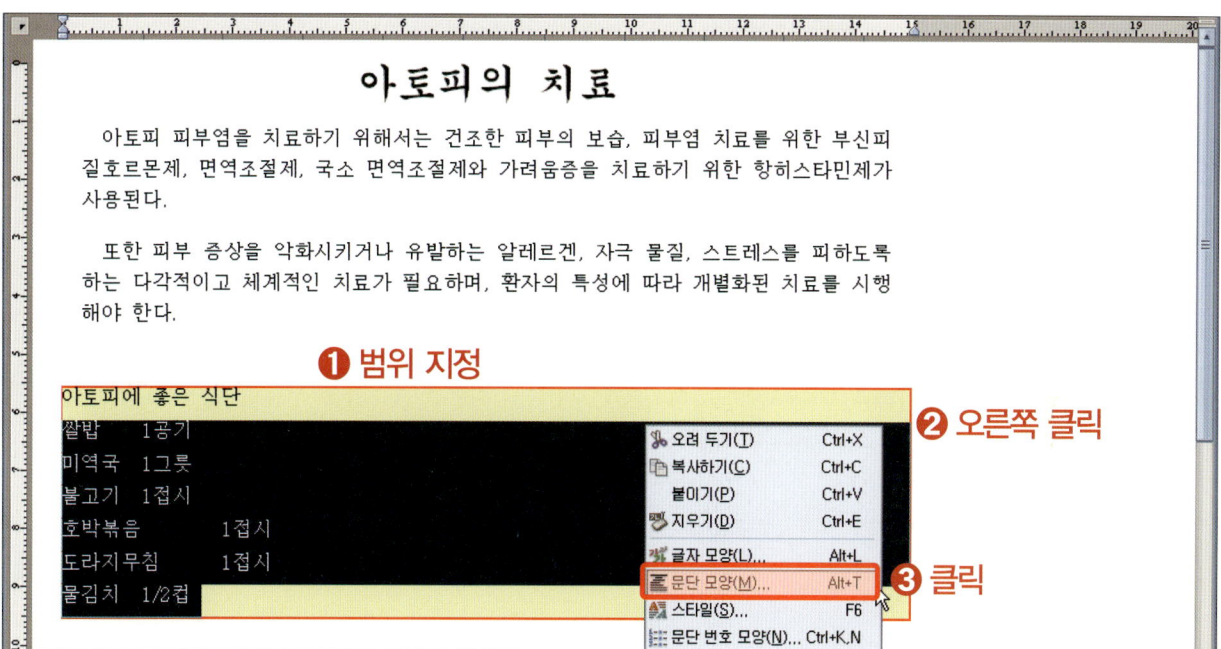

탭 설정

탭 설정을 하기 위해서는 탭으로 분리될 부분을 Tab 키로 눌러서 띄어쓰기 되어 있어야 합니다.

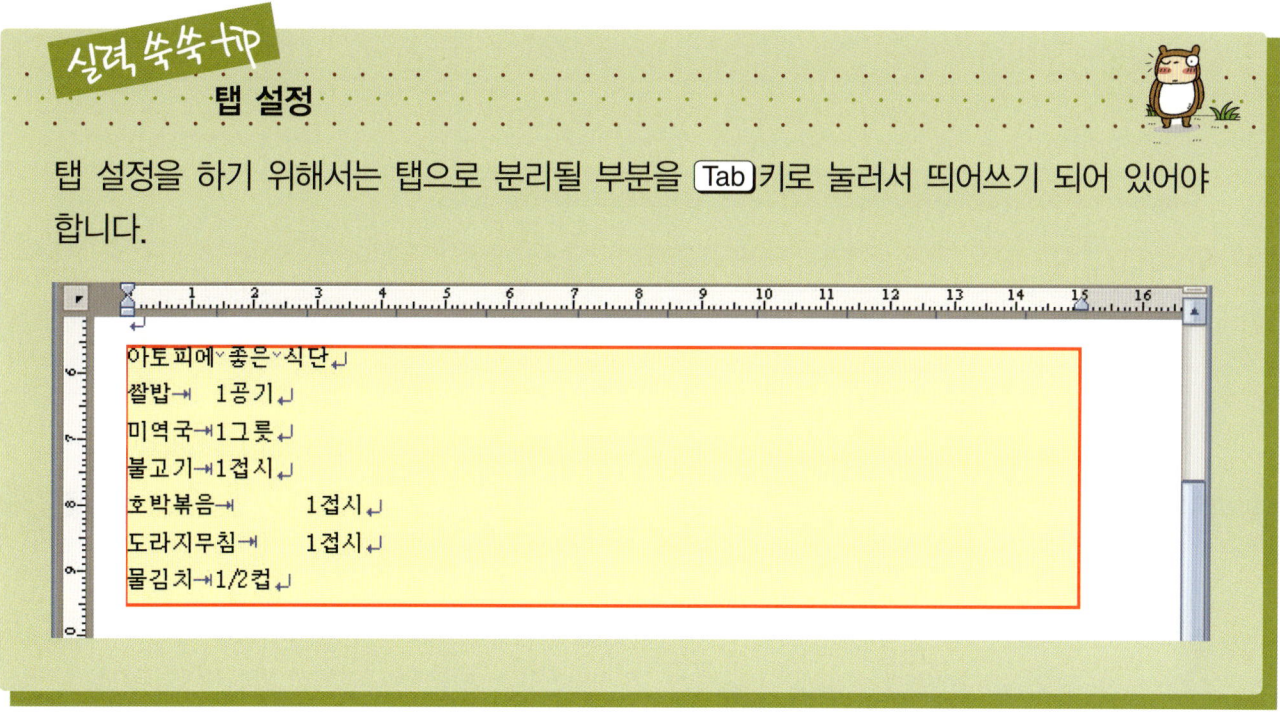

02 [문단 모양] 대화상자의 [탭 설정] 탭에서 '탭 위치 : 300pt', '종류 : 오른쪽', '채울 모양 : 점선'으로 지정한 후 [설정] 단추를 클릭합니다.

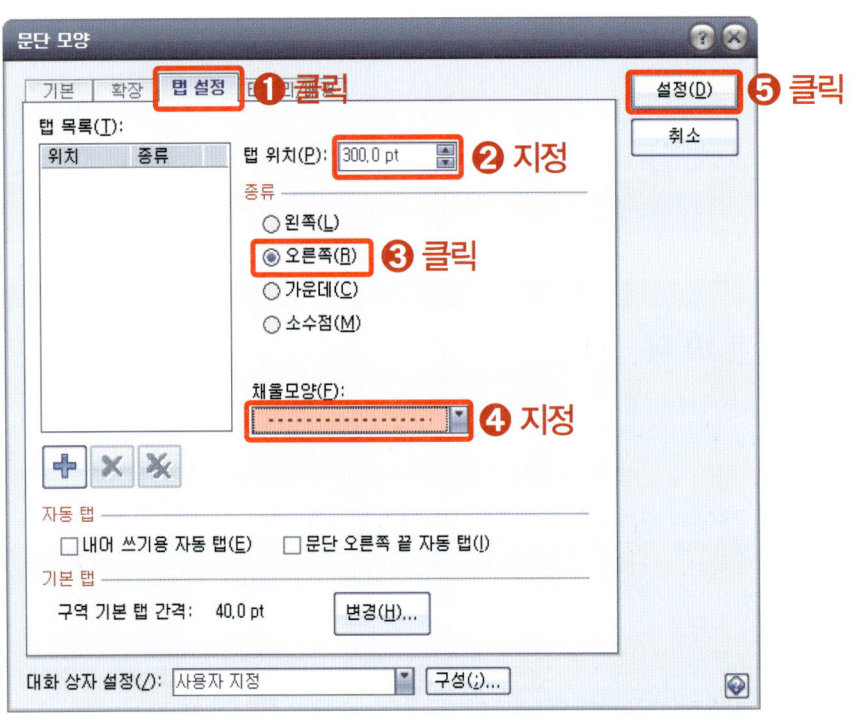

실력 쑥쑥 tip
탭의 종류

- 왼쪽 탭 : 단어의 왼쪽 시작 부분을 맞춥니다.
- 오른쪽 탭 : 단어 오른쪽 부분을 맞춥니다.
- 가운데 탭 : 단어의 가운데 부분을 맞춥니다.
- 소수점 탭 : 숫자의 소수점 부분을 기준으로 맞춥니다.

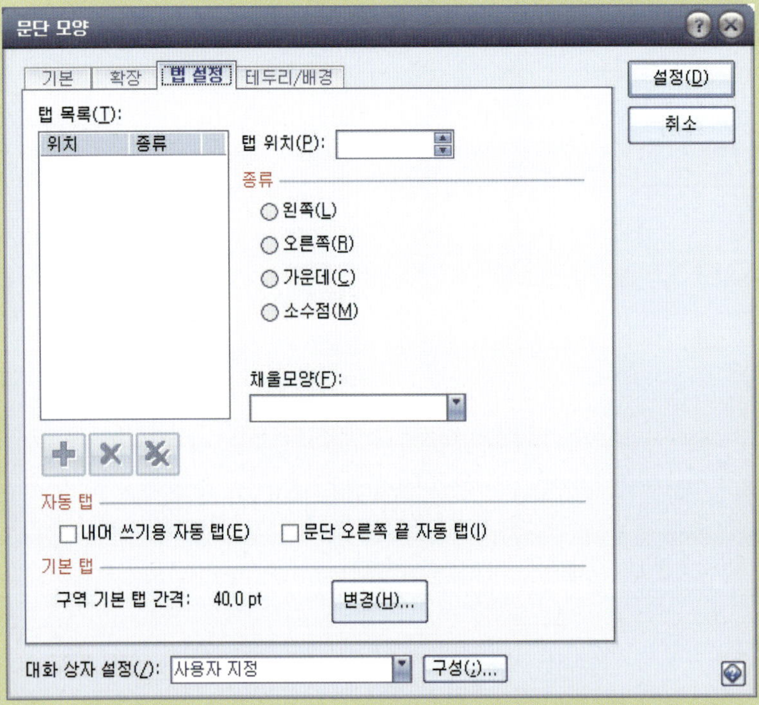

03 [문단 모양] 대화상자에서 [넣음] 단추를 클릭합니다.

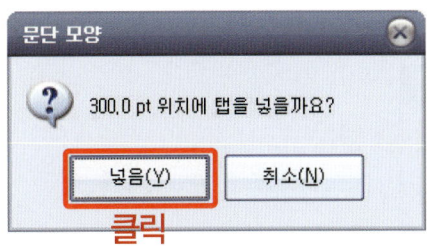

클릭

04 다음과 같이 탭으로 구분된 단어 사이에 점선으로 채워진 것을 확인할 수 있습니다.

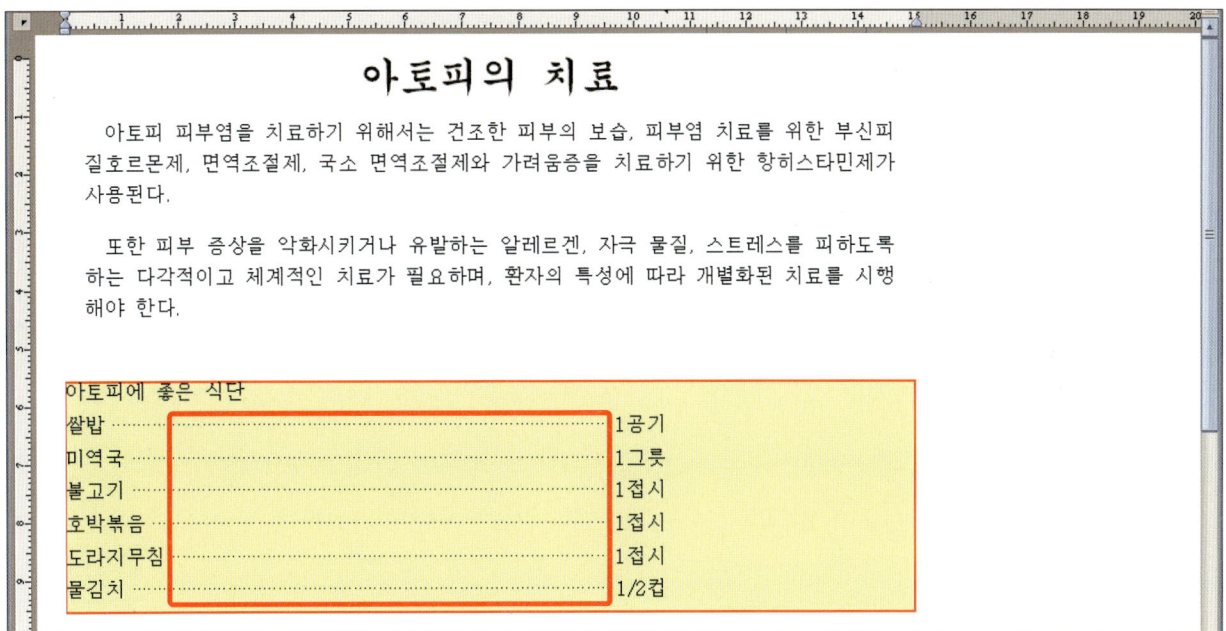

05 탭을 삭제하기 위해서 탭이 포함된 내용을 범위 지정하고 **마우스 오른쪽 단추를 클릭한 후 [문단 모양]을 클릭**합니다.

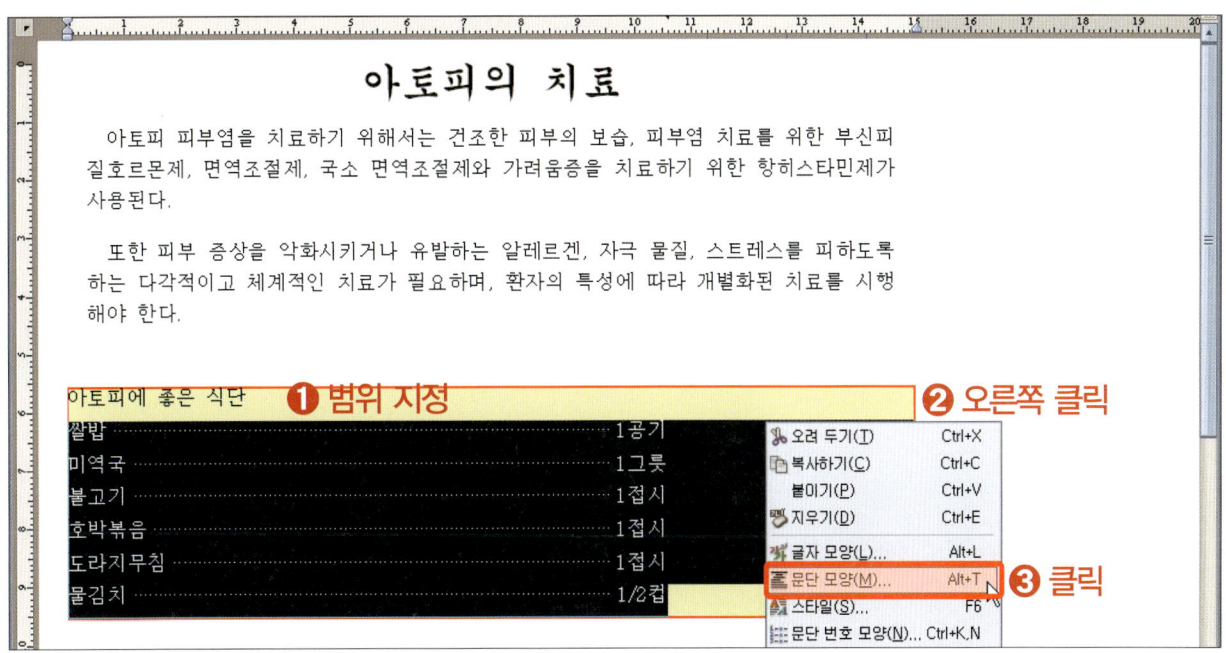

06 [문단 모양] 대화상자의 [탭 설정]에서 **[지우기 ✖] 단추를 클릭**한 후 [설정] 단추를 클릭합니다.

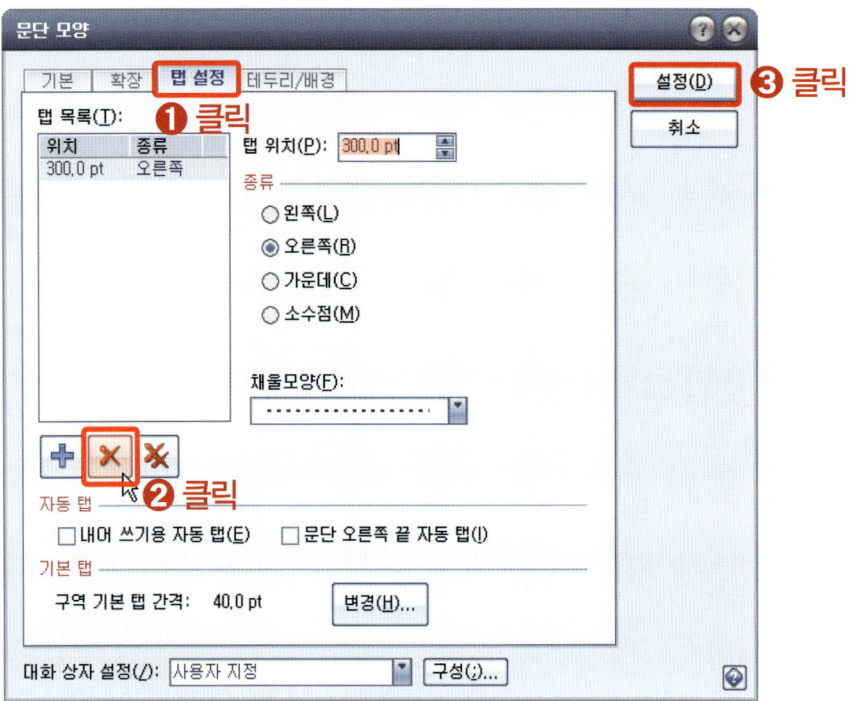

스타일 작성하기

한 번에 글자 모양과 문단 모양을 변경하는 방법에 대하여 배워 봅니다.

01 '6장.아토피피부염(소스).hwp' 문서를 불러옵니다.

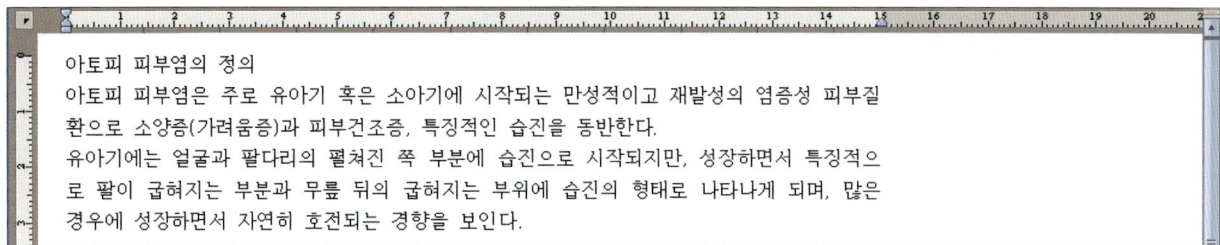

02 '아토피 피부염의 정의'를 범위 지정한 후 **[모양]-[스타일]**을 클릭합니다.

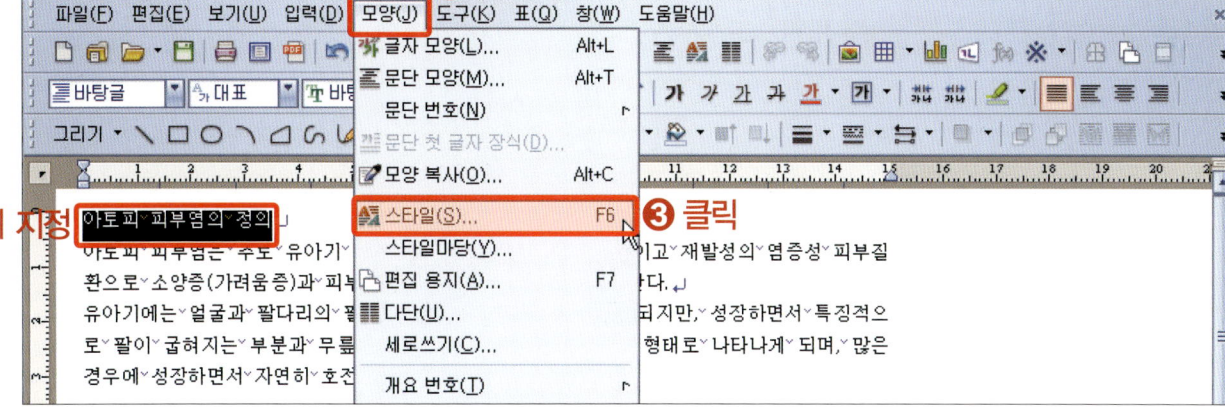

 스타일 단축키 : F6

03 [스타일] 대화상자에서 **[새 스타일 만들기 ➕] 단추를 클릭**합니다.

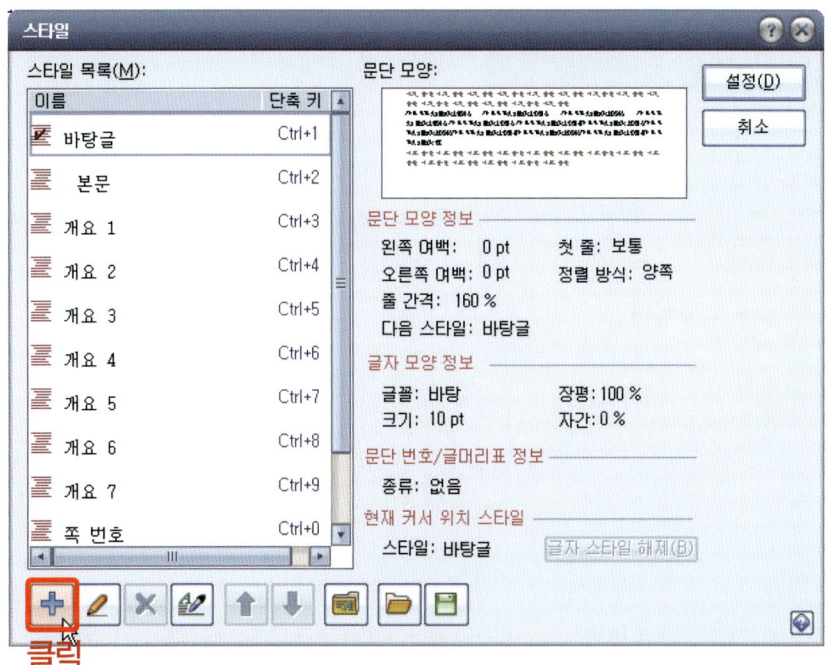

04 [스타일 추가하기] 대화상자에서 **스타일 이름에 "제목"을 입력한 후 [글자 모양] 단추를 클릭**합니다.

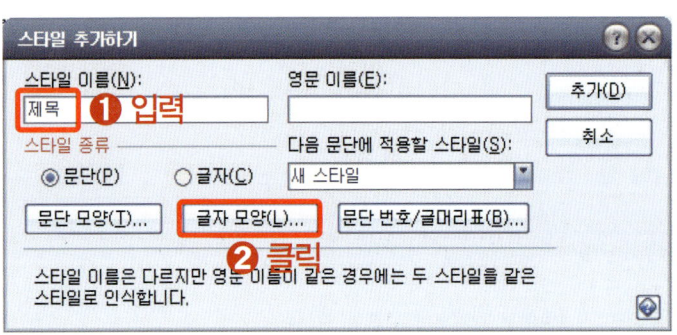

05 [글자 모양] 대화상자의 [기본] 탭에서 '기준 크기 : 30pt', '글꼴 : 견고딕', '글자 색 : 빨강' 으로 지정한 후 [설정] 단추를 클릭합니다.

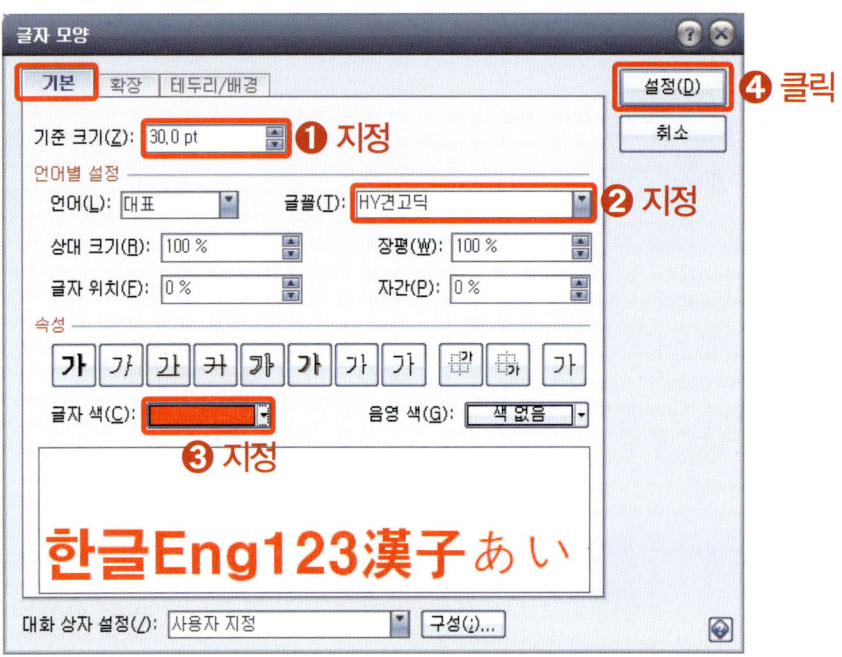

06 [스타일 추가하기] 대화상자에서 [추가] 단추를 클릭합니다.

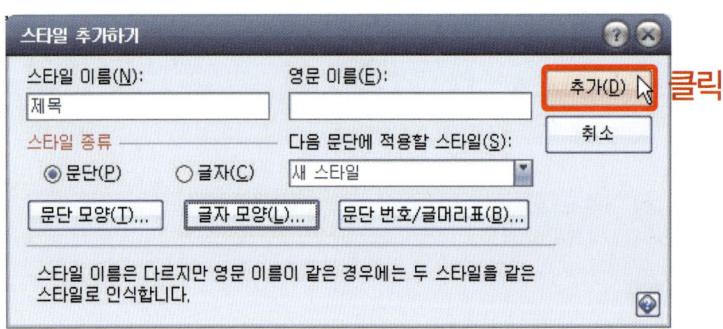

07 [스타일] 대화상자 좌측하단에 '제목' 스타일이 추가된 것을 확인한 후 [설정] 단추를 클릭합니다.

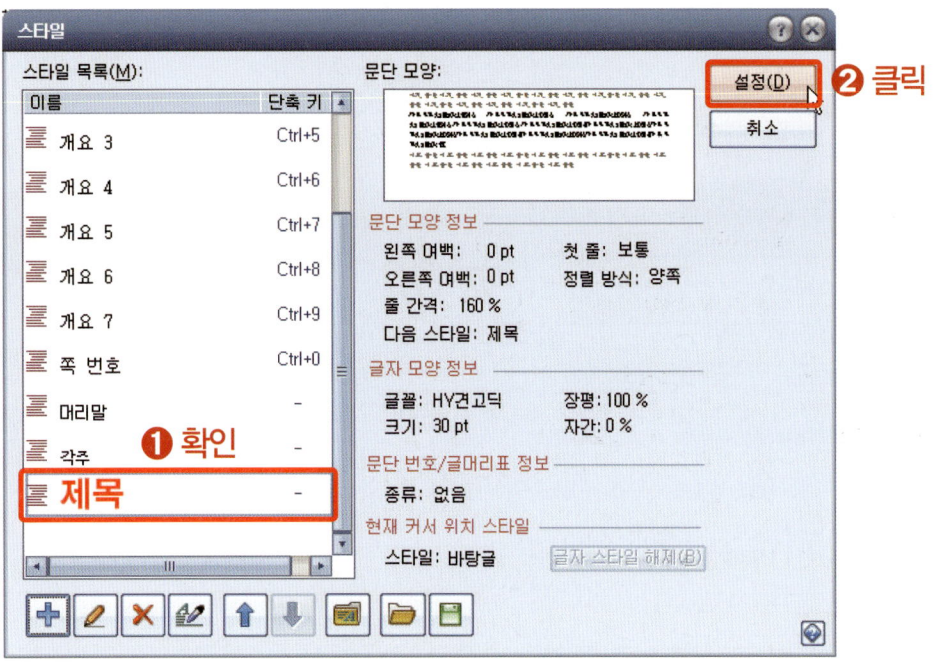

08 다음과 같이 제목 스타일이 지정되어 있는 것을 확인합니다.

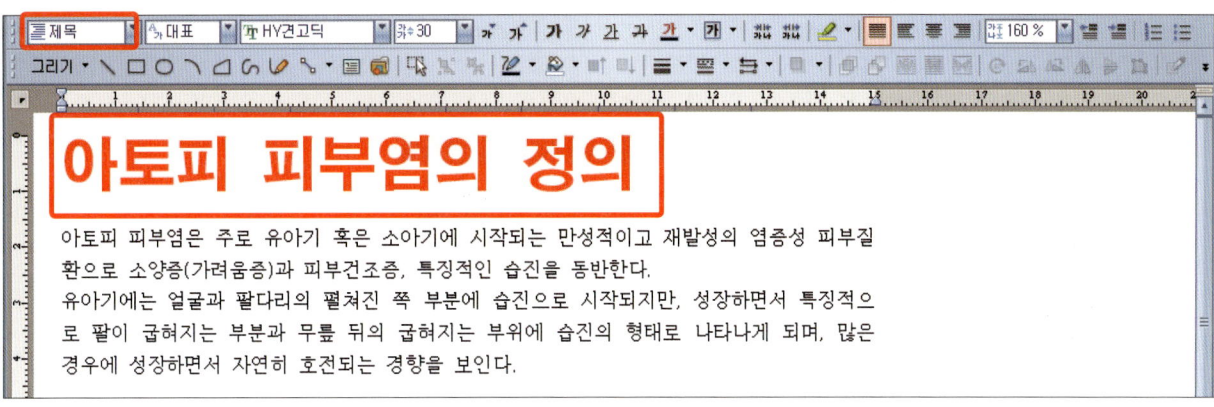

09 다시 내용 스타일을 추가하기 위해서 [모양]-[스타일]을 클릭합니다.

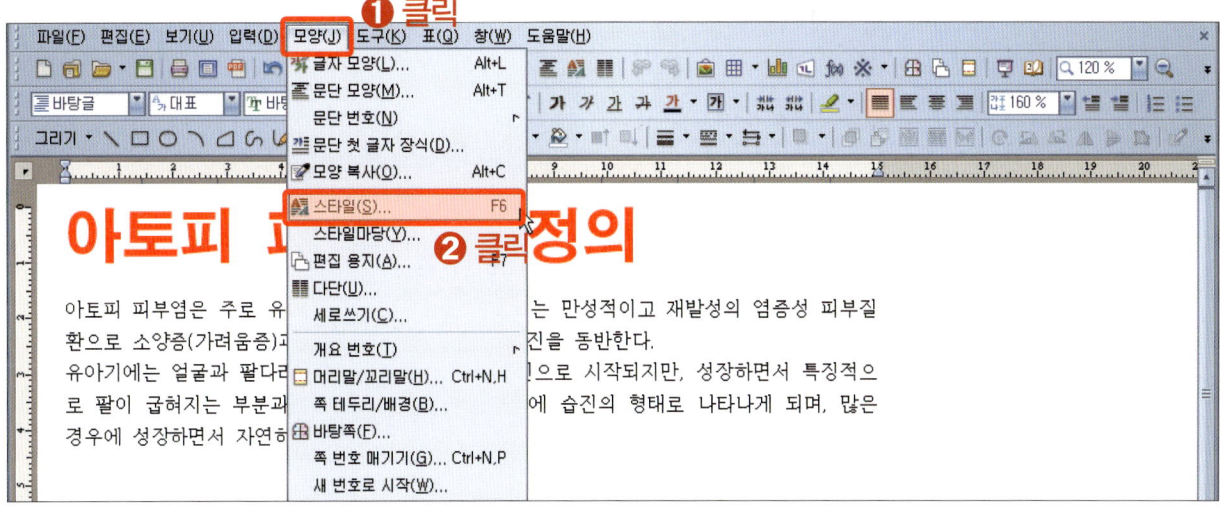

10 [스타일] 대화상자에서 [새 스타일 만들기 +] 단추를 클릭하고 [스타일 추가하기] 대화상자에서 '스타일 이름'에 "내용"을 입력한 후 [문단 모양] 단추를 클릭합니다.

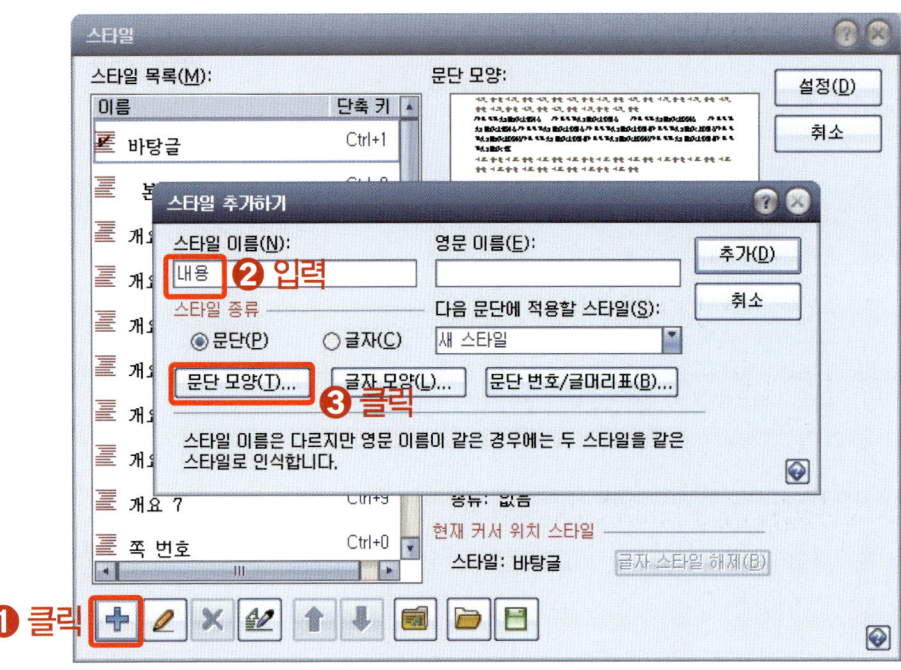

11 [문단 모양] 대화상자의 [기본] 탭에서 '여백'을 '왼쪽 : 10pt', '오른쪽 : 10pt', '첫줄'은 '들여쓰기 : 10pt', '간격'에 '문단 아래 : 10pt'로 지정한 후 [설정] 단추를 클릭합니다.

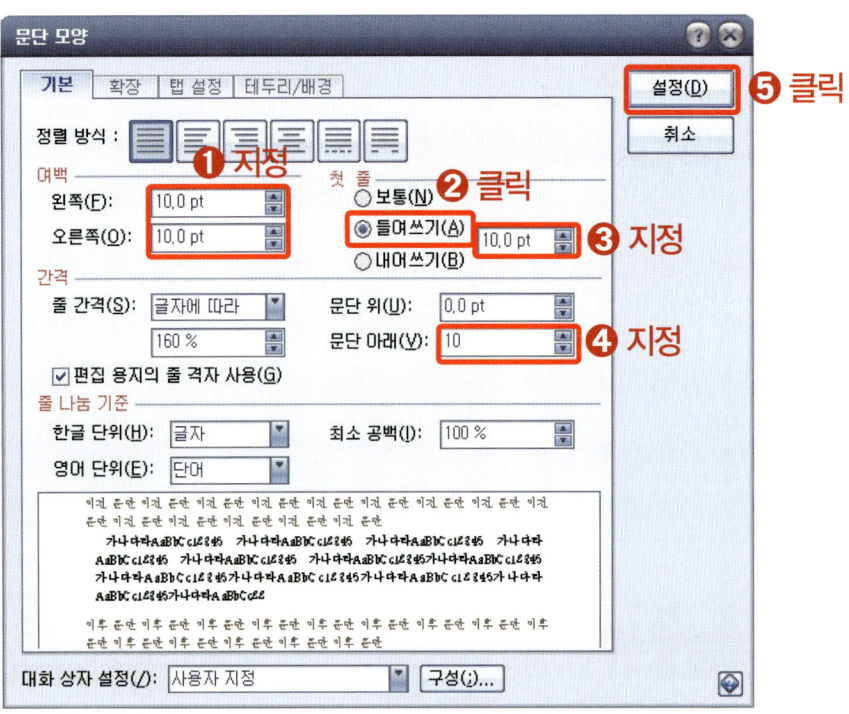

12 [스타일 추가하기] 대화상자에서 **[글자 모양] 단추를 클릭**합니다.

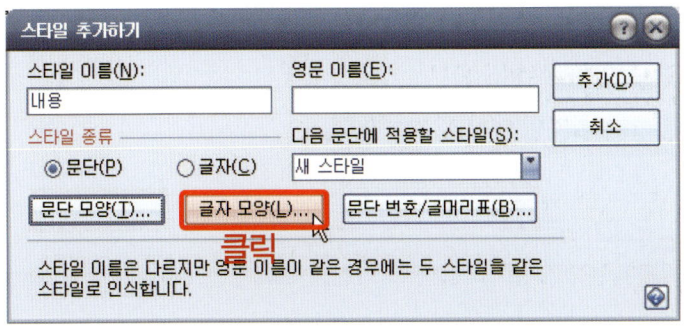

13 [글자 모양] 대화상자의 [기본] 탭에서 '기준 크기 : 11pt', '글꼴 : 굴림', '자간 : -5%'로 지정한 후 [설정] 단추를 클릭합니다.

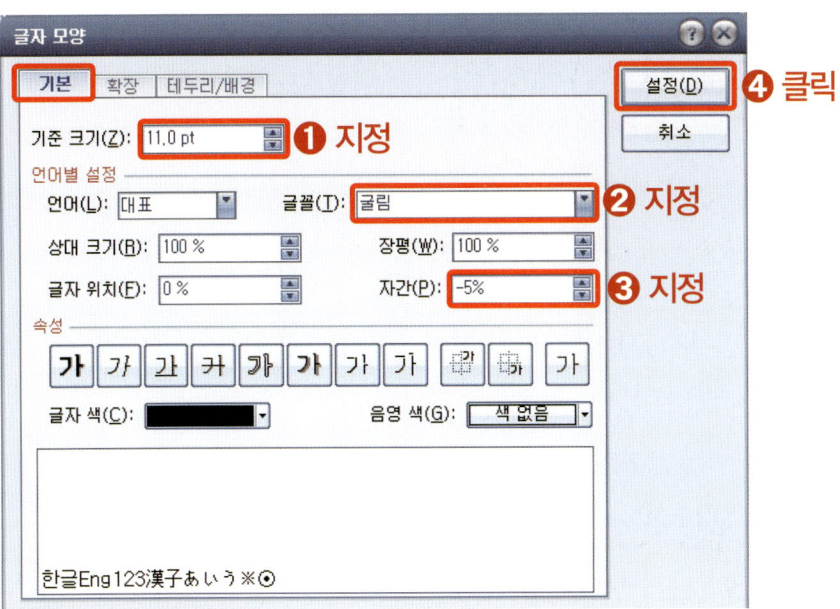

실력 쑥쑥 tip
장평과 자간

- 장평은 글자의 세로 크기는 그대로이면서 가로폭이 좁아지거나 넓어지도록 조절하는 기능이며, 자간은 글자와 글자 사이의 간격을 말합니다.

14 [스타일 추가하기] 대화상자에서 [추가] 단추를 클릭합니다.

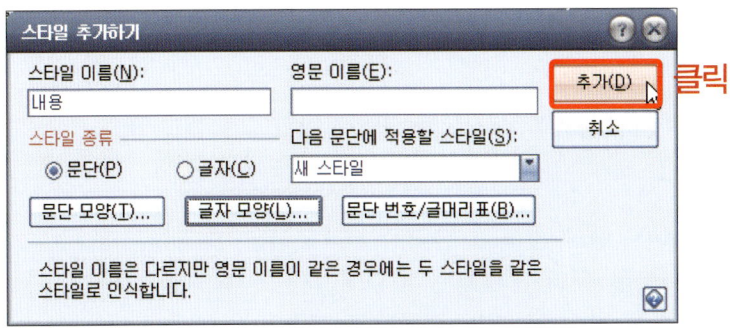

15 [스타일] 대화상자 좌측하단에 '내용' 스타일이 추가된 것을 확인한 후 [취소] 단추를 클릭합니다. [설정] 단추를 클릭하면 커서가 위치하고 있는 문단에 스타일이 적용됩니다.

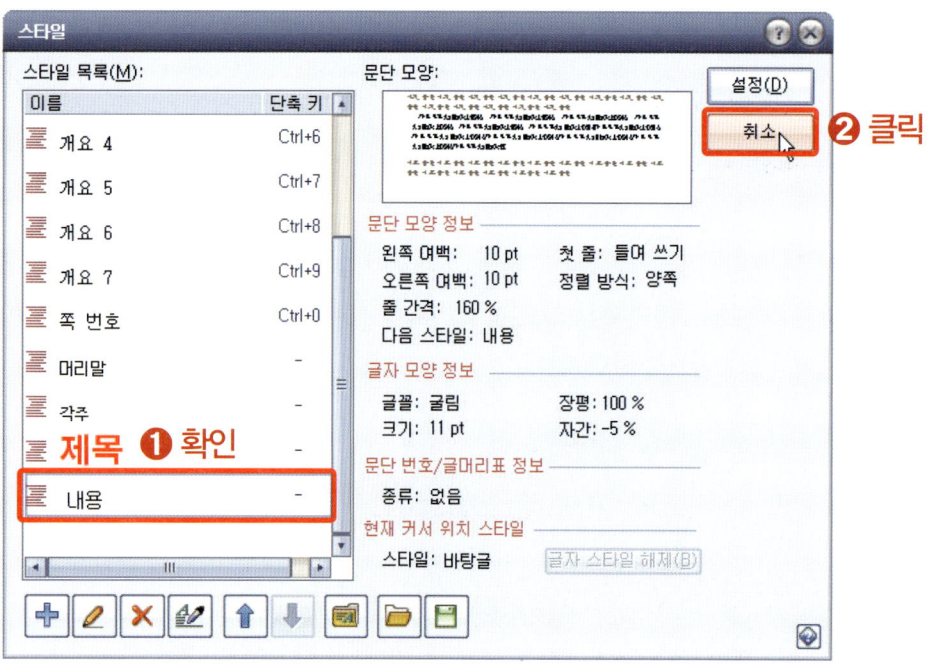

16 내용을 범위 지정한 후 서식 도구 모음의 스타일에 [목록단추 ▼]를 클릭하여 내용을 선택하면 내용 스타일이 적용됩니다.

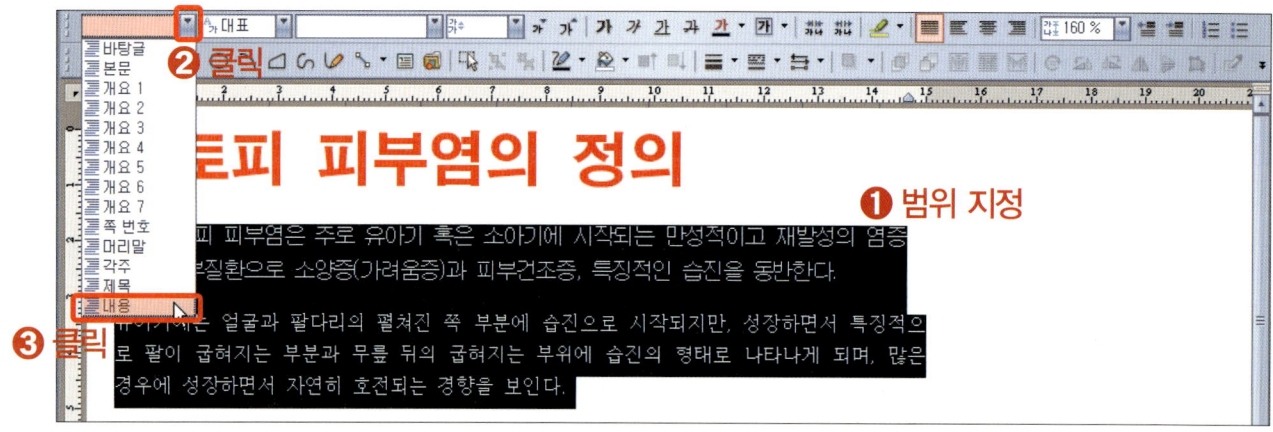

17 다음과 같이 스타일이 지정되었는지 확인합니다.

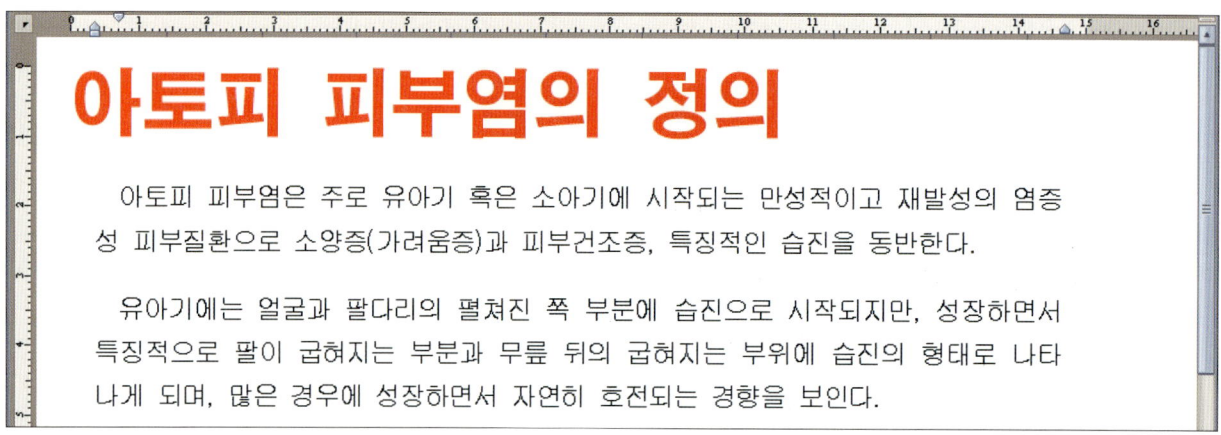

혼자 풀어보기

01 '6장.혼자풀어보기1번(소스).hwp' 문서를 열고 다음 지시사항대로 글자 모양을 지정하여 보세요.

- 제목 : 글꼴(HY동녘M), 크기(20pt), 글자 색(검은 피망색)
- 문단 모양 : 왼쪽 여백(25pt), 오른쪽 여백(20pt), 첫 줄 내어쓰기(15pt), 문단 아래 간격(10pt), 줄 간격(180%)
- 테두리 배경 : 테두리 종류(점선), 굵기(1.5mm), 테두리 색(자주빛 보라), 문단 테두리 연결, 배경 면 색(흰 자주빛 보라), 간격(왼쪽/오른쪽-2mm, 위쪽/아래쪽-5mm)
- 글자 모양 : 글꼴(굴림체), 크기(12pt)

쌀뜨물을 이용하는 생활의 지혜

1. 냄새제거 : 밀폐용기의 배어 있는 냄새를 없애는데 적격 : 김치를 담아 둔 용기나 생선 비린내가 나는 그릇이나 용기에 쌀뜨물을 붓고 이틀 정도 두면 냄새가 싹 가신다.

2. 도마에 밴 불쾌한 냄새 : 쌀뜨물에 30분가량 담갔다가 스펀지로 구석구석 문지르고 물로 닦아낸다.

3. 화분의 영양제 : 화분에 부어 영양을 보충해 주면 좋다. 화초나 채소에 부어 주어 물과 거름의 이중효과를 누릴 수 있다.

4. 유리창청소 : 쌀뜨물에 함유된 유분은 광택을 내는 왁스 효과와 때를 부착시켜 떨어뜨리는 효과가 있다.

Hint! 서식 도구 모음 또는 [모양]-[글자 모양], [모양]-[문단 모양]을 이용합니다.

02 '6장.혼자풀어보기2번(소스).hwp' 문서를 열고 다음 지시사항대로 글자 모양을 지정하여 보세요.
- 제목 : 글꼴(휴먼옛체), 크기(30pt), 속성(진하게), 글자 색(파랑), 정렬(가운데 정렬)
- 문단 모양 : 정렬(가운데 정렬), 왼쪽 여백(25pt), 오른쪽 여백(20pt), 첫 줄 내어쓰기(15pt), 문단 위 간격(10pt), 줄 간격(170%)
- 테두리 배경 : 테두리 종류(두 줄), 굵기(0.5mm), 테두리 색(흐린 파랑), 문단 테두리 연결, 배경 면 색(흰 파랑), 간격(왼쪽/오른쪽-2mm, 위쪽/아래쪽-5mm)
- 탭 설정 : 탭 위치(300pt), 탭 종류(왼쪽), 탭 채울모양(점선)
- 글자 모양 : 글꼴(휴먼옛체), 크기(15pt), '요일' 글자 색(빨강)

주간메뉴

월. 냉이된장국, 파래무침 ------------------ 5,000원

화. 바지락미역국, 삼겹살, 감자조림 ----- 5,500원

수. 연포탕, 연근전, 파래무침 ------------- 4,500원

목. 오징어무국, 미역줄기볶음, 무생채 -- 4,500원

금. 참치찌개, 두부부침, 꼬막무침 -------- 5,000원

Hint! 서식 도구 모음 또는 [모양]-[글자 모양], [모양]-[문단 모양]을 이용합니다.

03 '6장.혼자풀어보기3번(소스).hwp' 문서를 열고 다음 지시사항대로 글자 모양을 지정하여 보세요

- **제목 : 글꼴(휴먼옛체), 크기(20pt), 속성(진하게), 글자 색(파랑), 정렬(가운데 정렬)**
- **문단 모양 : 왼쪽 여백(25pt), 오른쪽 여백(20pt), 첫 줄 내어쓰기(15pt), 문단 아래 간격(10pt), 줄 간격(180%)**
- **테두리 배경 : 테두리 종류(점선), 굵기(1.5mm), 테두리 색(흐린 파랑), 문단 테두리 연결, 배경 면 색(흰 겨자색), 간격(왼쪽/오른쪽-2mm, 위쪽/아래쪽-5mm)**
- **탭 설정 : 탭 위치(350pt), 탭 종류(오른쪽), 탭 채울모양(점선)**
- **글자 모양 : 글꼴(굴림체), 크기(12pt)**

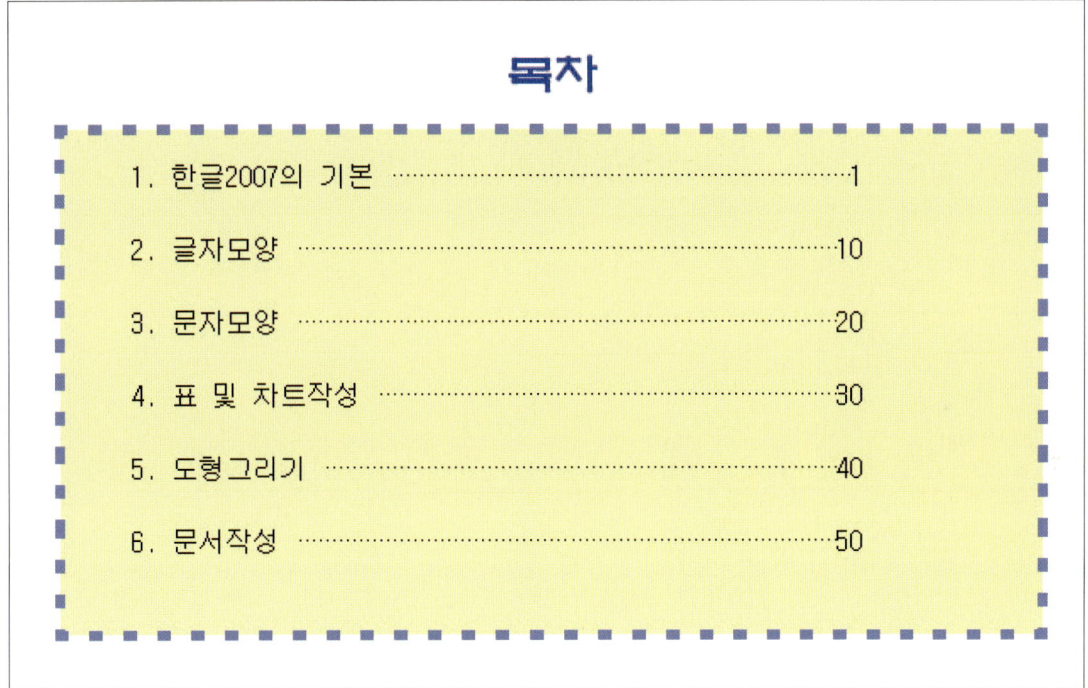

Hint! 서식 도구 모음 또는 [모양]-[글자 모양], [모양]-[문단 모양]을 이용합니다.

04 '6장.혼자풀어보기4번(소스).hwp' 문서를 열고 다음 지시사항에 따라 스타일 기능을 적용하여 〈출력형태〉와 같이 작성하여 보세요.

- **스타일 이름 : kari**
- **문단 모양 : 왼쪽 여백(10pt), 문단 아래 간격(10pt)**
- **글자 모양 : 글꼴(굴림), 크기(10pt), 장평(105%), 자간(-5%)**

The Korea Aerospace Research Institute (KARI) was established in 1989.

R&D areas of KARI include state-of-the-art aircraft development, satellite development and space launch vehicle development. KARI is also responsible for the quality certification of aircraft and space equipment, as mandated by the government.

Hint! [모양]-[스타일] 메뉴나 F6 키를 이용합니다.

7장

표 만들기와 표 편집하기

표를 만드는 방법, 표의 크기 변경, 표의 테두리 및 배경, 줄/칸 추가하기 및 지우기, 계산 및 자동 채우기, 캡션 달기, 정렬 기능에 대하여 배워 봅니다.

완성파일 미리보기

지점별 매출현황

구분 번호	서울지역	전년매출액 (백만)	전년순이익 (백만)
5	성안유통	150,000	5,385
2	나라유통	146,100	1,333
4	마이샵	64,817	4,382
1	위드웰빙	43,766	1,504
3	뉴스타	22,744	1,951
총합		427,427	14,555

구분 번호	경기지역	전년매출액 (백만)	전년순이익 (백만)
2	나라유통	136,100	1,933
3	뉴스타	20,744	2,051
4	마이샵	70,817	4,582
5	성안유통	140,000	5,355
1	위드웰빙	53,766	1,804
총합		421,427	15,725

체크 포인트

실습 1 표를 만들어보고 삭제하는 방법에 대하여 배워 봅니다.

실습 2 셀 크기를 변경하는 방법 대하여 배워 봅니다.

실습 3 표의 테두리, 배경, 줄/칸 추가하기 및 지우기, 셀 합치기 기능에 대하여 배워 봅니다.

실습 4 표에 입력된 수치에 대한 계산하는 방법과 캡션 달기에 대하여 배워 봅니다.

실습 5 표의 내용을 오름차순 또는 내림차순으로 정렬하는 방법을 배워 봅니다.

표의 생성 및 삭제

표를 만들어보고 삭제하는 방법에 대하여 배워 봅니다.

표 만들기

01 [표]-[표 만들기]를 클릭합니다.

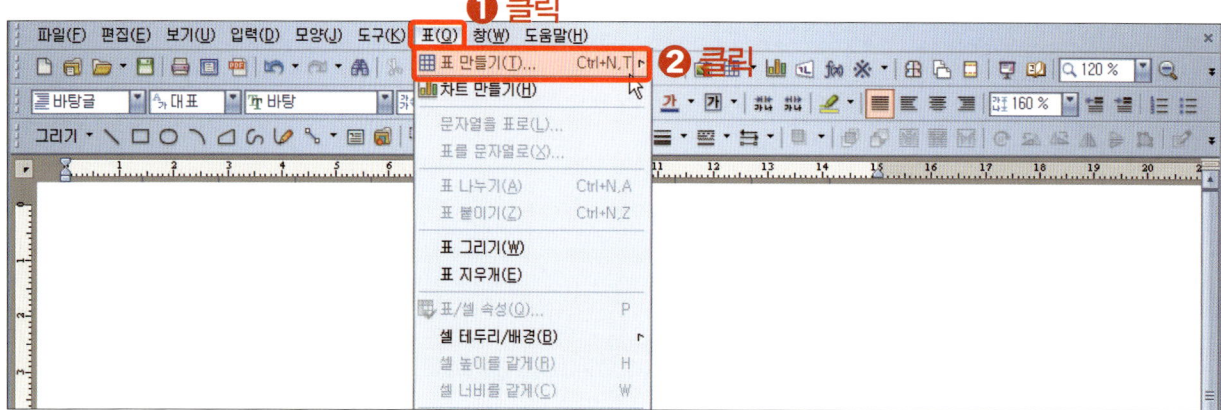

 표 만들기 단축키 : Ctrl + N, T

02 [표 만들기] 대화상자에서 '줄 수 : 5', '칸 수 : 5', 기타에 '글자처럼 취급'에 체크를 한 후 [만들기] 단추를 클릭합니다.

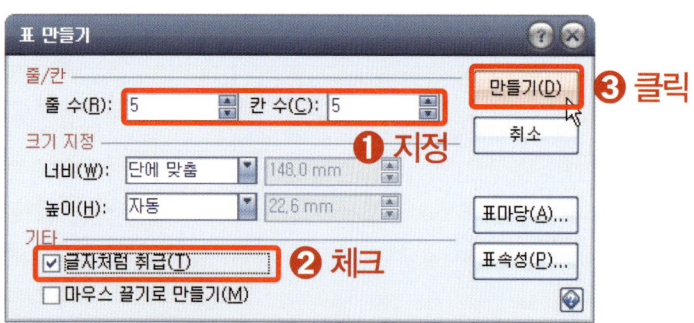

실력 쑥쑥 tip

표 만들기

- '글자처럼 취급'에 체크를 하면 글자와 마찬가지로 왼쪽 정렬, 오른쪽 정렬, Enter 키를 눌렀을 때 이동 등 글자처럼 취급하여 사용할 수 있습니다.
- '마우스 끌기로 만들기'에 체크를 하면 마우스로 원하는 크기만큼 조절하여 표를 만들 수 있습니다. 마우스 끌기로 만들기에 체크를 하지 않으면 표는 문단의 가로 크기만큼 자동으로 생성됩니다.

03 다음과 같이 5줄, 5칸의 표가 생성된 것을 확인합니다.

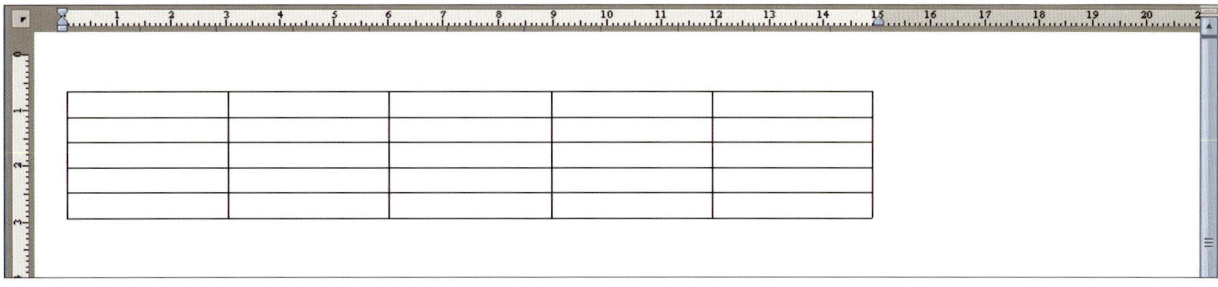

표 지우기

04 표를 지우기 위해서 표의 바깥 테두리에 마우스 포인터를 위치하여 모양으로 변경되면 클릭합니다.

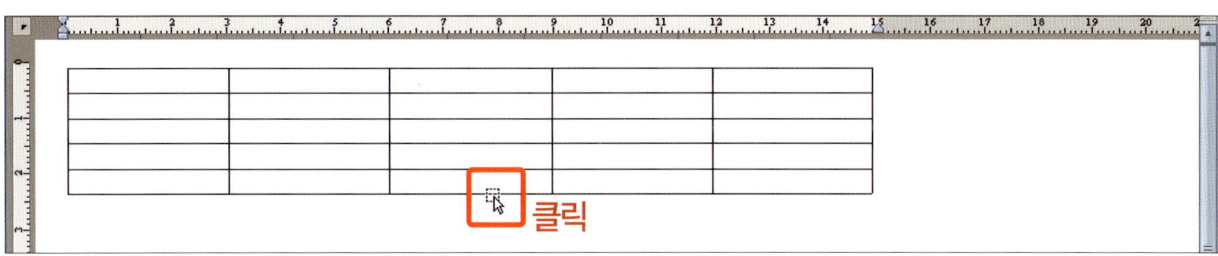

05 표의 테두리에 조절점이 표시되면 **마우스 오른쪽 단추를 클릭한 후 [지우기]를 클릭하거나** Delete **키를 누르면 표가 삭제**됩니다.

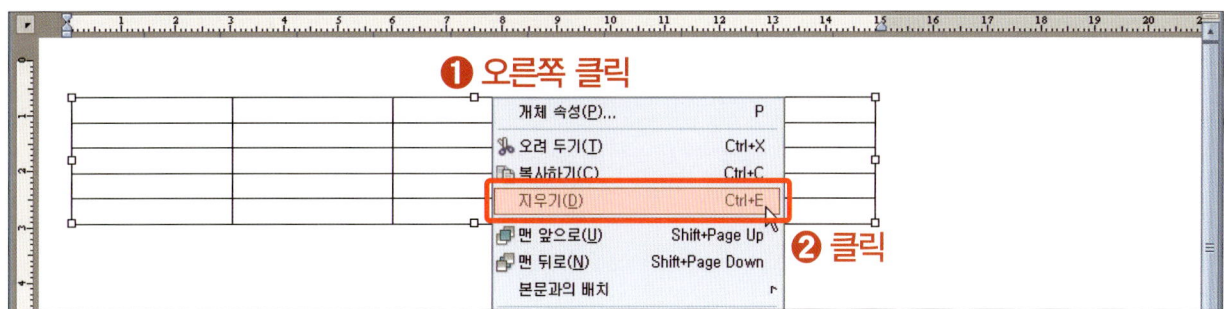

7장 표 만들기와 표 편집하기 **89**

표 마당

[표]-[표 만들기]를 클릭한 후 [표 만들기] 대화상자에서 [표 마당] 단추를 클릭하면 [표 마당] 대화상자에서 서식이 지정되어 있는 표를 생성할 수 있습니다.

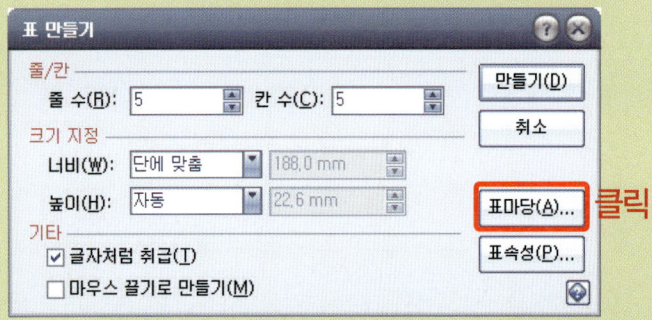

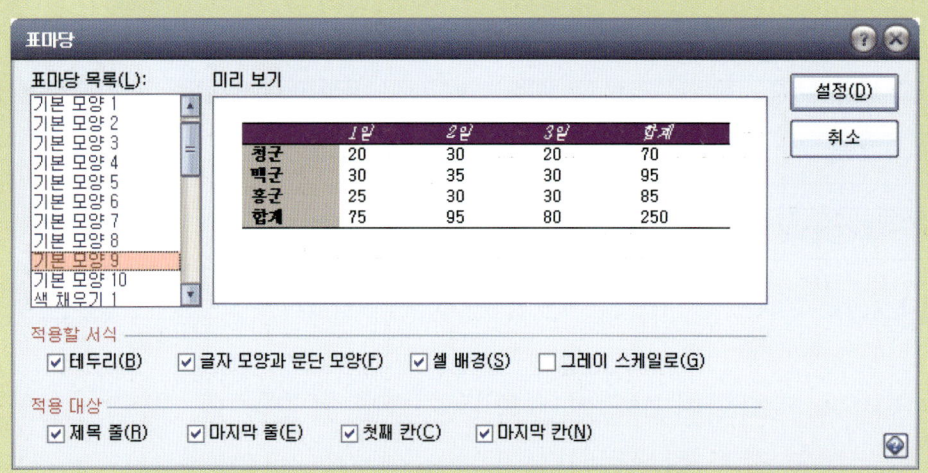

실습 02 셀 범위 지정하기 / 셀 크기 변경하기

셀 범위를 지정하여 셀 크기 변경하는 방법 대하여 배워 봅니다.

[셀의 칸 너비 조절하기]

01 [표]-[표 만들기]를 클릭하고 [표 만들기] 대화상자에서 **'줄 수 : 6', '칸 수 : 5',** 기타에 **'글자처럼 취급'에 체크를 한 후 [만들기] 단추를 클릭**합니다.

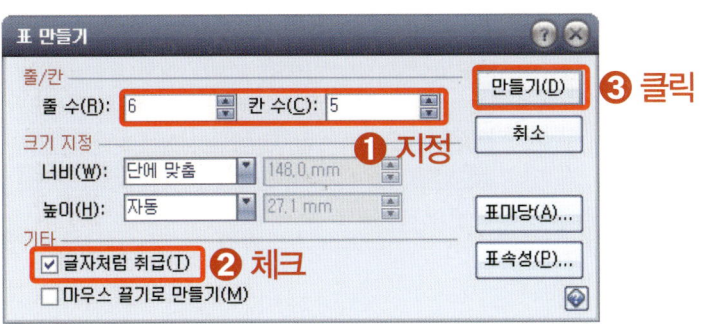

02 표 안에 커서를 클릭하고 내용을 입력합니다.

구분번호	서울지역	설립일	전년매출액 (백만)	전년 순이익 (백만)
	위드웰빙	2005-01-20	43,766	1,504
	나라유통	2000-01-24	146,100	1,333
	뉴스타	2002-01-24	22,744	1,951
	마이샵	2007-03-03	64,817	4,382
	성안유통	1972-02-03	150,000	5,385

03 표 안에 테두리를 왼쪽으로 드래그하여 첫 번째 칸의 넓이를 줄입니다.

구분번호	서울지역	설립일	전년매출액 (백만)	전년 순이익 (백만)
	위드웰빙	2005-01-20	43,766	1,504
	나라유통	2000-01-24	146,100	1,333
	뉴스타	2002-01-24	22,744	1,951
	마이샵	2007-03-03	64,817	4,382
	성안유통	1972-02-03	150,000	5,385

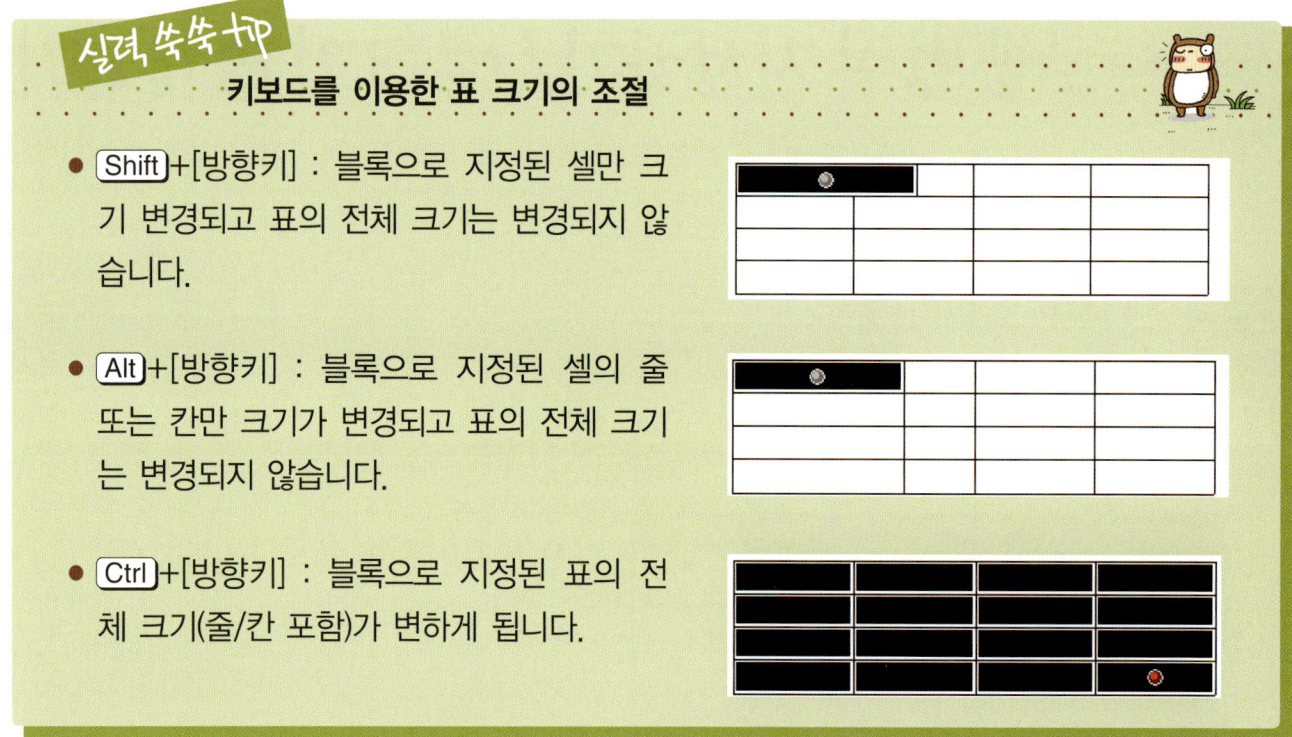

키보드를 이용한 표 크기의 조절

- [Shift]+[방향키] : 블록으로 지정된 셀만 크기 변경되고 표의 전체 크기는 변경되지 않습니다.

- [Alt]+[방향키] : 블록으로 지정된 셀의 줄 또는 칸만 크기가 변경되고 표의 전체 크기는 변경되지 않습니다.

- [Ctrl]+[방향키] : 블록으로 지정된 표의 전체 크기(줄/칸 포함)가 변하게 됩니다.

04 두 번째부터 다섯 번째 칸을 범위 지정하고 마우스 오른쪽 단추를 클릭한 후 [셀 너비를 같게]를 클릭하면 지정된 칸의 너비가 같아지게 됩니다.

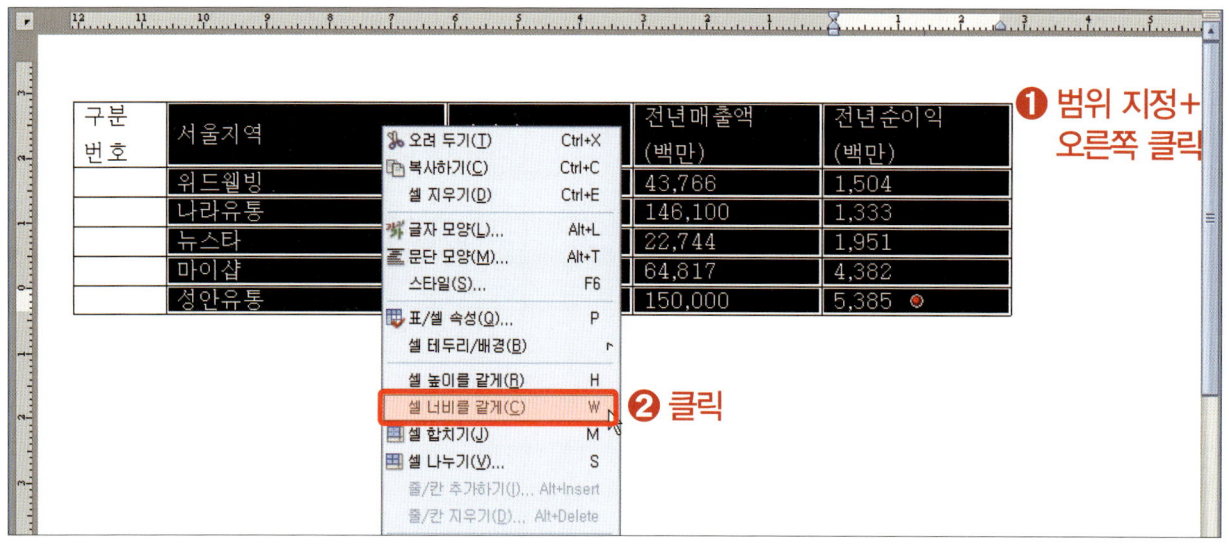

 칸을 범위 지정한 후 W키를 누르면 셀의 칸 너비가 같게 됩니다.

셀의 줄 높이 조절하기

05 2줄~6줄의 영역을 범위 지정한 후 하단의 테두리를 선택하여 아래쪽으로 드래그하면 지정된 줄의 높이가 높아집니다.

❶ 범위 지정
❷ 드래그

06 표 안의 전체 셀을 범위 지정하고 '**글꼴 : 굴림체**', '**크기 : 10**', '**가운데 정렬**'을 지정합니다.

❶ 범위 지정
❷ 지정
❸ 클릭

07 다음과 같은 표가 완성됩니다.

실력 쑥쑥 tip
다양한 셀 범위 지정 방법

- 한 셀의 지정 : 셀을 클릭한 후 F5 키를 한 번 누릅니다.

- 연속된 여러 셀의 지정 : F5 키를 두 번 누른 다음 방향키를 연속으로 눌러 범위를 지정합니다.

- 떨어져 있는 셀의 지정 : 블록이 지정된 상태에서 Ctrl 키를 누른 채 추가 영역을 드래그합니다.

- 모든 셀의 범위 지정 : 셀을 클릭한 후 F5 키를 세 번 연속으로 누릅니다.

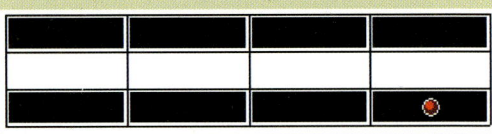
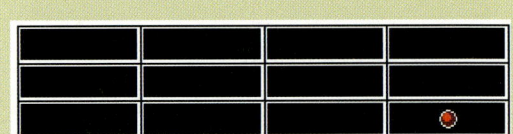

 # 셀테두리배경, 줄/칸 추가하기, 지우기, 셀 합치기

표를 편집하기 위한 테두리, 배경, 줄/칸 추가하기, 삭제, 셀 합치기 기능에 대하여 배워 봅니다.

셀 테두리 변경

01 셀의 영역을 모두 드래그하여 범위 지정하고 **마우스 오른쪽 단추를 클릭한 후 [셀 테두리/배경]-[각 셀마다 적용]을 클릭**합니다.

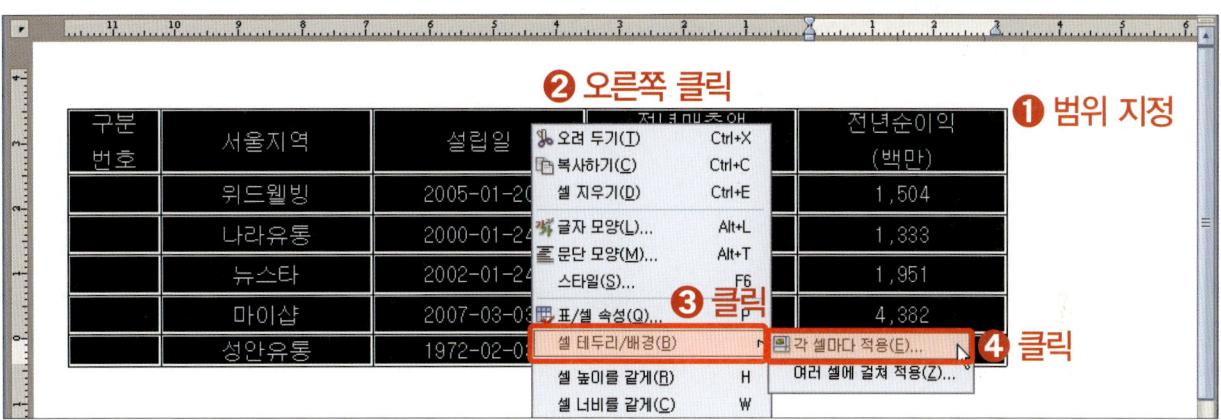

 셀을 클릭한 후 F5 키를 세 번 연속으로 누르면 표 안의 모든 셀이 범위 지정됩니다.

실력 쑥쑥 tip

테두리/배경색 변경

- 테두리 변경 : 영역을 범위 지정한 후 Line의 약자인 L 키를 누릅니다.
- 배경색 변경 : 영역을 범위 지정한 후 Color의 약자인 C 키를 누릅니다.

7장 표 만들기와 표 편집하기 **95**

02 [셀 테두리/배경] 대화상자의 [테두리] 탭에서 **테두리 종류를 '선 없음'**으로 지정하고, '선 모양 바로 적용'의 체크를 해제한 후 **[왼쪽], [오른쪽]을 클릭**합니다.

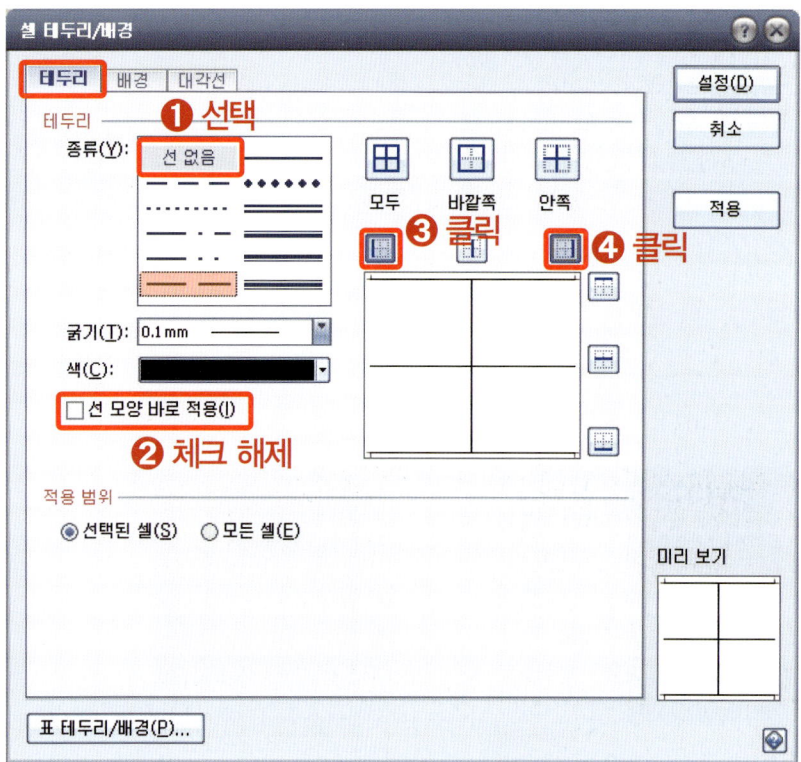

03 이번엔 **테두리 종류를 '두 줄'**로 지정하고 **테두리 색은 '파랑'**을 지정한 후 **[위쪽], [아래쪽]을 클릭하고 [설정] 단추를 클릭**합니다.

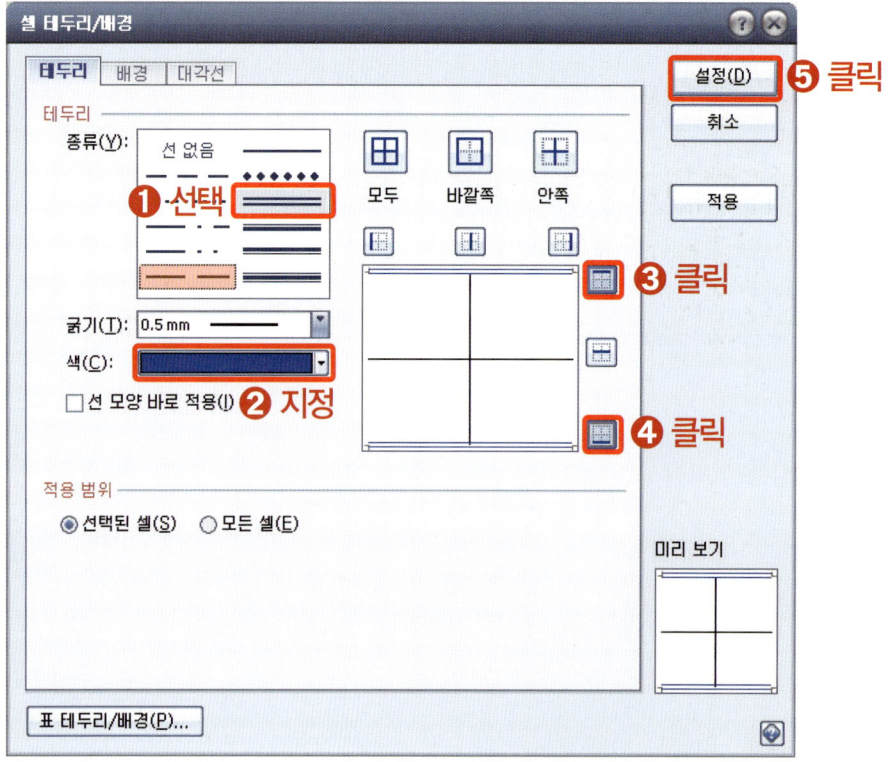

04 왼쪽 오른쪽은 테두리 선이 없어졌고, 위아래는 파란색 두 줄이 지정되었습니다.

구분번호	서울지역	설립일	전년매출액 (백만)	전년순이익 (백만)
	위드웰빙	2005-01-20	43,766	1,504
	나라유통	2000-01-24	146,100	1,333
	뉴스타	2002-01-24	22,744	1,951
	마이샵	2007-03-03	64,817	4,382
	성안유통	1972-02-03	150,000	5,385

실력 쑥쑥 tip — [보기]-[투명 선]

[보기]-[투명 선]을 클릭하여 체크하면 선 없음이 지정된 선이 빨간 점선으로 나타나게 됩니다. 이 때 빨간 점선은 화면에서만 보이고 인쇄시 표시되지 않습니다.

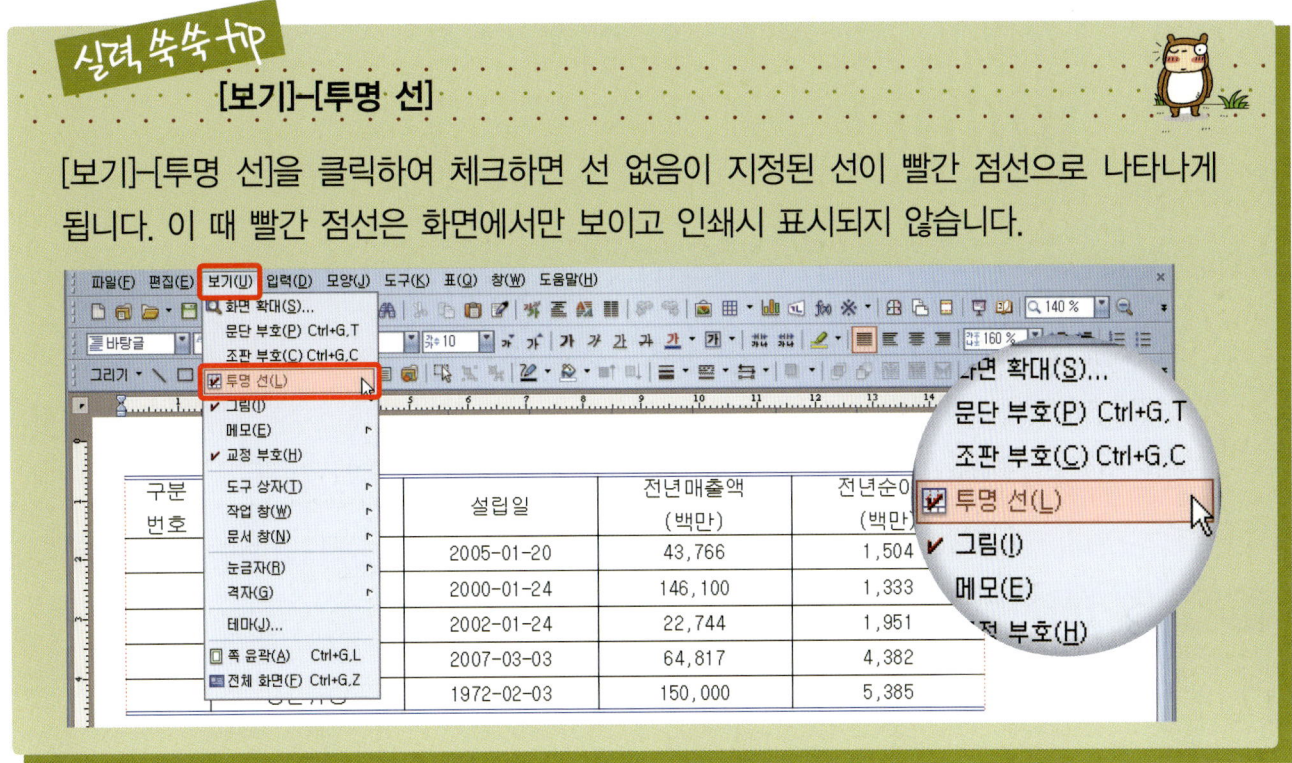

셀 배경 변경

05 표의 첫 번째 줄을 범위 지정하고 **마우스 오른쪽 단추를 클릭한 후 [셀 테두리/배경]-[각 셀마다 적용]**을 클릭합니다.

 셀 배경을 지정하기 위해서는 범위 지정한 후 ⓒ키를 눌러도 됩니다.

06 [셀 테두리/배경] 대화상자의 [배경] 탭에서 면 색을 '노랑'으로 지정한 후 [설정] 단추를 클릭합니다.

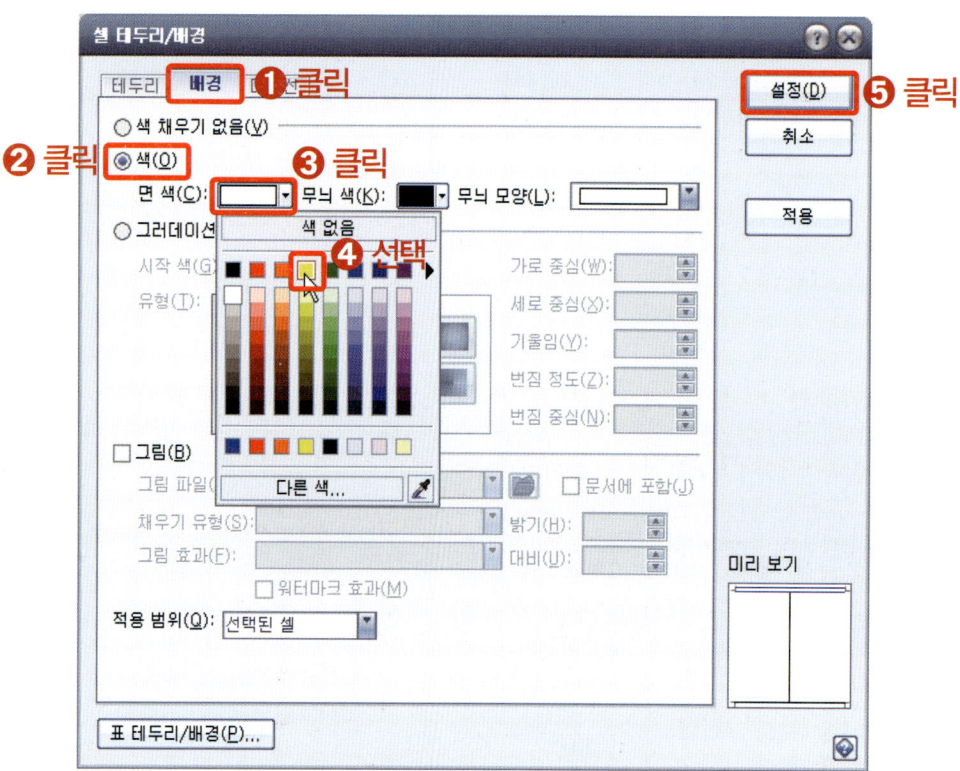

줄/칸 추가하기

07 마지막 셀에 커서를 놓고 [표]-[줄/칸 추가하기]를 클릭합니다.

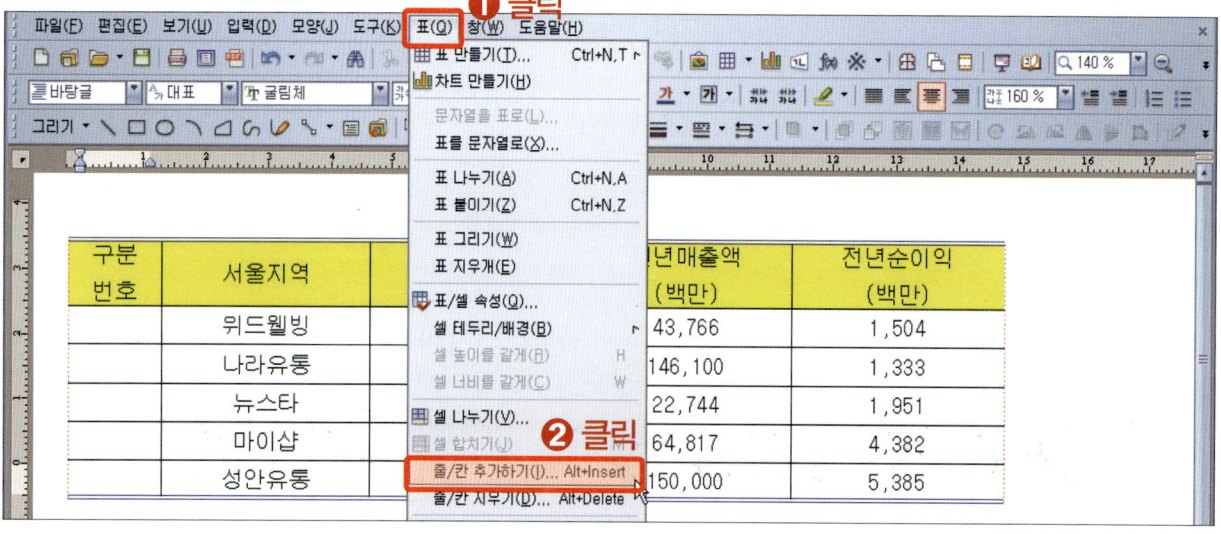

08 [줄/칸 추가하기] 대화상자에서 **아래쪽 을 선택한 후 [추가] 단추를 클릭**합니다.

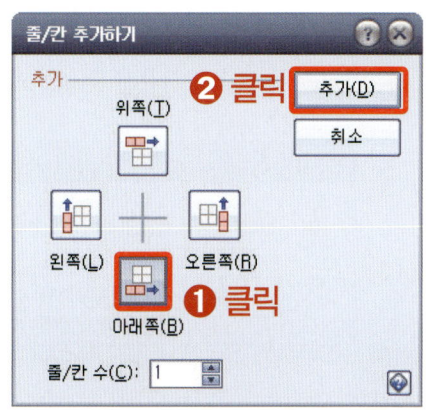

 표에서 마지막 셀이 선택된 상태에서 Ctrl+Enter 키를 누르면 하단에 한 줄씩 추가되고, Ctrl+BackSpace 키를 누르면 한 줄씩 삭제됩니다.

09 줄의 높이를 같게 하기 위해서 다음과 같이 범위를 지정하고 **마우스 오른쪽 단추를 클릭한 후 [셀 높이를 같게]를 클릭**합니다.

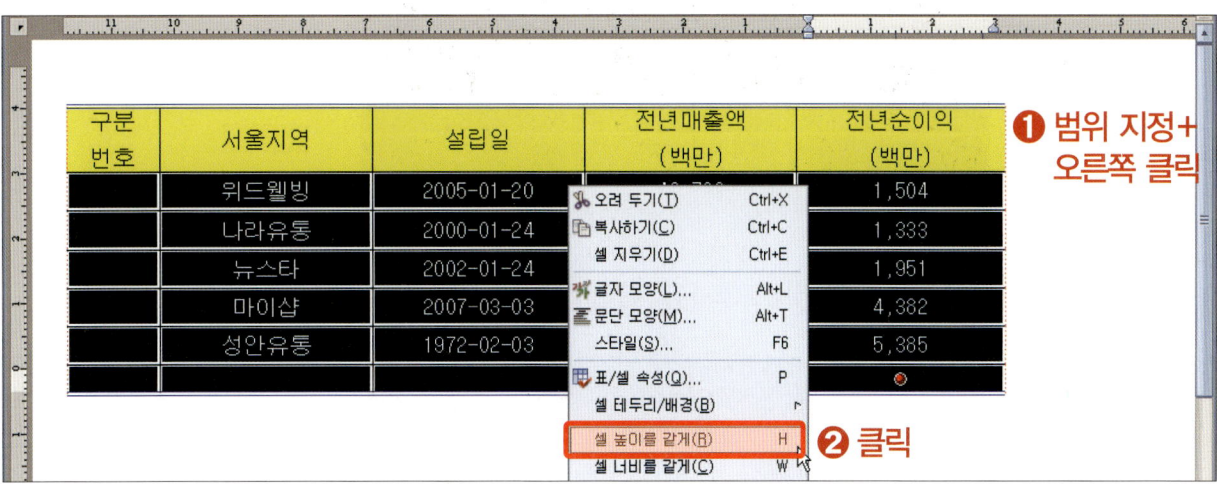

 범위를 지정한 후 H 키를 누르면 줄의 높이가 같아지고, W 키를 누르면 칸의 너비가 같아집니다.

10 '설립일' 칸을 범위 지정하고 **마우스 오른쪽 단추를 클릭한 후 [셀 지우기]를 클릭하거나 Delete 키를 누릅니다**.

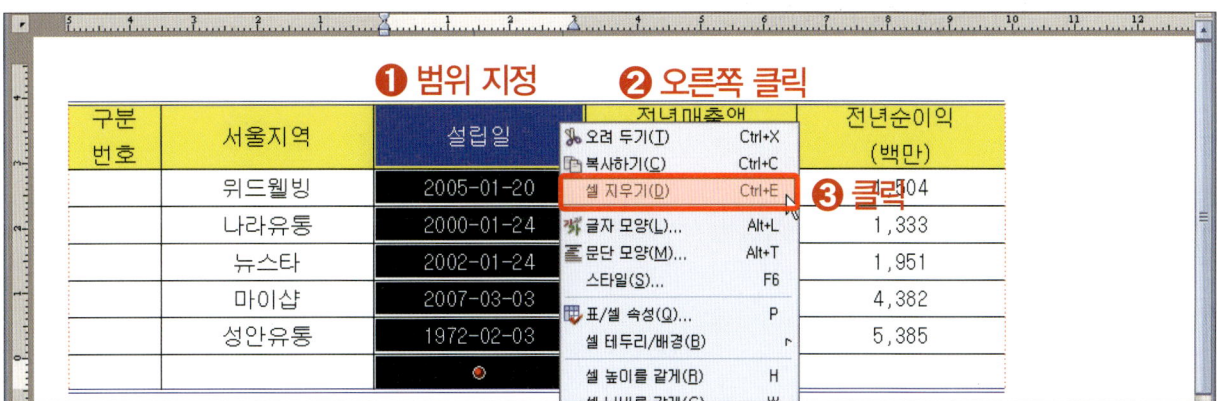

11 삭제 대화상자가 나타나면 [지우기] 단추를 클릭합니다. [남김] 단추를 클릭하면 테두리는 남고 내용만 삭제됩니다.

12 칸의 너비를 넓게 하기 위해 다음과 같이 범위 지정한 후 가장 오른쪽 테두리를 선택하여 오른쪽으로 드래그합니다.

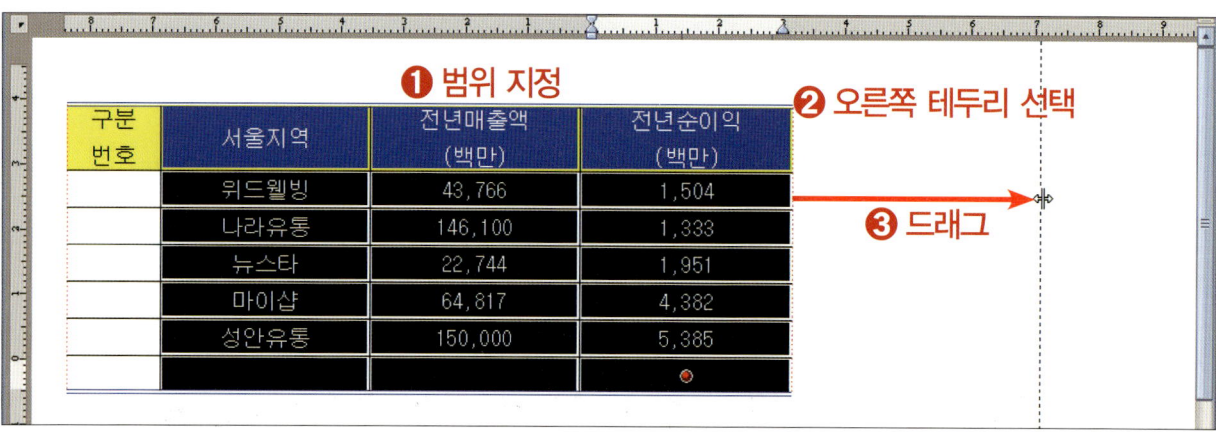

13 하단의 두 셀을 범위 지정한 후 [표]-[셀 합치기]를 클릭합니다.

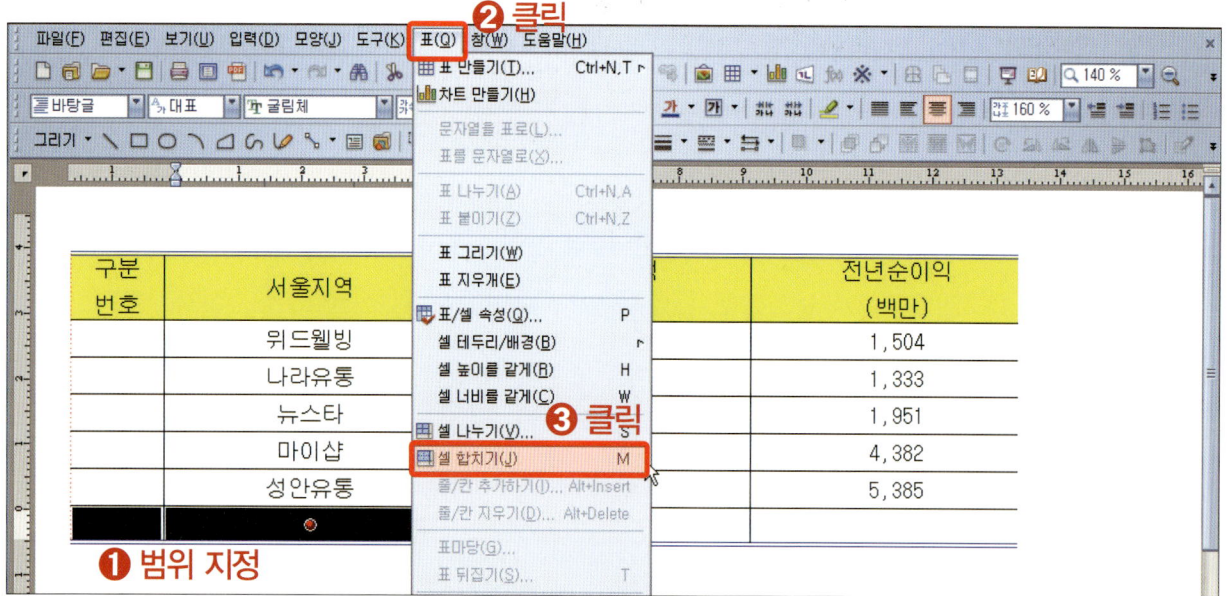

 셀을 범위 지정한 후 M키를 누르면 셀이 합쳐지고, S키를 누르면 셀이 나눠집니다.

실력 쑥쑥 tip
셀 나누기

① 범위를 지정하고 [표]-[셀 나누기]를 클릭하거나 S키를 누릅니다.

② [셀 나누기] 대화상자에서 줄 수와 칸 수를 입력한 후 [나누기] 단추를 클릭합니다.

③ 다음과 같이 셀이 나눠지게 됩니다.

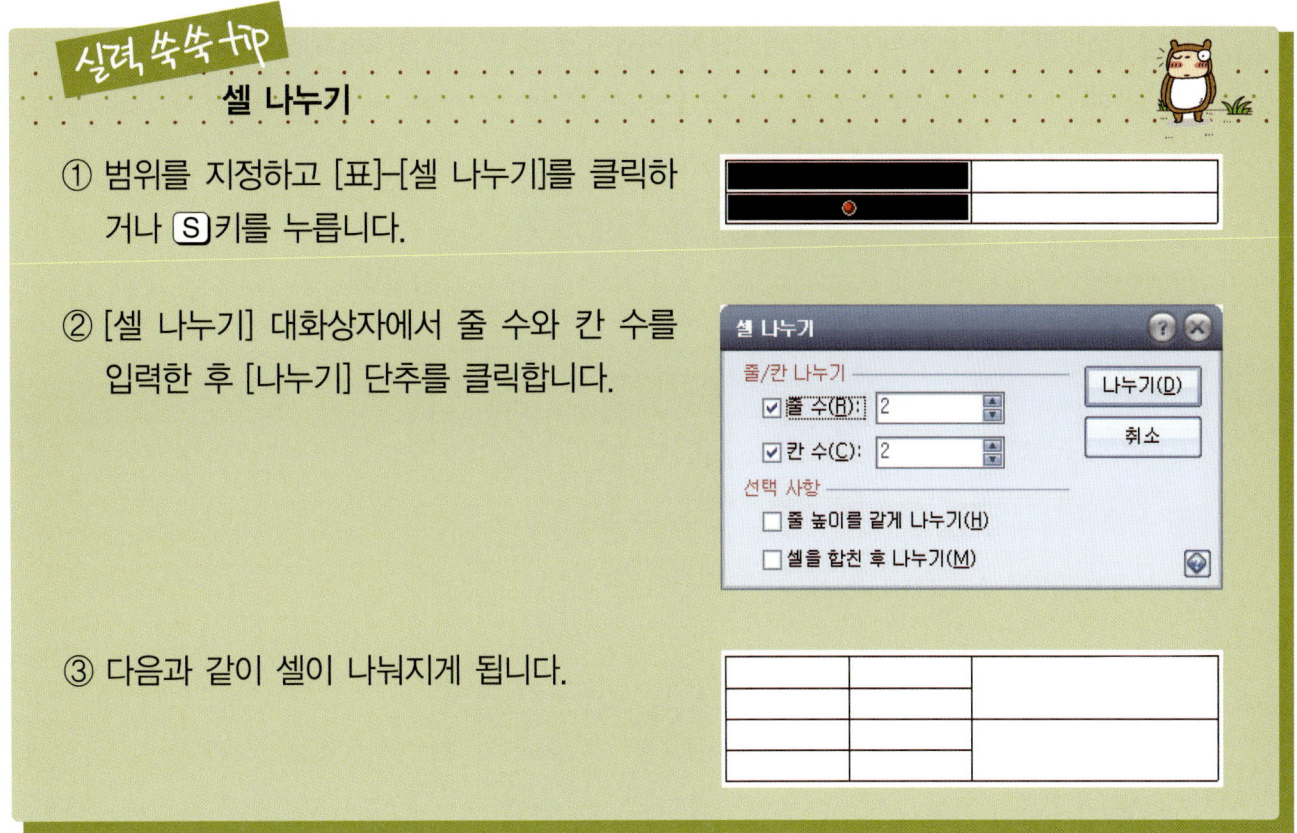

14 하단의 줄을 범위 지정하고 [표]-[셀 테두리/배경]-[각 셀마다 적용]을 클릭합니다.

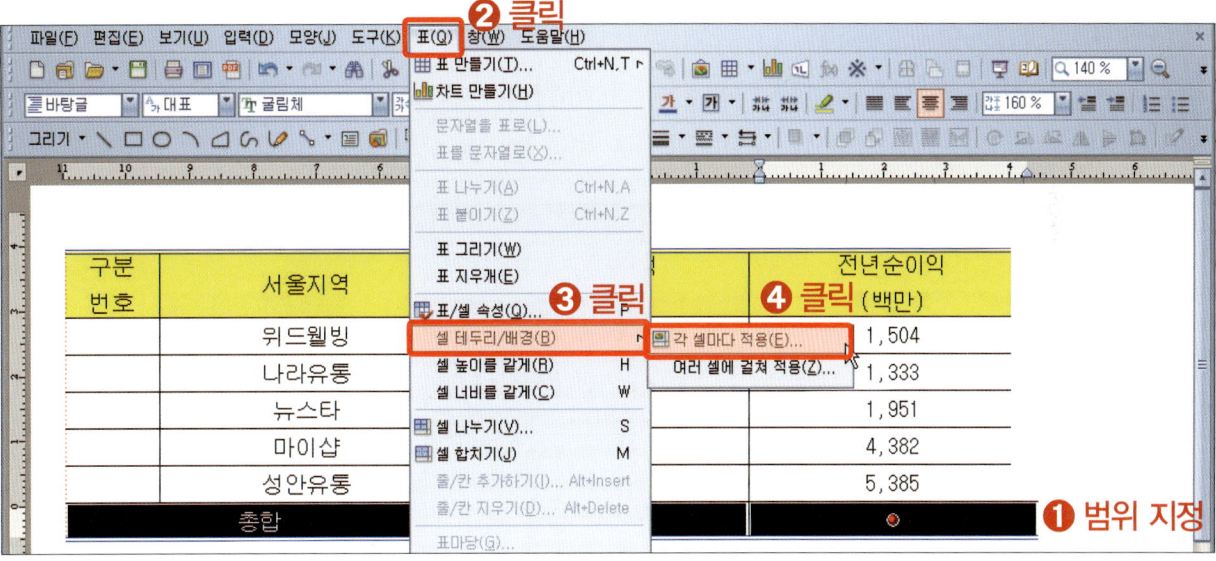

15 [셀 테두리/배경] 대화상자의 [배경] 탭에서 '그라데이션'을 선택하고 '시작색 : 흰 감색', '끝색 : 흰색'을 지정한 후 '유형'은 '수평'에 첫 번째 유형을 선택하고 [설정] 단추를 클릭합니다.

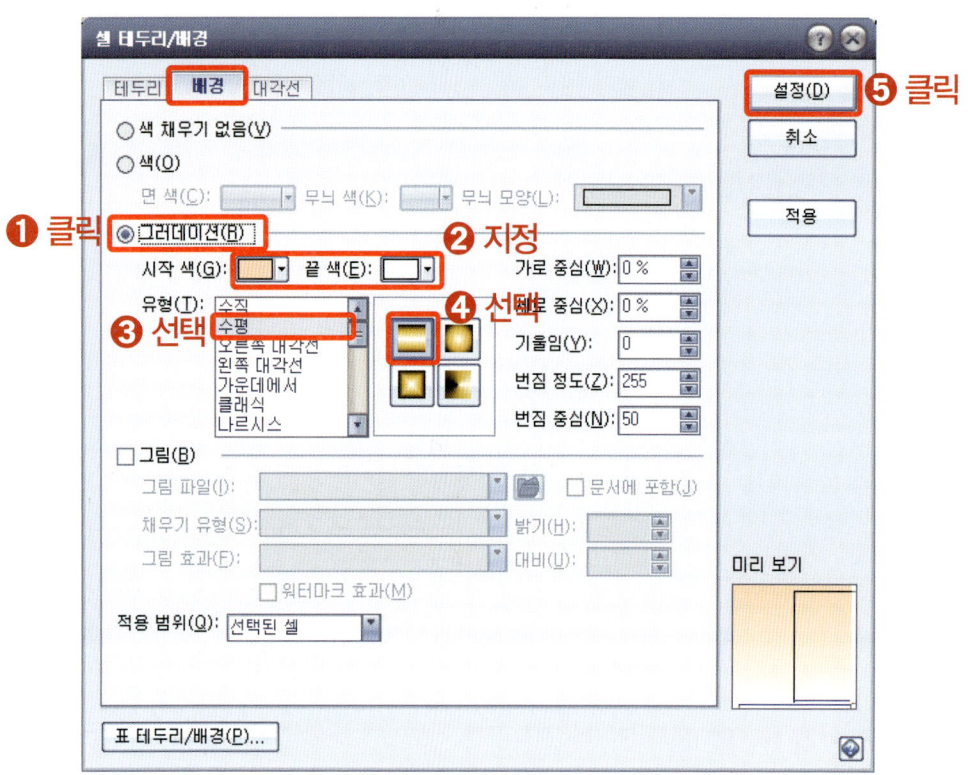

16 첫 번째 셀을 선택하고 F5 키를 눌러 하나의 셀만 선택한 후 **마우스 오른쪽 단추를 클릭**하여 [셀 테두리/배경]-[각 셀마다 적용]을 클릭합니다.

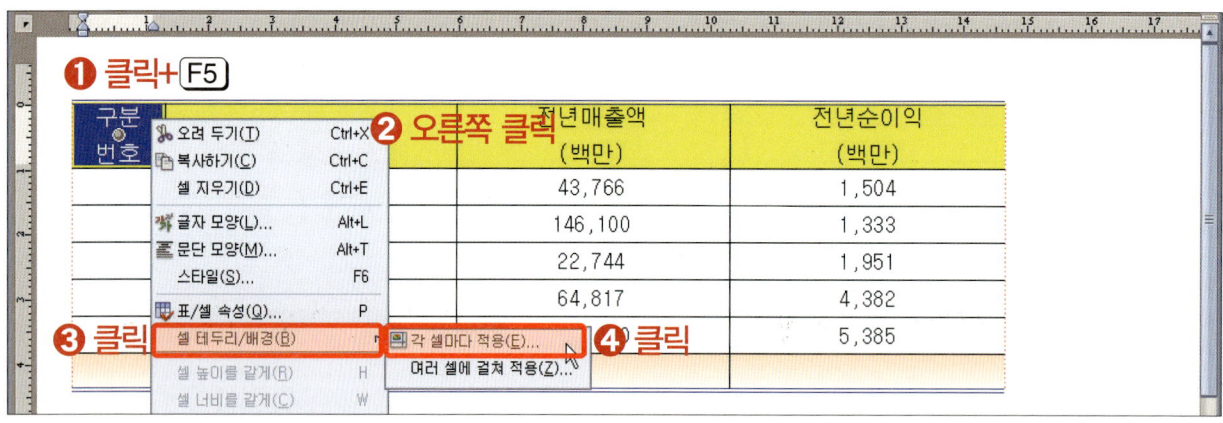

17 [셀 테두리/배경] 대화상자의 **[대각선] 탭**에서 '실선'을 선택하고 대각선에서 ☒를 **클릭**한 후 [설정] 단추를 클릭합니다.

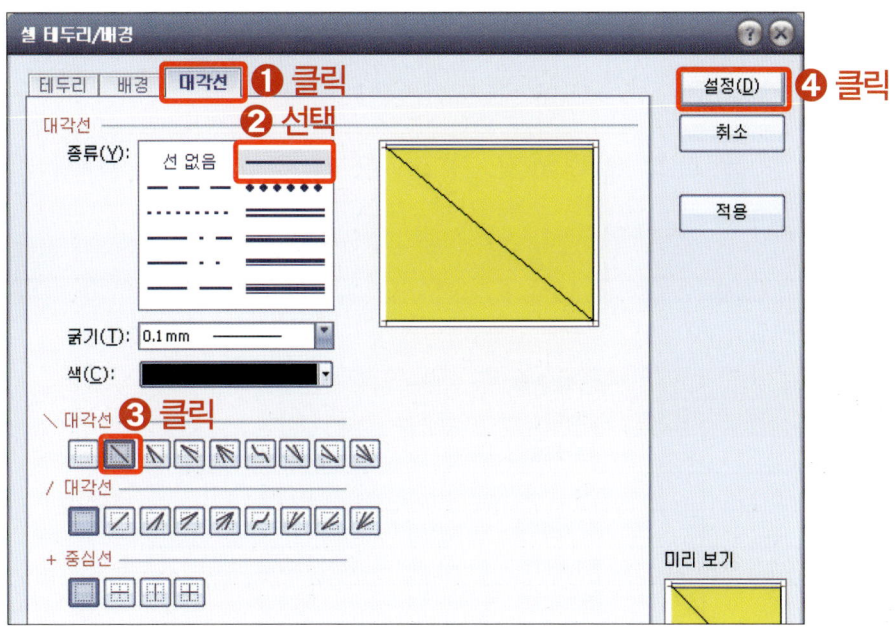

18 '구분'의 뒤쪽을 클릭하여 커서를 위치시키고 서식 도구 상자의 [오른쪽 정렬 ≡] 단추를 **클릭**한 후 같은 방법으로 '번호' 문자열은 [왼쪽 정렬 ≡] 단추를 클릭합니다.

구분/번호	서울지역	전년매출액 (백만)	전년순이익 (백만)
	위드웰빙	43,766	1,504
	나라유통	146,100	1,333
	뉴스타	22,744	1,951
	마이샵	64,817	4,382
	성안유통	150,000	5,385
	총합	427,427	14,555

19 다음과 같이 표가 완성되었는지 확인합니다.

구분/번호	서울지역	전년매출액 (백만)	전년순이익 (백만)
	위드웰빙	43,766	1,504
	나라유통	146,100	1,333
	뉴스타	22,744	1,951
	마이샵	64,817	4,382
	성안유통	150,000	5,385
	총합		

표에서의 계산 및 자동 채우기/캡션 달기

표에 입력된 수치에 대한 계산하는 법과 표에 캡션입력 방법에 대하여 배워 봅니다.

01 다음과 같이 셀에 "1"과 "2"를 각각 입력하고 '1'과 '2'가 포함되도록 아래 칸까지 범위 지정합니다.

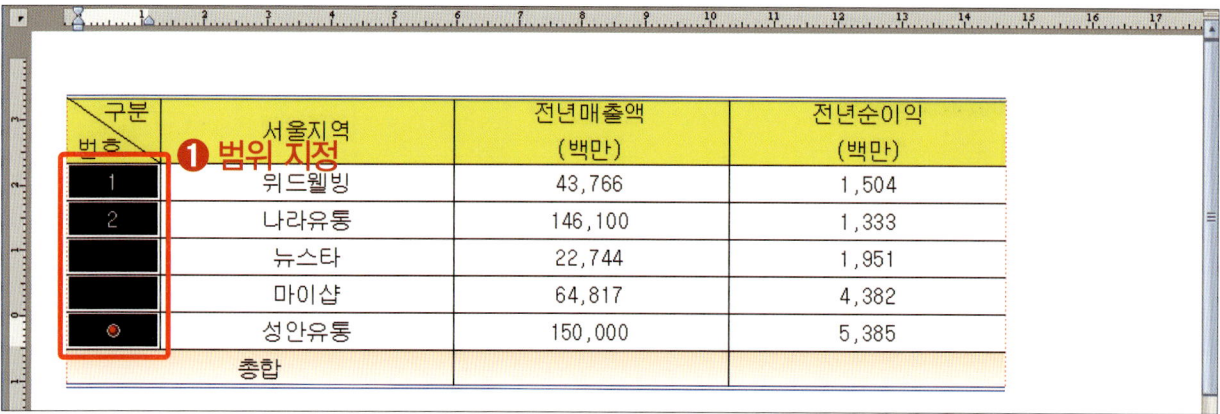

02 범위 지정된 상태에서 **마우스 오른쪽 단추를 클릭하고 [채우기]-[표 자동 채우기]를 클릭**합니다.

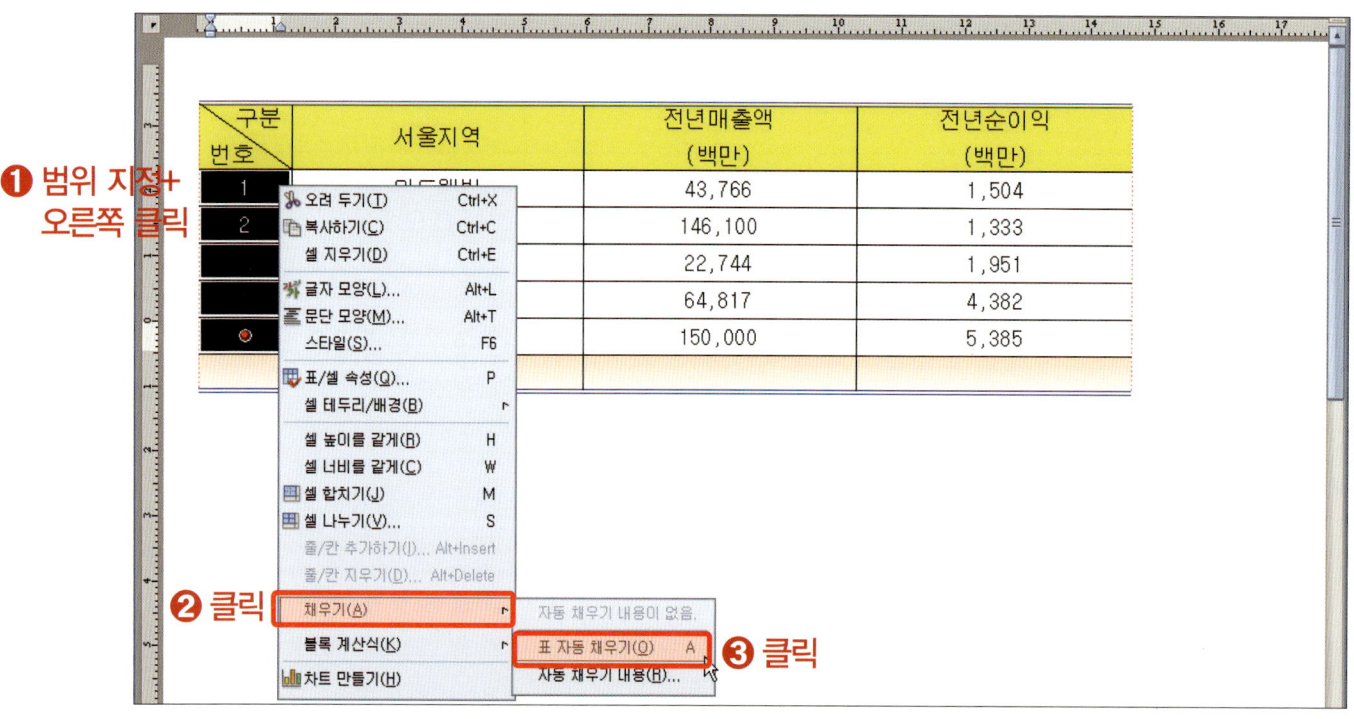

자동 채우기 단축키 : 범위 지정한 후 A키를 누릅니다.

03 다음 그림과 같이 3~5까지의 숫자가 자동으로 채워 집니다.

구분 번호	서울지역	전년매출액 (백만)	전년순이익 (백만)
1	위드웰빙	43,766	1,504
2	나라유통	146,100	1,333
3	뉴스타	22,744	1,951
4	마이샵	64,817	4,382
5	성안유통	150,000	5,385
총합			

04 합계를 구할 칸을 범위 지정하고 마우스 오른쪽 단추를 클릭한 후 [블록 계산식]-[블록 합계]를 클릭합니다.

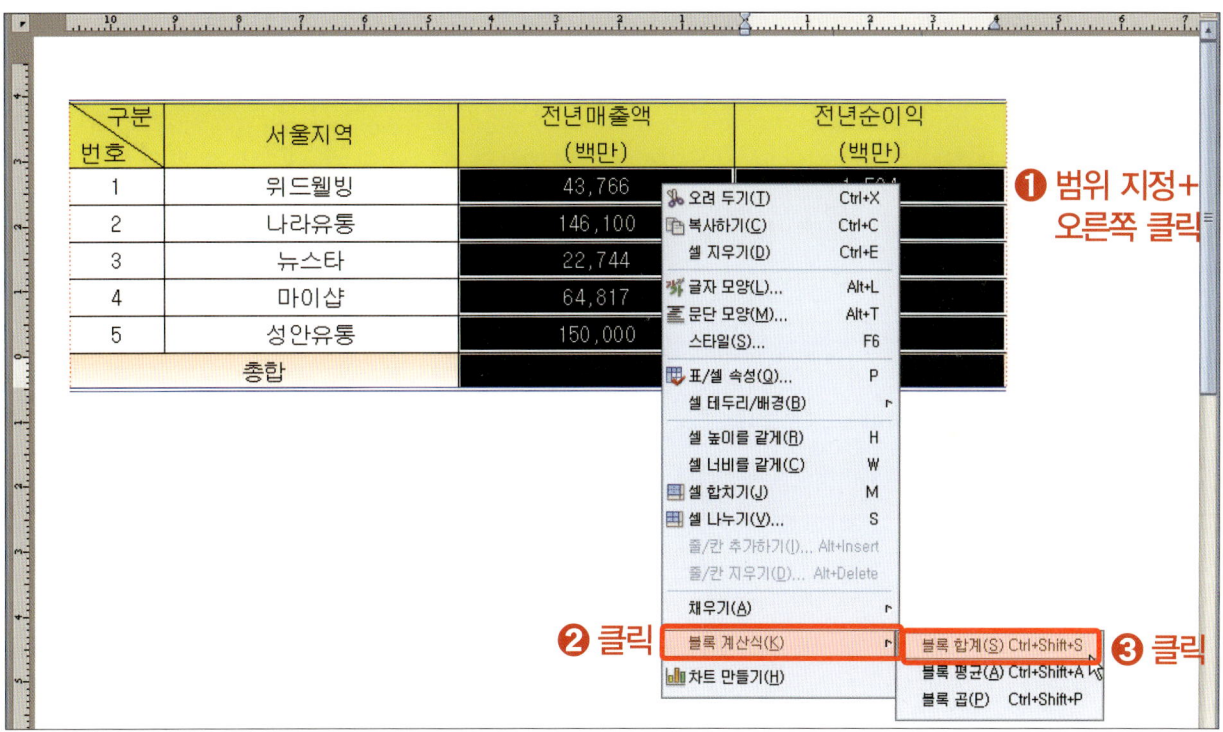

결과값이 표시될 셀까지 포함하여 범위를 지정해야 합니다.

실력쑥쑥 TIP
자동 채우기

- '일', '월'을 셀에 입력하고 범위를 지정한 후 A키를 누르면 다음과 같이 요일이 자동으로 입력됩니다.

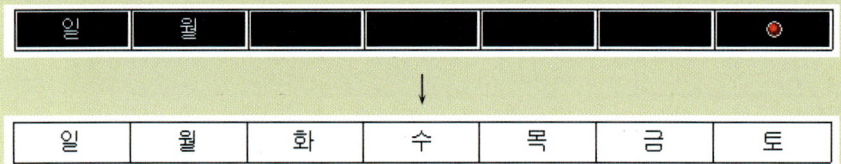

- 2000년, 2001년을 셀에 입력하고 범위를 지정한 후 A키를 누르면 다음과 같이 년도가 자동으로 입력됩니다.

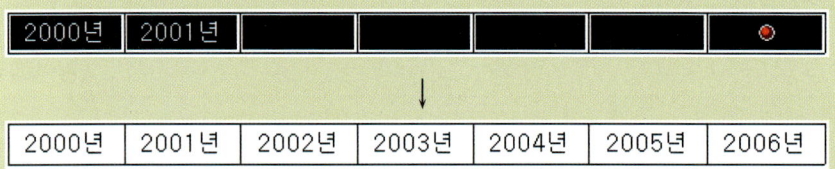

- [입력]-[채우기]-[자동 채우기 내용]를 클릭하면 [자동 채우기 내용] 대화상자에서 자동으로 채울 수 있는 목록을 확인할 수 있고, [사용자 정의] 탭에서 자동으로 채울 내용을 입력할 수도 있습니다.

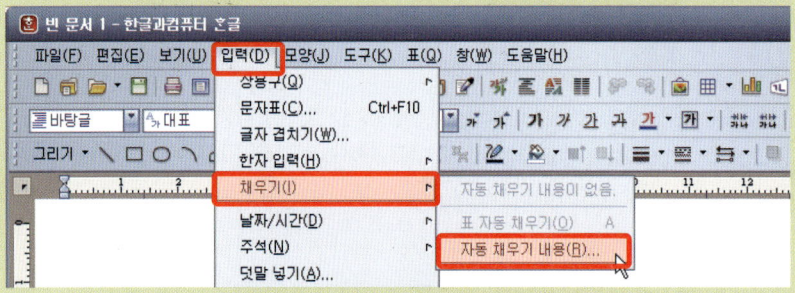

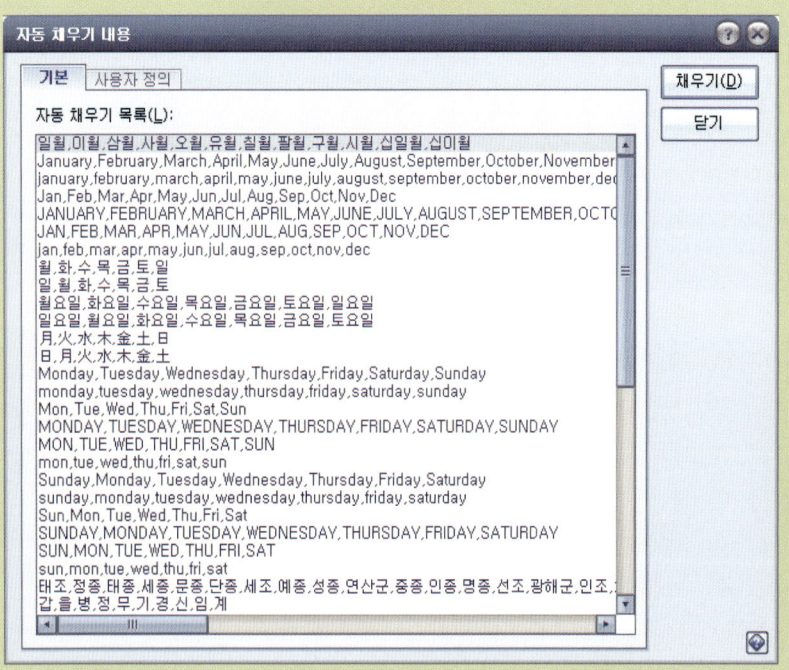

05 다음과 같이 전년매출액과 전년순이익의 합계가 계산되어 집니다.

구분 번호	서울지역	전년매출액 (백만)	전년순이익 (백만)
1	위드웰빙	43,766	1,504
2	나라유통	146,100	1,333
3	뉴스타	22,744	1,951
4	마이샵	64,817	4,382
5	성안유통	150,000	5,385
총합		427,427	14,555

캡션 달기

06 표의 외곽 테두리를 선택하고 마우스 오른쪽 단추를 클릭한 후 [캡션 달기]를 클릭합니다.

07 '표1'의 내용을 지운 다음 "지점별 매출현황"을 입력합니다.

구분 번호	서울지역	전년매출액 (백만)	전년순이익 (백만)
1	위드웰빙	43,766	1,504
2	나라유통	146,100	1,333
3	뉴스타	22,744	1,951
4	마이샵	64,817	4,382
5	성안유통	150,000	5,385
총합		427,427	14,555

지점별 매출현황 기존 내용 삭제 후 입력

08 '지점별 매출현황' 문자열을 범위 지정한 후 '글꼴 : 굴림체', [오른쪽 정렬]을 지정합니다.

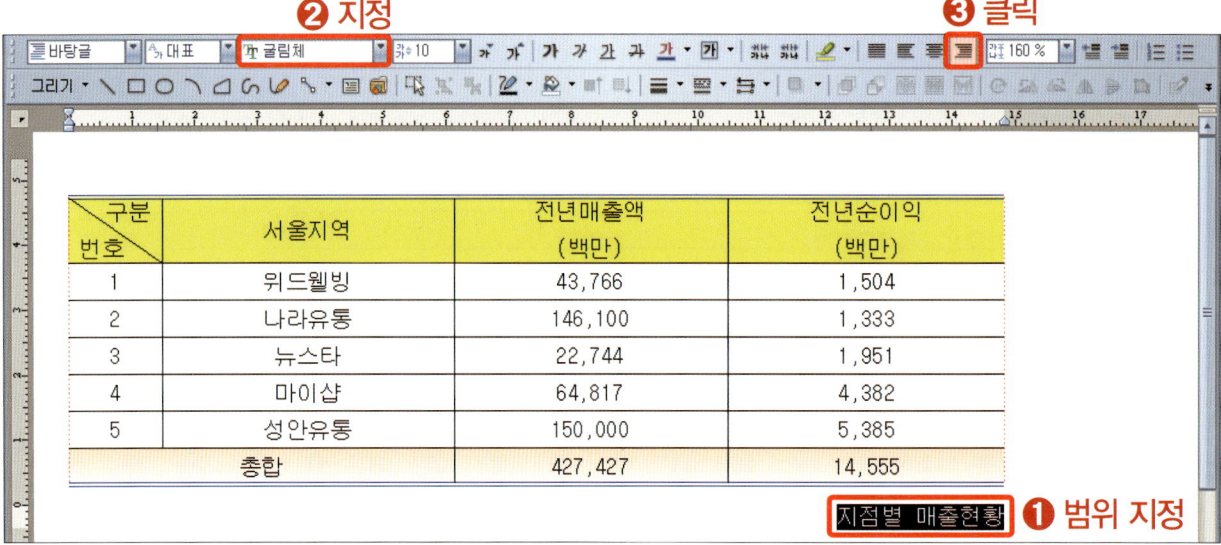

09 표의 외곽 테두리를 선택하고 마우스 오른쪽 단추를 클릭한 후 메뉴에서 [개체 속성]을 클릭합니다.

10 [표/셀 속성] 대화상자의 **[여백/캡션] 탭에서 캡션 위치에 '위'를 선택**한 후 **[설정] 단추를 클릭**합니다.

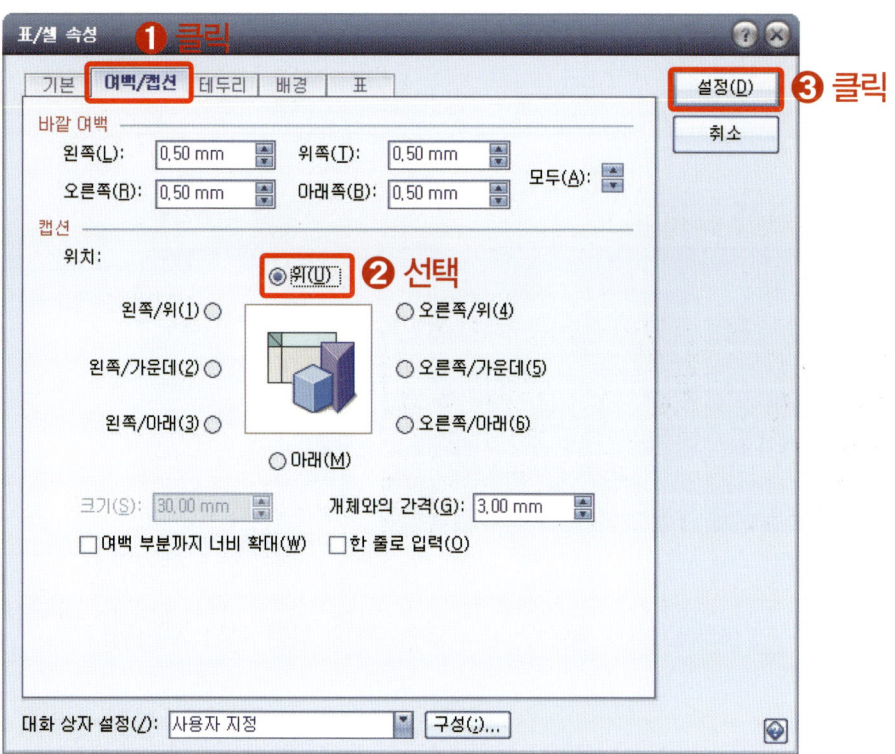

11 다음과 같이 캡션이 위쪽으로 이동한 것을 확인할 수 있습니다.

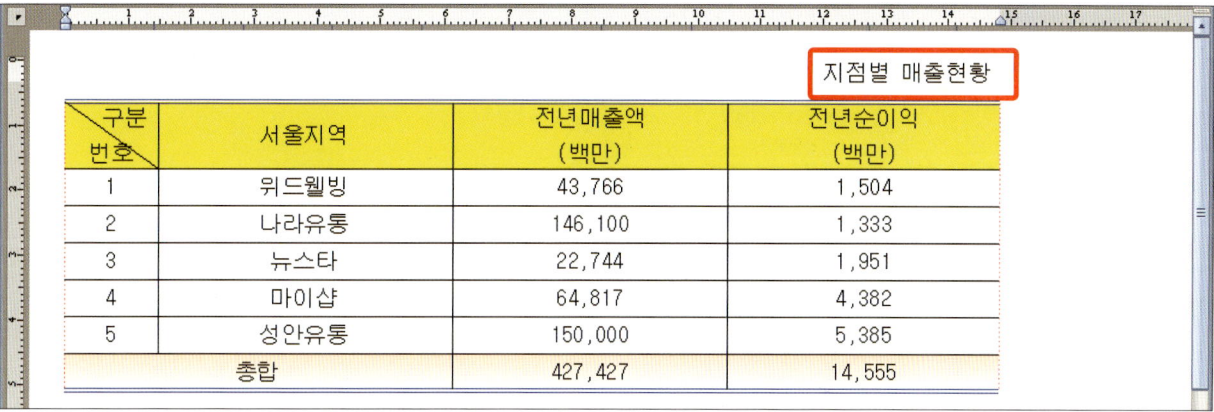

표 복사하여 편집하기

12 표의 전체 셀을 범위 지정한 후 마우스 오른쪽 단추를 클릭하여 [복사하기]를 클릭합니다.

 표의 셀을 클릭한 후 F5키를 세 번 연속으로 누르면 전체 셀이 범위 지정됩니다.

13 범위를 해제하고 표의 마지막 셀을 클릭한 후 마우스 오른쪽 단추를 클릭하여 [붙이기]를 클릭합니다.

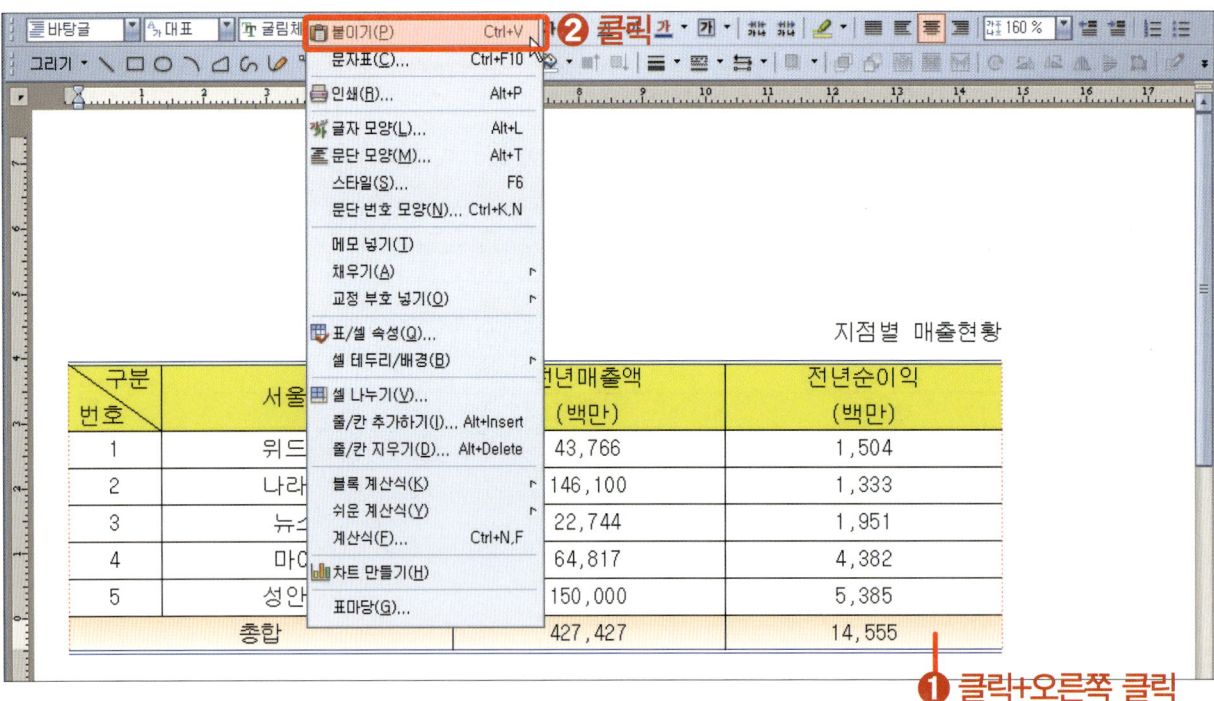

14 [셀 붙이기] 대화상자에서 '아래쪽'을 선택한 후 [붙이기]를 클릭합니다.

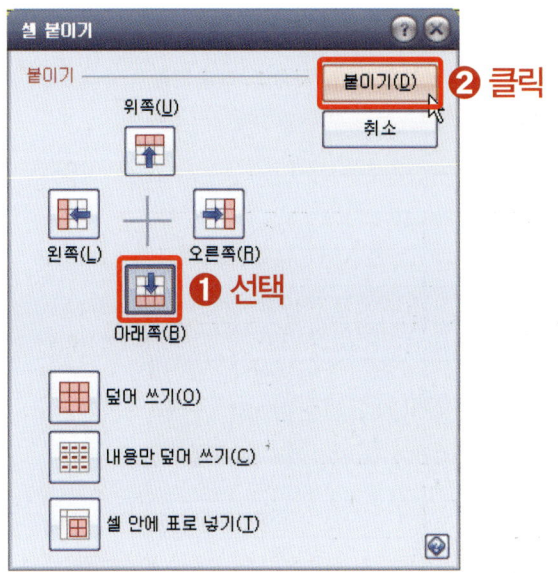

15 하단에 표가 붙여 넣어지면 복사된 '서울지역'을 '경기지역'으로 수정하고 숫자 데이터를 범위 지정한 후 마우스 오른쪽 단추를 클릭하여 [셀 지우기]를 클릭합니다.

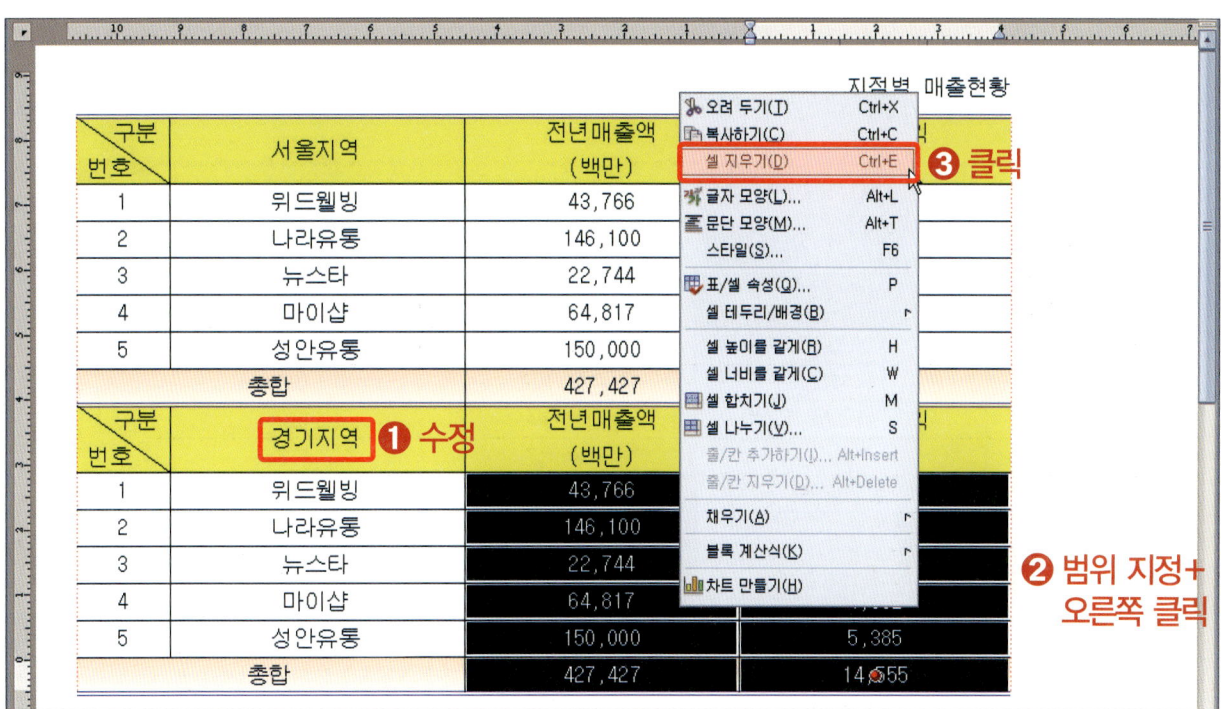

16 다음과 같이 데이터를 수정합니다.

구분\번호	서울지역	전년매출액 (백만)	전년순이익 (백만)
1	위드웰빙	43,766	1,504
2	나라유통	146,100	1,333
3	뉴스타	22,744	1,951
4	마이샵	64,817	4,382
5	성안유통	150,000	5,385
총합		427,427	14,555

구분\번호	경기지역	전년매출액 (백만)	전년순이익 (백만)
1	위드웰빙	**53,766**	**1,804**
2	나라유통	**136,100**	**1,933**
3	뉴스타	**20,744**	**2,051**
4	마이샵	**70,817**	**4,582**
5	성안유통	**140,000**	**5,355**
총합			

수정

17 합계를 구할 셀을 범위 지정하고 **마우스 오른쪽 단추를 클릭한 후 [블록 계산식]-[블록 합계]를 클릭**하여 표를 완성합니다.

지점별 매출현황

구분\번호	서울지역	전년매출액 (백만)	전년순이익 (백만)
1	위드웰빙	43,766	1,504
2	나라유통	146,100	1,333
3	뉴스타	22,744	1,951
4	마이샵	64,817	4,382
5	성안유통	150,000	5,385
총합		427,427	14,555

구분\번호	경기지역	전년매출액 (백만)	전년순이익 (백만)
1	위드웰빙	53,766	1,804
2	나라유통	136,100	1,933
3	뉴스타	20,744	2,051
4	마이샵	70,817	4,582
5	성안유통	140,000	5,355
총합		**421,427**	**15,725**

표에서의 정렬

표의 내용을 오름차순 또는 내림차순 정렬하는 방법을 배워 봅니다.

01 정렬을 실행할 셀을 범위 지정한 후 [도구]-[정렬]을 클릭합니다.

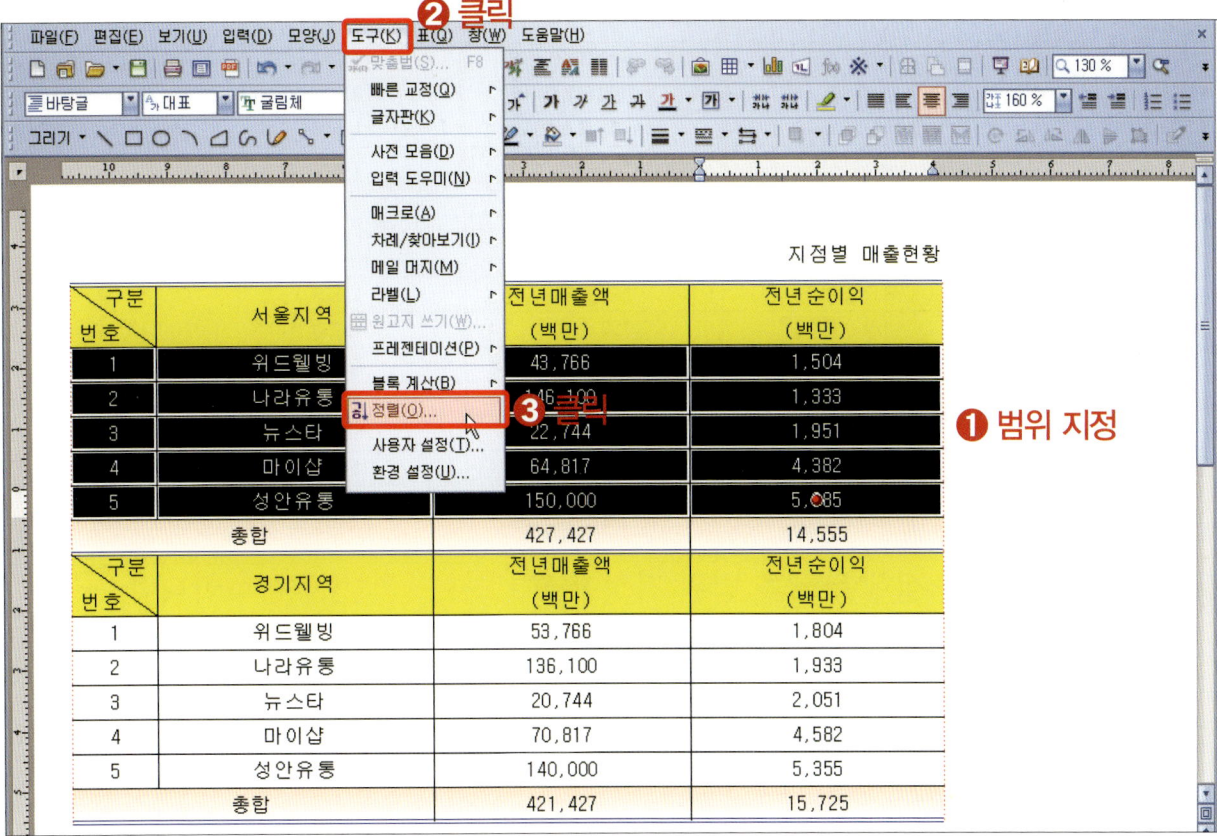

02 [정렬] 대화상자에서 **첫 번째 정렬 기준의 '위치'를 '필드3'으로 지정하고, '형식'을 '숫자(987)'로 지정**한 후 [실행] 단추를 클릭합니다.

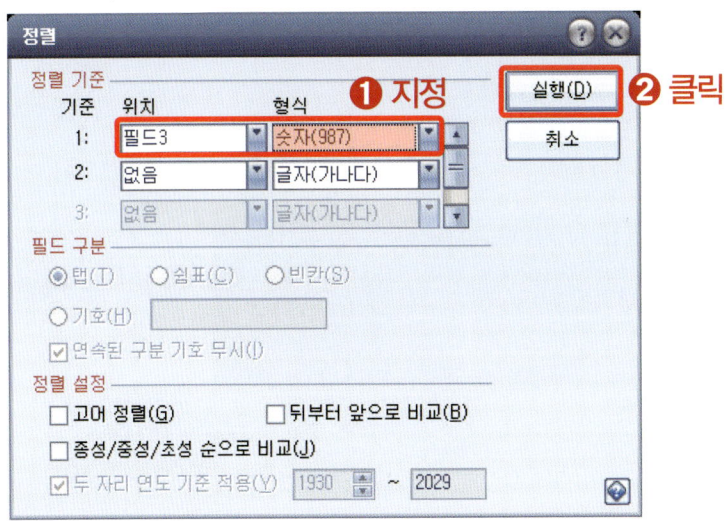

7장 표 만들기와 표 편집하기 **113**

03 세 번째 필드인 '전년매출액'의 데이터가 높은 숫자에서 낮은 숫자로 정렬되었는지 확인합니다.

구분 번호	서울지역	전년매출액 (백만)	전년 순이익 (백만)
5	성안유통	150,000	5,385
2	나라유통	146,100	1,333
4	마이샵	64,817	4,382
1	위드웰빙	43,766	1,504
3	뉴스타	22,744	1,951
총합		427,427	14,555

구분 번호	경기지역	전년매출액 (백만)	전년 순이익 (백만)
1	위드웰빙	53,766	1,804
2	나라유통	136,100	1,933
3	뉴스타	20,744	2,051
4	마이샵	70,817	4,582
5	성안유통	140,000	5,355
총합		421,427	15,725

04 두 번째 정렬을 실행할 셀을 범위 지정한 후 [도구]-[정렬]을 클릭합니다.

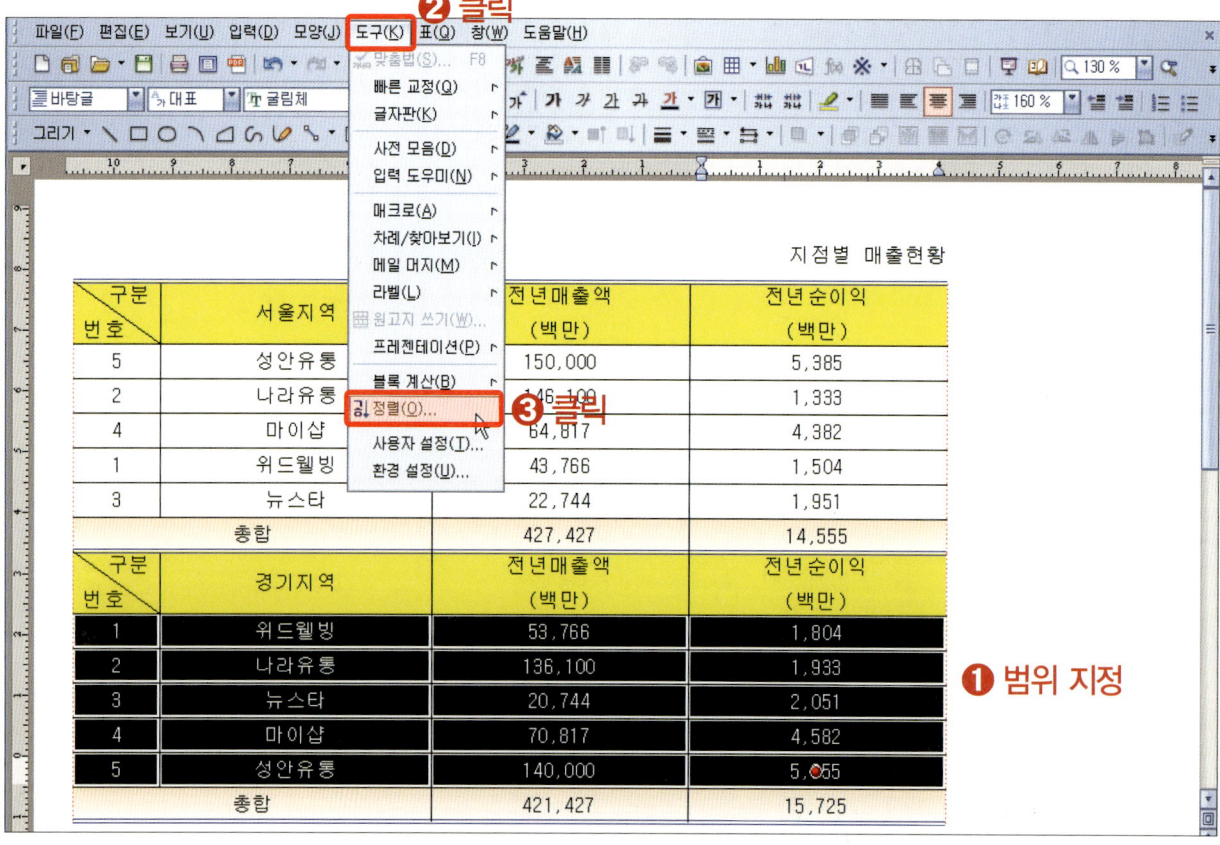

05 [정렬] 대화상자에서 **첫 번째 정렬 기준의 '위치'를 '필드2'로 지정하고, '형식'을 '글자(가나다)'로 지정한 후 [실행] 단추를 클릭**합니다.

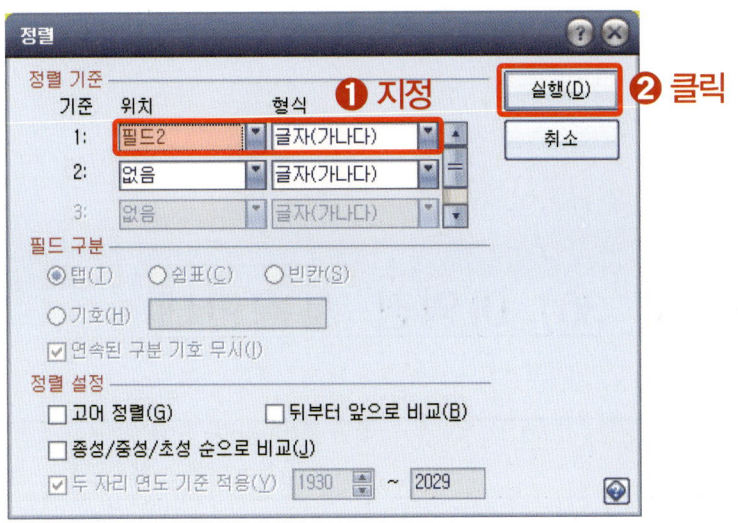

06 두 번째 필드인 '경기지역'의 데이터가 가나다 순으로 정렬되었는지 확인합니다.

구분번호	서울지역	전년매출액 (백만)	전년순이익 (백만)
5	성안유통	150,000	5,385
2	나라유통	146,100	1,333
4	마이샵	64,817	4,382
1	위드웰빙	43,766	1,504
3	뉴스타	22,744	1,951
	총합	427,427	14,555

구분번호	경기지역	전년매출액 (백만)	전년순이익 (백만)
2	나라유통	136,100	1,933
3	뉴스타	20,744	2,051
4	마이샵	70,817	4,582
5	성안유통	140,000	5,355
1	위드웰빙	53,766	1,804
	총합	421,427	15,725

지점별 매출현황

혼자 풀어보기

01 다음과 같은 표를 작성해 보세요.
- 제목 : 글꼴(굴림체), 글꼴 크기(20pt), 글꼴 속성(진하게), 밑줄
- 표 : 글꼴(굴림체), 글꼴 크기(11pt), 캡션(점등시설물, 시설사용료안내)

가을철(9. 1 ~ 11. 30) 야영장 사용안내

점등시설물

시설명 \ 시간	점 등 시 간	비 고
공중화장실	일몰후 ~ 12:00	이용객이 없는 장소는 소등
음 수 대	일몰후 ~ 12:00	
가 로 등	일몰후 ~ 12:00	

시설사용료안내

구 분	야영장사용료		주차장사용료 (승용차기준)		전기사용료
	성수기	비수기	성수기	비수기	
성 인	2,000원	1,600원	5,000원	4,000원	2,000원 /1일
청소년	1,500원	1,200원			
어린이	1,000원	800원			

Hint! [표]-[표 만들기], [입력]-[캡션 달기]

02 표의 기능을 이용하여 12월 달력을 만들어 보세요.

- 제목 : 글꼴(휴먼둥근 헤드라인), 글꼴 크기(20pt), 글꼴 속성(기울임, 양각)
  글꼴(휴먼둥근 헤드라인), 글꼴 크기(50pt), 글꼴 속성(진하게, 양각)
- 요일과 숫자는 자동 채우기 기능을 이용하여 입력

2011 DECEMBER 12

SUN	MON	TUE	WED	THU	FRI	SAT
				1	2	3
4	5	6	7	8	9	10
11	12	13	14	15	16	17
18	19	20	21	22	23	24
25	26	27	28	29	30	31

Hint! "SUN"과 "MON"을 입력하고 범위를 지정한 후 Ⓐ키를 누르면 나머지 요일이 자동으로 채워집니다.

SUN	MON					

↓

SUN	MON	TUE	WED	THU	FRI	SAT

03 표 기능을 이용하여 다음과 같이 이력서를 작성해 보세요.

		이　력　서			
사진	성명			주민등록번호	
	생년월일				
주소					
연락처	집		전자우편		
	핸드폰				
호적관계	호주와의 관계		호주성명		
년　월　일	학　력　및　경　력　사　항			발　령　청	

Hint! [표]–[표 만들기], [표]–[셀 나누기]/[셀 합치기]

04 다음의 〈조건〉에 따라 〈출력형태〉와 같이 표를 작성해 보세요.

〈표 조건〉
- 표 전체(표, 캡션) : 굴림, 10pt
- 정렬 : 문자(가운데 정렬), 숫자(오른쪽 정렬)
- 셀 배경색 : 노랑
- 한글의 계산 기능을 이용하여 빈 칸에 합계를 구하고, '국내 관광객 현황(단위 : 천 명)'은 캡션 기능을 사용
- 합계기준으로 내림차순 정렬

국내 관광객 현황(단위 : 천 명)

구분	2007년	2008년	2009년	2010년	합계
강원도	36,300	37,300	38,200	37,800	149,600
충청도	39,800	40,600	42,300	42,800	165,500
부산광역시	43,100	46,800	50,200	51,600	191,700
제주도	53,700	54,100	56,100	57,200	✕

Hint! [표]-[블록 계산식]-[블록 합계], [도구]-[정렬], [입력]-[캡션 달기]

8장

표를 이용하여 차트 만들기

표를 이용하여 차트를 작성하고 편집하는 방법에 대하여 배워 봅니다.

완성파일 미리보기

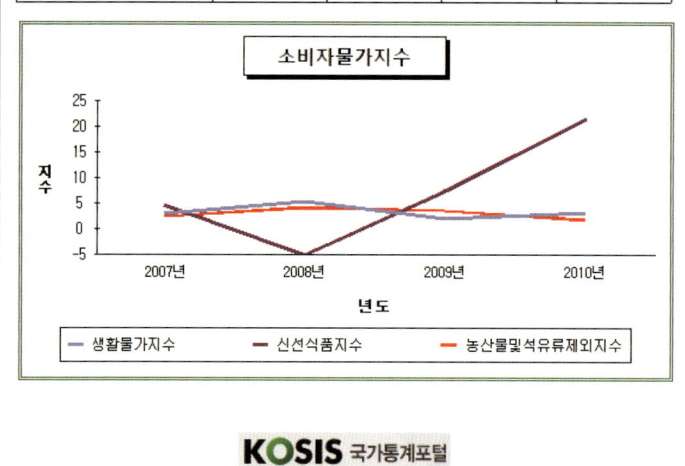

체크 포인트

실습 1 표를 이용하여 차트를 작성하는 방법에 대하여 배워 봅니다.

실습 2 작성된 차트의 각 개체를 편집하는 방법에 대하여 배워 봅니다.

차트 작성하기

표를 이용하여 차트를 작성하는 방법에 대하여 배워 봅니다.

01 '8장.소비자물가지수(소스).hwp' 문서를 불러온 후 **차트로 작업할 표의 셀을 범위 지정하고 기본 도구 상자에서 [차트]를 클릭**합니다.

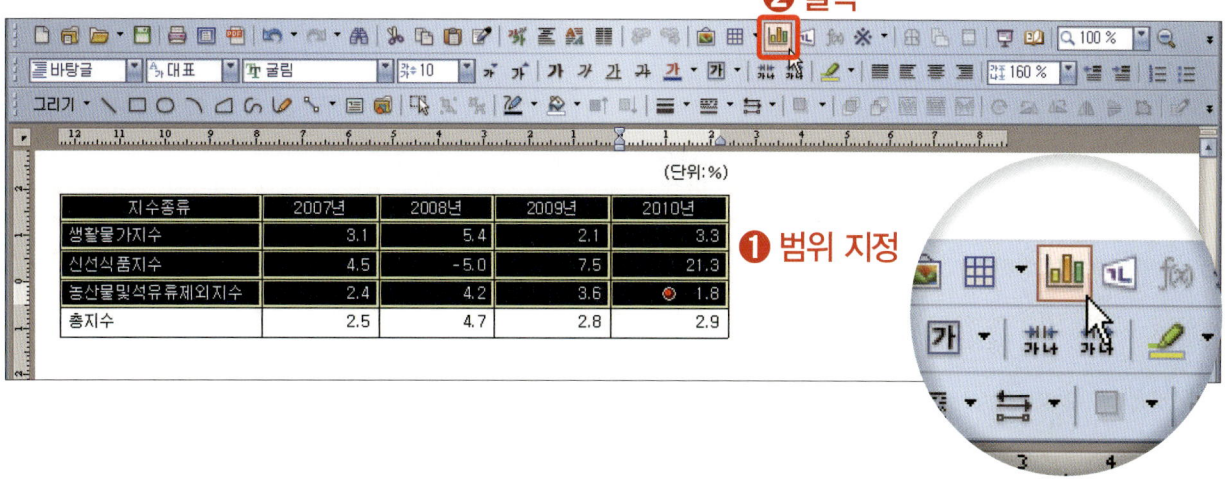

02 차트가 나타나면 우측 하단 조절점을 이용하여 차트의 크기를 알맞게 키웁니다.

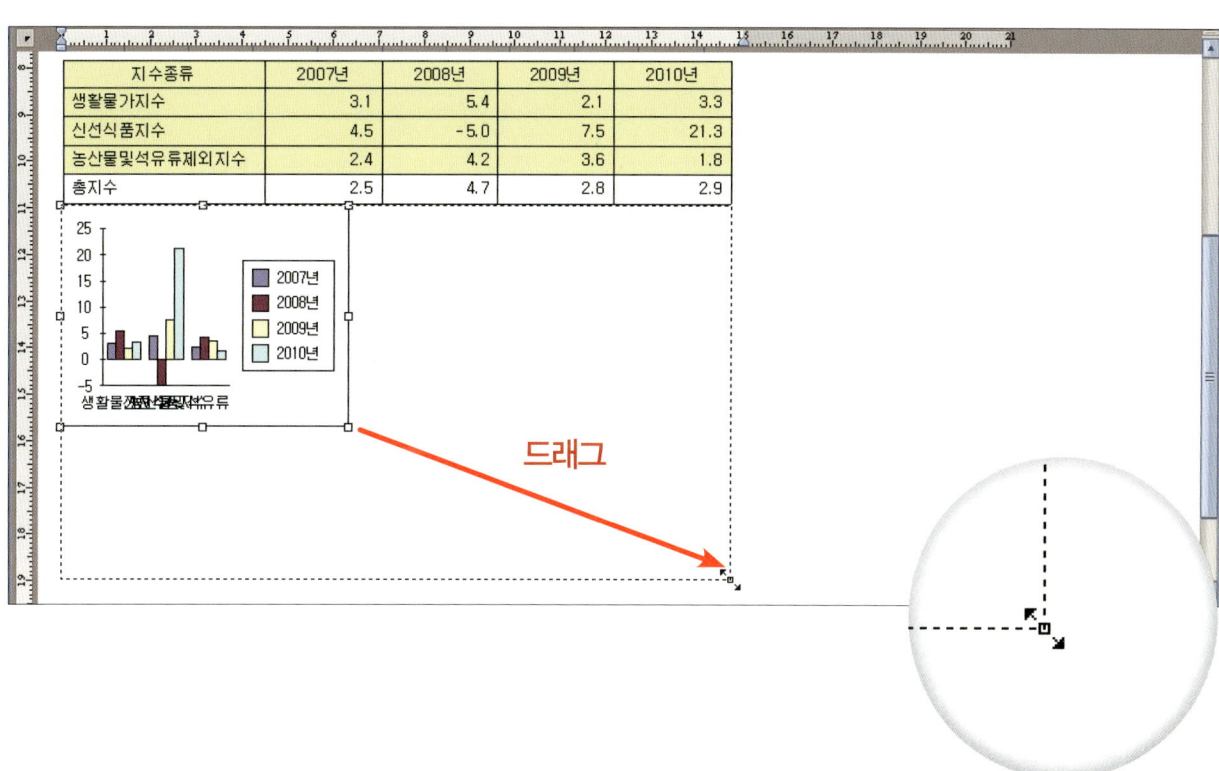

8장 표를 이용하여 차트 만들어 보기 **121**

03 차트를 더블 클릭하여 차트편집을 활성화하고 마우스 오른쪽 단추를 클릭한 후 [차트 마법사]를 클릭합니다.

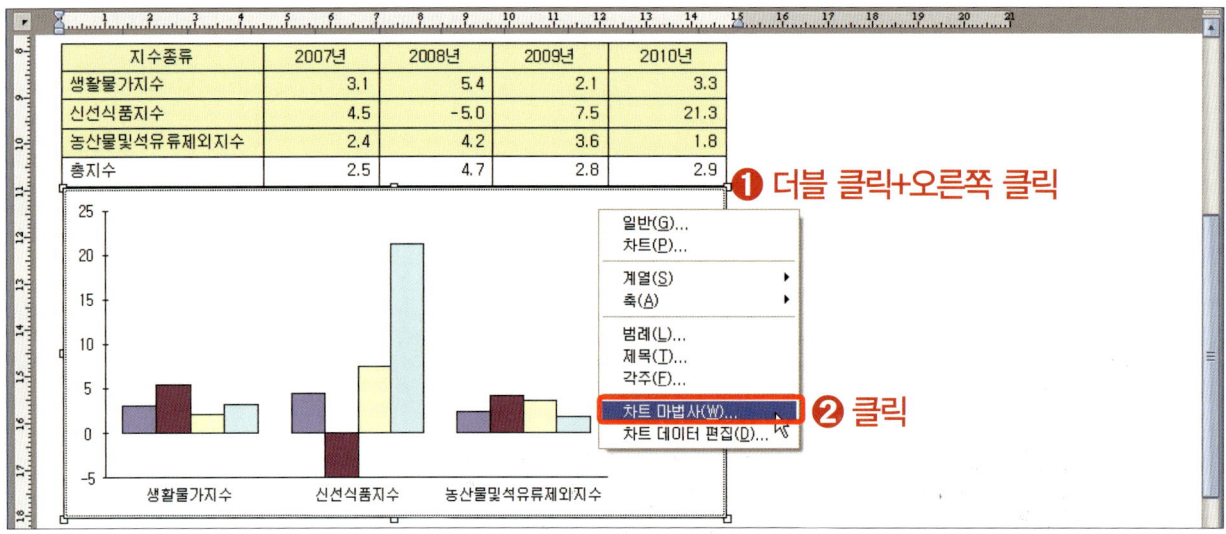

04 [차트 마법사-3단계 중 1단계] 대화상자의 [표준 종류] 탭에서 '차트 종류 선택'에서 '꺾은선형'을 클릭하고, '차트 모양 선택'에서 '꺾은선형'의 첫 번째 모양을 지정한 후 [다음]을 클릭합니다.

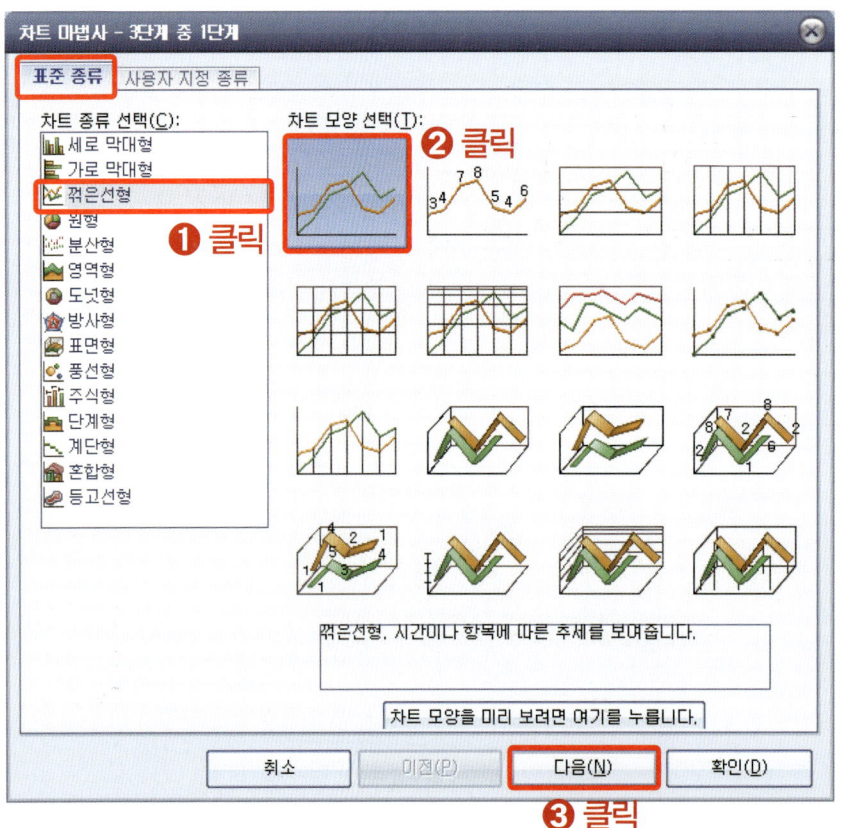

05 [차트 마법사-3단계 중 2단계] 대화상자의 **[방향 설정] 탭에서 '행'과 '열'의 방향을 확인한 후 [다음]을 클릭**합니다.

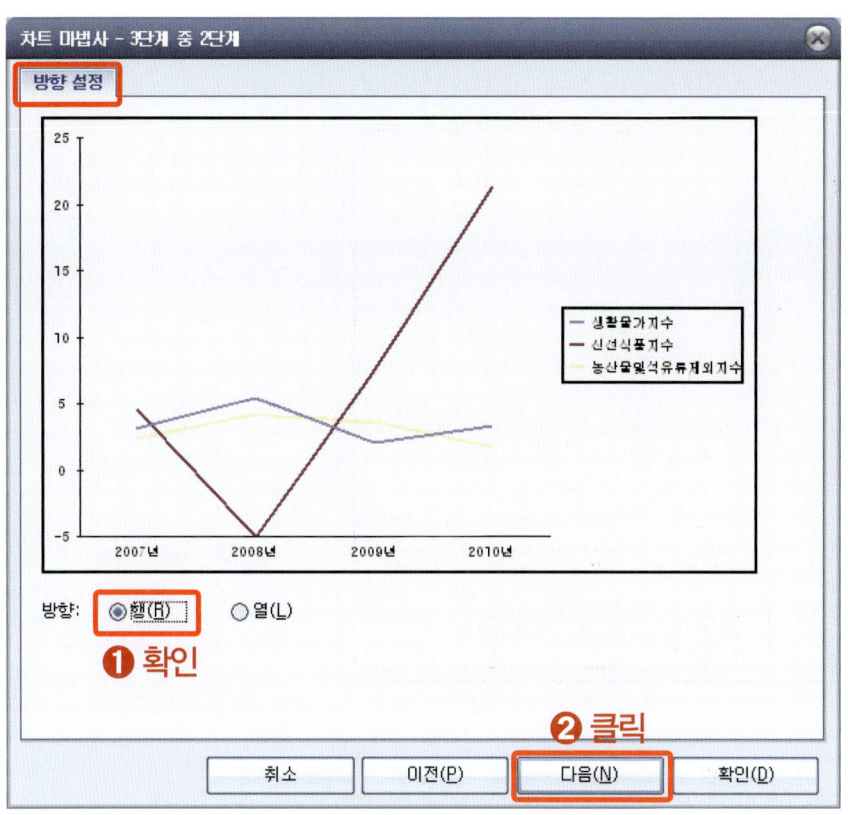

06 [차트 마법사-마지막 단계] 대화상자의 **[제목] 탭에서 '차트 제목 : 소비자물가지수', 'X(항목) 축(X) : 년도', 'Y(값) 축(Y) : 지수'를 각각 입력**합니다.

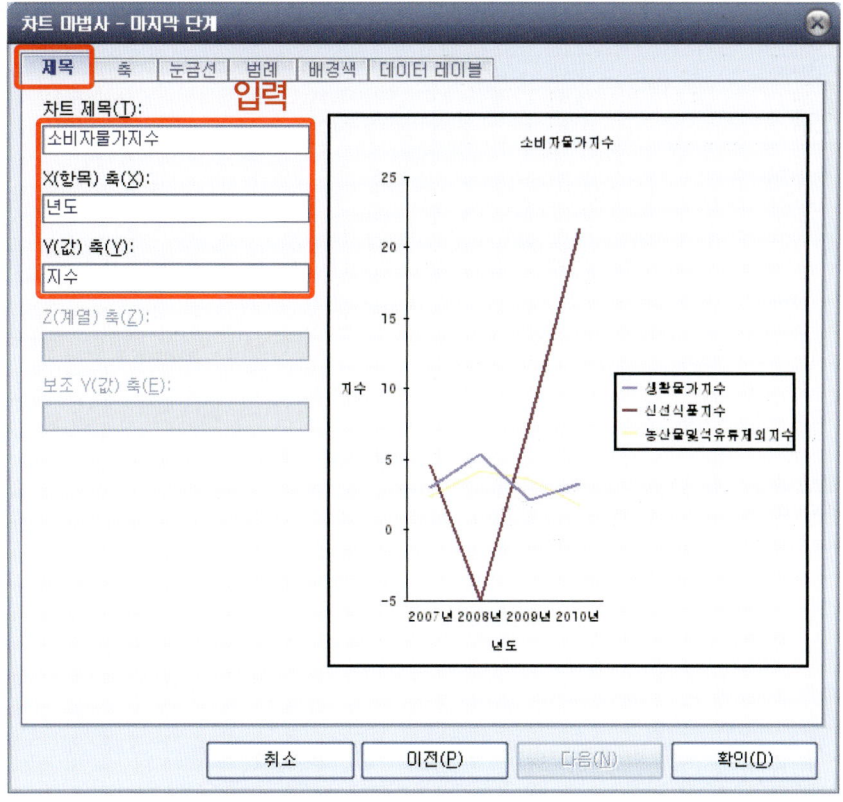

07 [차트 마법사-마지막 단계] 대화상자의 **[범례] 탭에서 '범례의 배치'는 '아래쪽'을 선택한 후 [확인] 단추를 클릭**합니다.

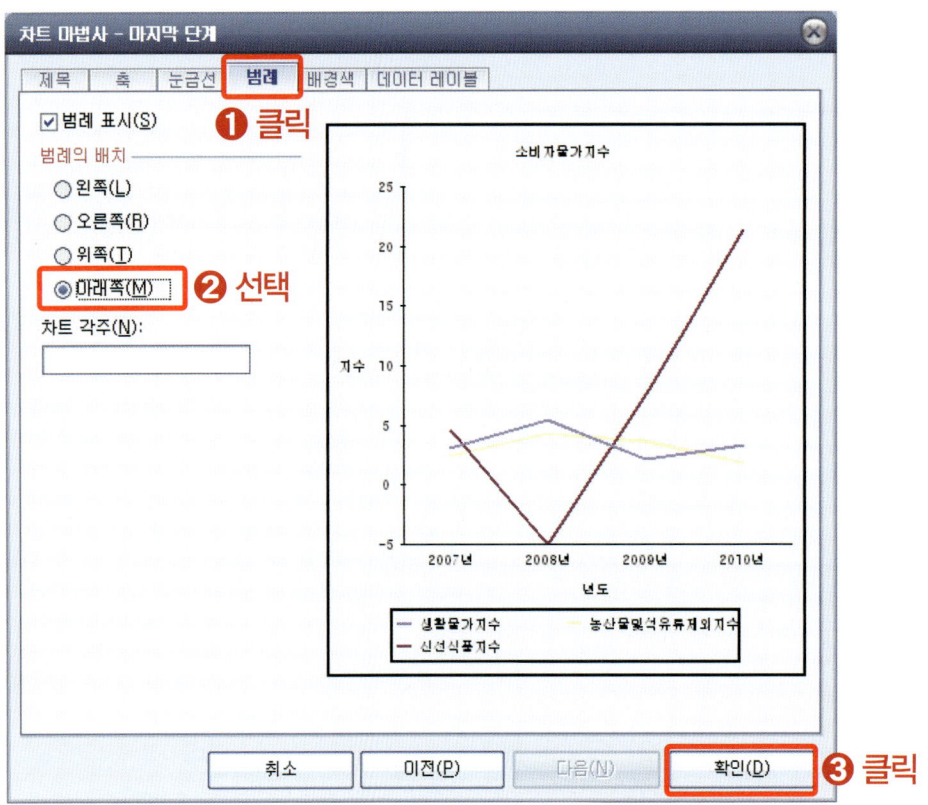

08 다음과 같이 차트가 완성됩니다.

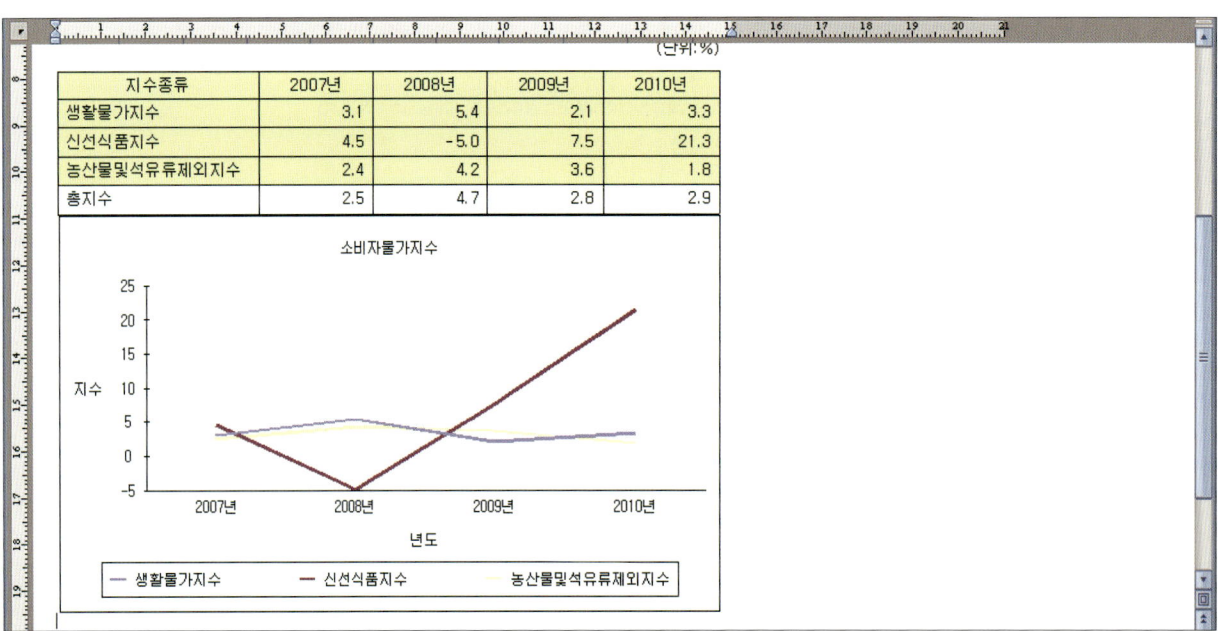

차트 편집하기

작성된 차트의 각 개체를 편집하는 방법에 대하여 배워 봅니다.

01 노란색으로 된 '농산물및석유류제외지수' 계열을 더블 클릭합니다.

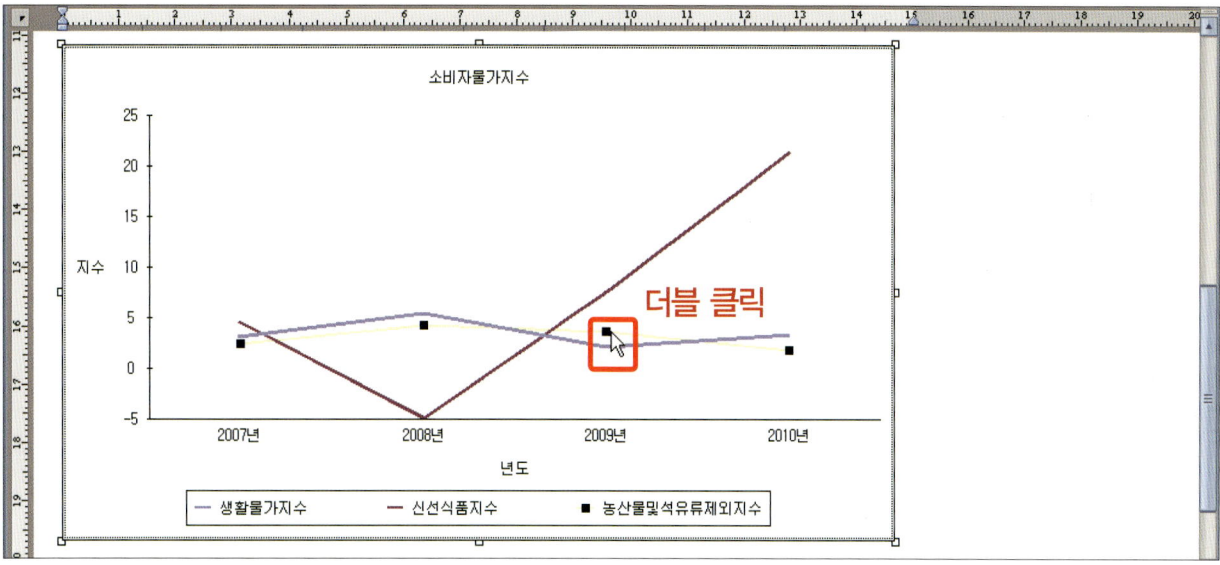

02 [계열 모양] 대화상자의 [선] 탭에서 '색'을 '빨강'으로 지정한 후 [설정] 단추를 클릭합니다.

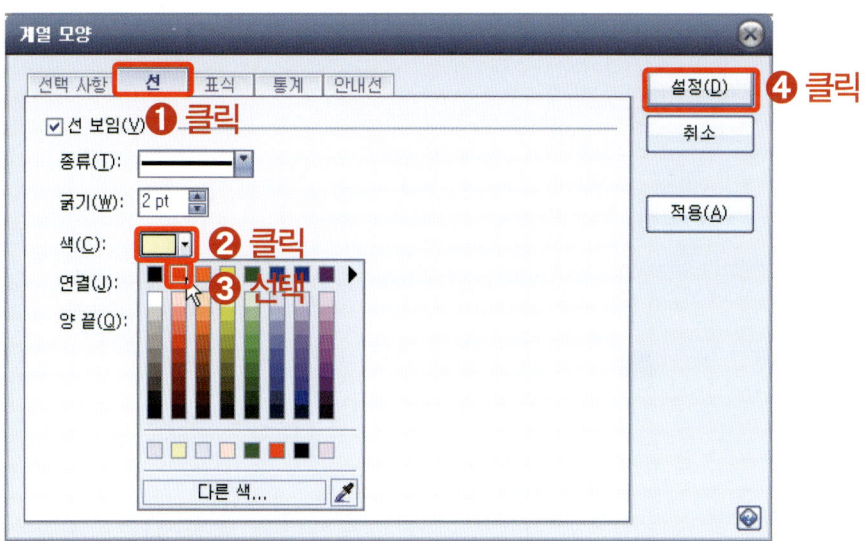

8장 표를 이용하여 차트 만들어 보기 **125**

03 제목을 선택하고 마우스 오른쪽 단추를 클릭한 후 **[제목]을 클릭**합니다.

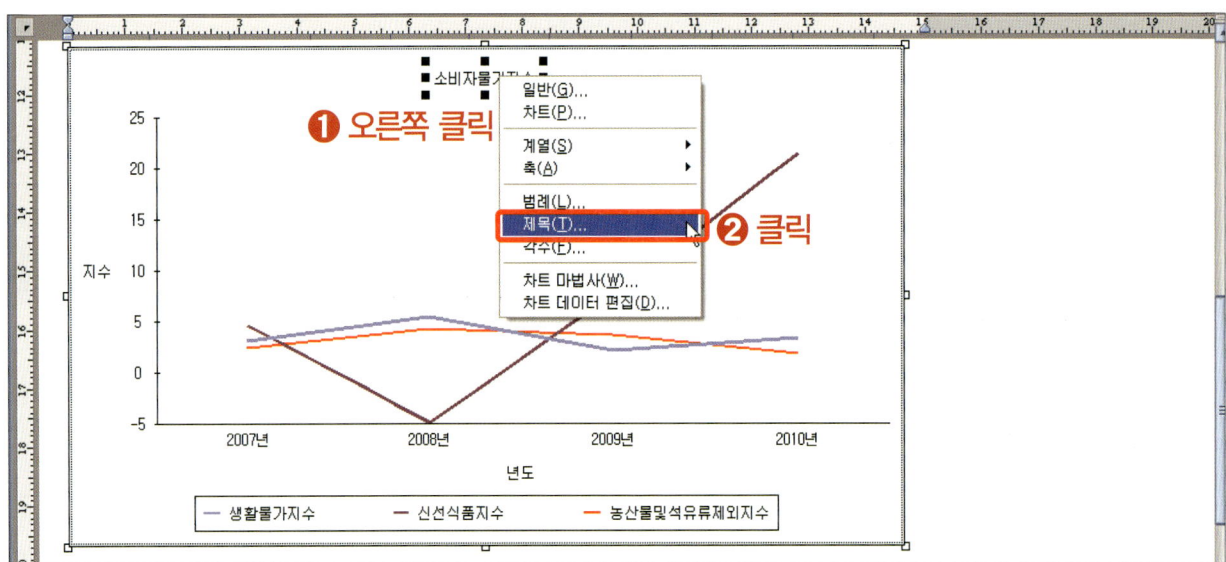

 차트에서 각 개체를 선택한 후 더블 클릭하면 각 개체에 해당하는 편집대화상자가 나타납니다.

04 [제목 모양] 대화상자의 **[배경] 탭에서 '선 모양'의 '종류'는 '한 줄로', '기타'의 그림자에 체크, '위치'는 '2pt'로 지정**합니다.

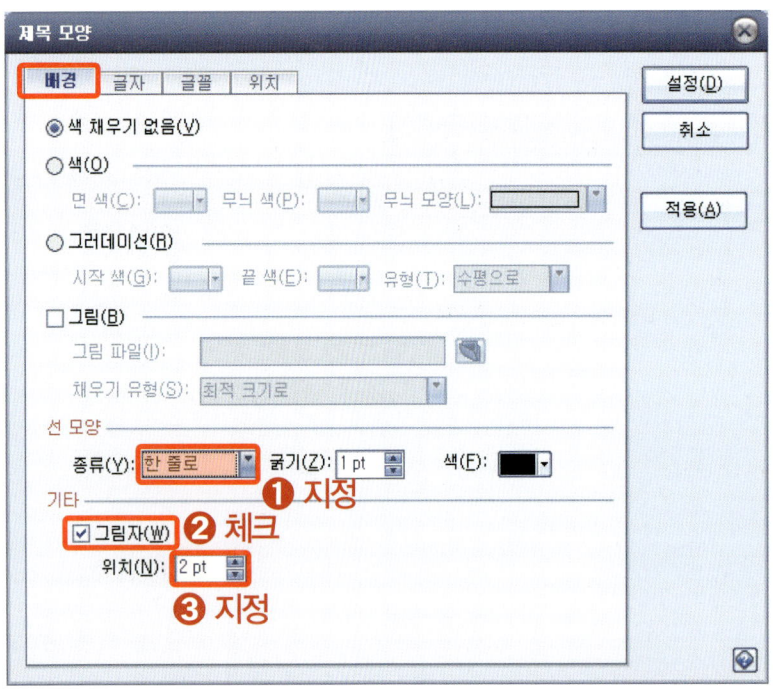

05 [제목 모양] 대화상자의 **[글꼴] 탭에서 '글꼴 : 맑은 고딕', '크기 : 11', '속성 : 진하게' 로 지정한 후 [설정] 단추를 클릭**합니다.

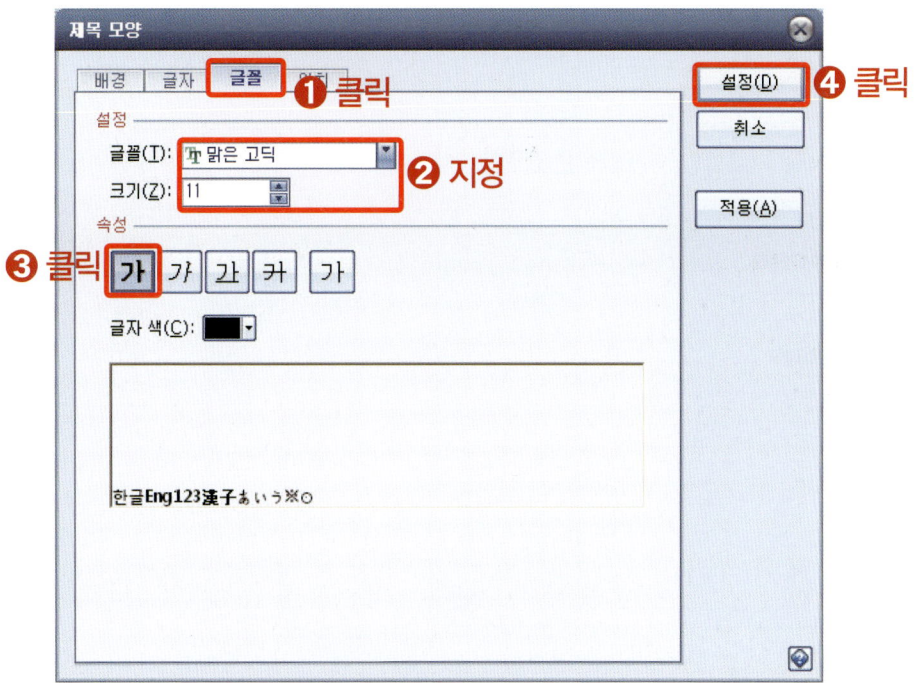

06 Y축의 **'지수'를 더블 클릭**합니다.

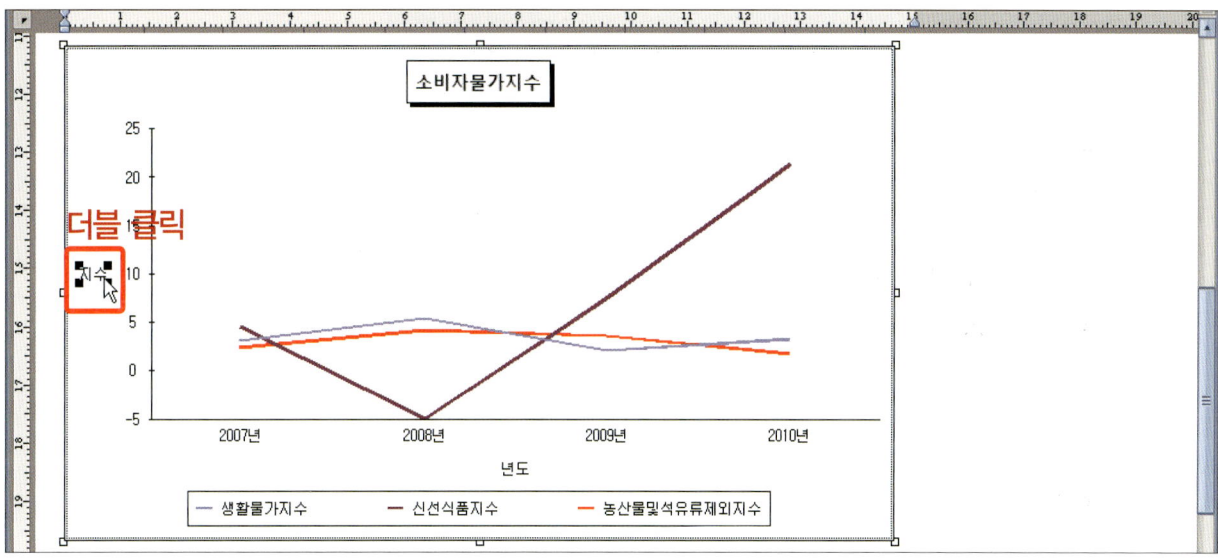

07 [축 제목 모양] 대화상자의 [글자] 탭에서 **글자 방향에 '세로로'를 선택**합니다.

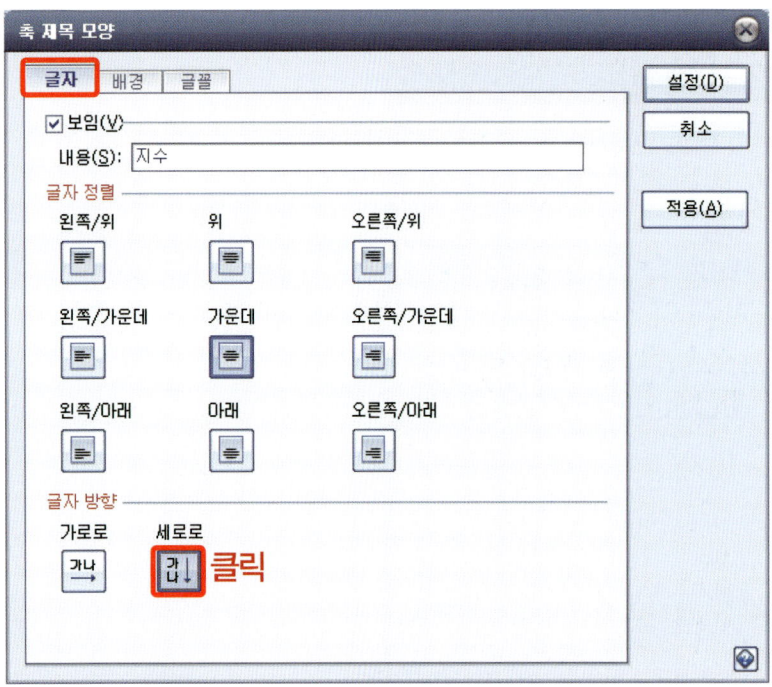

08 [글꼴] 탭에서 **'글꼴 : 돋움체', '크기 : 10', '속성 : 진하게'**로 지정한 후 [설정] 단추를 클릭합니다.

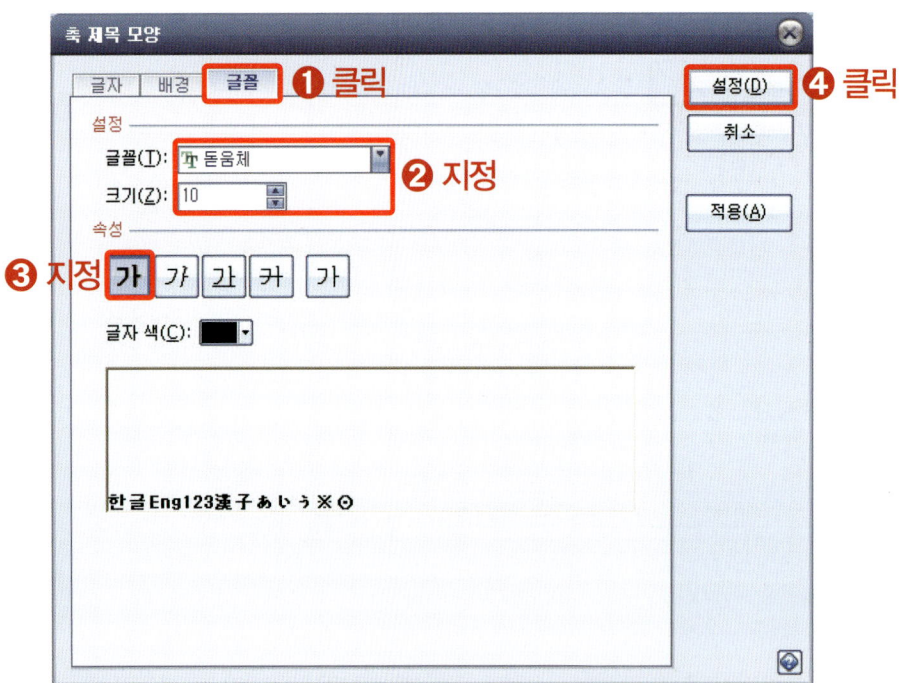

09 X축의 '년도'를 더블 클릭합니다.

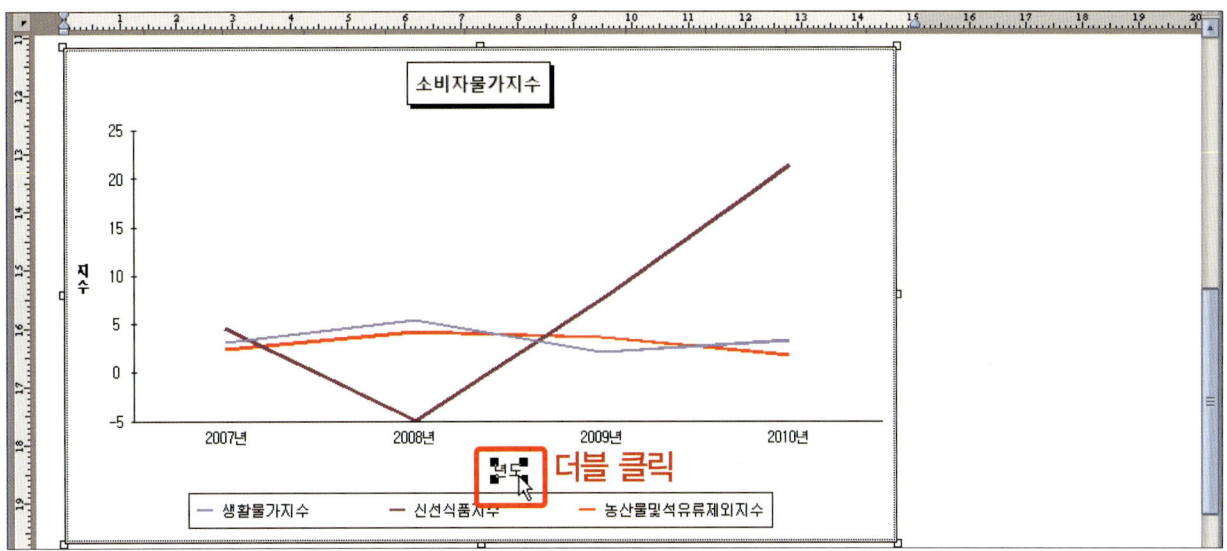

10 [축 제목 모양] 대화상자의 [글꼴] 탭에서 '글꼴 : 돋움체', '크기 : 10', '속성 : 진하게'로 지정한 후 [설정] 단추를 클릭합니다.

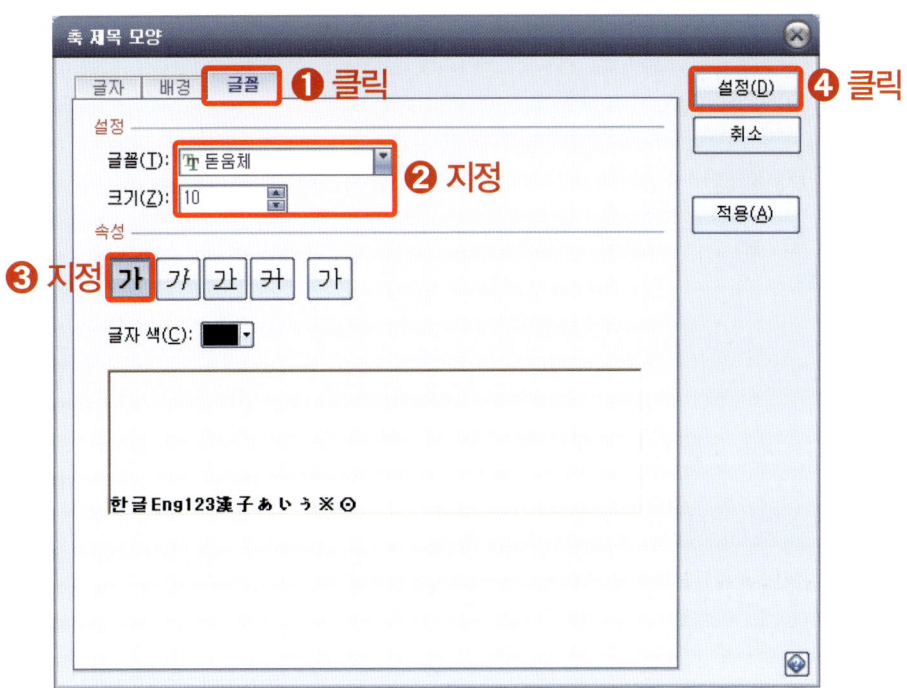

11 Y축을 선택하고 마우스 오른쪽 단추를 클릭한 후 [축]-[축]을 클릭합니다.

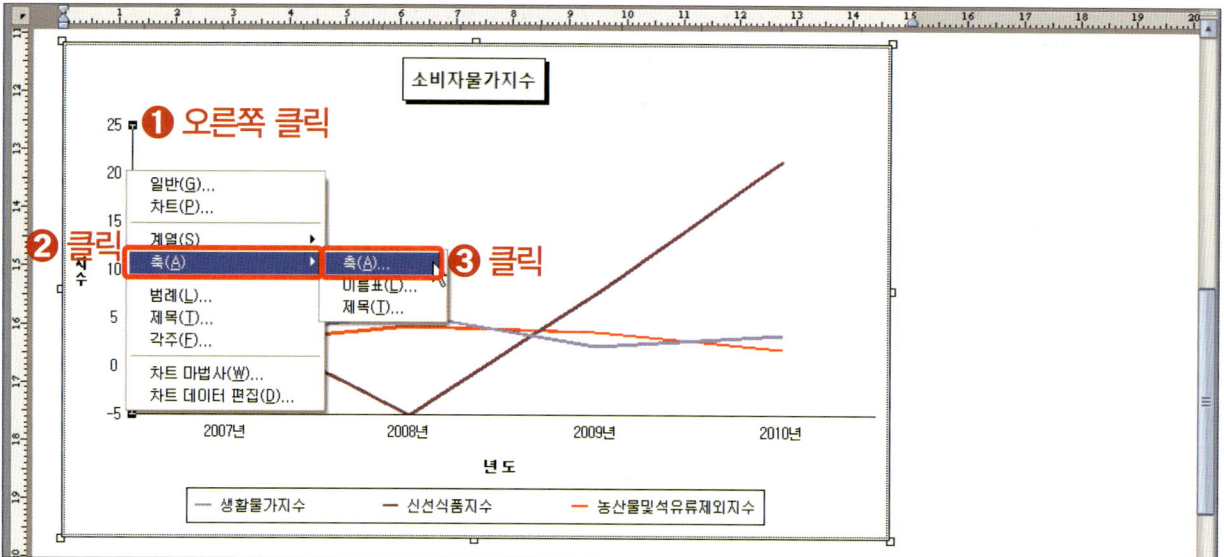

 차트 내부의 아무 곳이나 클릭한 후 [축]-[축]을 클릭해도 됩니다.

12 [축 선택] 대화상자에서 '값(Y)축'을 선택한 후 [선택]을 클릭합니다.

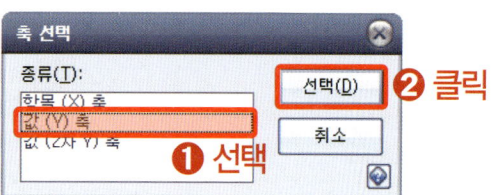

13 [축 모양] 대화상자의 [비례] 탭에서 '자동으로 꾸밈'의 체크를 해제하고 '최솟값 : 0', '최댓값 : 25', '큰 눈금선 : 5'를 각각 지정한 후 [설정] 단추를 클릭합니다.

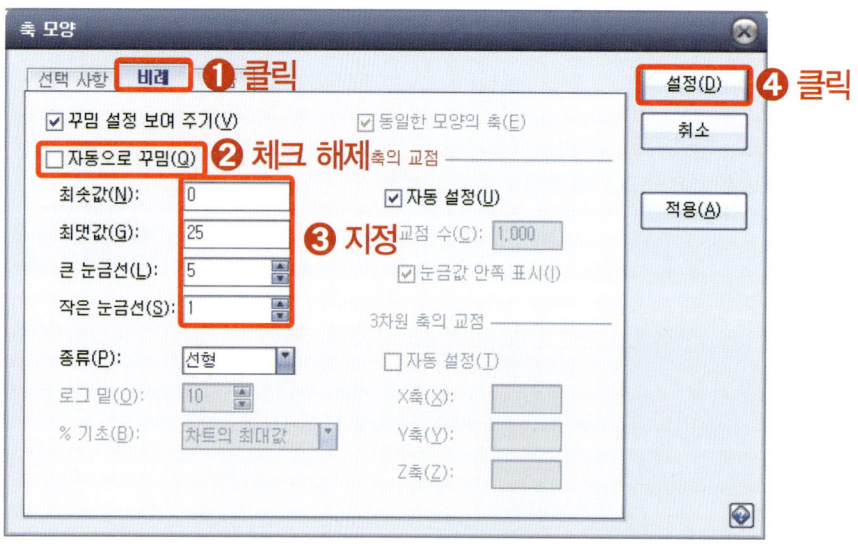

14 차트 영역을 선택하고 마우스 오른쪽 단추를 클릭한 후 [일반]을 클릭합니다.

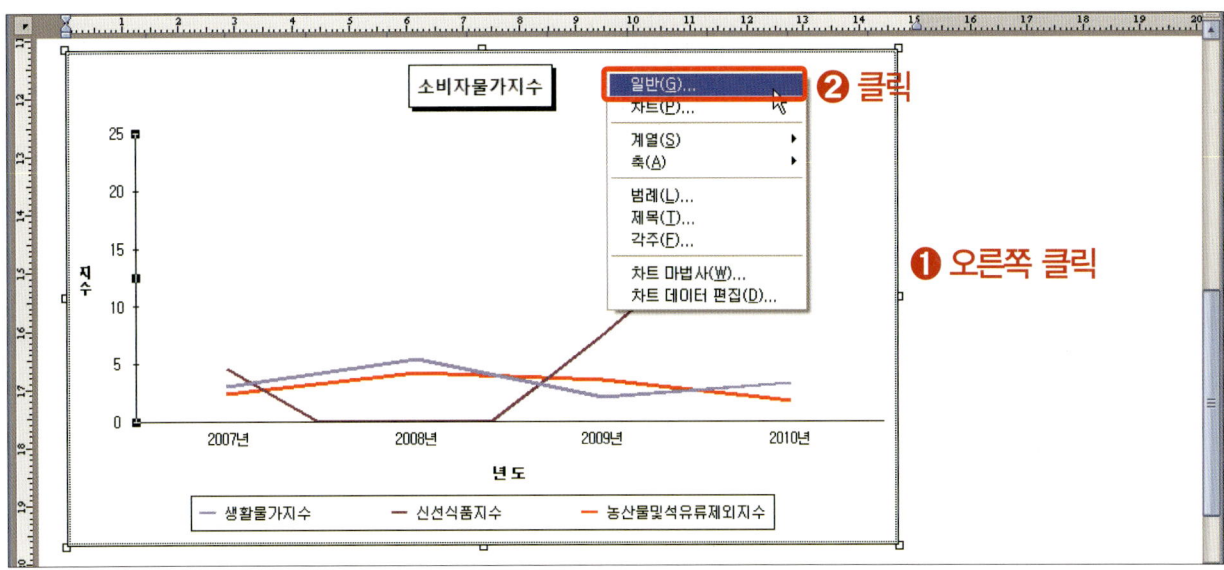

15 [일반 모양] 대화상자의 [배경] 탭에서 '선 모양'의 '종류'는 '두 줄로', '색'은 '초록'으로 지정한 후 [설정] 단추를 클릭합니다.

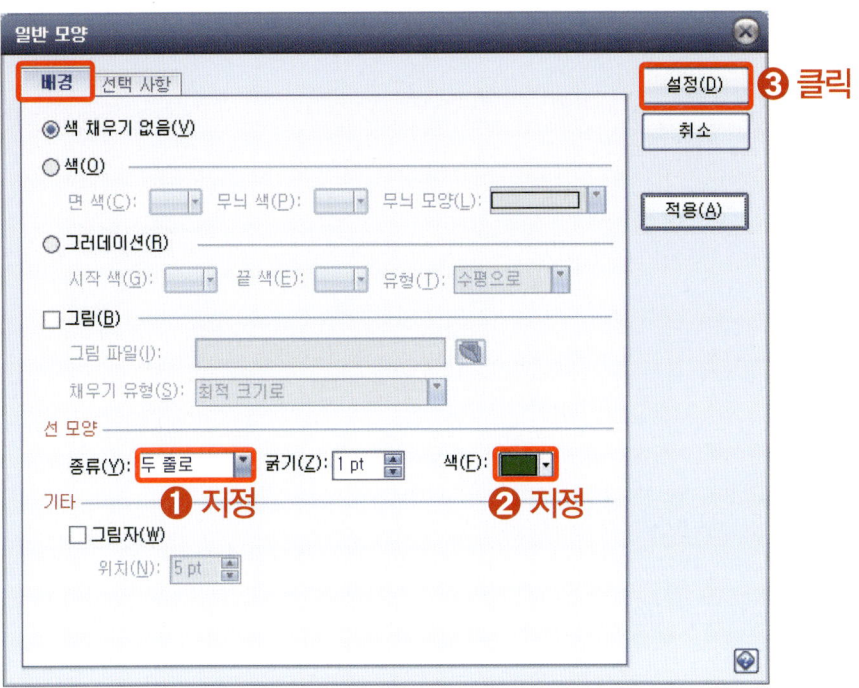

16 다음과 같이 차트가 완성되었는지 확인합니다.

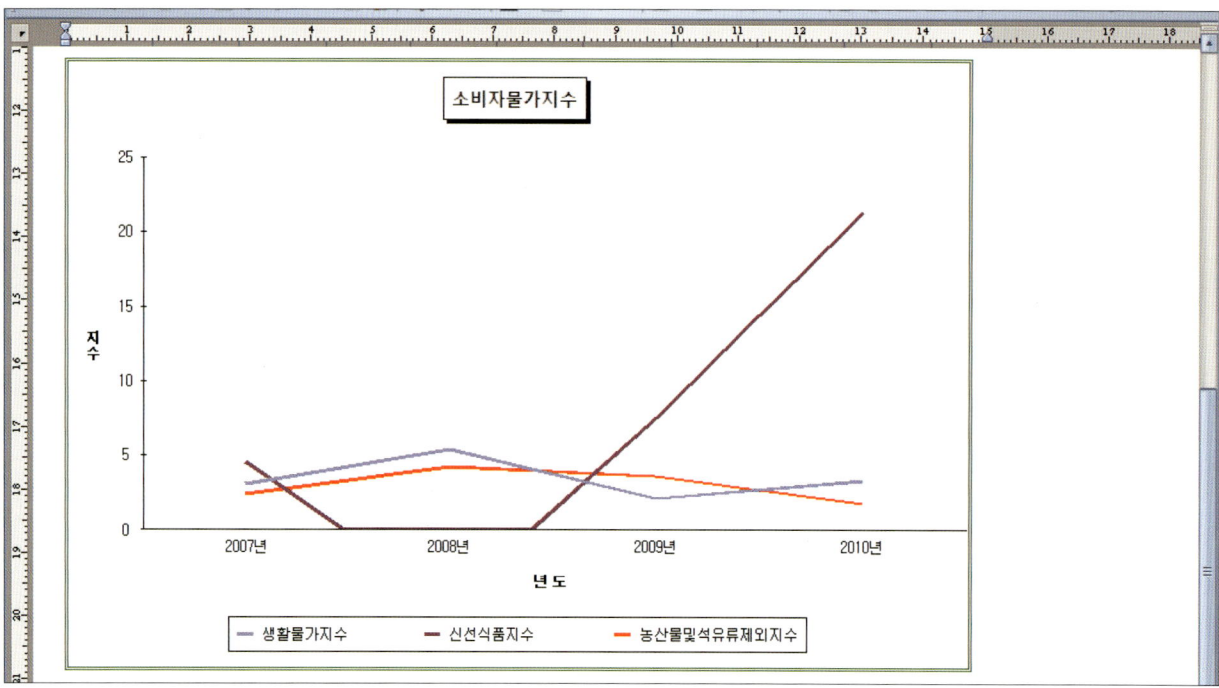

혼자 풀어보기

01 '8장.혼자풀어보기1번(소스).hwp' 문서의 표를 이용하여 조건에 따라 차트를 완성하여 보세요.

- 차트 데이터는 표 내용에서 성명과 국어, 영어, 수학의 값을 이용
- 종류 : 누적 세로 막대형
- 범례 : 위쪽
- 제목 : 궁서, 진하게, 12pt, 배경 – 선 모양(한 줄로), 그림자(3pt)
- 차트 배경 : 그라데이션 시작색(흰색), 끝색(흰 토마토색), 유형(수평으로)
- Y축 제목 : '점수'는 세로로

성명	국어	영어	수학
이순호	80	75	89
이양경	95	80	85
박정배	60	75	90
김성호	95	70	65

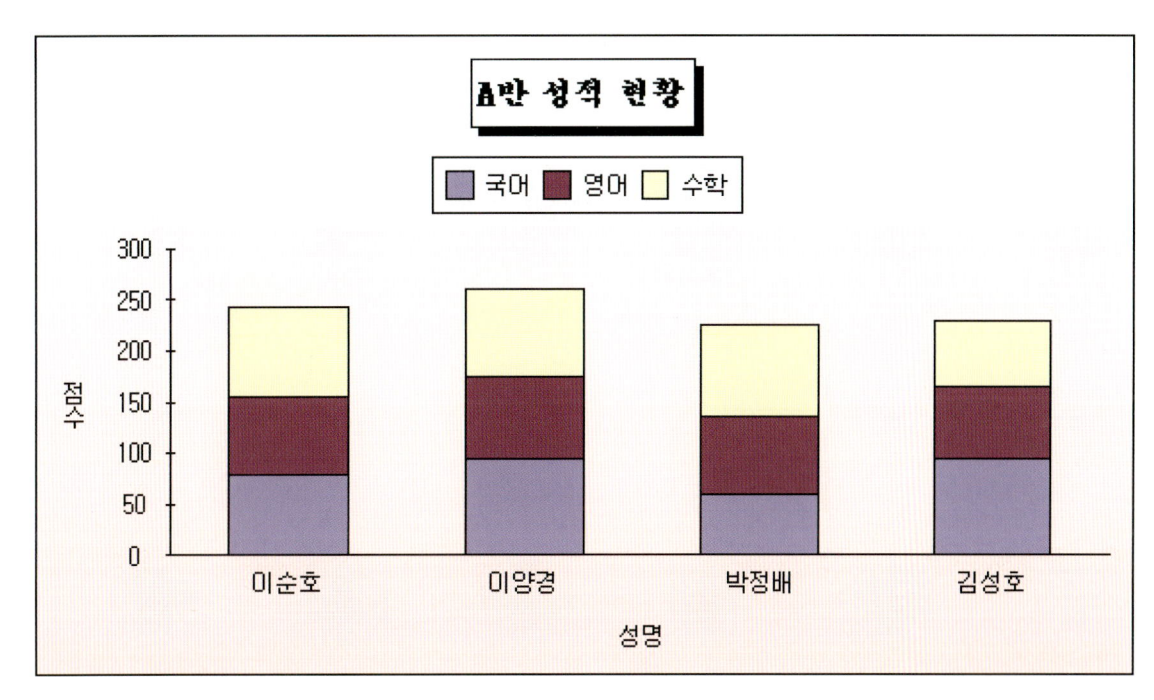

Hint! 차트 마법사를 이용하여 작성하고, 해당 요소를 더블 클릭하여 차트를 편집합니다.

02
'8장.혼자풀어보기2번(소스).hwp' 문서의 표를 이용하여 조건에 따라 차트를 완성하여 보세요.

- 차트 데이터는 표 내용에서 연도별 강원도, 충청도, 부산광역시의 값만 이용할 것
- 종류 : 〈2차원 세로 막대형〉으로 작업할 것
- 범례 : 아래쪽, 그라데이션 시작색 : 흰색, 끝색 : 밝은 파랑, 유형은 수평으로
- 제목 : 궁서, 진하게, 12pt, 배경 – 선 모양(두 줄로), 그림자(2pt)
- 제목 이외의 전체 글꼴 – 궁서, 보통, 10pt

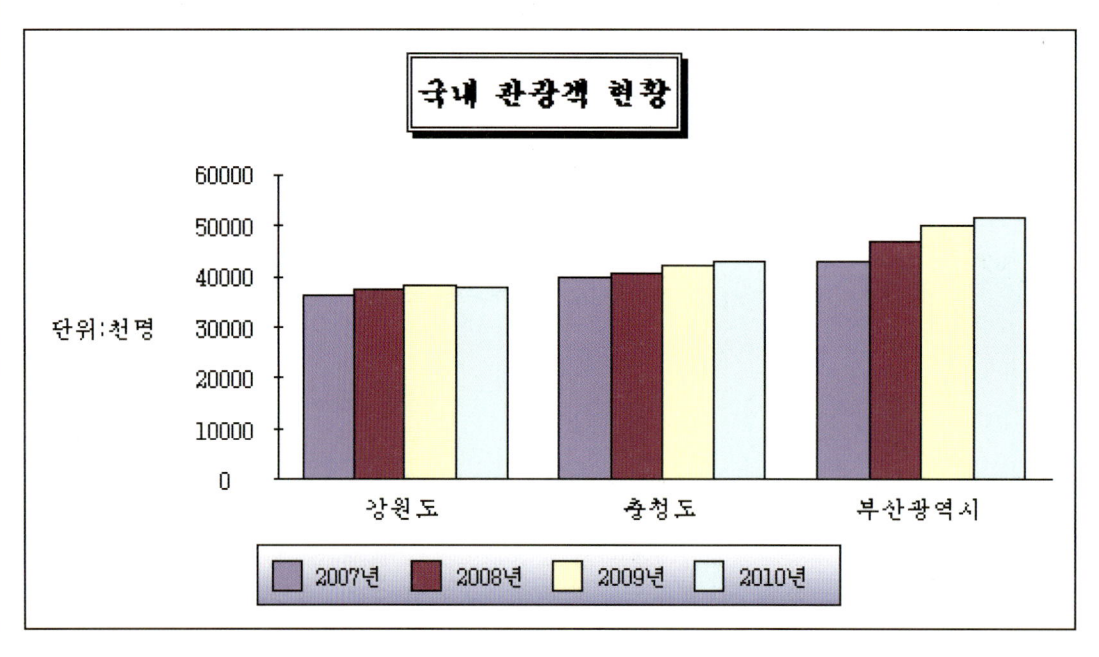

Hint! 차트 마법사를 이용하여 작성하고, 해당 요소를 더블 클릭하여 차트를 편집합니다.

9장

전통 한옥마을 둘러보기

글상자와 도형을 만드는 방법과 그림과 그리기 조각/클립아트를 삽입한 후 다양한 편집 효과로 문서를 예쁘게 꾸밀 수 있는 방법을 배워 봅니다.

완성파일 미리보기

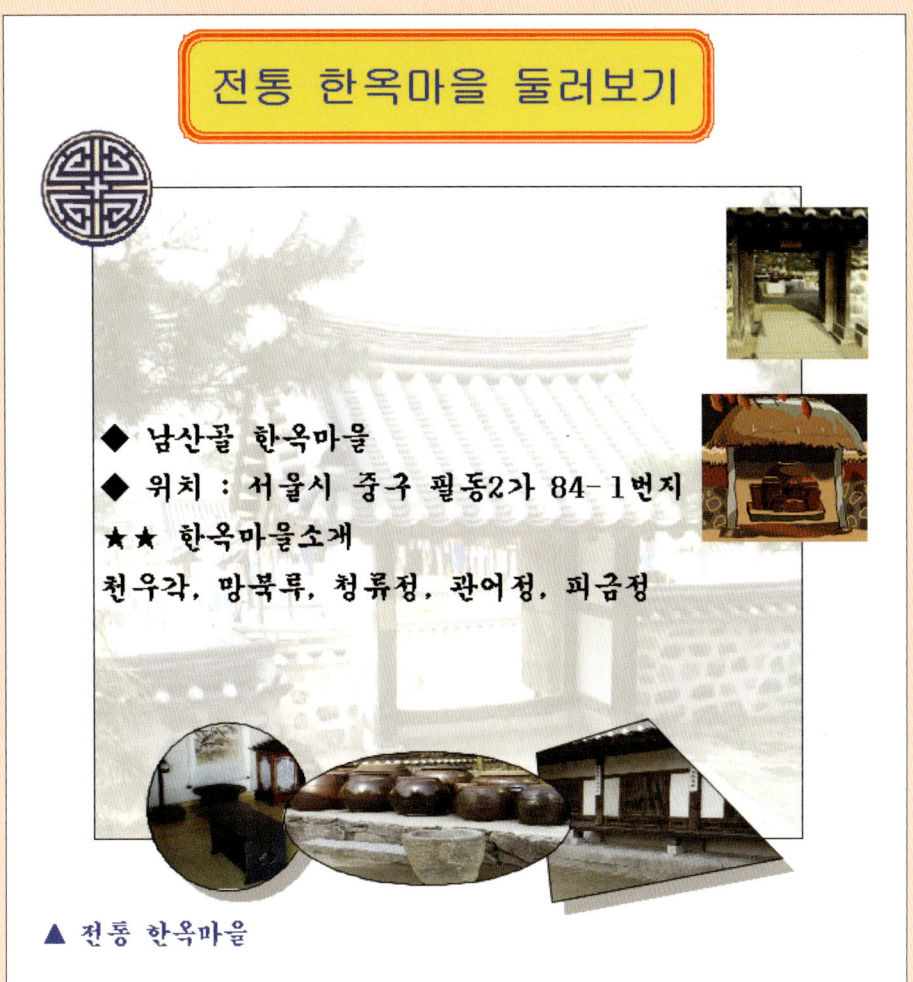

체크 포인트

실습 1 글상자와 도형을 만든 다음 개체 속성 편집, 다각형 편집 등을 배워 봅니다.

실습 2 그림을 삽입한 후 크기 지정, 맞춤/배분, 순서 바꾸기, 그림자 모양, 회전 등을 배워 봅니다.

실습 3 그리기 조각/클립아트를 삽입한 후 자르기, 개체 묶기, 캡션 달기 등의 기능을 배워 봅니다.

글상자/도형 그리기

글상자와 도형을 작성하고 테두리 선의 두께, 종류, 채우기 색 등을 설정하는 방법을 배워 봅니다.

글상자 꾸미기

01 그리기 도구 상자의 [글상자]를 클릭한 후 드래그하여 그립니다.

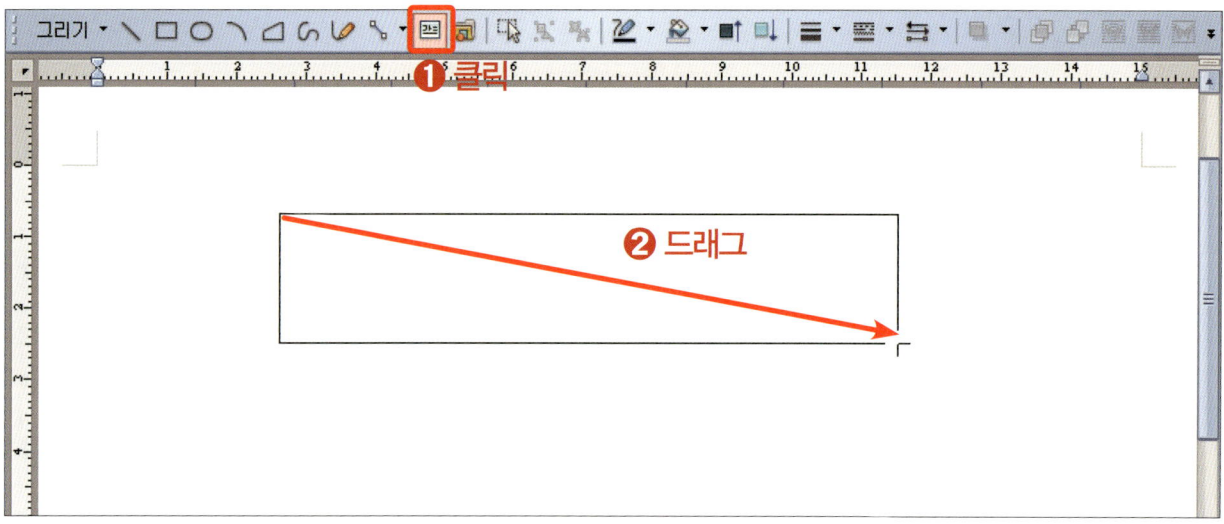

02 글상자를 클릭하여 선택합니다.

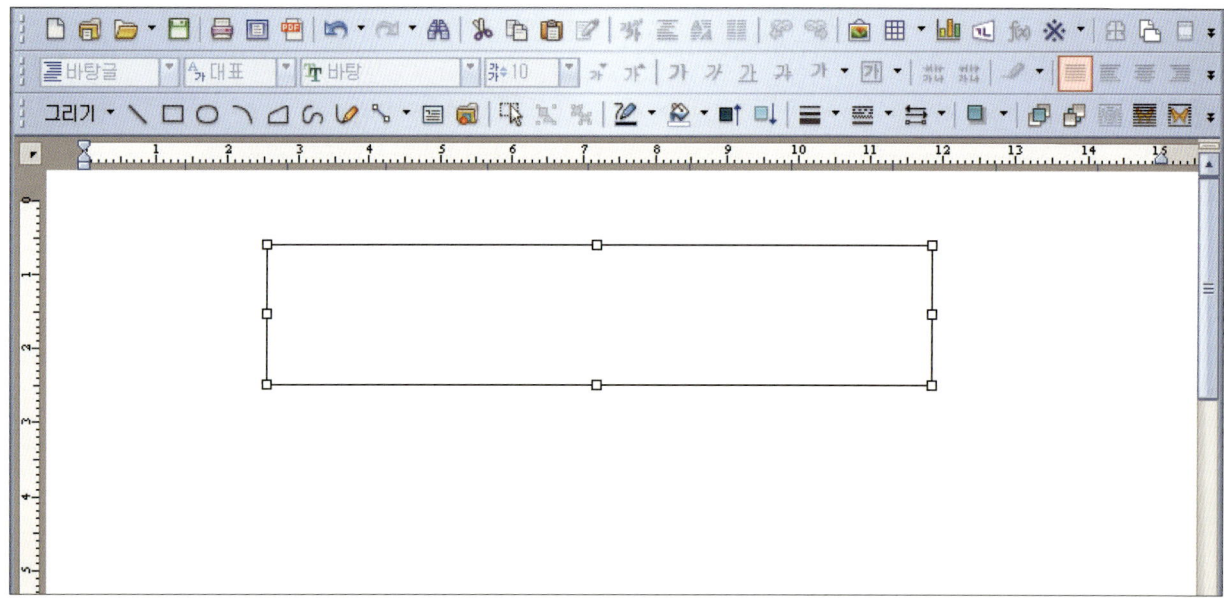

마우스 오른쪽 단추를 클릭한 후 [개체 속성]을 클릭하여 설정할 수도 있습니다.

03 그리기 도구 상자의 [선 색]에서 '빨강', [채우기 색]에서 '노랑', [선 굵기]에서 '2mm', [선 종류]에서 '3중선'을 설정합니다.

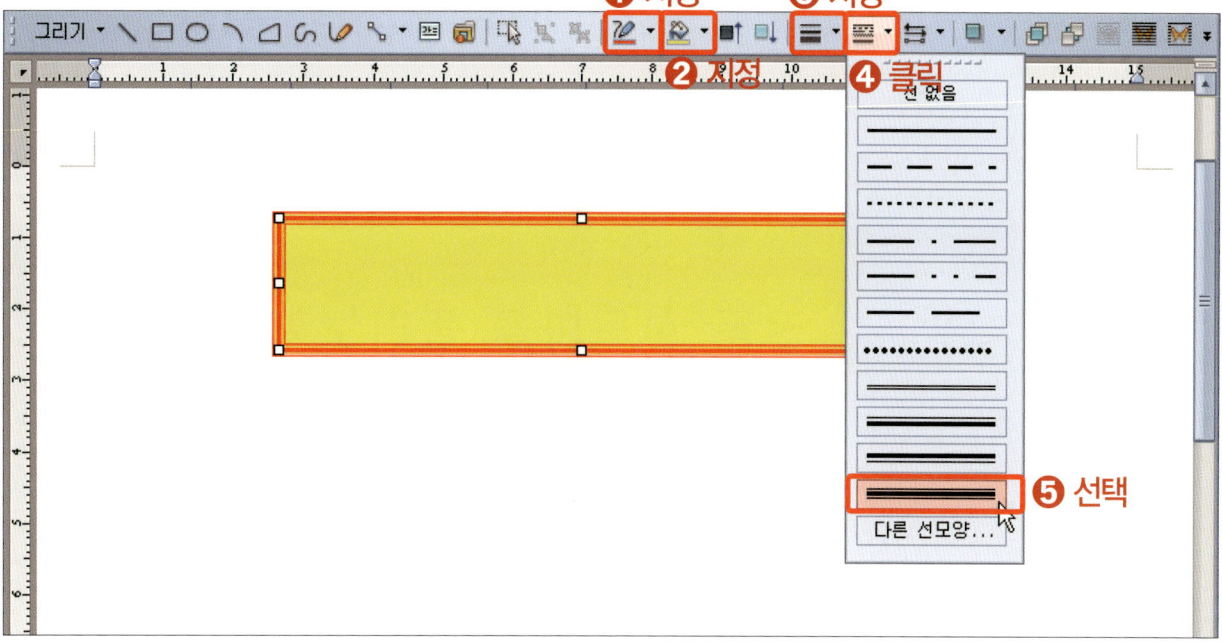

04 글상자를 선택하고 마우스 오른쪽 단추를 클릭하여 [개체 속성]을 클릭한 후 [기본] 탭에서 **'위치 : 글자처럼 취급'에 체크**하고, [선] 탭에서 **'사각형 모서리 곡률 : 둥근 모양'을 선택**한 후 [설정] 단추를 클릭합니다. 글상자의 앞이나 뒤에 커서를 위치시킨 다음 [가운데 정렬]을 클릭합니다.

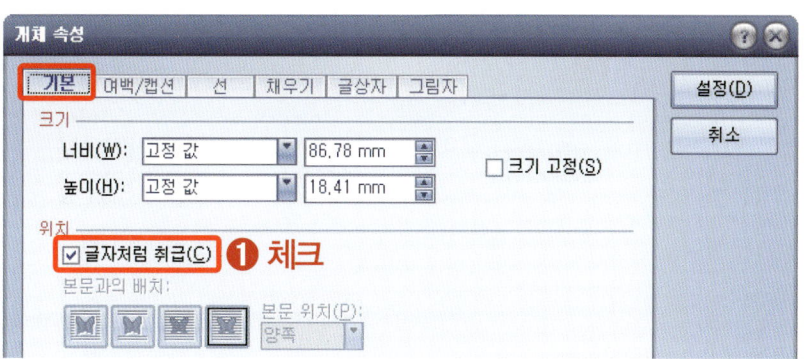

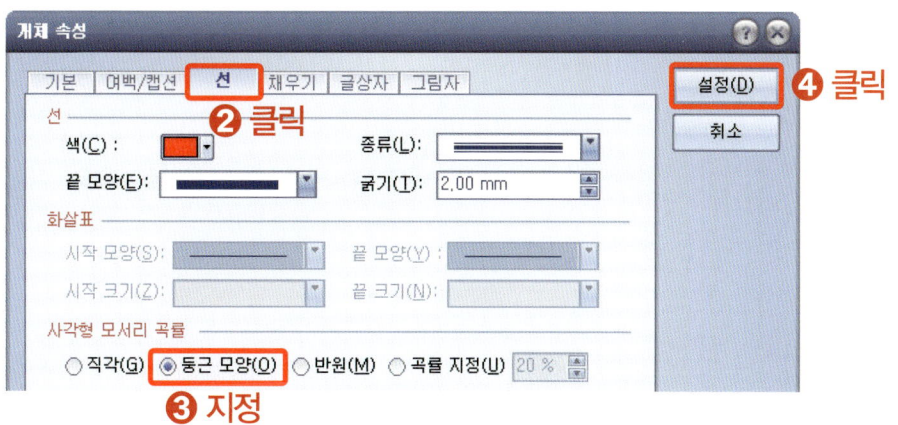

9장 전통 한옥마을 둘러보기 **137**

05 글상자 내에 커서를 위치시킨 후 서식 도구 상자에서 '**글꼴 : 굴림**', '**글자 크기 : 20**', '**진하게**', '**글자 색 : 파랑**', '**가운데 정렬 ▤**'을 **설정**하고 "전통 한옥마을 둘러보기"를 입력합니다.

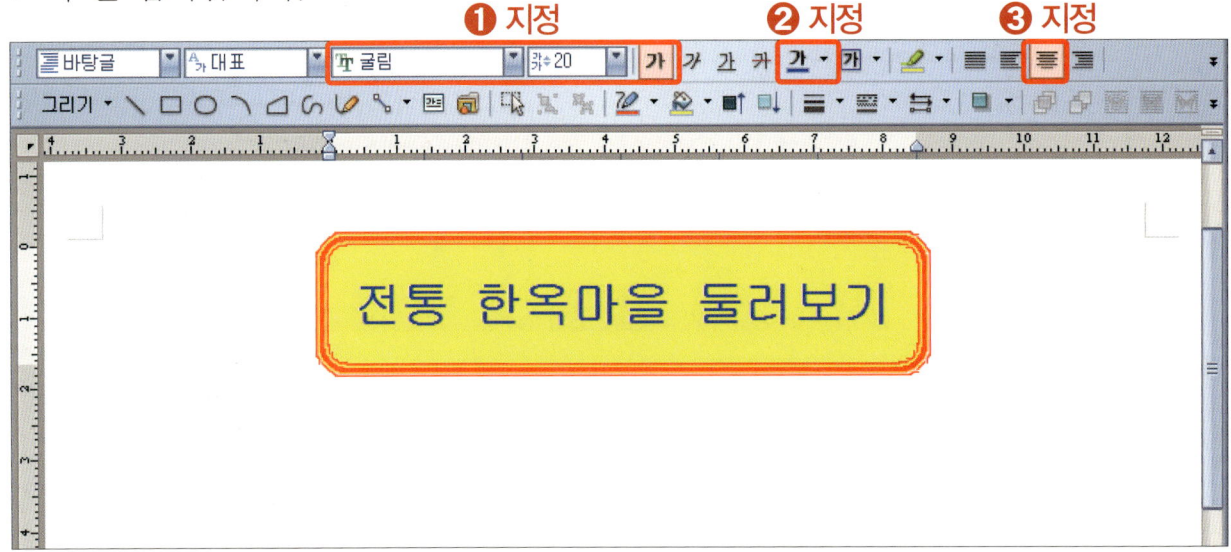

실력 쑥쑥 tip
표 서식

글상자 대신에 도형(직사각형)을 삽입한 후 마우스 오른쪽 단추를 클릭하여 [글상자로]를 클릭하면 글상자와 동일한 작업을 할 수 있습니다.

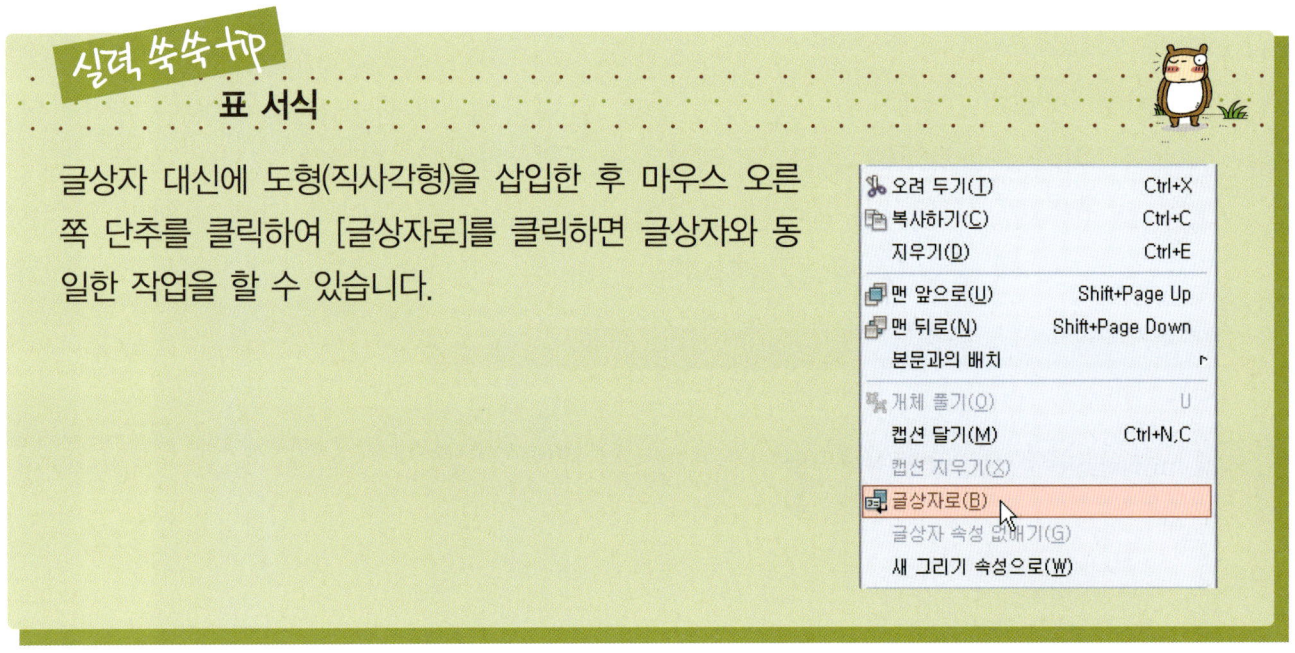

도형 그리기

06 그리기 도구 상자에서 [**직사각형** □]을 **클릭**한 후 드래그하여 작성합니다.

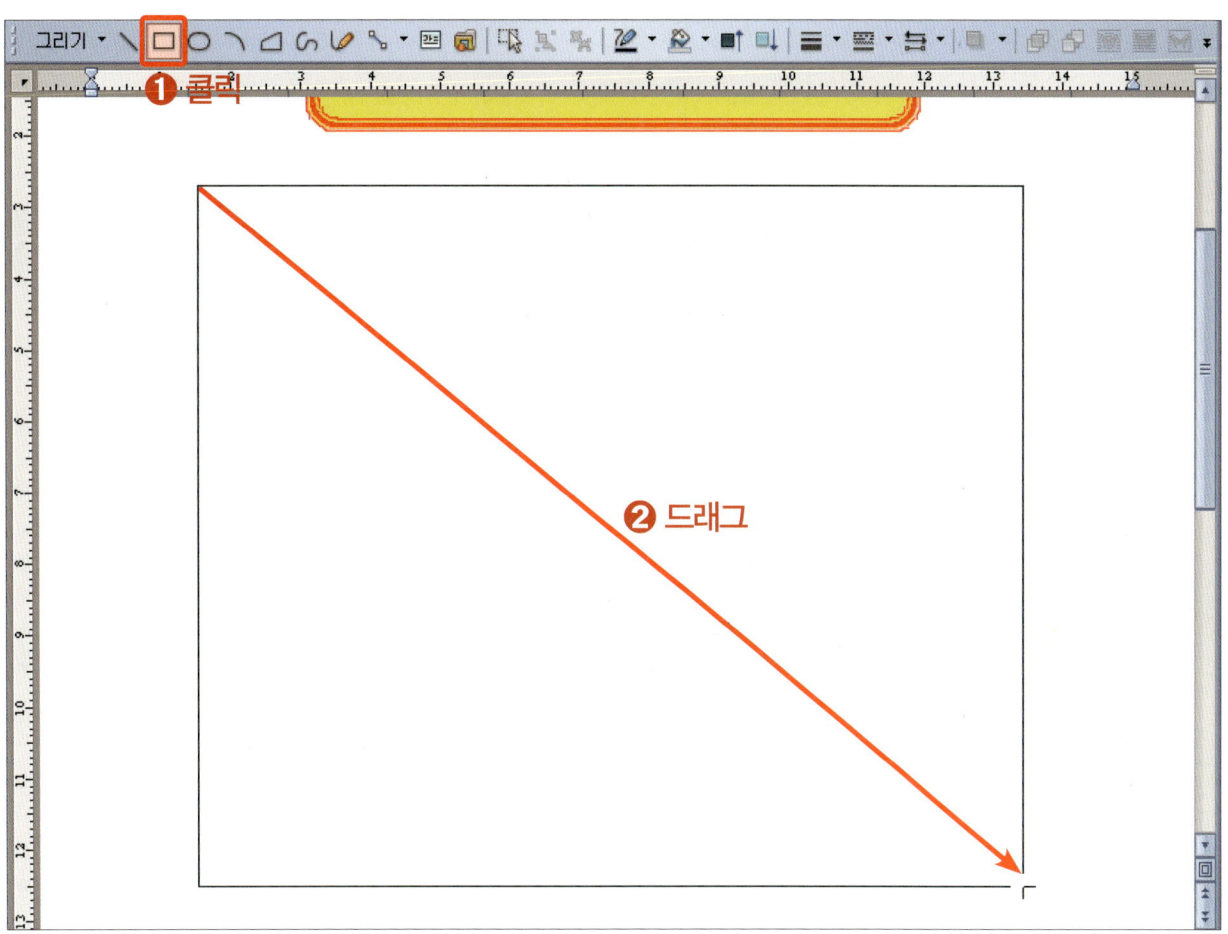

 그리기 도구 상자의 [선 색 ✐▾]이나 [채우기 색 ⬥▾]에 이미 임의의 색상이 지정되어 있다면 도형을 그릴 때 해당 색이 지정됩니다.

07 [모양]-[개체 속성]을 클릭한 후 [개체 속성] 대화상자의 [기본] 탭에서 '**위치 : 글자처럼 취급**'에 체크하고 [설정] 단추를 클릭합니다.

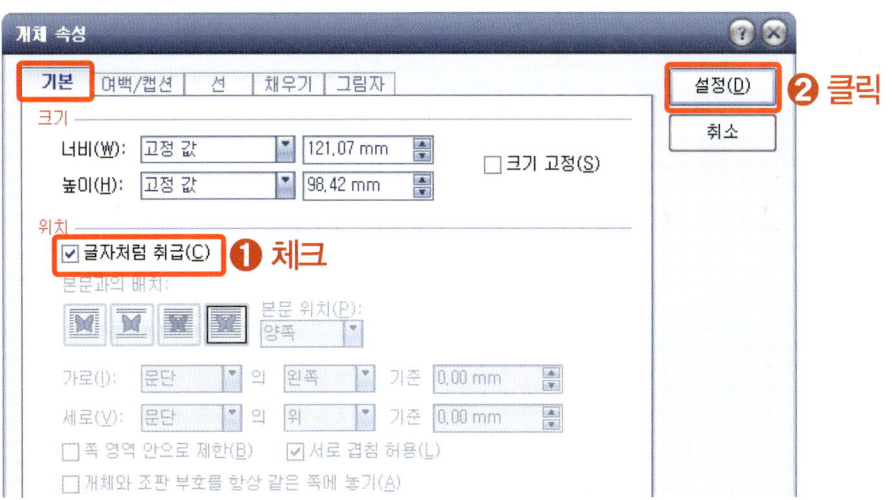

08 직사각형 도형을 선택한 상태에서 **마우스 오른쪽 단추를 클릭하여 [글상자로]를 클릭**합니다.

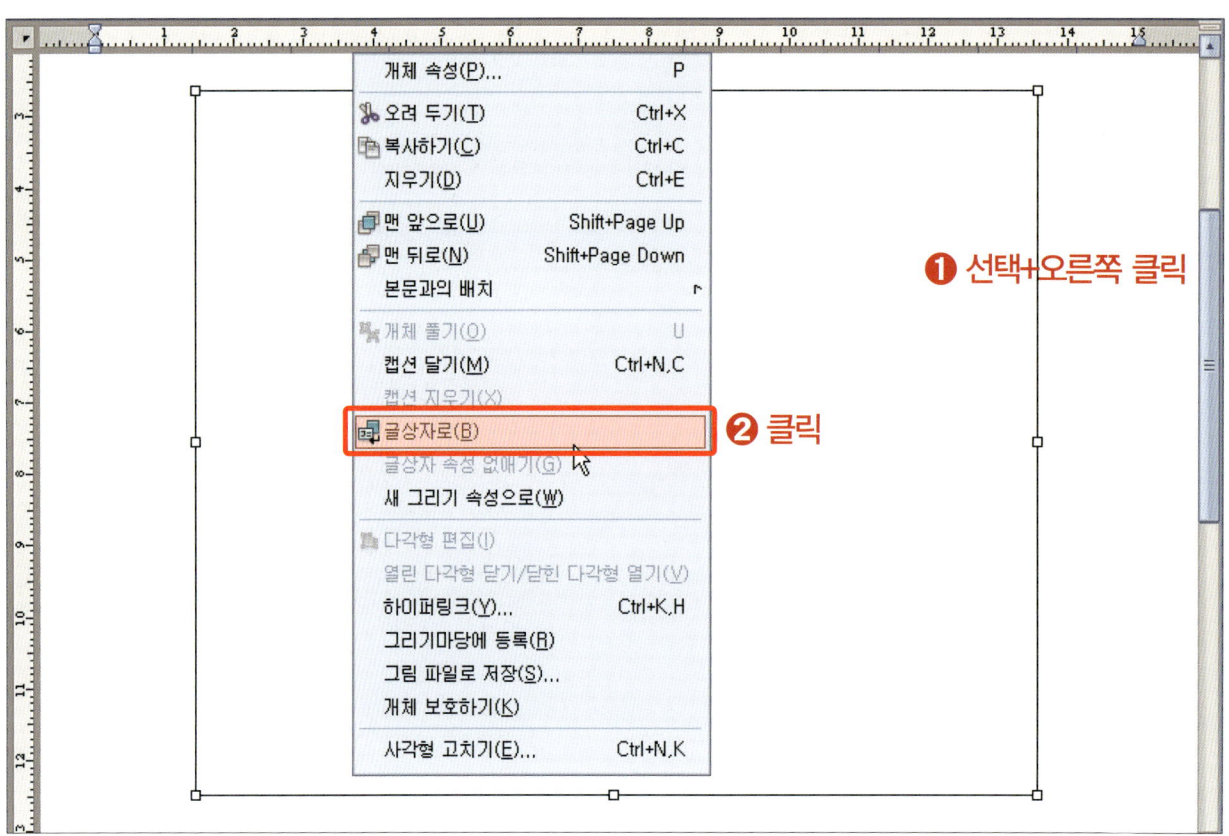

09 '글꼴 : 궁서', '글자 크기 : 14pt', '진하게'를 설정한 후 그림과 같이 내용을 입력합니다.

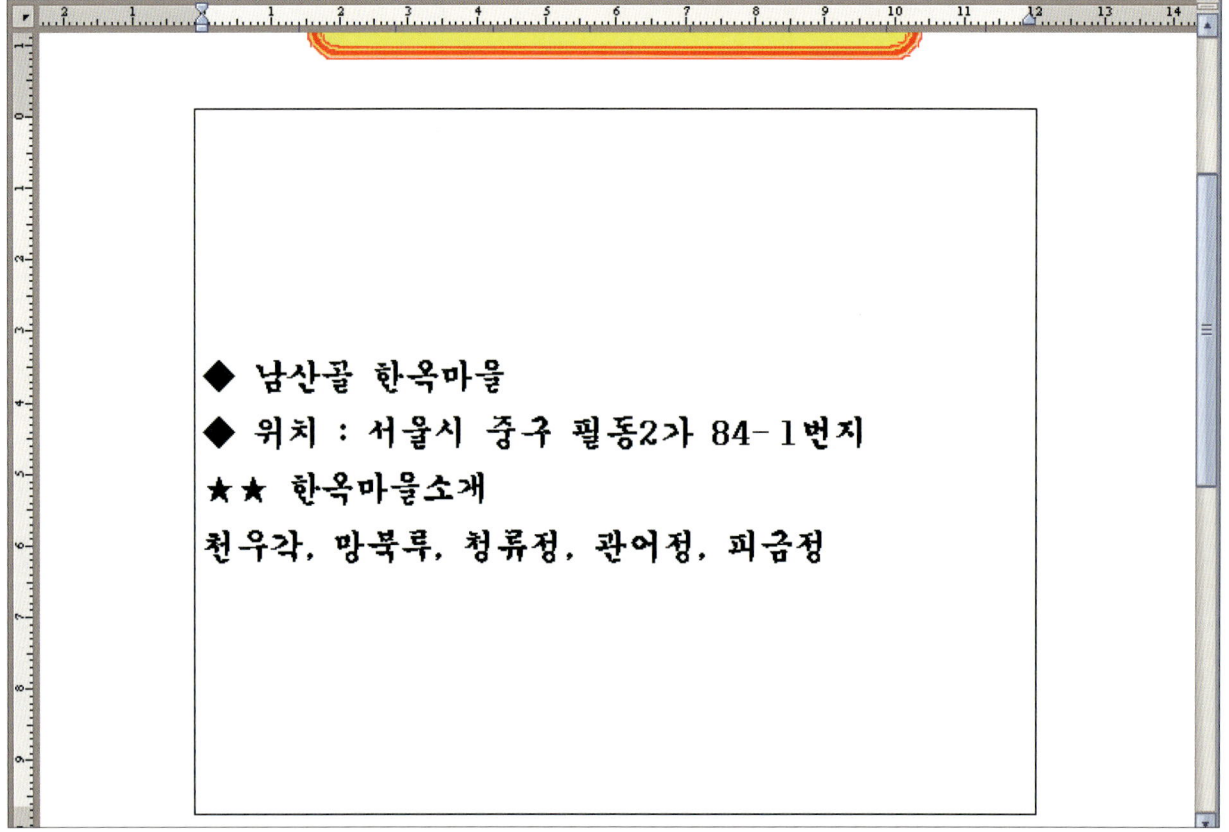

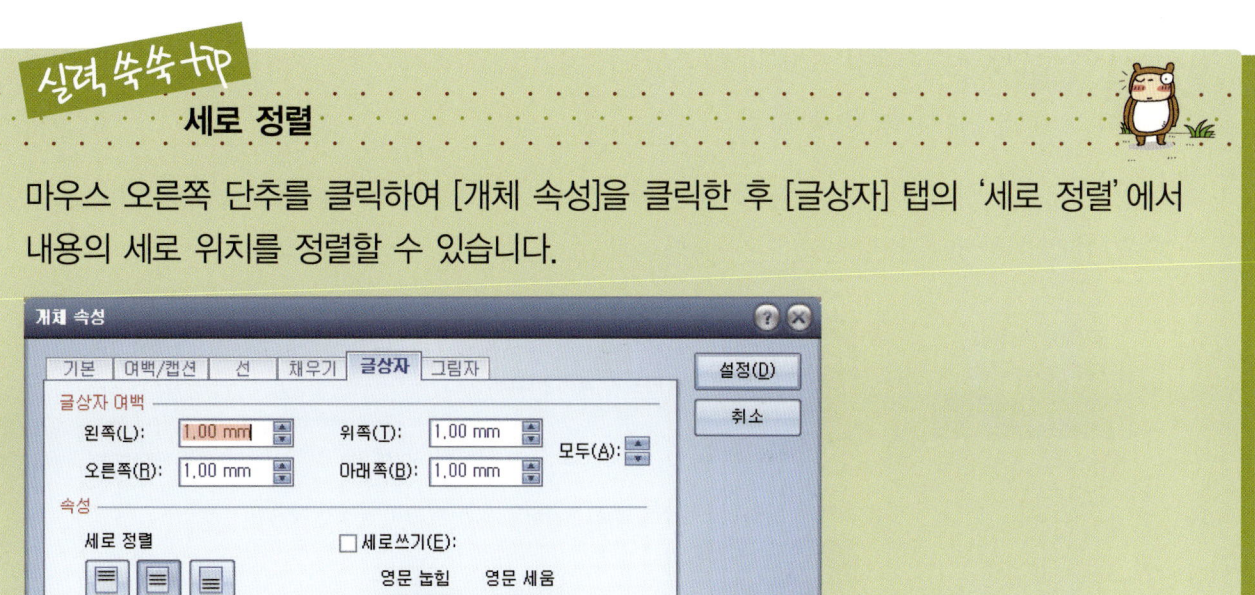

세로 정렬

마우스 오른쪽 단추를 클릭하여 [개체 속성]을 클릭한 후 [글상자] 탭의 '세로 정렬'에서 내용의 세로 위치를 정렬할 수 있습니다.

10 그리기 도구 상자에서 [타원○]을 클릭한 후 Shift 키를 누른 채 드래그 합니다.

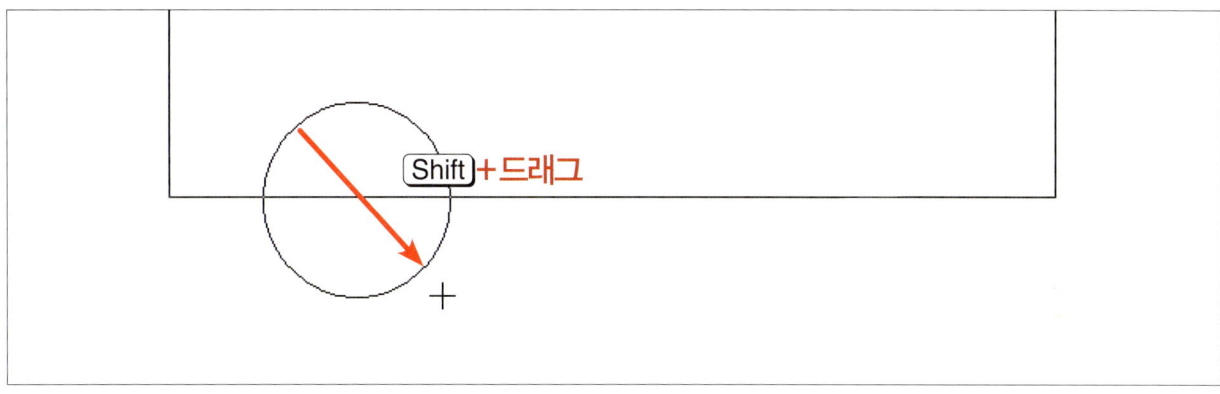

 Shift 키를 누른 채 도형을 드래그하면 가로와 세로의 길이가 같은 정사각형, 정원이 그려집니다.

11 [모양]-[개체 속성]을 클릭한 후 [개체 속성] 대화상자의 [기본] 탭에서 **'본문과의 배치 : 글 앞으로'를 선택**하고 [설정] 단추를 클릭합니다.

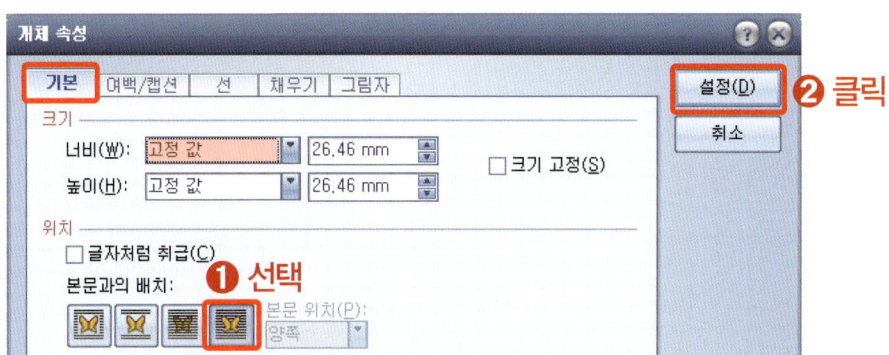

실력 쑥쑥 TIP
그림 배치 및 여백 주기

- 그림과 본문과의 배치 방법에는 어울림, 자리차지, 글 뒤로, 글 앞으로 등이 있으며, [개체속성] 대화상자 [기본] 탭의 '본문과의 배치' 항목에서 설정합니다.

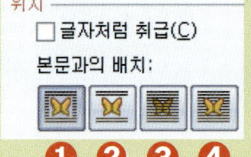

❶ 개체와 본문이 같은 줄을 나누어 쓰되, 서로 자리를 침범하지 않고 본문이 개체에 흐르듯이 어울리도록 배치합니다.

❷ 개체가 개체의 높이만큼 줄을 차지하고 있기 때문에 개체가 차지하고 있는 영역에는 본문이 오지 못합니다.

❸ 개체가 없는 것처럼 본문이 채워지고, 개체는 본문의 배경처럼 사용됩니다.

❹ 럼 본문이 채워지고, 개체는 본문의 배경처럼 사

- [개체 속성] 대화상자의 [여백/캡션] 탭에서 그림의 여백을 설정할 수 있습니다.

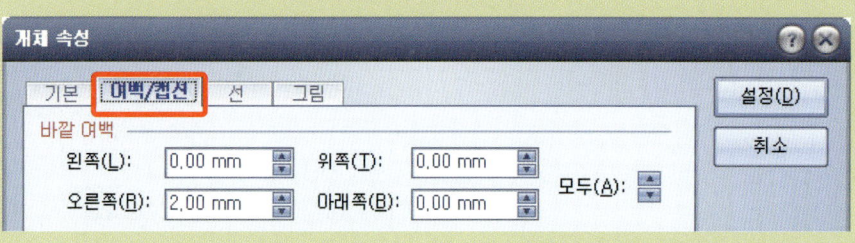

12 그리기 도구 상자에서 [타원 ]을 클릭한 후 드래그하여 타원을 그리고, [다각형 △]을 클릭한 후 꼭지점마다 클릭하여 도형을 그립니다(본문과의 배치 : 글 앞으로 ).

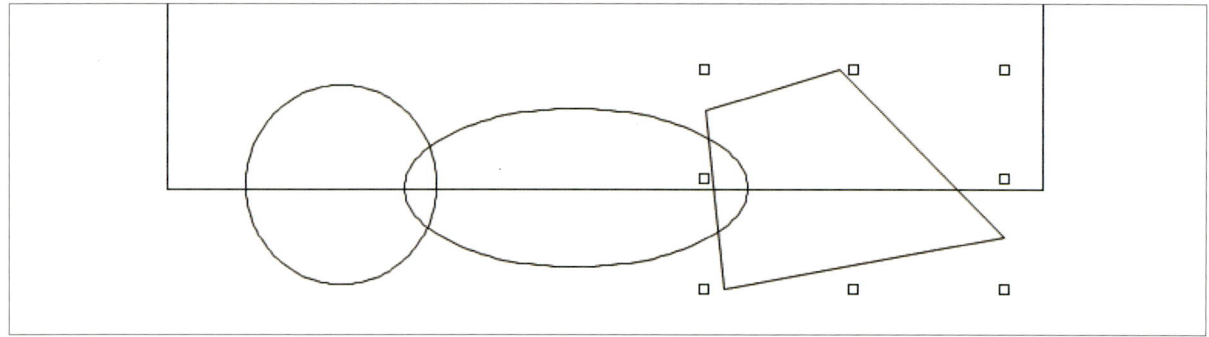

실력 쑥쑥 TIP 다각형 그리기 및 다각형 편집()

- 다각형을 그릴 때에는 꼭지점마다 클릭한 후 처음 시작한 꼭지점으로 다시 돌아와 클릭하여 마무리합니다.

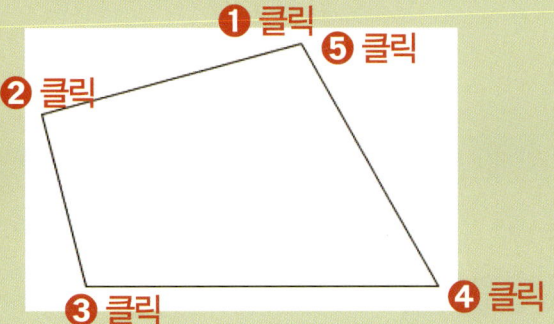

- 다각형 편집 은 타원, 다각형, 곡선, 자유선 등의 모양을 바꿀 수 있는 기능으로 그리기 도구 상자의 [다각형 편집]을 클릭한 후 도형에 표시된 편집 점 ▢ 을 드래그하여 모양을 바꿉니다.

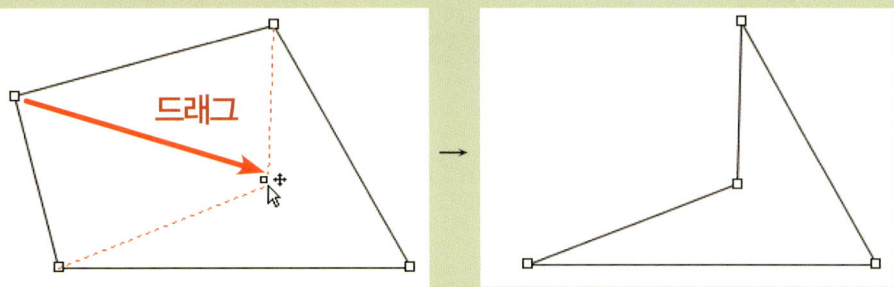

- Ctrl 키를 누른 채 추가할 선 위에서 마우스 포인터가 모양으로 바뀔 때 마우스 왼쪽 단추를 클릭하면 편집 점이 추가되거나 삭제됩니다.

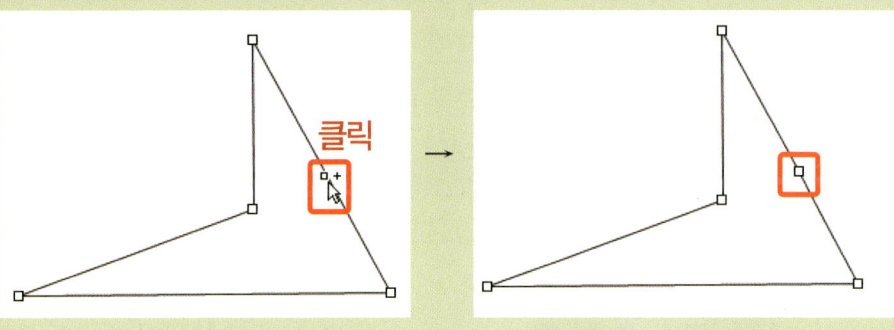

그림 삽입

도형 안에 그림을 삽입하고 편집해 봅니다.

그림 넣기

01 '남산골 한옥마을'이 입력된 직사각형을 선택하고 [모양]-[개체 속성]을 클릭한 후 [채우기] 탭에서 '그림'에 체크 표시하고 [그림 선택] 단추를 클릭합니다.

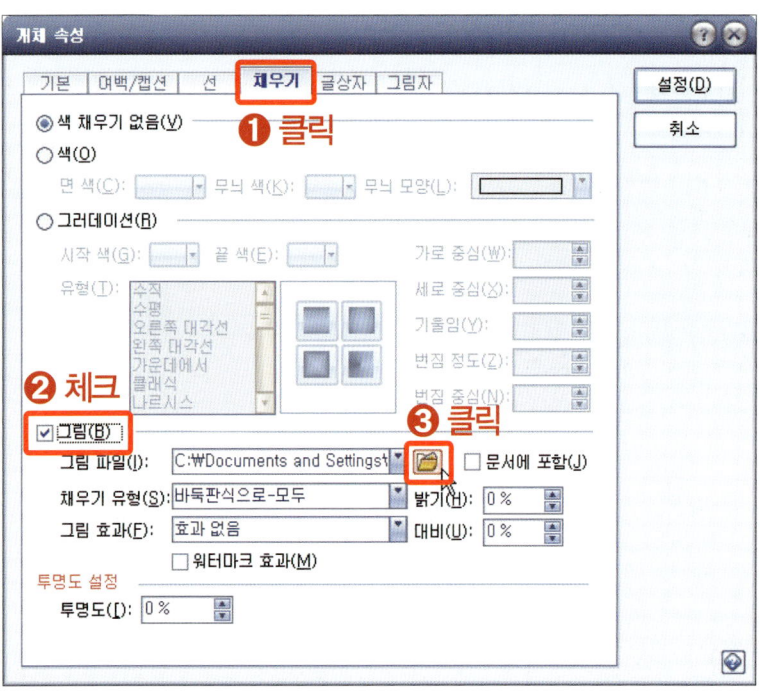

02 [그림 넣기] 대화상자의 '찾는 위치'에서 [성안당]-[한글2007]-[9장] 폴더의 **'한옥마을-1.jpg'** 파일을 선택하고 **[넣기] 단추를 클릭**합니다.

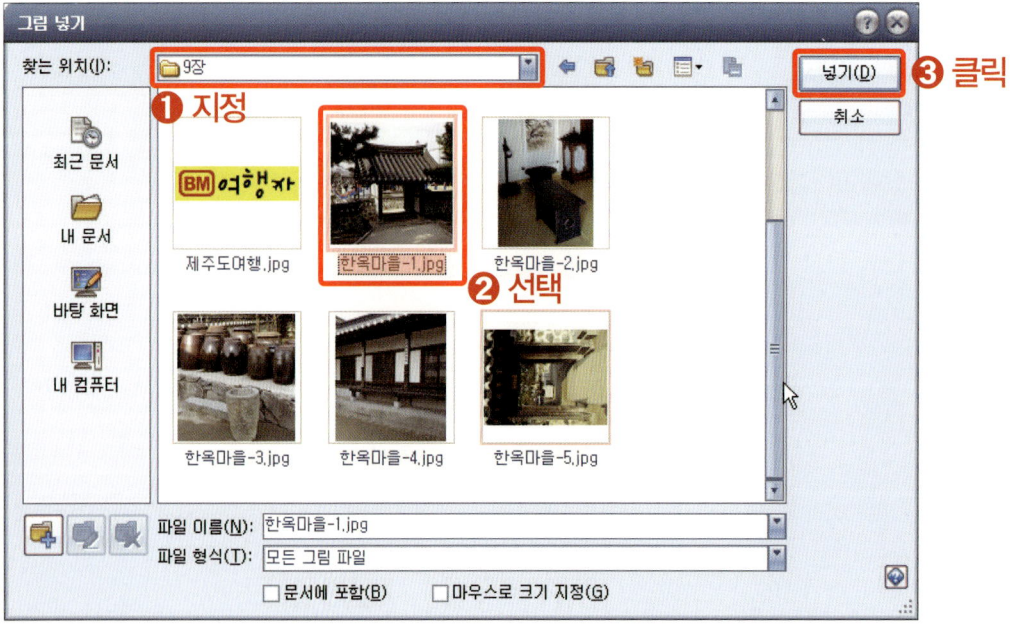

- 문서에 포함 : 체크 표시하면 문서에 그림이 포함되어 저장되므로 다른 컴퓨터에서 불러와도 그림이 표시됩니다.
- 마우스로 크기 지정 : 체크 표시하면 마우스로 드래그하여 그림을 삽입합니다.

03 다시 [채우기] 탭의 '채우기 유형'에서 '크기에 맞추어'를 설정하고 '워터마크 효과'에 체크 표시한 후 [설정] 단추를 클릭합니다.

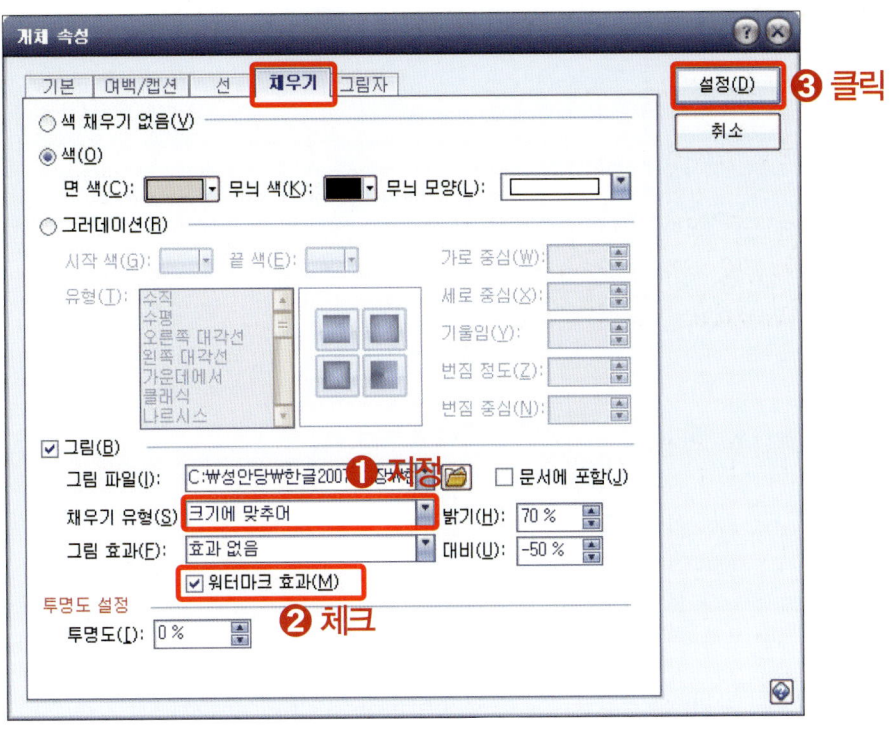

워터마크 효과
원래 그림을 밝고 명암대비가 작은 그림으로 바꿉니다.

실력 쑥쑥 TIP — 표 서식

Shift 키를 이용하여 여러 개의 도형을 선택한 후 그리기 도구 상자의 [그리기]-[맞춤/배분]에서 [가로 간격을 동일하게]나 [세로 간격을 동일하게]로 도형들의 간격을 동일하게 맞출 수 있습니다.

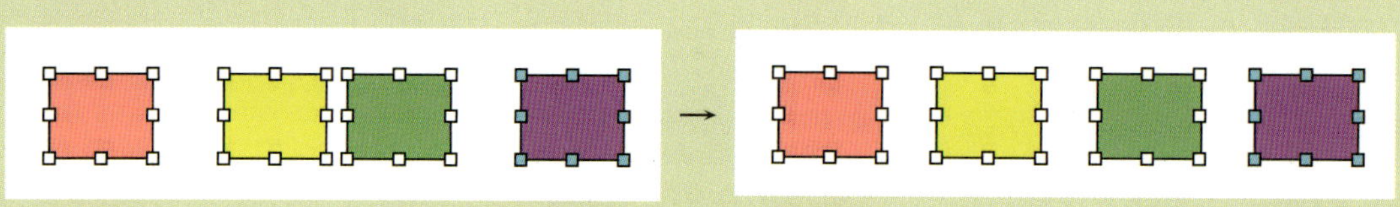

▲ [가로 간격을 동일하게]

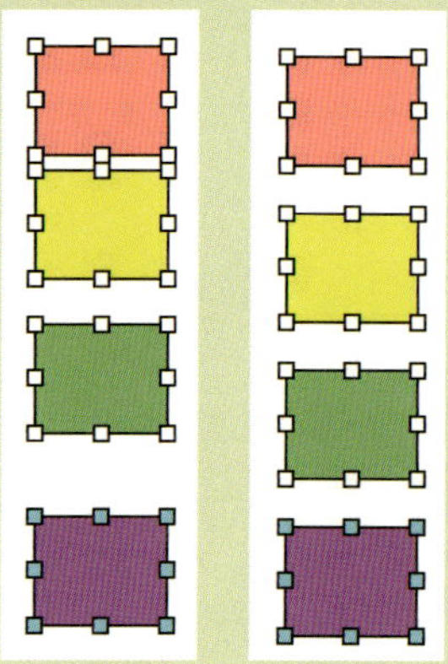

◀ [세로 간격을 동일하게]

04 정원 도형을 선택하고 [모양]-[개체 속성]을 클릭합니다. [개체 속성] 대화상자의 [채우기] 탭에서 '그림'에 체크 표시한 후 '그림 파일 : 한옥마을-2.jpg', '채우기 유형 : 크기에 맞추어'를 설정하고 [설정] 단추를 클릭합니다.

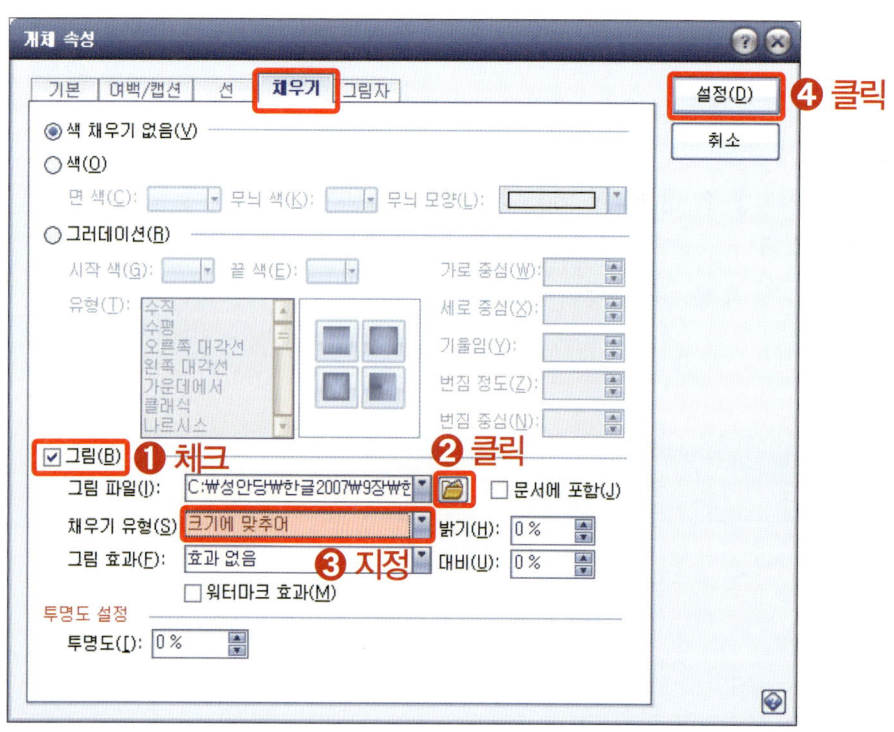

 표준 도구 상자의 [그림] 단추를 클릭하여 그림을 삽입할 수 있지만 도형 안에 그림을 삽입할 경우 [개체 속성] 대화상자의 [채우기] 탭을 이용합니다.

05 4번과 같은 방법으로 **타원에 '한옥마을-3.jpg', 다각형에 '한옥마을-4.jpg' 그림을 삽입**합니다.

그림 편집하기

06 다각형이 선택된 상태에서 그리기 도구 상자의 **[그리기]-[순서 바꾸기]-[뒤로]를 클릭**하여 다각형을 타원 뒤로 배치합니다.

실력 쑥쑥 tip
도형의 순서 바꾸기

여러 개의 도형이 겹쳐 있을 경우 그리기 도구 상자의 [그리기]-[순서 바꾸기]를 이용하여 도형의 순서를 바꿀 수 있습니다.

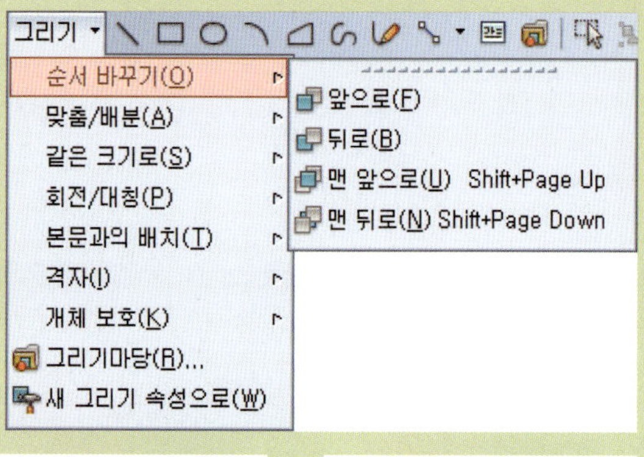

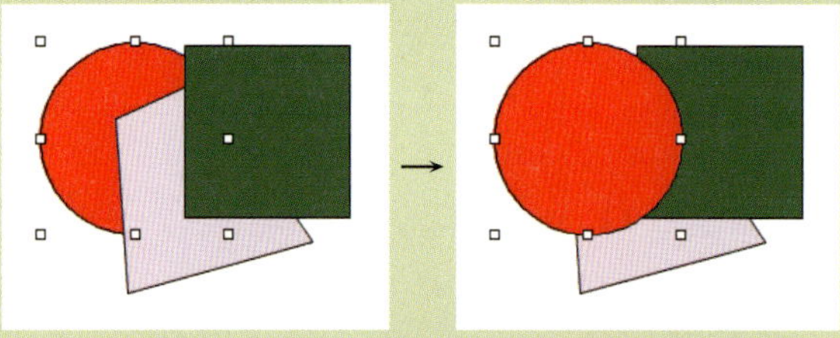

▲ 맨 앞으로 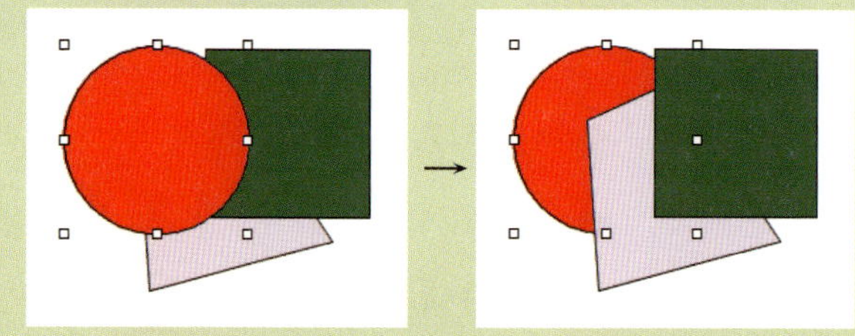　　　　　　　　　▲ 맨 뒤로

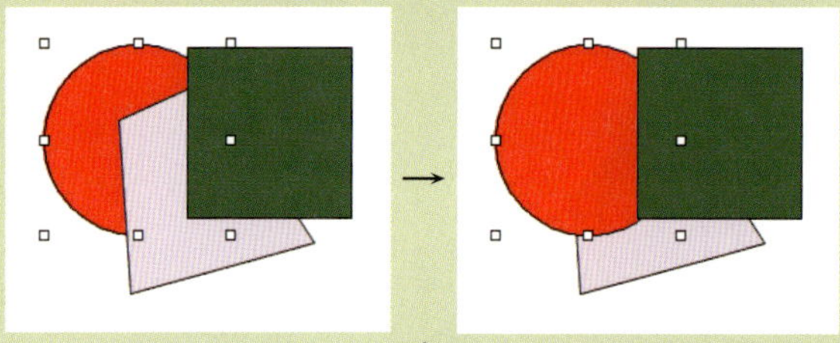

▲ 앞으로 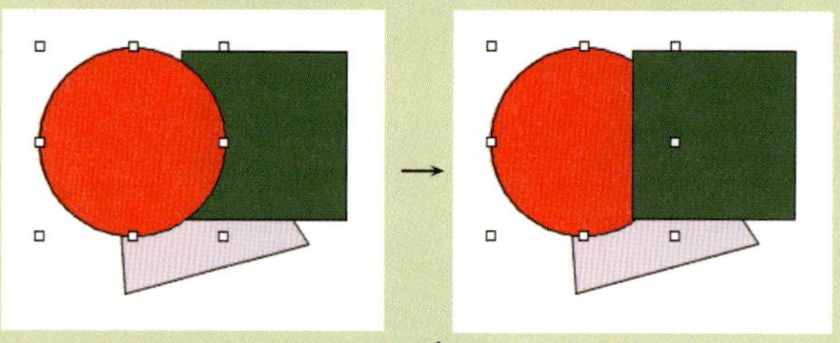　　　　　　　　　　▲ 뒤로

07 Shift 키를 이용하여 정원과 다각형을 선택한 후 그리기 도구 상자의 [그림자 모양]에서 그림자를 설정합니다.

08 표준 도구 상자의 [그림 📷] 단추를 클릭하여 '한옥마을-5.jpg' 그림을 삽입한 후 그리기 도구 상자의 **[오른쪽으로 90도 회전 📷] 단추를 클릭**합니다.

❶ 그림 선택

❸ 회전 확인

09 [모양]-[개체 속성]을 클릭한 후 [개체 속성] 대화상자의 [기본] 탭에서 **'본문과의 배치 : 글 앞으로 📷'를 선택**하고 [설정] 단추를 클릭합니다.

 그림을 삽입할 때 그림의 크기가 크면 기존에 작성한 내용의 위치가 바뀔 수 있으므로 삽입한 그림에 '본문과의 배치'와 크기 등을 조정하여 배치합니다.

10 그림을 선택한 상태에서 마우스 포인터가 모양으로 바뀌면 마우스를 드래그하여 크기를 축소합니다.

드래그

11 축소된 그림을 마우스로 드래그하여 그림과 같이 배치시킵니다.

 마우스 포인터가 모양으로 바뀔 때 드래그하여 도형의 크기를 바꿉니다.

그리기마당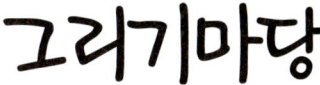

도형 안에 그리기 조각과 클립아트를 삽입하고 편집해 봅니다.

그리기마당

01 그리기 도구 상자에서 [그리기마당]을 클릭한 후 [그리기마당] 대화상자의 **[그리기 조각]** 탭에서 '**전통(문양) : 전통문양8**'을 선택하고 **[넣기]** 단추를 클릭합니다.

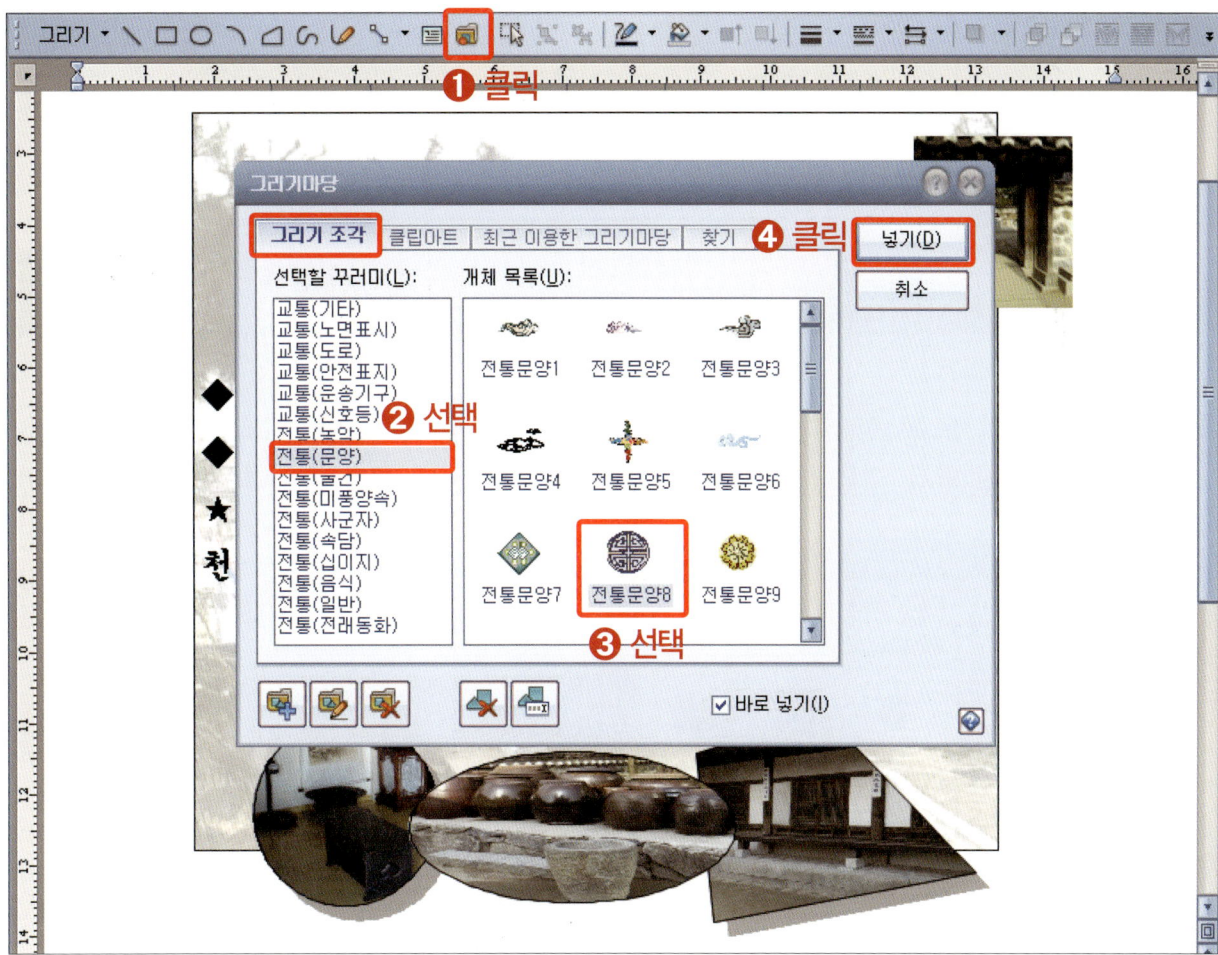

9장 전통 한옥마을 둘러보기

02 왼쪽 상단에 마우스로 드래그하여 그리기 조각을 삽입합니다.

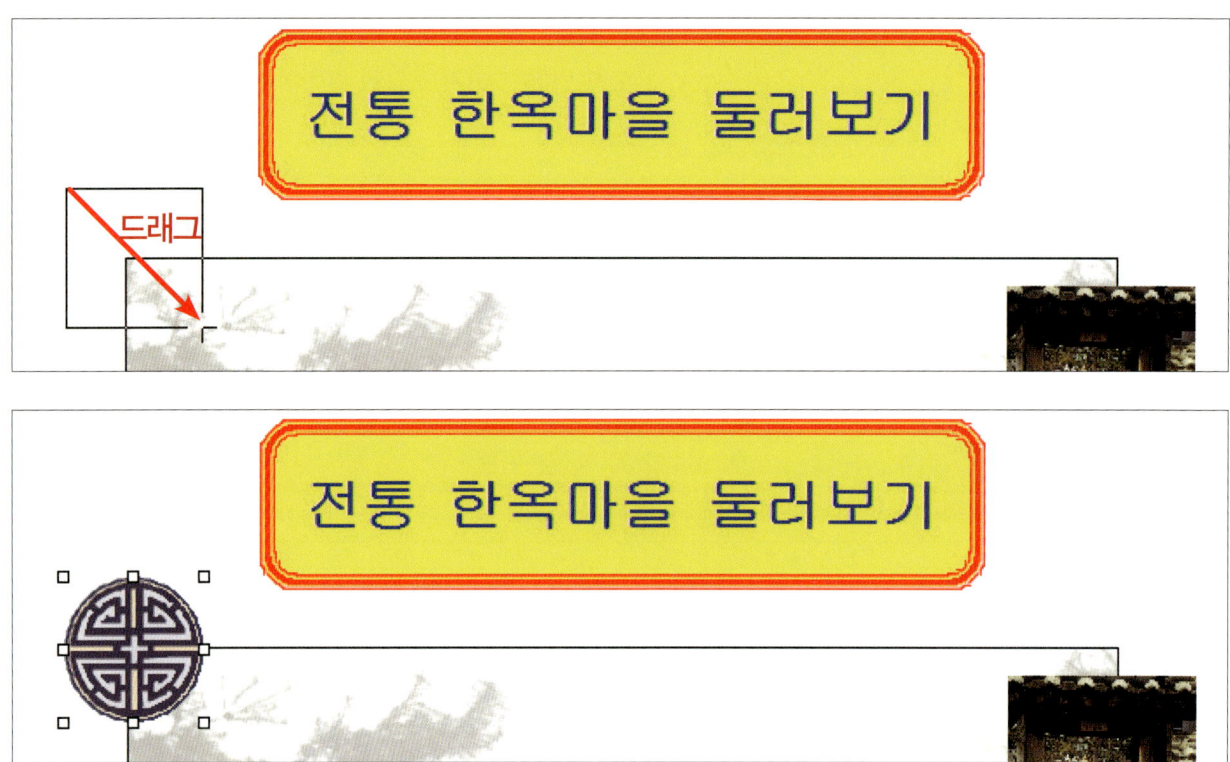

03 다시 그리기 도구 상자에서 [그리기마당]을 클릭한 후 [그리기마당] 대화상자의 **[클립아트] 탭에서 '전통(삽화2) : 장독대'를 선택하고 [넣기] 단추를 클릭**합니다.

04 '한옥마을-5.jpg' 그림 아래에서 드래그하여 클립아트를 삽입합니다. 마우스 오른쪽 단추를 클릭하여 [개체 속성]을 클릭한 후 [개체 속성] 대화상자의 [기본] 탭에서 **'본문과의 배치 : 글 앞으로 '를 선택**하고 [설정] 단추를 클릭합니다.

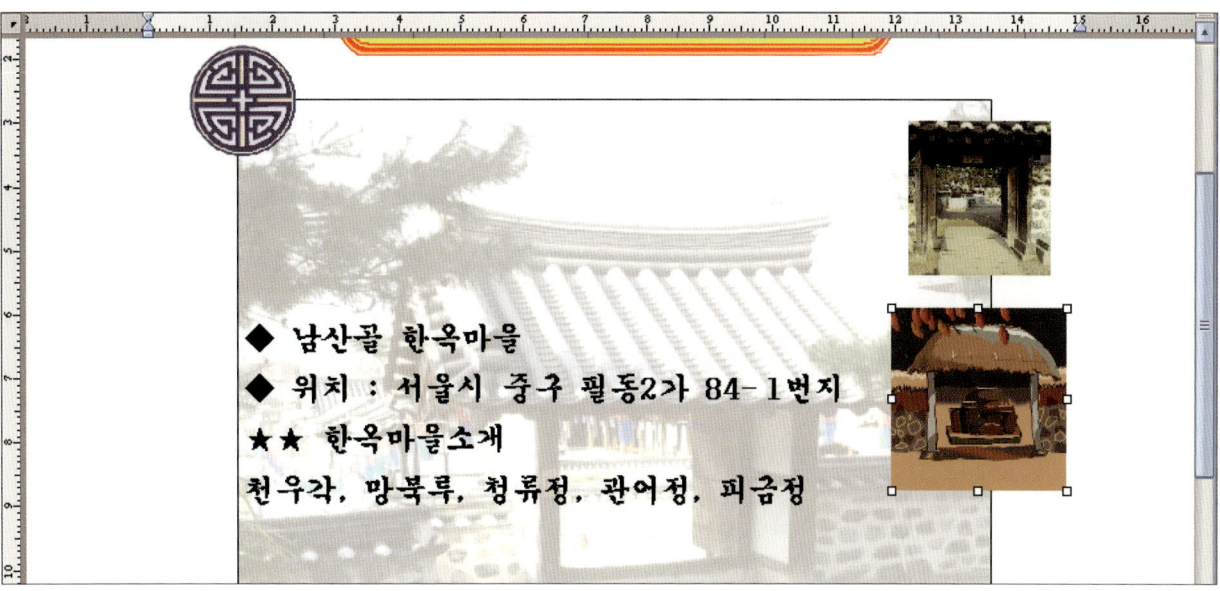

그림 자르기

05 그림 도구 상자에서 **[자르기] 단추를 클릭**한 후 마우스 포인터가 ┌ 모양으로 바뀔 때 드래그하여 그림을 원하는 모양으로 자릅니다.

❶ 클릭

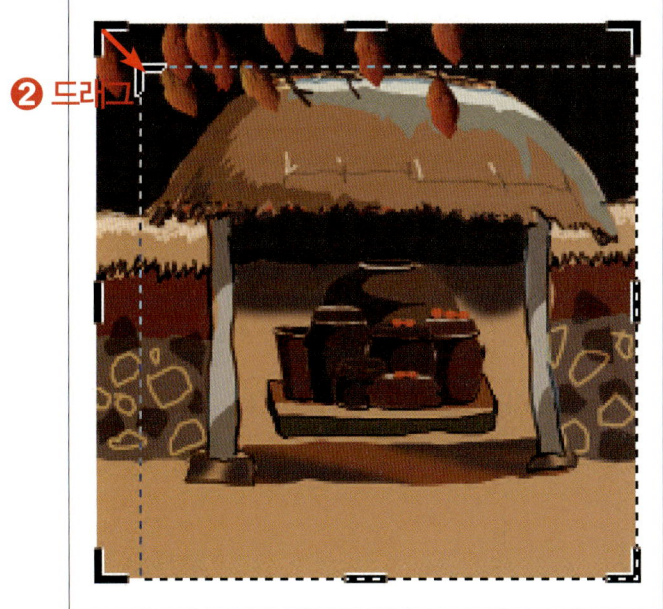

❷ 드래그

❸ 드래그

개체 묶기

06 그리기 도구 상자의 [**개체 선택**]을 **클릭**한 후 작업한 모든 내용이 선택될 수 있도록 드래그합니다.

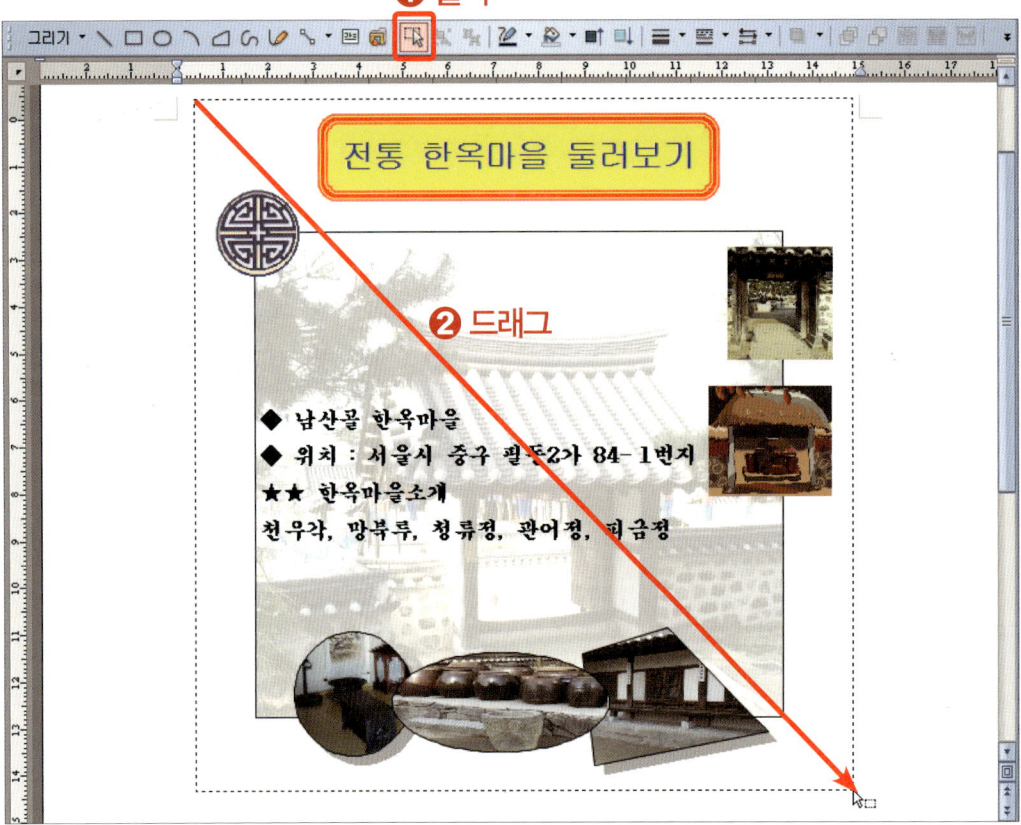

07 그리기 도구 상자의 [**개체 묶기**]를 **클릭**하여 그룹화 합니다.

캡션 달기

08 그룹화된 도형을 선택한 후 **마우스 오른쪽 단추를 클릭한 후 [캡션 달기]를 클릭**합니다.

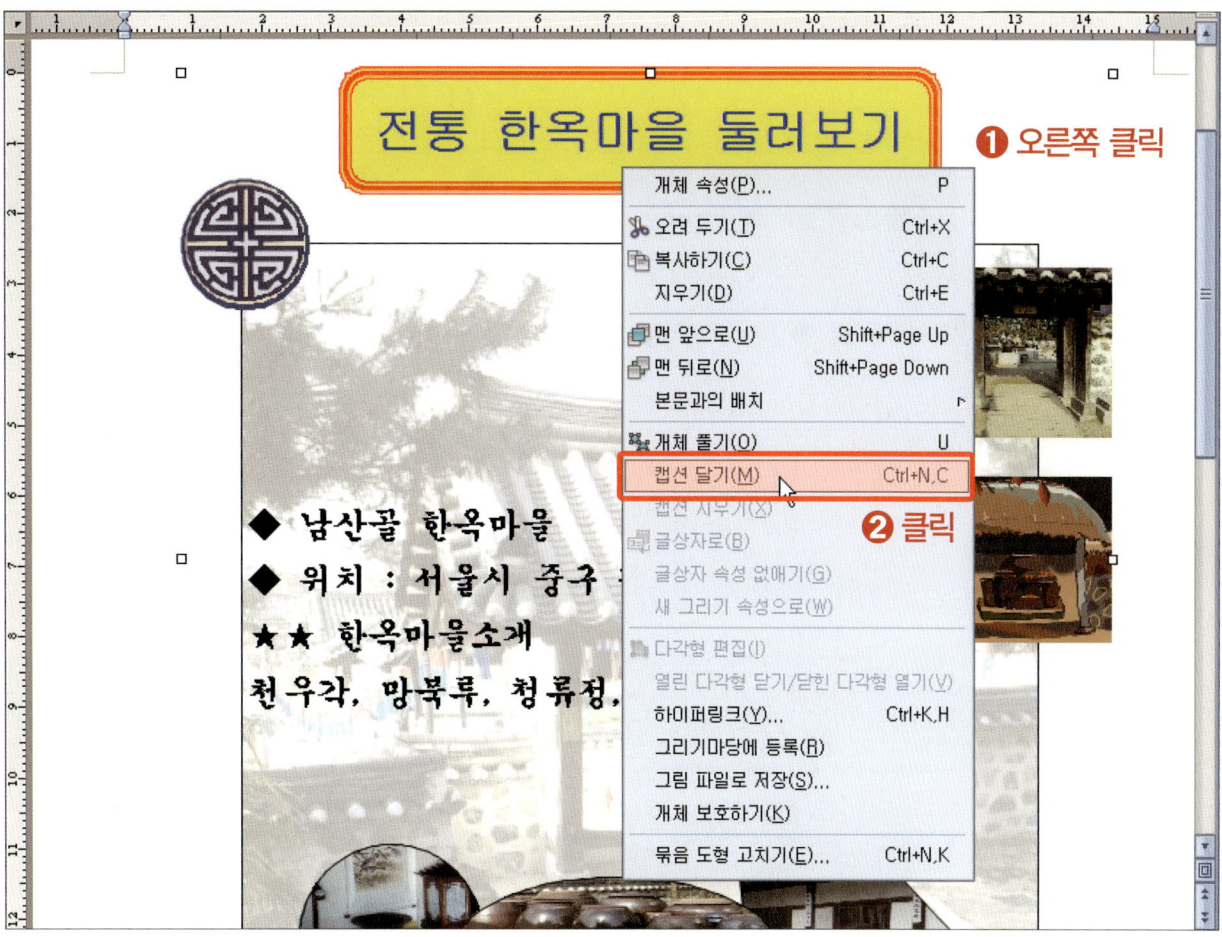

09 좌측 하단의 '그림 1'을 마우스로 드래그하여 범위 설정한 후 Delete 키를 눌러 삭제합니다.

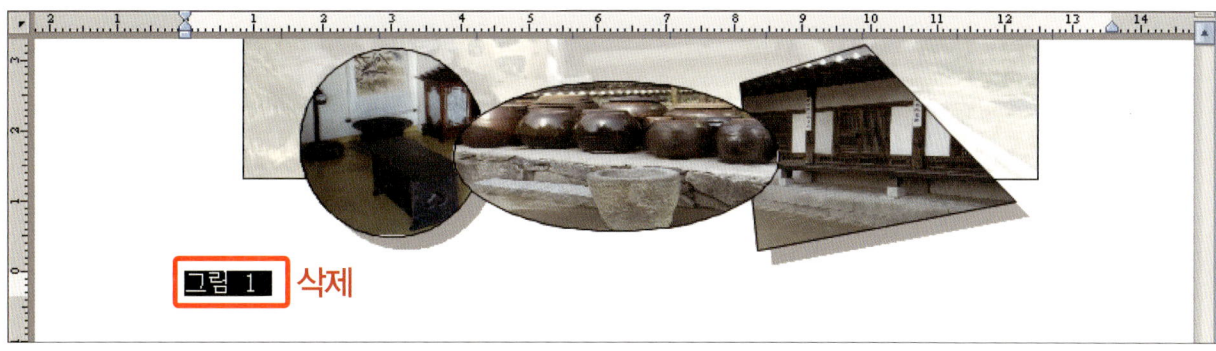

10 [입력]-[문자표]를 클릭한 후 [문자표 입력] 대화상자의 [사용자 문자표] 탭에서 '기호1 : ▲' 기호를 선택하고 [넣기] 단추를 클릭한 후 [닫기] 단추를 클릭합니다.

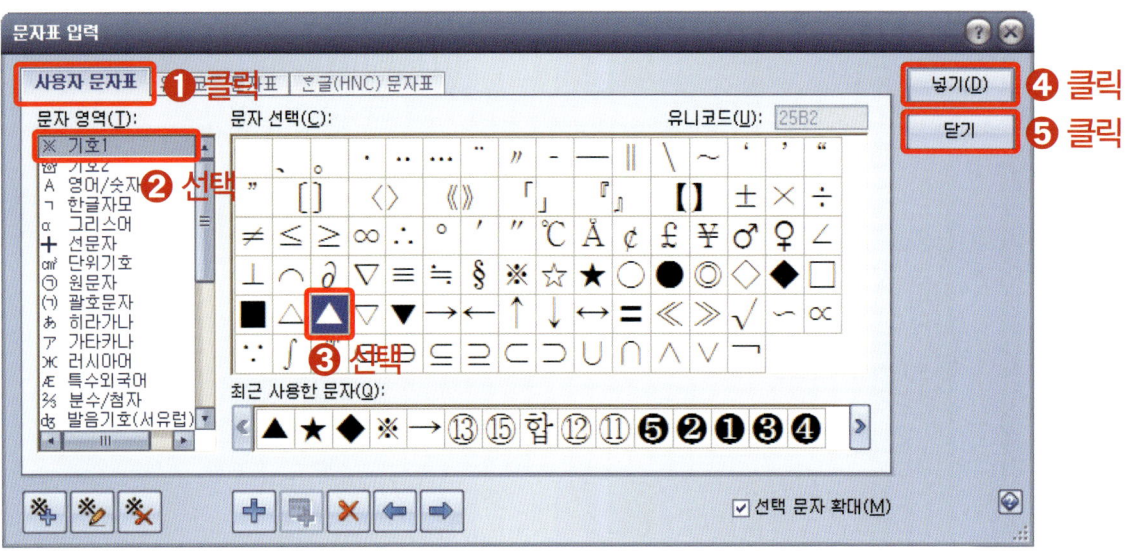

11 서식 도구 상자에서 '글꼴 : 궁서', '글자 크기 : 12', '진하게', '글자 색 : 파랑'을 설정하고 "전통 한옥마을"을 입력합니다.

혼자 풀어보기

01 '9장.혼자풀어보기1번(소스).hwp' 문서를 열고 다음의 지시사항대로 도형을 편집해 보세요.

- 〈연습 1〉: 가로 간격을 동일하게
- 〈연습 2〉: 세로 간격을 동일하게
- 〈연습 3〉: 제일 아래에 있는 노란색 직사각형 도형을 다음의 순서대로 배치해 보세요.
  - 맨 앞으로 → 뒤로 → 앞으로 → 맨 뒤로
- 〈연습 4〉: 다음의 모양을 만들어 보세요.
  - 원(타원, 점선, 노랑), 별(다각형, 빨강), 개체 묶기, 글자처럼 취급
  - 타원을 3개 작성, 테두리 색(빨강), 개체 회전( )

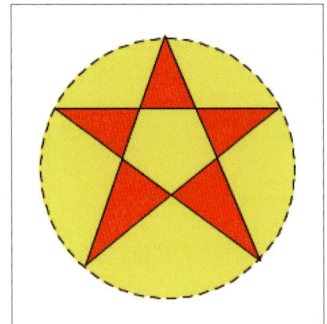

- 〈연습 5〉: [다격형 편집]을 이용해서 다음 그림과 같이 모양을 바꿔 보세요.

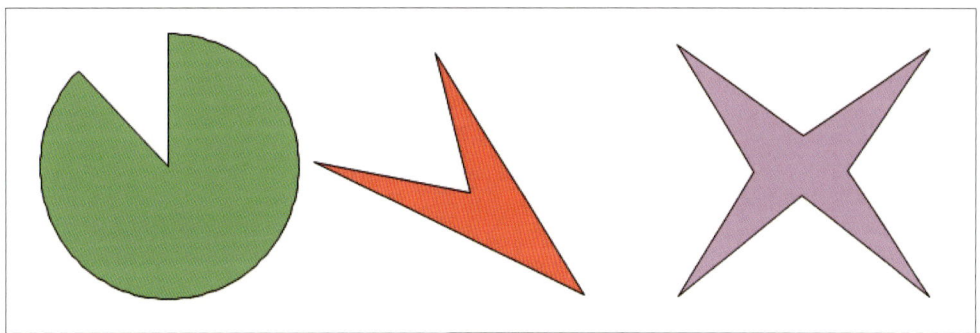

Hint! [그리기]-[맞춤/배분]-[가로 간격을 동일하게] 메뉴 이용
[그리기]-[순서 바꾸기] 메뉴 이용

02 '9장.혼자풀어보기2번(소스).hwp' 문서를 열고 다음의 지시사항대로 도형을 편집해 보세요.

- 〈연습 1〉: 도형 안에 '그림편집-1.jpg' 그림을 삽입해 보세요.
  - 채우기 유형: 크기에 맞추어
- 〈연습 2〉: '그림편집-2.jpg' 그림을 다음과 같이 편집해 보세요.
  - 회전, 가로/세로 비율: 10%([개체 속성]-[그림] 탭)
- 〈연습 3〉: '그림편집-3.jpg' 그림을 다음과 같이 편집해 보세요.
  - 자르기, 캡션 달기(▲ 귀여운 강아지)
- 〈연습 4-1~4〉: '그림편집-4.jpg' 그림을 다음의 지시사항대로 배치해 보세요.
  - '그림편집-4.jpg': 가로/세로 40mm, 크기 고정
  - 연습 4-1(어울림, 오른쪽 바깥 여백: 3mm)
  - 연습 4-2(자리차지, 위쪽/아래쪽 바깥 여백: 2mm)
  - 연습 4-3(글 뒤로)
  - 연습 4-4(글 앞으로)

연습 3

▲ 귀여운 강아지

연습 4-1

크리스마스에는 그 거리에 작은 소망들이 피어나 그 친구들 환한 웃음 다시 볼 수 있겠지 우리들의 쌓인 얘기 하얗게 밤을 새겠지
〈이승환 - 크리스마스에는〉

연습 4-2

크리스마스에는 그 거리에 작은 소망들이 피어나 그 친구들 환한

웃음 다시 볼 수 있겠지 우리들의 쌓인 얘기 하얗게 밤을 새겠지
〈이승환 - 크리스마스에는〉

연습 4-3

크리스마스에는 그 거리에 작은 소망들이 피어나 그 친구들 환한 지 볼 수 있겠지 우리들의 쌓인 얘기 하얗게 밤을 새겠지
〈이승환 - 크리스마스에는〉

연습 4-4

그 거리에 작은 소망들이 피어나 그 친구들 환한 있겠지 우리들의 쌓인 얘기 하얗게 밤을 새겠지
〈이승환 - 크리스마스에는〉

Hint!
- [입력]-[개체]-[그림] 메뉴 이용
- 캡션 달기: 그림을 선택하고 마우스 오른쪽 단추를 클릭한 후 [캡션 달기] 클릭

03 다음의 문서를 완성해 보세요.
- 제목 도형 : 글상자(반원), 테두리 선(파랑), 면 색(노랑), 글꼴(바탕), 글자 크기(20pt), 진하게
- 본문 도형 : 글꼴(바탕), 글자 크기(14pt), 진하게, 테두리 선(흰색), 그림자 모양
- 도형을 [개체 묶기]한 후 [그리기]-[맞춤/배분]-[세로 간격을 동일하게]
- 그리기마당 : 전통무늬07, 글 앞으로
- 그림 : 제주도여행.jpg, 워터마크 효과, 글 앞으로

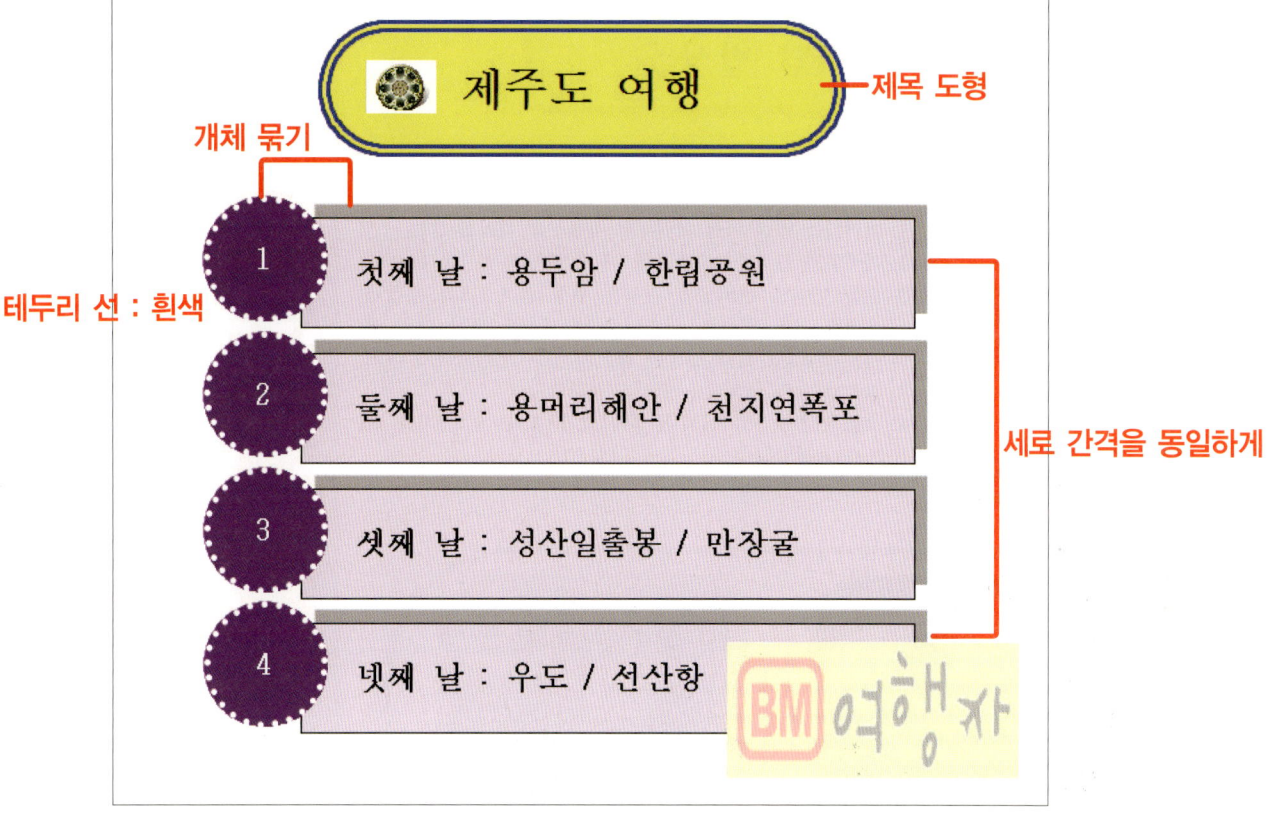

Hint! 워터마크 지정 : [개채 속성] 대화상자의 [그림] 탭에서 '워터마크 효과' 체크

04 글상자, 도형, 그림, 그리기마당을 이용해서 예쁜 문서를 작성해 보세요.
- 제목 : 글상자(둥근 모양), 테두리 선(보라), 면 색(노랑), 글꼴(궁서), 글자 크기(20pt), 진하게
- 문단 번호 지정
- 그리기 마당 : 새참, 비빔밥, 바깥 여백(오른쪽 : 2mm), 자르기
- 그림 : 도형 안에 삽입(어머님밥상1~3.jpg), 캡션 달기, 그림자 모양

10장 인터넷 화면 캡처하여 문서 작성하기

글맵시를 이용하여 제목을 예쁘게 꾸미는 방법과 인터넷 화면을 캡처하여 한글에 붙여 넣는 방법에 대하여 배워 봅니다.

완성파일 미리보기

체크 포인트

실습 1 글맵시 기능을 이용하여 문서의 제목을 입력하고 바탕색, 글자 색, 그림자 설정을 배워 봅니다.

실습 2 인터넷 화면을 캡처하여 한글에 가져와 편집하는 방법에 대하여 배워 봅니다.

글맵시 사용하기

글맵시 기능을 이용하여 문서의 제목을 입력하고 바탕색, 글자 색, 그림자 설정을 배워 봅니다.

01 한글을 실행한 후 새 문서를 불러옵니다.

02 표준 도구 상자에서 [글맵시]를 클릭합니다.

03 [글맵시 개체 만들기] 대화상자에서 내용에 **"국립공원"**을 입력하고 **'글꼴 : 휴먼둥근 헤드라인', '글자 간격 : 200'**으로 지정한 후 **[설정] 단추를 클릭**합니다.

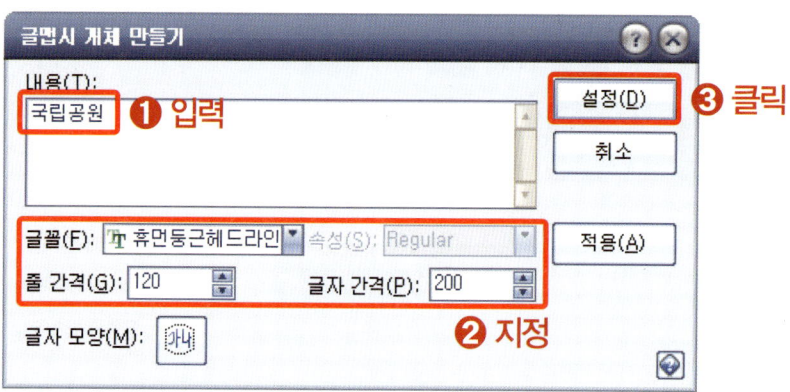

04 생성된 글맵시를 선택하고 글맵시 개체 도구 상자에서 **[글맵시 글자 모양]의 목록 단추를 클릭한 후 ■모양을 클릭**합니다.

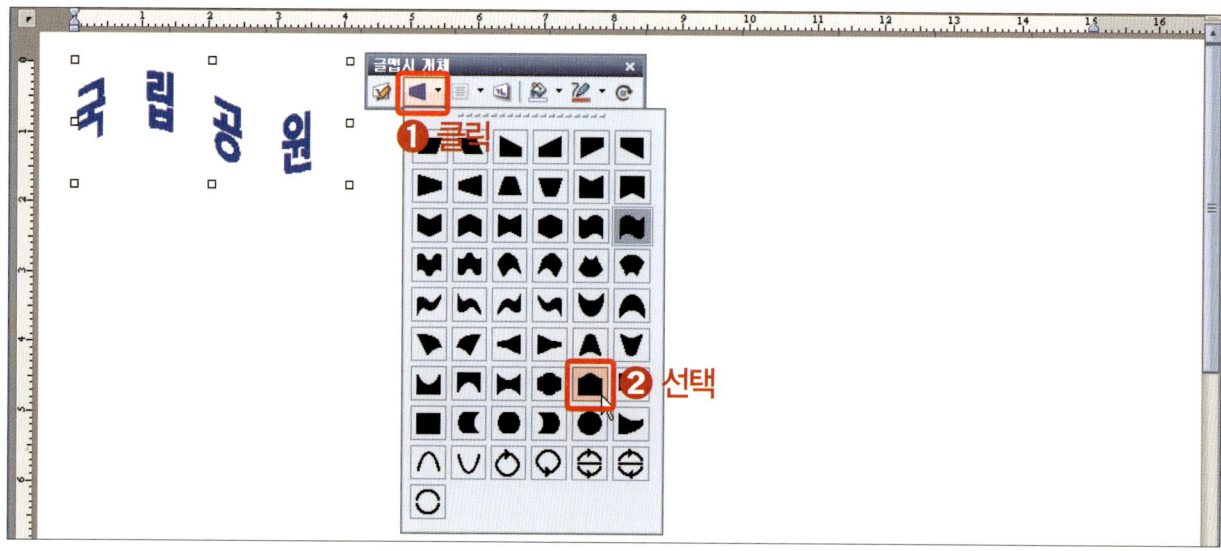

실력 쑥쑥 TIP 겹쳐 쓸 모양

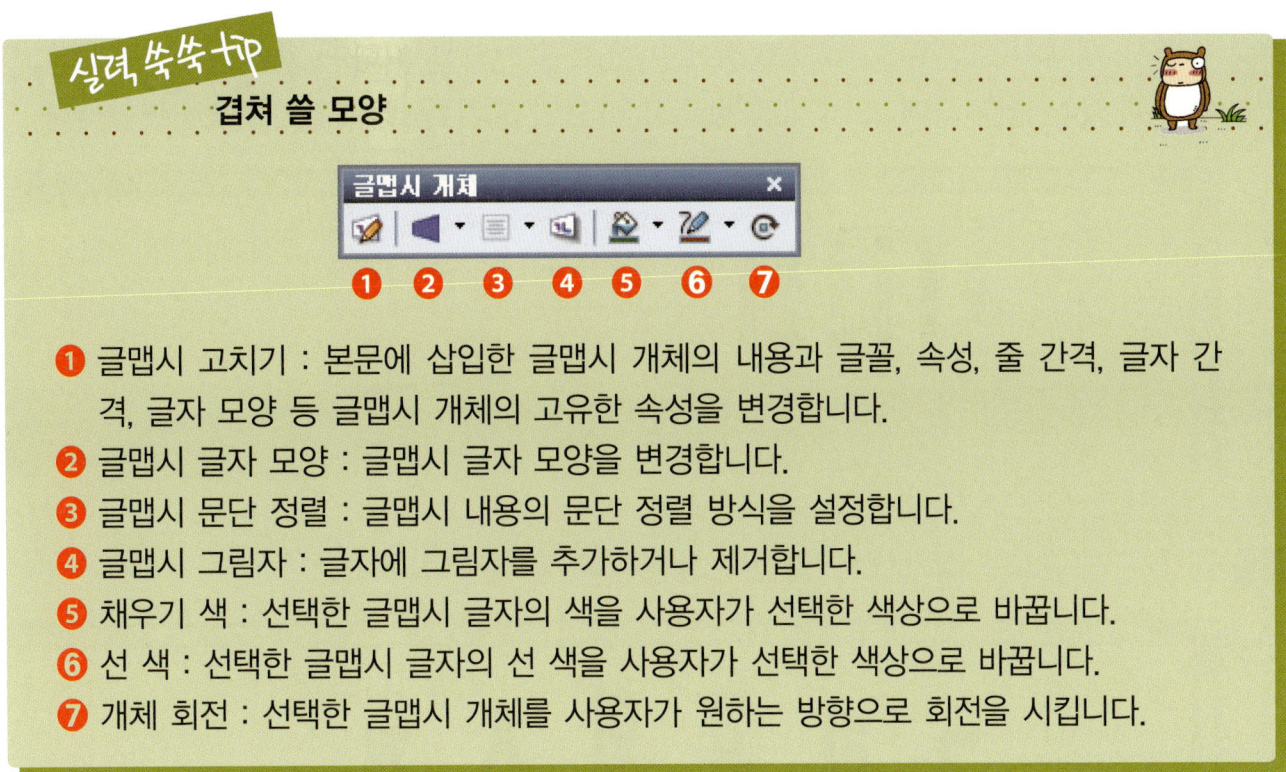

① **글맵시 고치기** : 본문에 삽입한 글맵시 개체의 내용과 글꼴, 속성, 줄 간격, 글자 간격, 글자 모양 등 글맵시 개체의 고유한 속성을 변경합니다.
② **글맵시 글자 모양** : 글맵시 글자 모양을 변경합니다.
③ **글맵시 문단 정렬** : 글맵시 내용의 문단 정렬 방식을 설정합니다.
④ **글맵시 그림자** : 글자에 그림자를 추가하거나 제거합니다.
⑤ **채우기 색** : 선택한 글맵시 글자의 색을 사용자가 선택한 색상으로 바꿉니다.
⑥ **선 색** : 선택한 글맵시 글자의 선 색을 사용자가 선택한 색상으로 바꿉니다.
⑦ **개체 회전** : 선택한 글맵시 개체를 사용자가 원하는 방향으로 회전을 시킵니다.

05 글맵시의 글자를 수정하기 위해서는 글자를 선택하고 글맵시 개체 도구 상자에서 **[글맵시 고치기]를 클릭**합니다.

06 [글맵시 개체 고치기] 대화상자에서 문자열 뒤에 **"소개"를 입력한 후 [설정] 단추를 클릭**합니다.

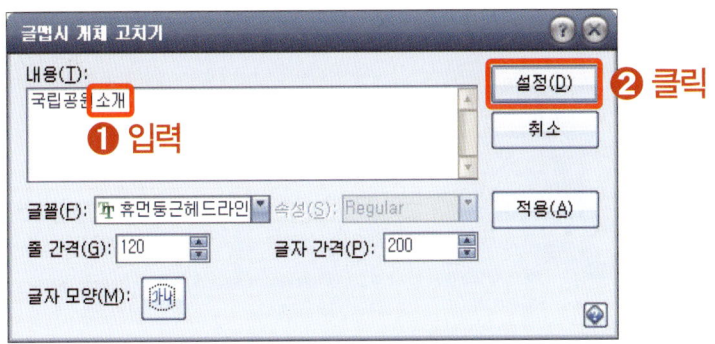

07 글맵시 개체 도구 상자에서 채우기 색을 '초록' 으로 지정합니다.

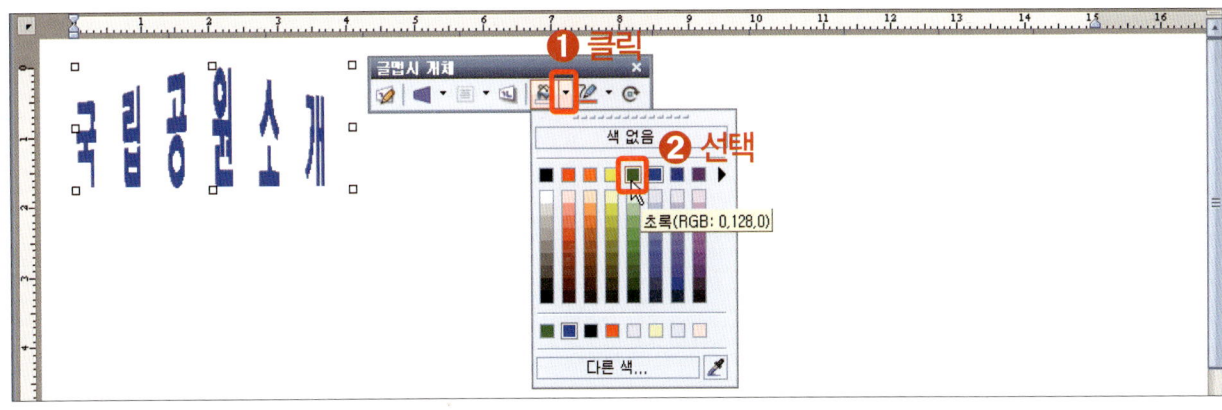

08 글맵시 개체의 오른쪽 아래 조절점에 마우스 포인터를 갖다댄 후 마우스 포인터 모양이 대각선 방향 크기 조절 모양으로 바뀌면 크기가 늘어나도록 드래그합니다.

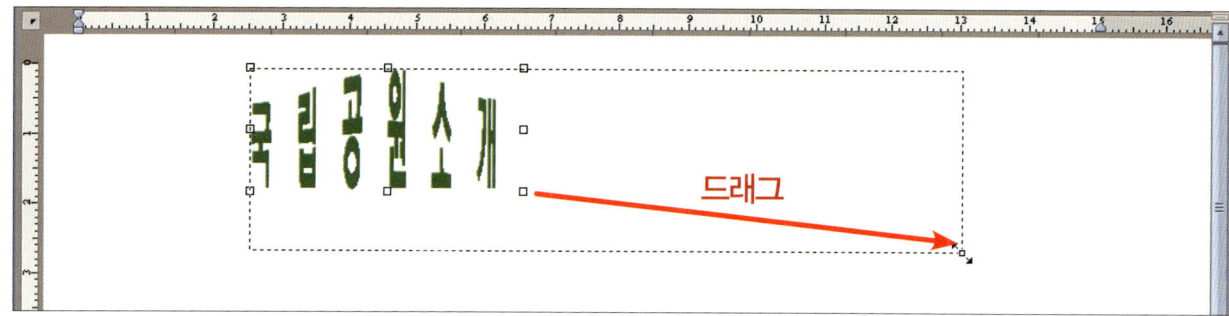

09 글맵시 개체 도구 상자에서 [글맵시 그림자]를 클릭합니다.

10 그림자를 수정하기 위해서 글맵시 개체를 더블 클릭하거나 마우스 오른쪽 단추를 클릭한 후 [개체 속성]을 클릭합니다.

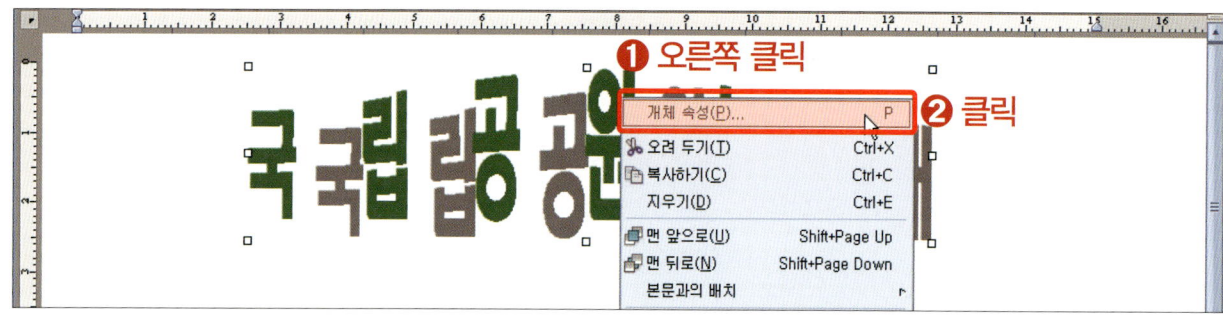

11 [개체 속성] 대화상자의 [글맵시] 탭에서 그림자의 '색 : 밝은 피망색', 'X 위치 : 0%', 'Y 위치 : 5%'로 지정합니다.

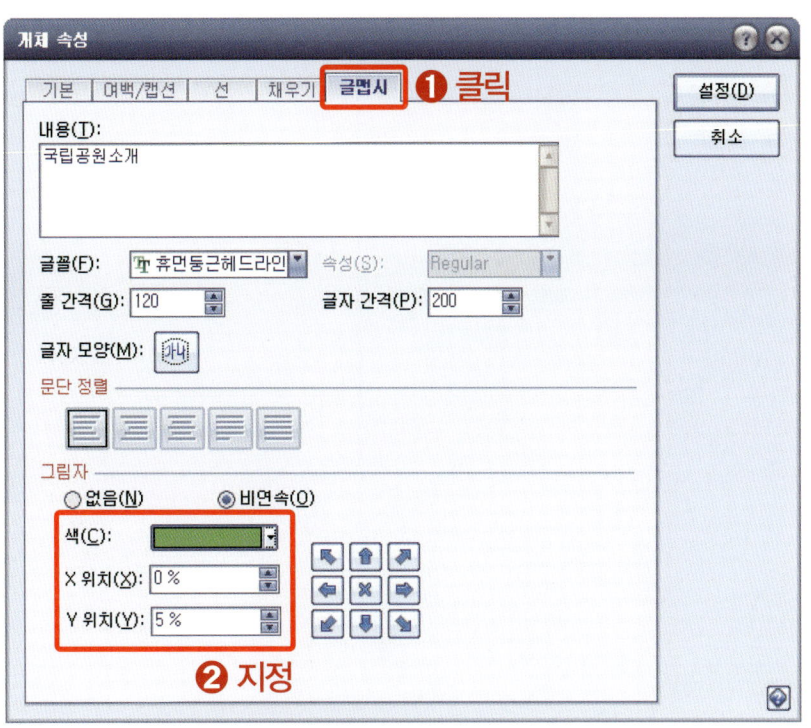

12 [채우기] 탭에서 '그러데이션'을 선택하고 '시작 색 : 흰색', '끝 색 : 초록색'을 지정한 후 '유형'은 '수평'에 '첫 번째 유형'을 선택합니다.

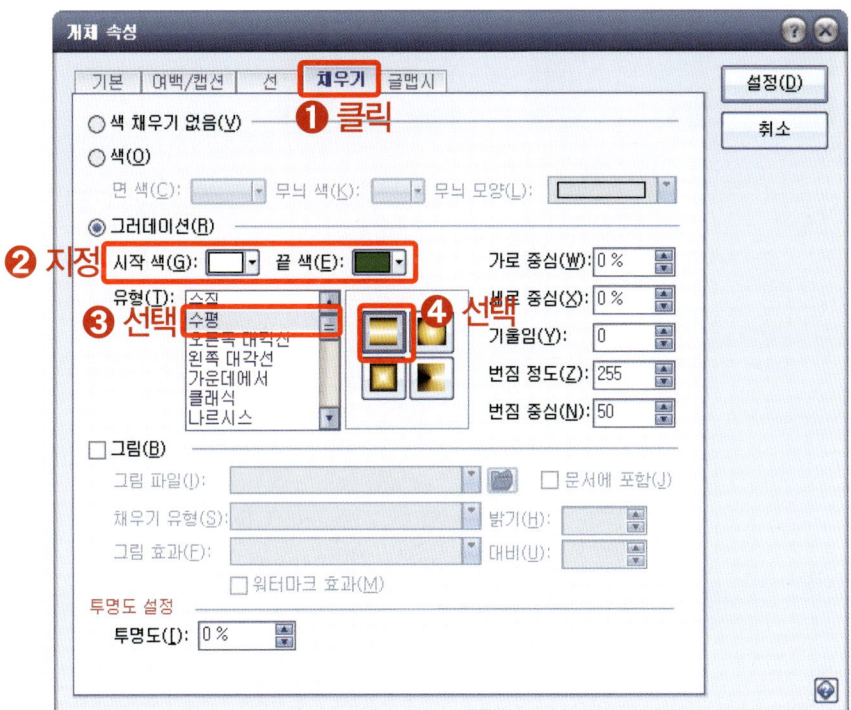

13 [선] 탭에서는 '선 색 : 초록', '종류 : 점선'을 지정한 후 [설정] 단추를 클릭합니다.

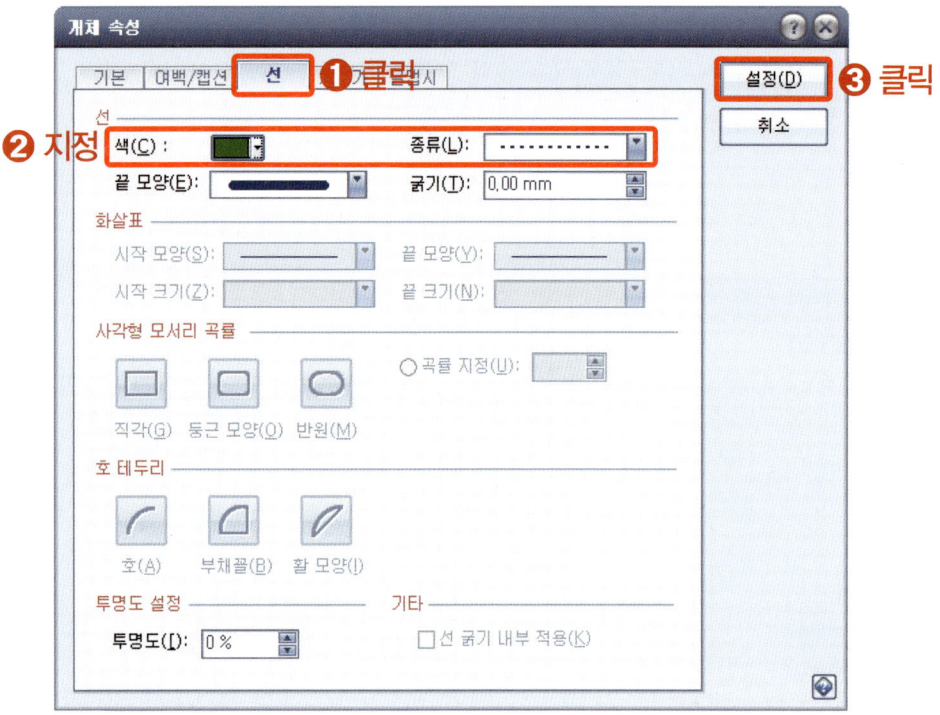

14 다음과 같이 글맵시가 완성됩니다.

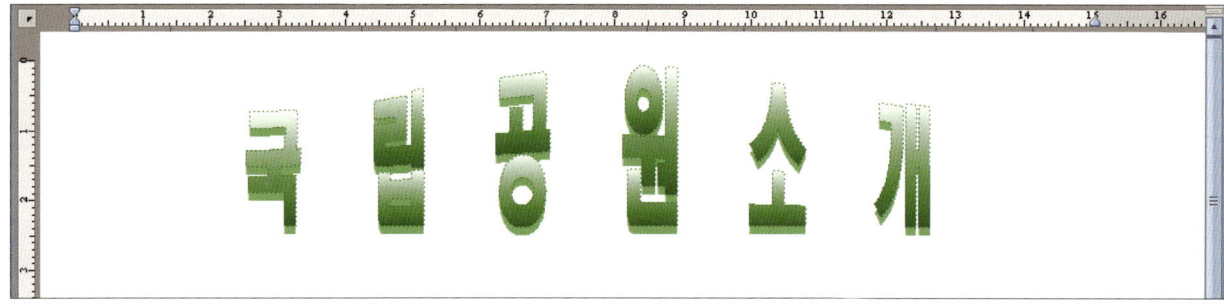

실습 02 인터넷 화면 캡처하여 사진 편집하기

인터넷 화면을 캡처하여 한글에 가져와 편집하는 방법에 대하여 배워 봅니다.

01 바탕화면의 [Internet Explorer 📧]를 더블 클릭하여 인터넷을 실행합니다.

02 '다음' 검색사이트에서 검색창에 **"국립공원"**을 입력한 후 [검색]을 클릭합니다.

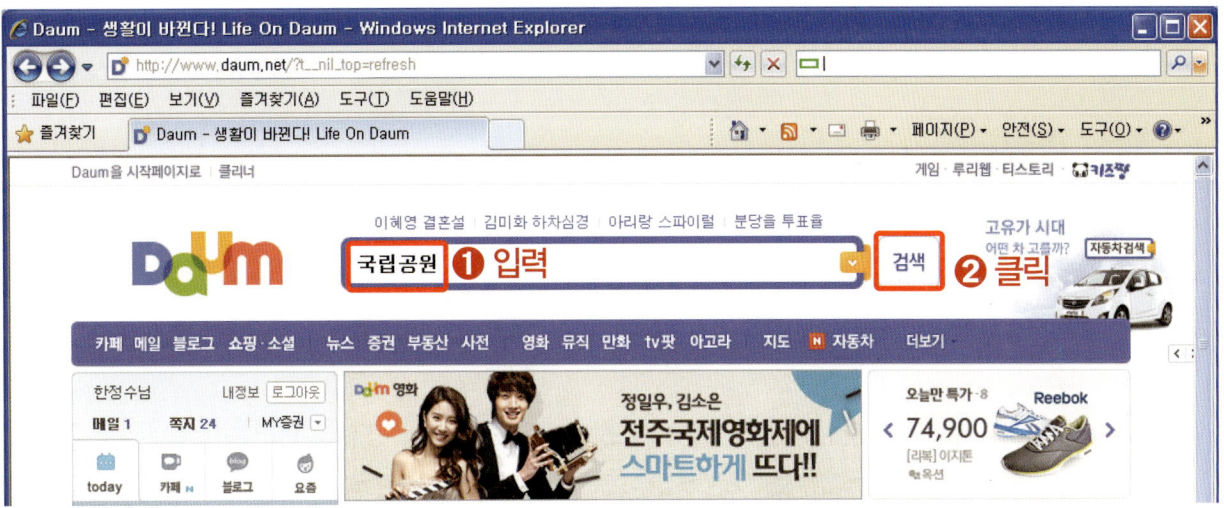

03 다음과 같이 국립공원이 검색되면 Alt + Print Screen 키를 눌러 화면을 캡처합니다.

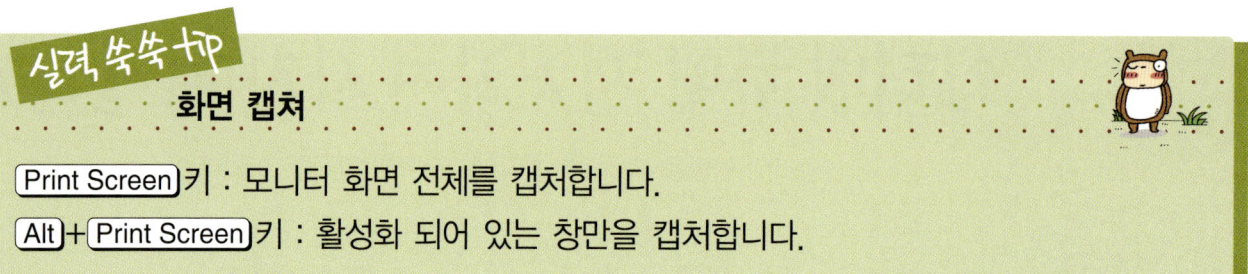

실력 쑥쑥 TIP
화면 캡쳐

Print Screen 키 : 모니터 화면 전체를 캡처합니다.
Alt + Print Screen 키 : 활성화 되어 있는 창만을 캡처합니다.

04 다시 **한글로 돌아와서 [편집]-[붙이기]를 클릭**합니다.

05 인터넷 화면이 작업창에 붙여 넣어지면 그림(인터넷 화면)을 선택합니다. **그림 도구 상자에서 [자르기 ⊢]를 누르면** 그림 테두리에 최대 8개의 경계 선 모양이 나타나고, 경계 선 모양 가까이에 마우스 포인터를 갖다 대면 마우스 포인터의 모양이 바뀝니다.

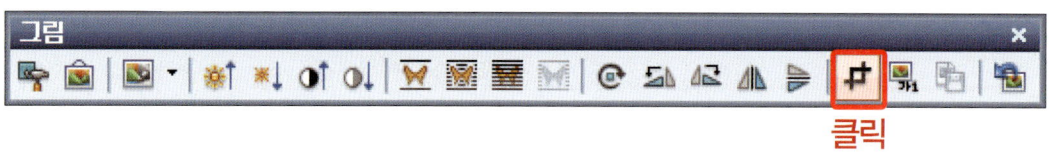

06 좌측 상단의 모서리에 마우스 포인터 ┏를 갖다 댄 다음 마우스 왼쪽 단추를 클릭한 채로 그림의 아래쪽으로 드래그 합니다.

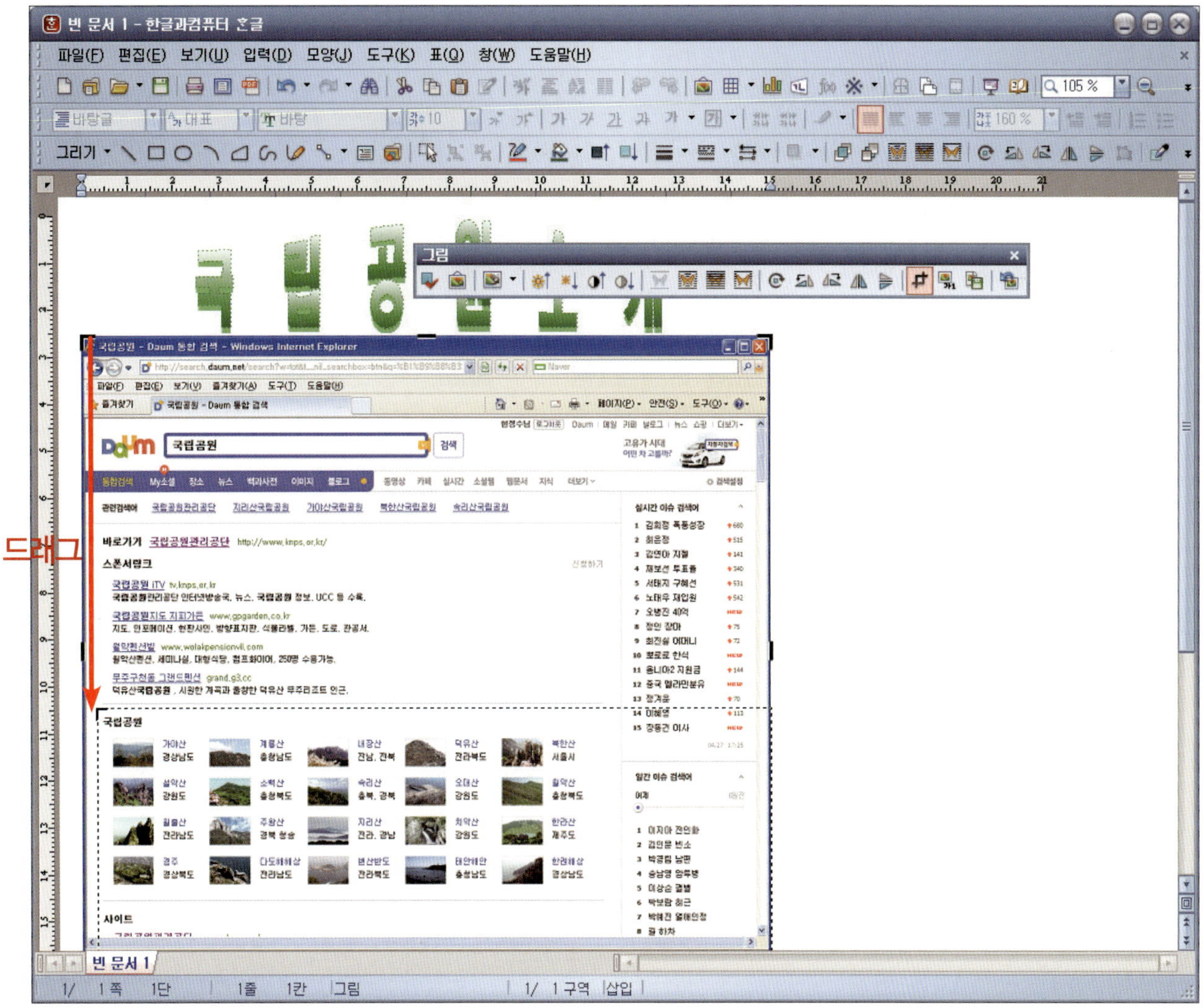

07 위와 같은 방법으로 우측 하단에 마우스 포인터 ┛를 갖다 댄 다음 마우스 왼쪽 단추를 클릭한 채로 그림의 위쪽으로 드래그합니다.

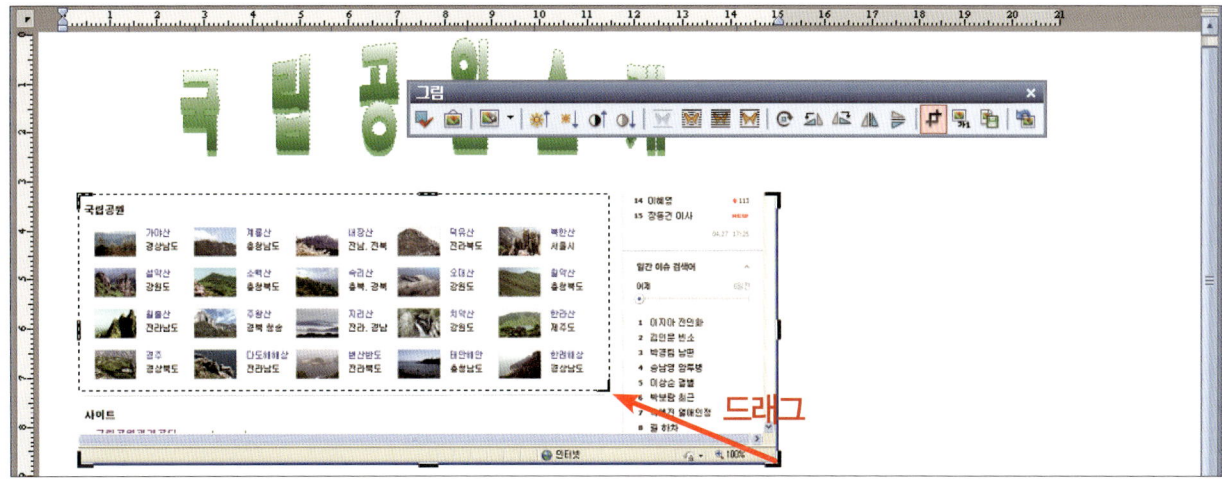

08 그림의 자르기가 완성되었으면 그림을 선택한 후 적당한 크기로 크기를 조절합니다.

09 다시 인터넷 익스플로러에서 '**국립공원관리공단 http://www.knps.or.kr**' 홈페이지를 **클릭**하여 국립공원 홈페이지로 이동합니다.

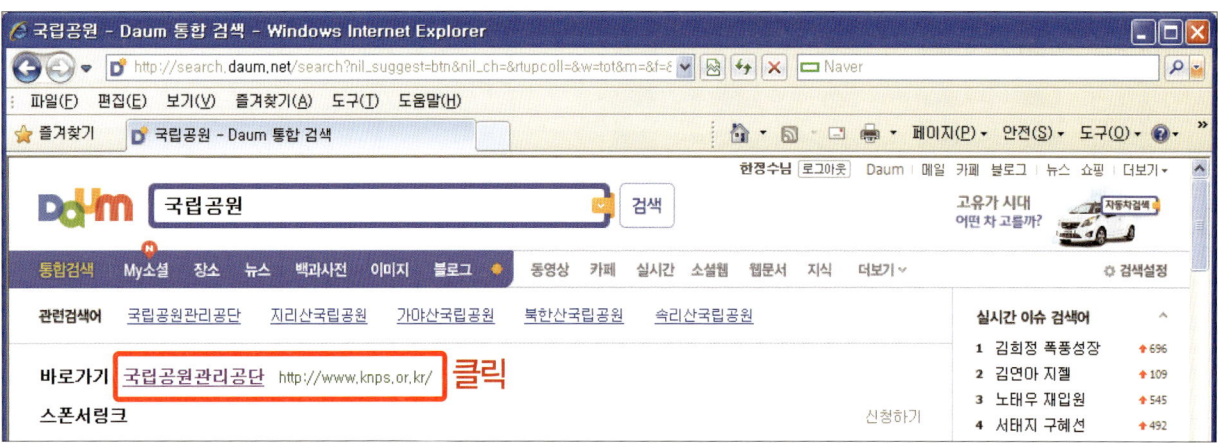

10 [공원소개]-[찾아오는길]을 클릭합니다.

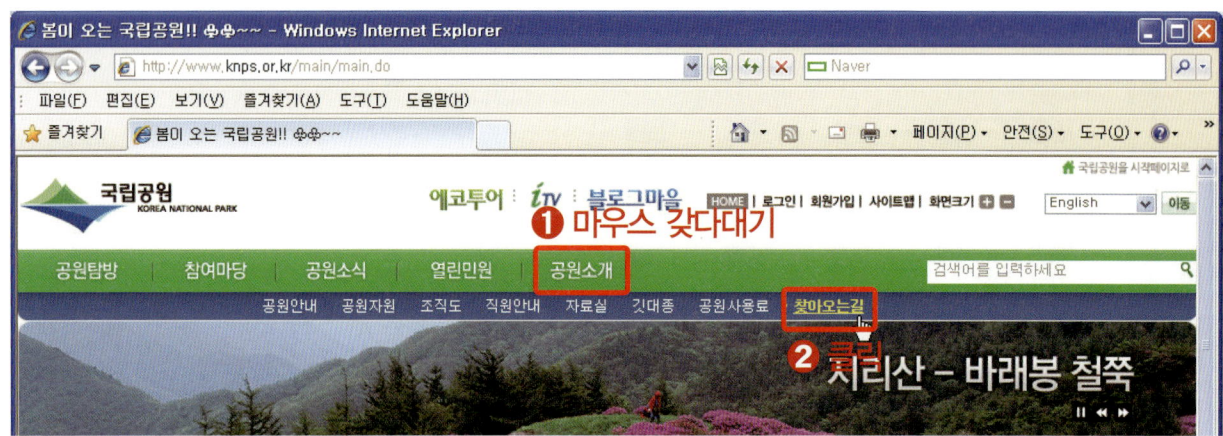

11 찾아오시는길 화면이 나타나면 [Alt]+[Print Screen] 키를 눌러 화면을 캡처합니다.

12 다시 **한글 문서에서 [편집]-[붙이기]**를 클릭합니다.

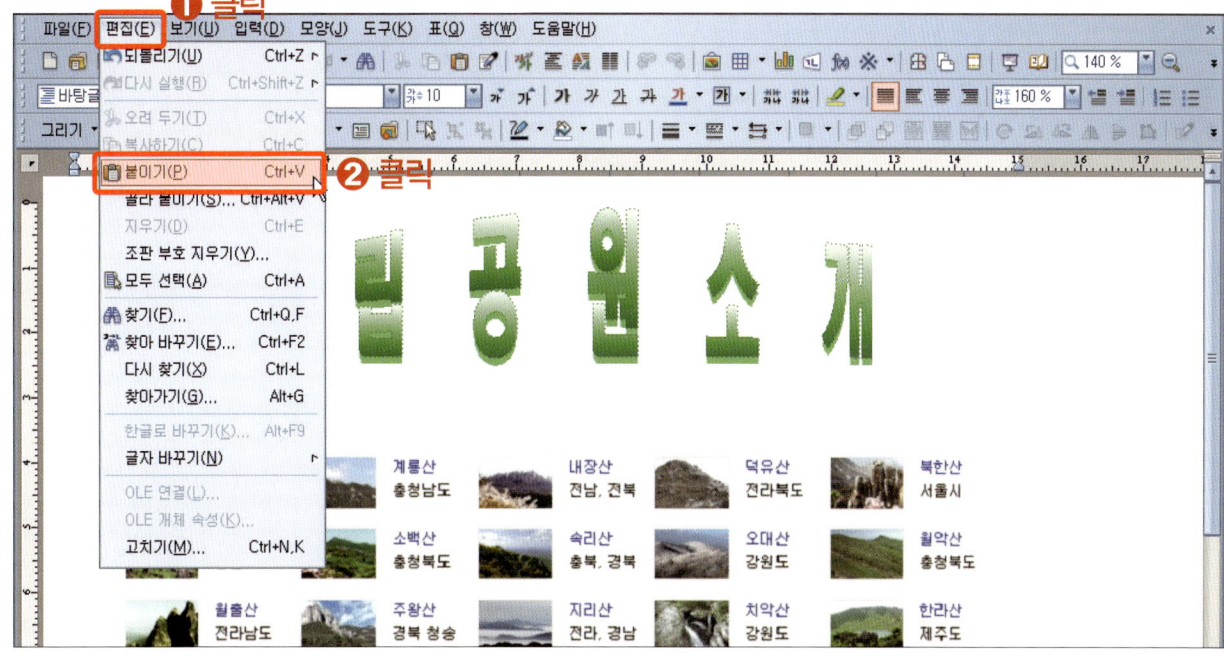

13 그림을 클릭한 후 [그림] 도구 상자에서 [자르기]를 클릭하고 좌측 상단의 모서리에 마우스 포인터 를 갖다 댄 다음 마우스 왼쪽 단추를 클릭한 채로 그림의 아래쪽으로 드래그 합니다.

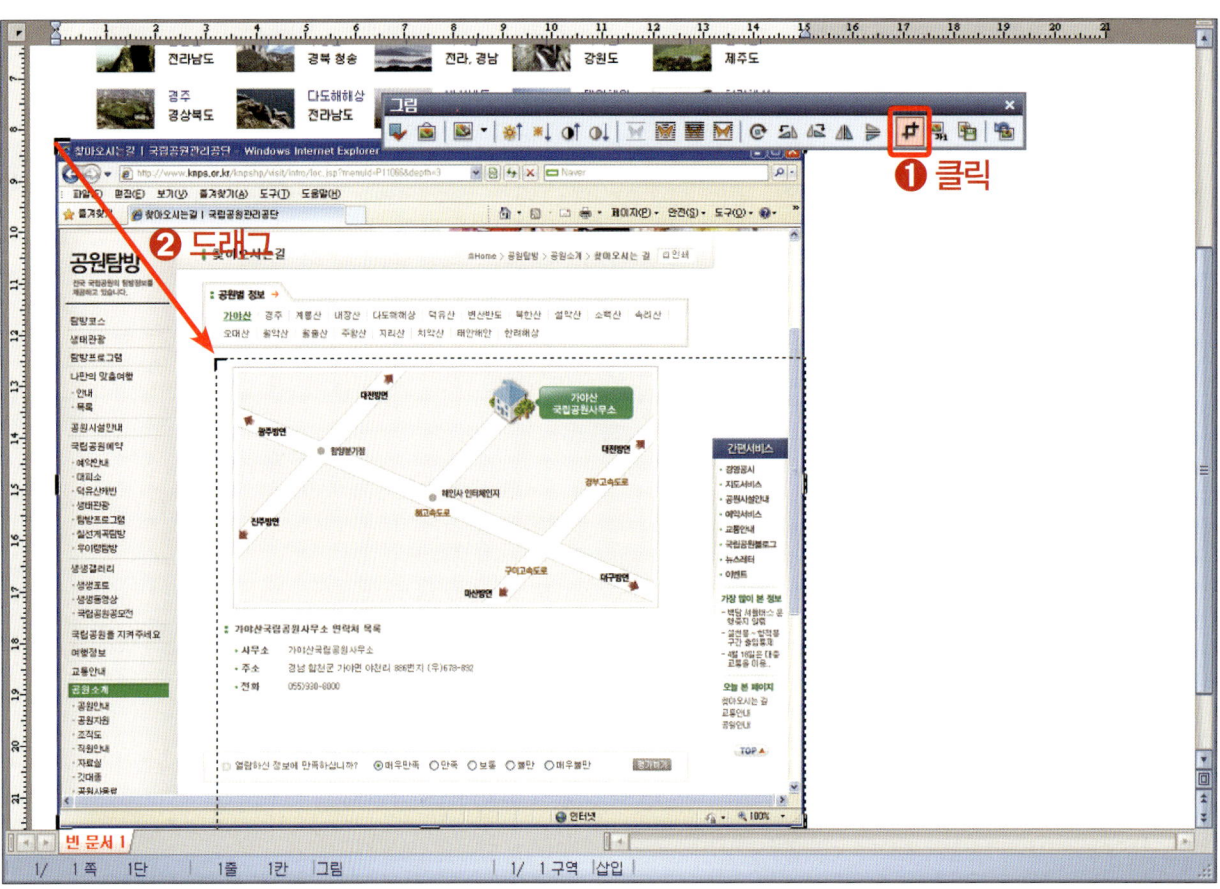

14 위와 같은 방법으로 우측 하단에 마우스 포인터 를 갖다 댄 다음 마우스 왼쪽 단추를 클릭한 채로 그림의 위쪽으로 드래그합니다

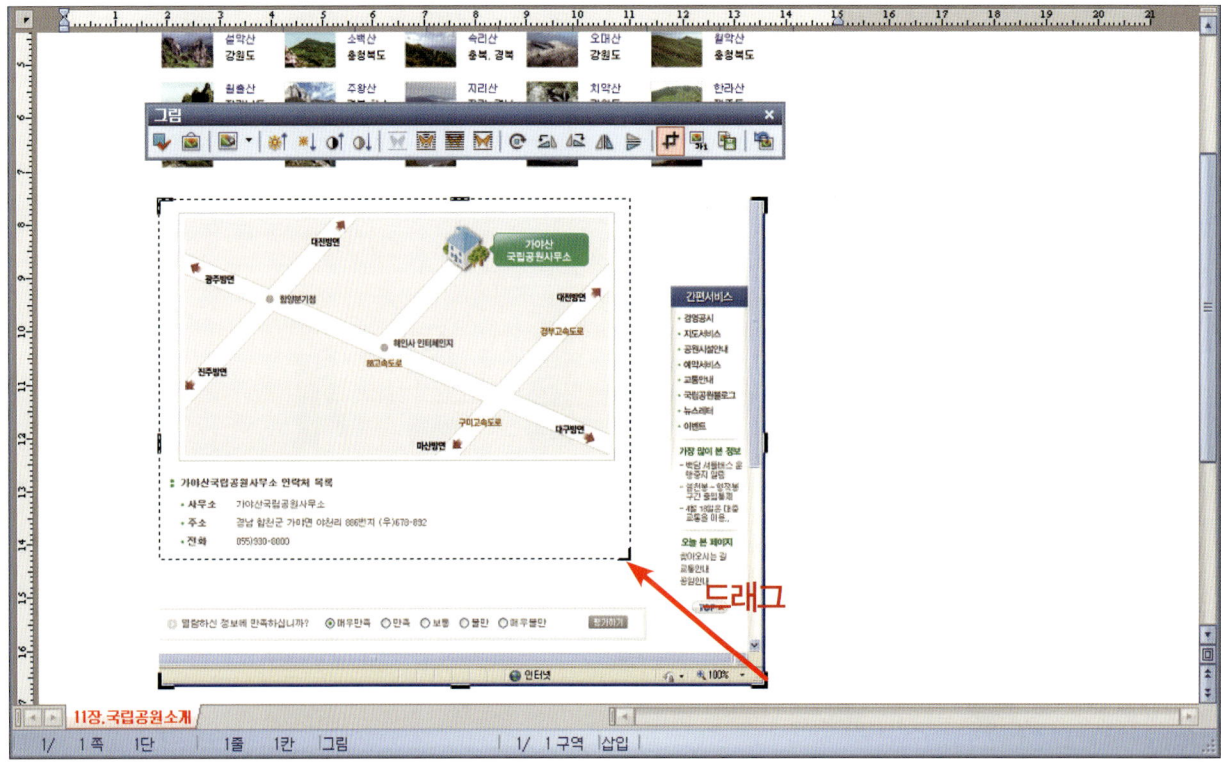

15 그림의 자르기가 완성되었으면 그림을 선택한 후 적당한 크기로 크기를 조절합니다.

16 국립공원 홈페이지 좌측 상단의 기관로고에서 **마우스 오른쪽 단추를 클릭한 후 [복사]를 클릭**합니다.

17 한글 문서로 이동하여 **마우스 오른쪽 단추를 클릭한 후 [붙이기]를 클릭**합니다.

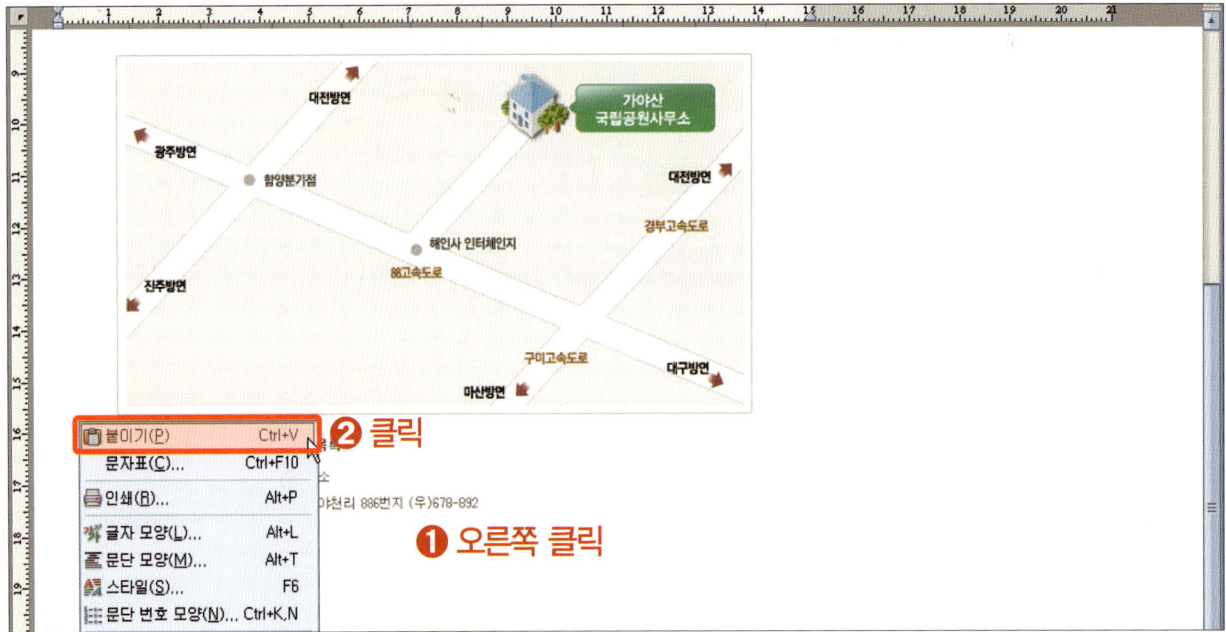

18 다음과 같이 그림 붙이기가 완성되었으면 **그림을 더블 클릭**합니다.

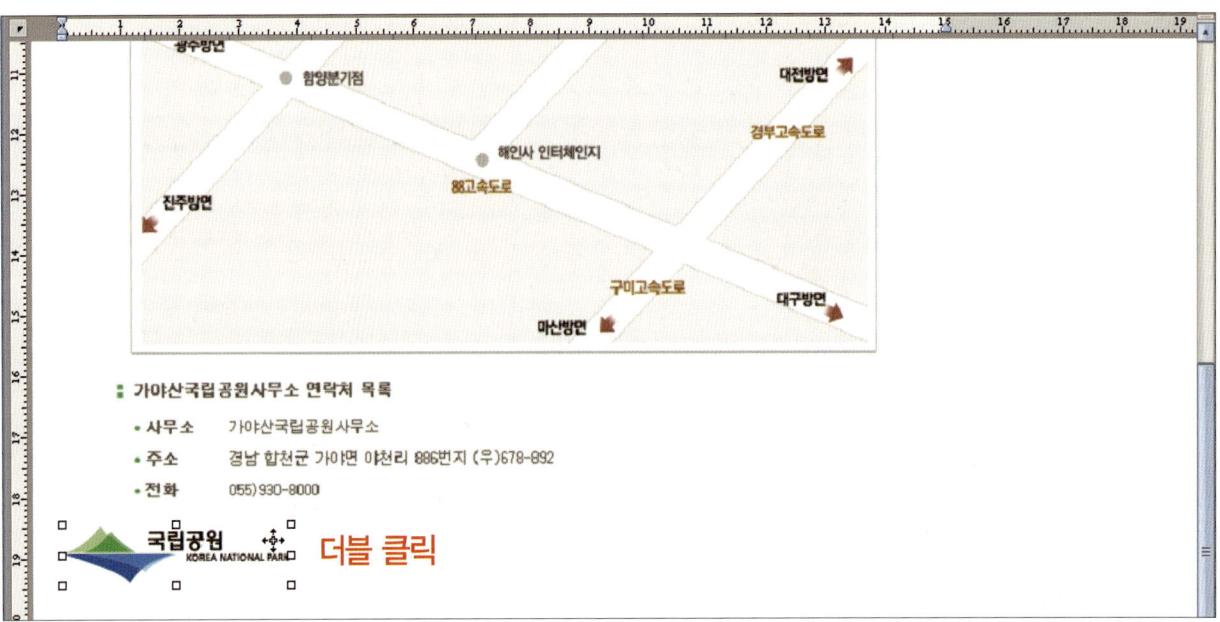

19 [개체 속성] 대화상자의 [기본] 탭에서 '**글자처럼 취급**'에 체크를 해제한 후 [설정] 단추를 클릭합니다.

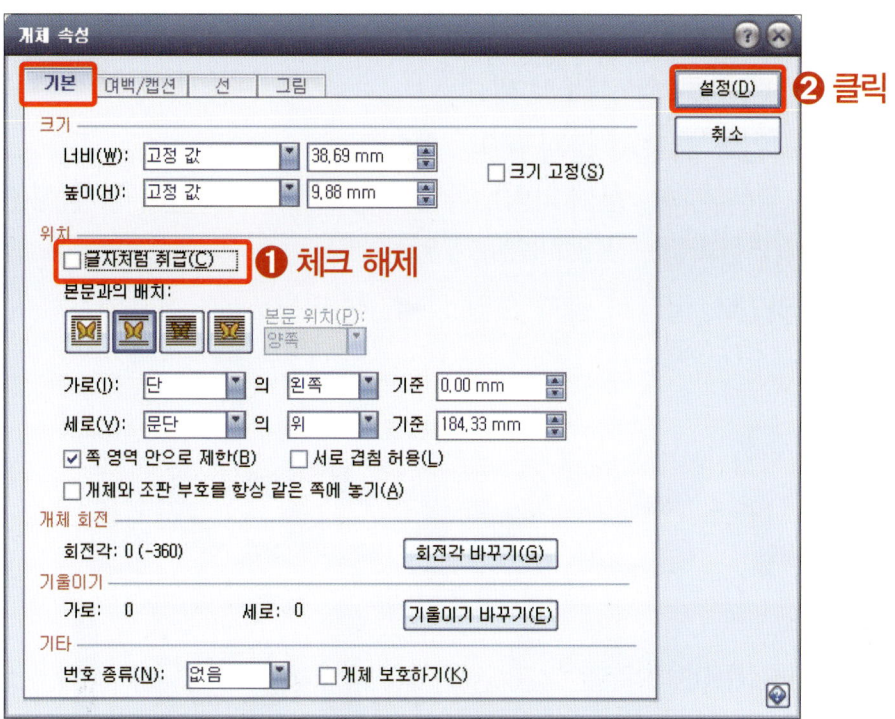

20 복사된 국립공원의 로고를 클릭한 후 가운데로 이동하여 문서를 완성합니다.

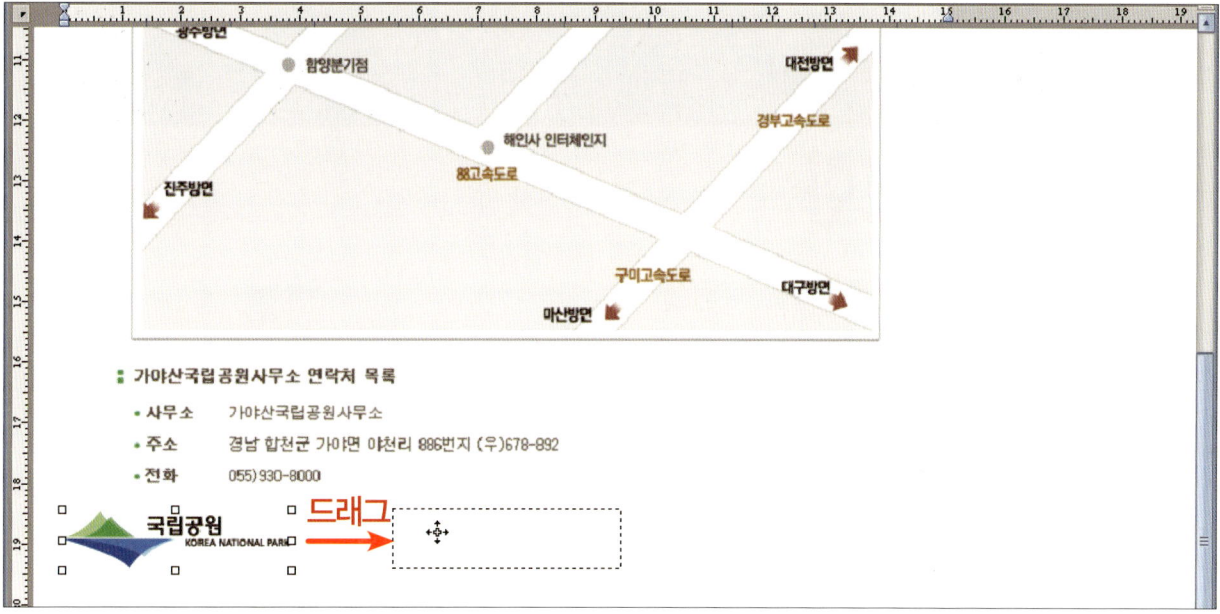

혼자풀어보기

01 글맵시와 그림을 캡처하여 문서를 완성해 보세요.

- 글맵시1 - 글꼴 : HY헤드라인M, 글맵시 글자 모양 :
  그라데이션 : 시작색(흰색), 끝색(파랑), 유형(수평), 선 : 색(파랑), 종류(실선)
  글맵시 : 그림자(연한파랑), X위치(2%), Y위치(2%)
- 글맵시2 - 글꼴 : HY헤드라인M, 글맵시 글자 모양 : ◀, 색(파랑)

글맵시 1 →

글맵시 2 → 5월 1위 영화

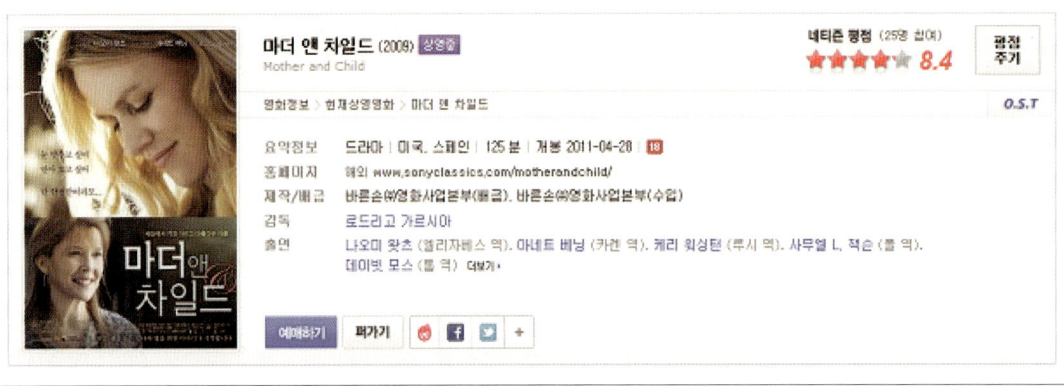

그림캡처 싸이트 : Daum 영화(http://movie.daum.net)

Hint! [입력]-[개체]-[글맵시] 메뉴 이용
그림 캡쳐 : Print Screen 키 또는 Alt + Print Screen

02 글맵시와 그림을 캡처하여 문서를 완성해 보세요.

- 글맵시1 - 글꼴 : 양재 튼튼B, 글맵시 글자 모양 : ⬢
  그라데이션 : 시작색(흰색), 끝색(주황), 유형(수평), 선 색(빨강), 종류(점선)

- 글맵시2 - 글꼴 : 양재 튼튼B, 글맵시 글자 모양 : ■
  그라데이션 : 시작색(흰색), 끝색(파랑), 유형(오른쪽 대각선), 선 색(파랑), 종류(점선)
  글맵시 : 그림자(파랑), X위치(-2%), Y위치(2%)

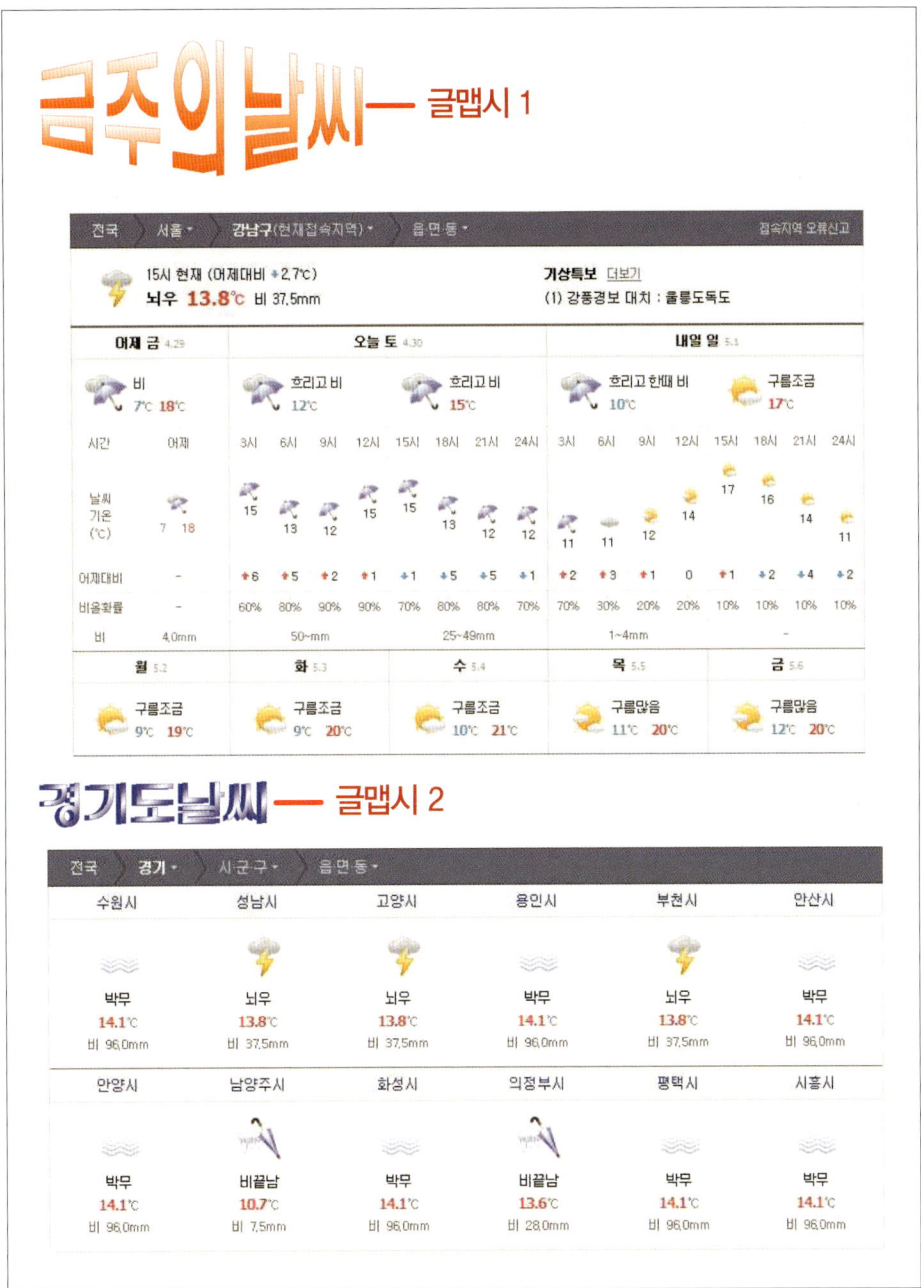

그림캡처 싸이트 : Daum 미디어다음 날씨(http://weather.media.daum.net)

11장

안내문 만들기

한글의 조판기능인 머리말/꼬리말, 쪽 번호, 각주 달기, 문단 번호를 이용하여 문서를 꾸며봅니다.

완성파일 미리보기

2011년도 미래형 유비쿼터스 초등학교 개교 설명회

세종시의 첫 마을 초등학교는 언제 어디서나 네트워크 접속(接續)이 가능한 정보통신 환경을 갖춘 유비쿼터스ⓐ 학교로 만듭니다. 행정중심도시복합건설청은 세종시에 조성될 최초 아파트 단지 내 모든 초등학교를 유비쿼터스 기반을 갖춘 '생태 지향적 학교, 안전하고 즐거운 학교'로 만들 계획으로 설명회를 개최합니다. 유비쿼터스 학교는 정보통신 기술이 학교 곳곳의 시설물(施設物)에 설치되어 교육 매체와 환경이 네트워크에 연결된 지능화된 학교, 학생 스스로 계획을 짜고 학습 과정을 점검하는 자기 주도적 학습을 목표로 하는 미래 학교(future school)입니다. 또한 학습을 평가하고 관리하는 교수학습 체계가 장소와 시간에 구애 받지 않는 자유로운 네트워크 환경으로 조성될 계획입니다.

행정중심도시복합건설청은 설명회에 앞서 유비쿼터스 학교를 추진하기 위해 지난 2005년부터 학습 방법, 학습 미디어, 학습 환경 등의 영역에 적용할 유비쿼터스 기술을 연구해 온 한국교육학술정보원과 양해각서를 체결할 예정입니다. 이번 설명회의 주요 내용으로는 유비쿼터스 기술을 접목한 학교 세상 이야기, 유비쿼터스의 다양한 기술, 유비쿼터스 학교의 국제적 도입 현황 등입니다. 유비쿼터스에 관심 있는 분들의 많은 참여를 바랍니다.

◆ 설명회 개요
1. 일시 및 장소
   - 일시 : 2011. 2. 13(일) 09:30 - 13:30
   - 장소 : 행정중심도시복합건설청 컨벤션홀
2. 주최 및 후원
   - 주최 : 행정중심도시복합건설청
   - 후원 : 한국교육학술정보원, 교육과학기술부

◆ 설명회 주요 일정

시간	주요 내용	장소	발표 내용	발표자
09:00-09:30	등록 및 개회식	컨벤션홀 로비(1층)		
09:30-10:25	양해각서 체결	컨벤션홀		
10:35-12:30	설명회1	세미나실1(2층)	유비쿼터스 기술 소개	도시발전정책과장
	설명회2	세미나실2(3층)	유비쿼터스 학교 도입 현황	
12:30-13:30	오찬	행정중심도시복합건설청 라운지(5층)		

- 참가 신청은 홈페이지 행사 게시판에 등록하며, 선착순으로 마감합니다.

행정중심도시복합건설청

ⓐ 유비쿼터스(ubiquitous)란 물이나 공기처럼 시공을 초월해 언제 어디서나 존재한다는 뜻의 라틴어이다.

체크 포인트

- **실습 1** 문단의 첫 글자를 장식하는 방법에 대하여 배워 봅니다
- **실습 2** 머리말/꼬리말 지정하는 방법에 대하여 배워 봅니다.
- **실습 3** 페이지에 쪽 번호를 자동으로 매겨주는 기능에 대하여 배워 봅니다.
- **실습 4** 주석을 각주 형식으로 만드는 방법에 대하여 배워 봅니다.
- **실습 5** 문단에 번호를 매기거나 글머리표를 지정하는 방법을 배워 봅니다.
- **실습 6** 덧말 넣기 기능을 배워 봅니다.

문단 첫 글자 장식

문단의 첫 글자를 드롭캡(Drop cap) 형식으로 만들어 문단을 장식하는 방법에 대하여 배워 봅니다.

문단 첫 글자 장식 지정

01 '11장.개교설명회(소스).hwp' 문서를 불러온 후 첫 글자를 장식할 글자 앞인 **'세'** 앞에 커서를 놓고 [모양]-[문단 첫 글자 장식]을 클릭합니다.

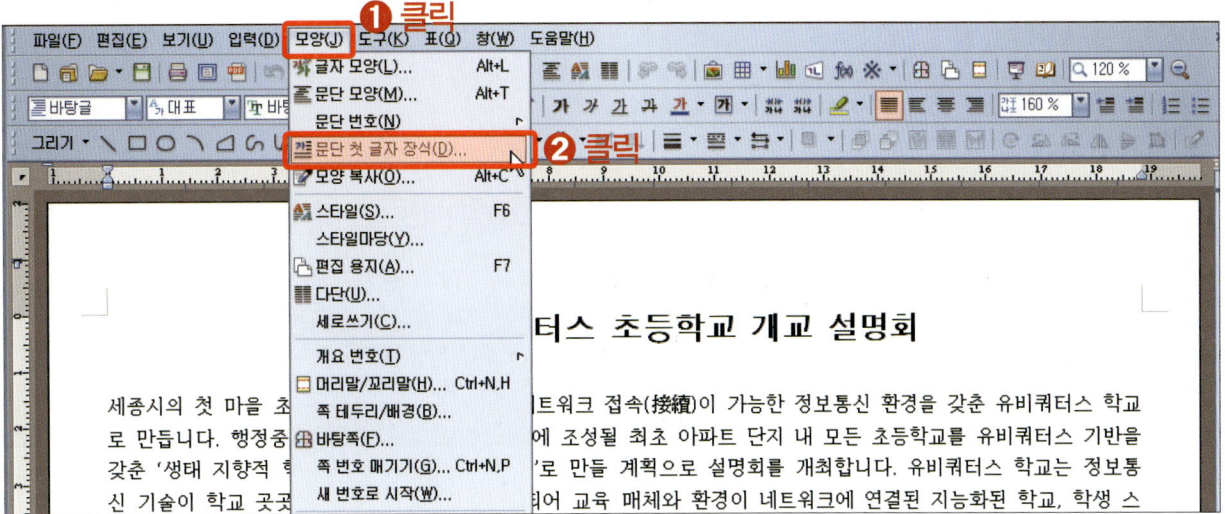

 문단 내의 어느 위치에 커서를 위치시켜도 문단 첫 글자 장식 기능이 설정됩니다.

02 [문단 첫 글자 장식] 대화상자가 나타나면 **'모양'** 에서 **'3줄'** 을 클릭하고, **'글꼴 : 굴림'**, **'선 종류 : 점선'**, **'면 색 : 노랑'** 으로 지정한 후 [설정] 단추를 클릭합니다.

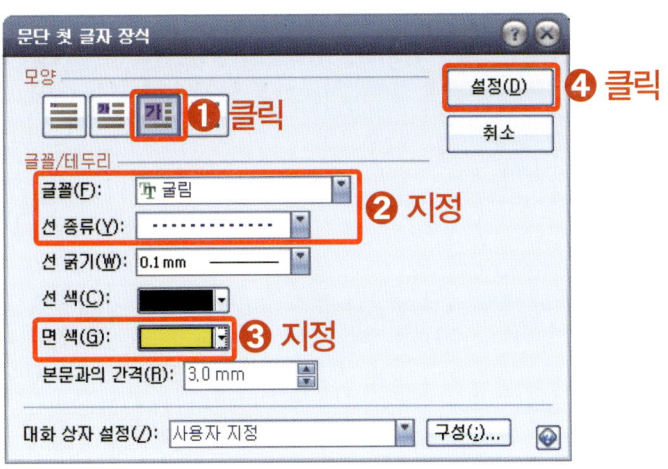

11장 안내문 만들기 **179**

03 문단 첫글자인 '세' 자에 문단 첫 글자 장식이 지정된 것을 확인할 수 있습니다.

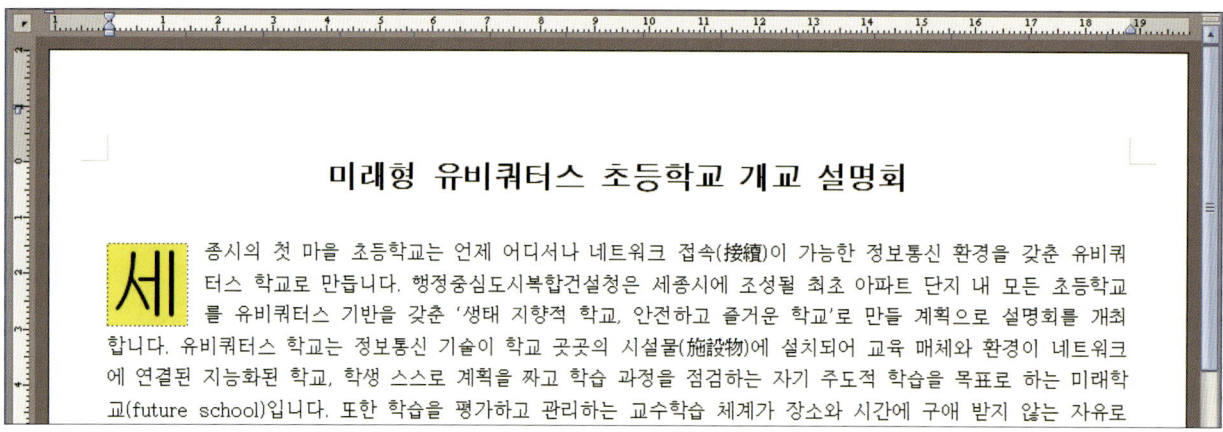

문단 첫 글자 장식 해제

04 두 번째 문단의 '정' 글자 앞에 커서를 놓고 [모양]-[문단 첫 글자 장식]을 클릭합니다.

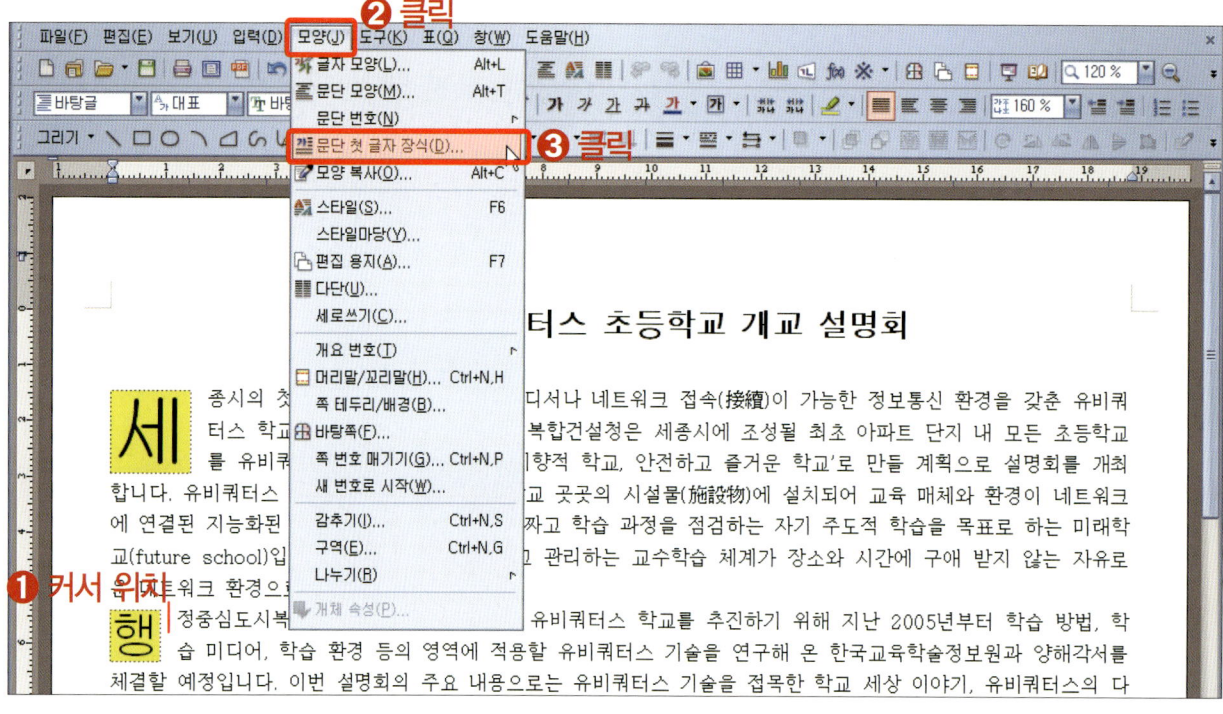

05 [문단 첫 글자 장식] 대화상자에서 '모양'에 [없음 ≡]을 클릭한 후 [설정] 단추를 클릭하여 문단 첫 글자 장식을 해제합니다.

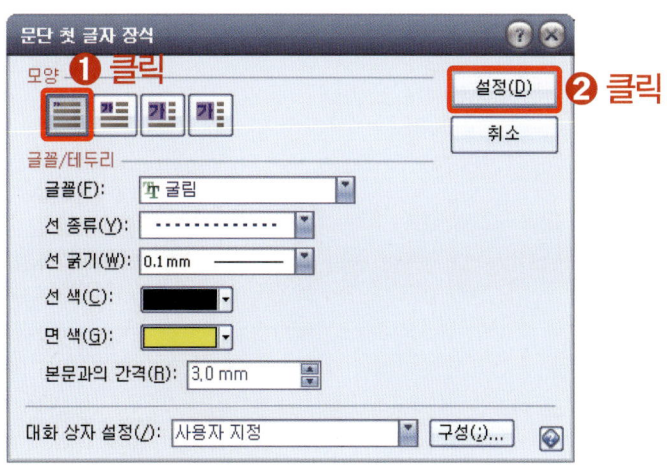

실력 쑥쑥 TIP — [문단 첫 글자 장식] 대화상자

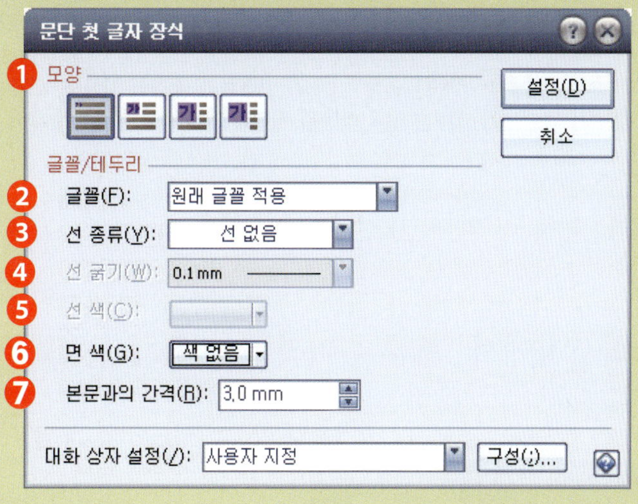

❶ **모양** : 문단 첫 글자의 장식 모양을 [없음], [2줄], [3줄], [여백] 아이콘 중에서 선택합니다.
❷ **글꼴** : 장식 글자를 어떤 글꼴로 사용할지 장식 글꼴을 지정합니다.
❸ **선 종류** : 장식 글자를 둘러싼 글상자의 장식 테두리 선 종류를 설정합니다.
❹ **선 굵기** : 선 굵기를 지정합니다.
❺ **선 색** : 색상표를 눌러 선 색을 지정합니다.
❻ **면 색** : 장식 글자를 둘러싼 글상자의 면 색을 지정합니다.
❼ **본문과의 간격** : 장식 글자와 본문과의 간격을 지정합니다.

머리말과 꼬리말

페이지의 맨 위와 아래에 고정적으로 반복되는 내용인 [머리말]과 [꼬리말]을 지정하는 방법을 배워 봅니다.

머리말 삽입

01 머리말을 삽입하기 위해 **[모양]-[머리말/꼬리말]을 클릭**합니다.

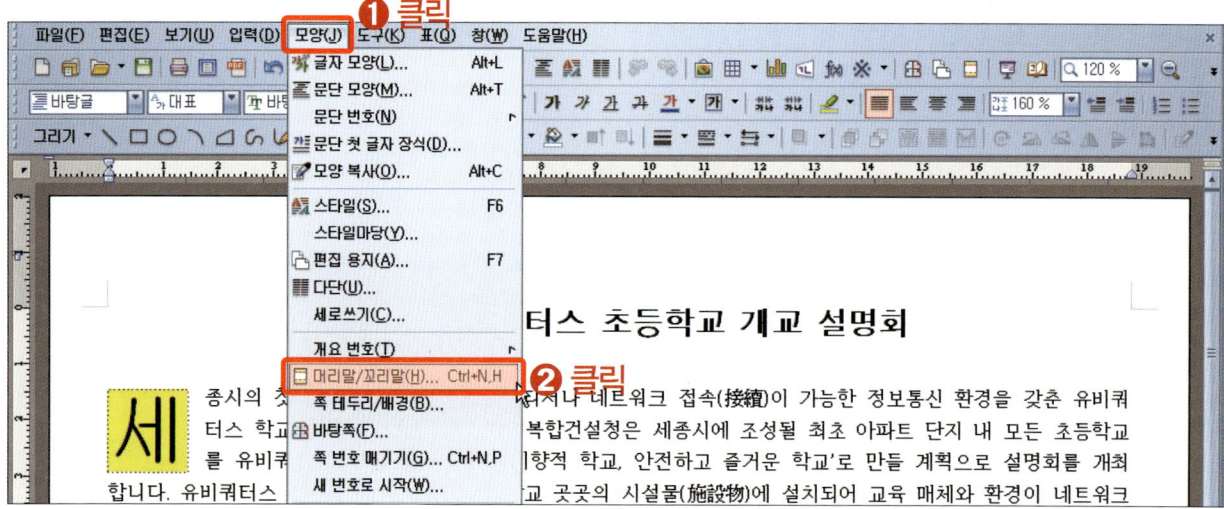

 머리말/꼬리말 단축키 : Ctrl + N, H

02 [머리말/꼬리말] 대화상자에서 **'종류 : 머리말', '위치 : 양쪽'을 선택한 후 [만들기] 단추를 클릭**합니다.

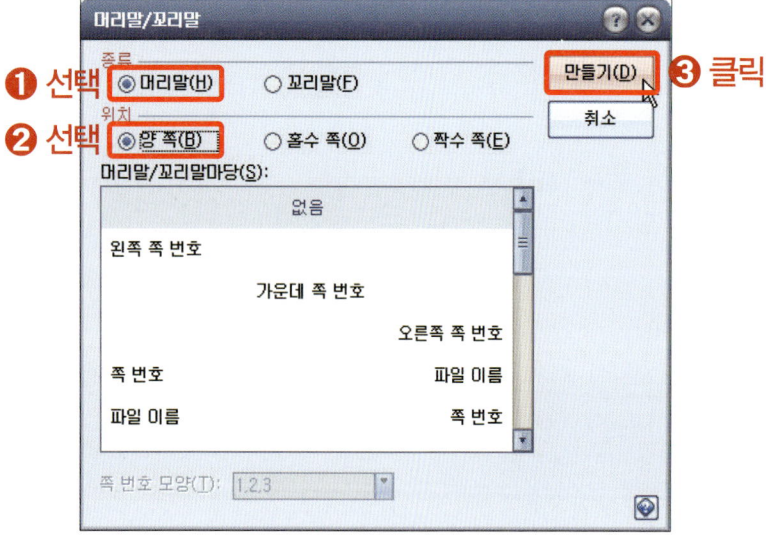

03 머리말 입력화면에서 "개교설명회"를 입력하고 '글꼴 : 굴림', '크기 : 9', '오른쪽 정렬'을 지정합니다.

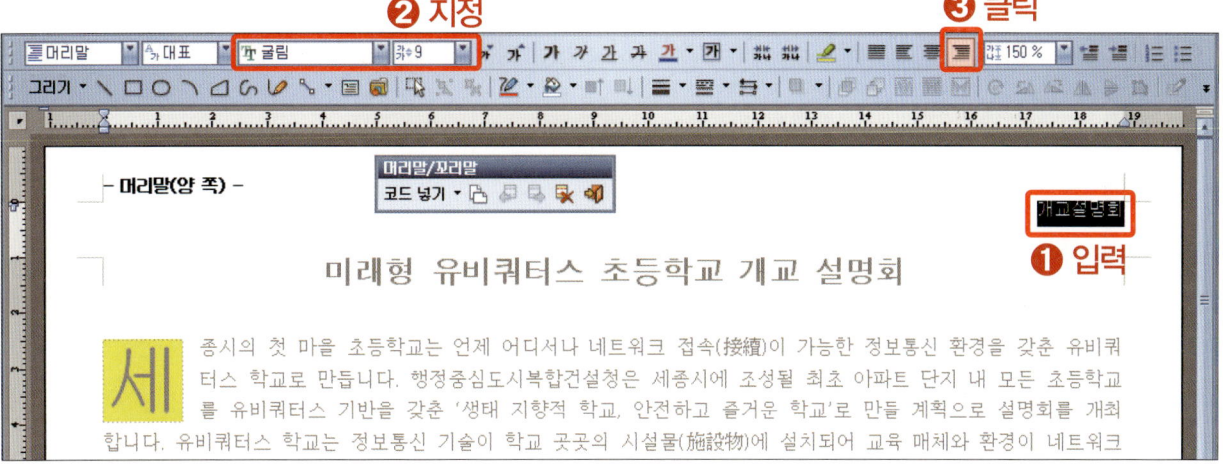

문단 띠 삽입

04 '개교설명회' 뒤에서 Enter 키를 눌러 다음줄에 커서를 이동한 후 [입력]-[개체]-[문단 띠]를 클릭합니다.

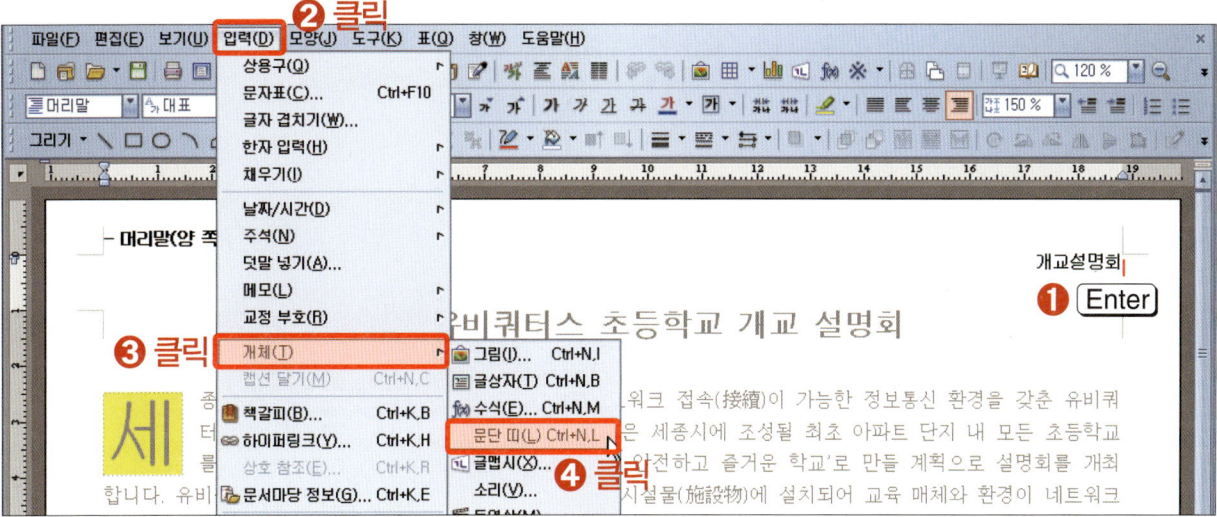

05 삽입된 문단 띠를 선택하고 그리기 도구 상자에서 [채우기 색]의 [목록 단추]를 클릭하여 '파랑'을 선택합니다.

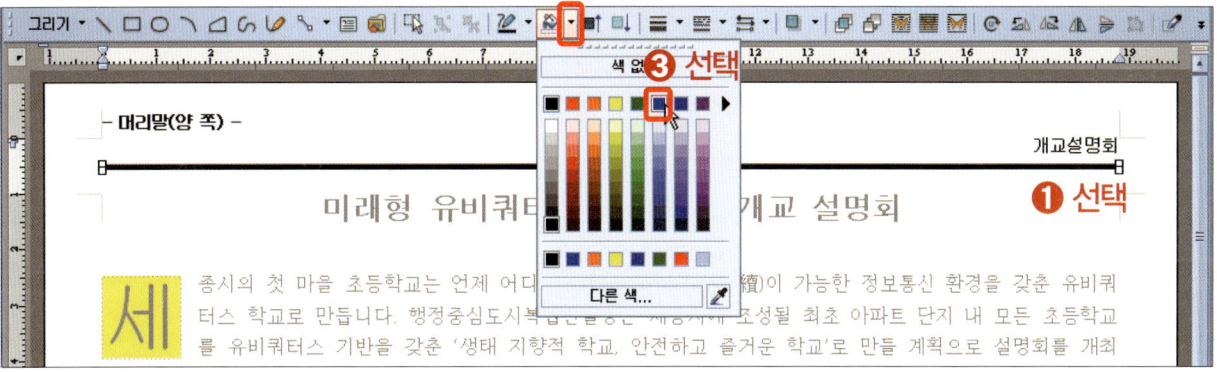

06 머리말 입력을 끝내고 [머리말/꼬리말] 도구 상자의 [닫기]를 클릭하여 본문의 편집 화면으로 돌아옵니다.

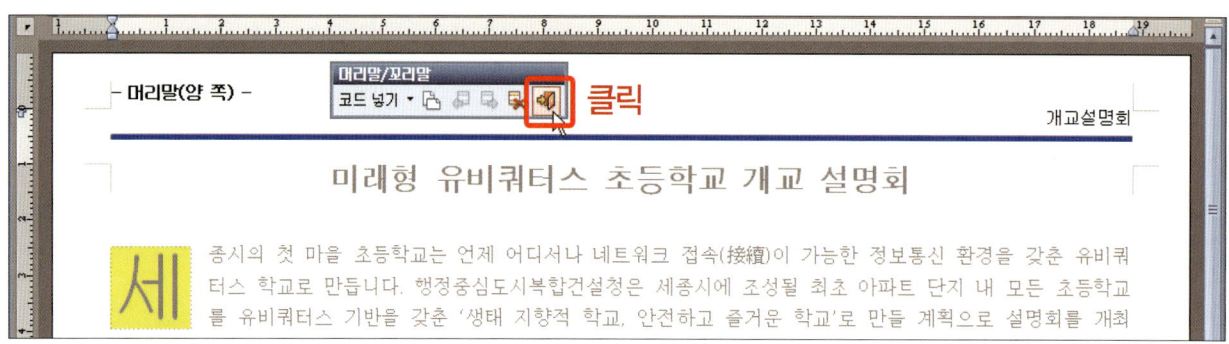

실력 쑥쑥 TIP

머리말/꼬리말마당

'머리말/꼬리말마당'을 이용하면 머리말과 꼬리말에 파일 이름, 쪽 번호, 밑줄 작업 등을 쉽게 작업할 수 있습니다.

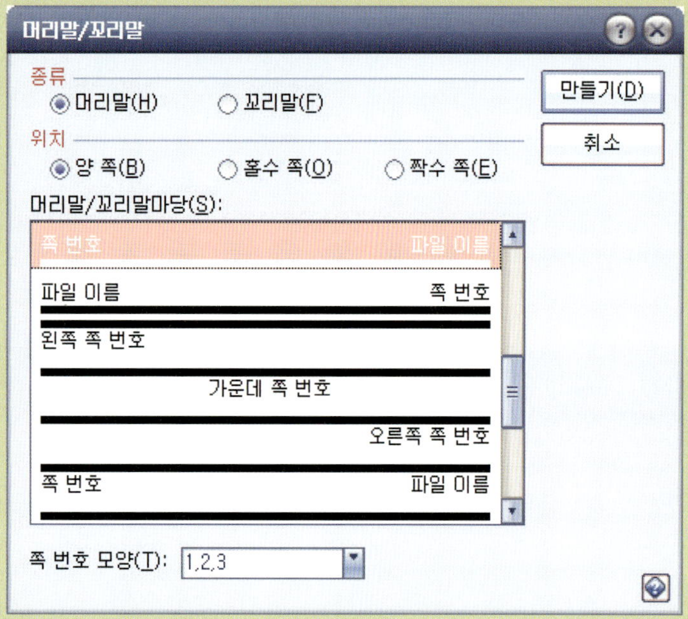

실습 03 쪽 번호 매기기

페이지에 쪽 번호를 자동으로 매겨주는 기능을 배워 봅니다.

쪽 번호 매기기

01 [모양]-[쪽 번호 매기기]를 클릭합니다.

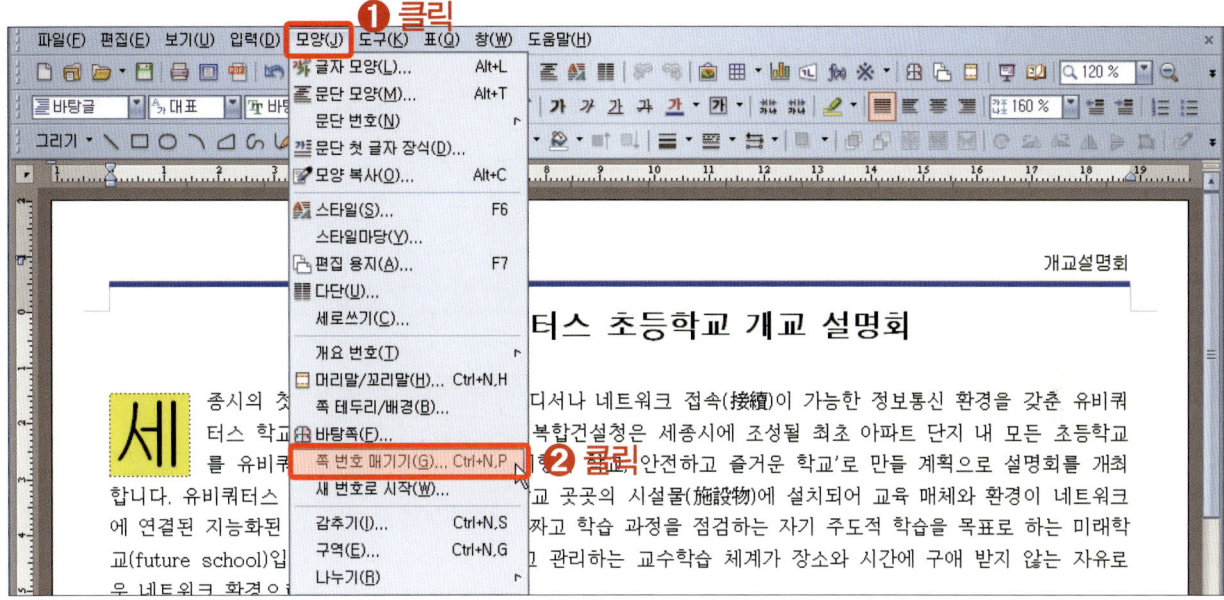

02 [쪽 번호 매기기] 대화상자에서 **번호의 위치를 우측 하단을 선택**하고, **'번호 모양'을 'A,B,C'로 지정**한 후 **'줄표 넣기'의 체크를 해제**하고 [넣기] 단추를 클릭합니다.

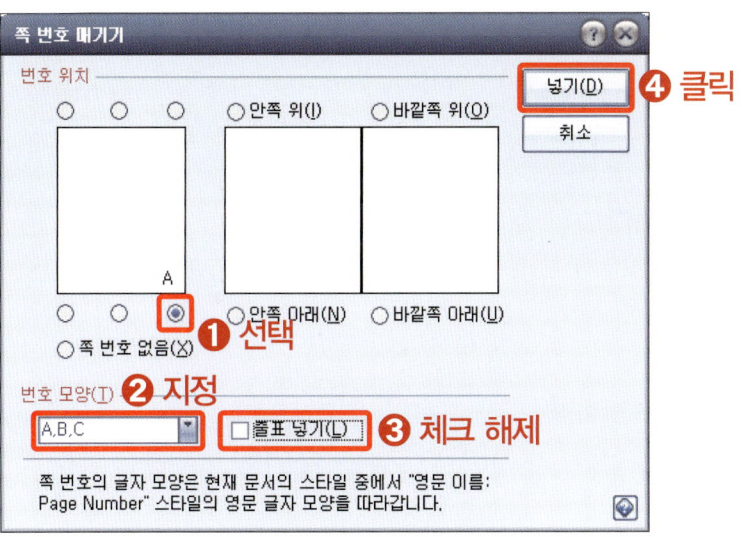

03 문서의 우측 하단에 'A' 쪽 번호가 표시되는 것을 확인할 수 있습니다.

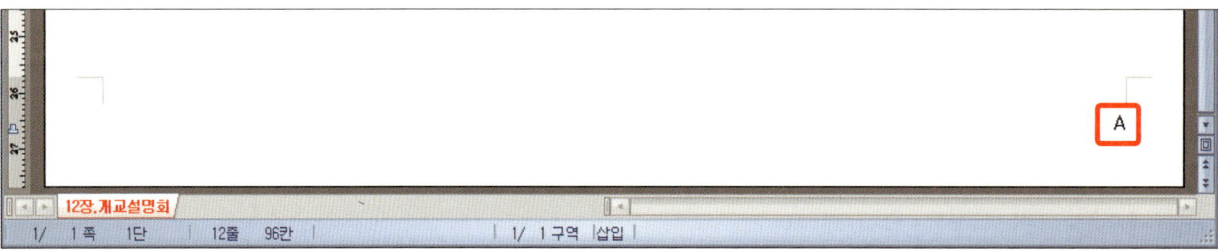

새 번호로 시작

04 쪽 번호의 시작번호를 변경해보기 위해 [모양]-[새 번호로 시작]을 클릭합니다.

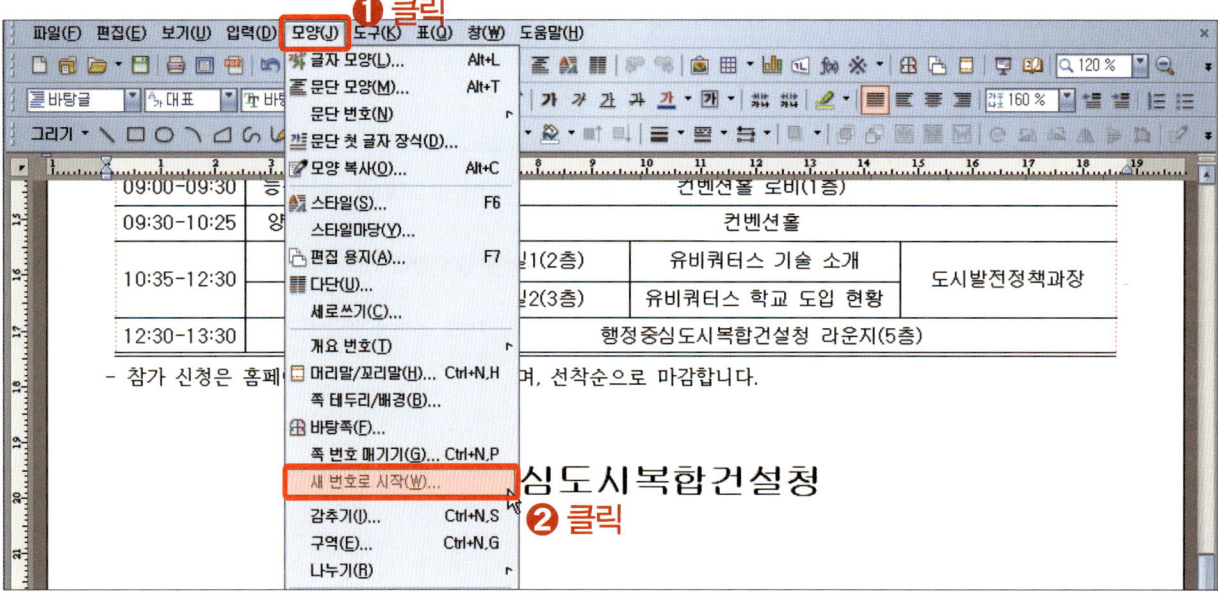

05 [새 번호로 시작] 대화상자에서 '번호 종류'에 '쪽 번호'를 선택하고 '시작 번호'를 '4'로 지정한 후 [넣기] 단추를 클릭합니다.

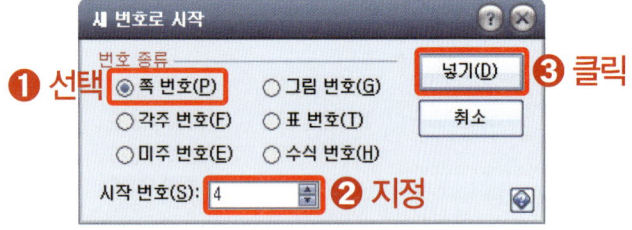

06 문서의 우측 하단에 4번째인 'D' 쪽 번호가 변경된 것을 확인할 수 있습니다.

실습 04 각주 달기

본문 내용에 대한 보충 자료를 구체적으로 제시하거나, 인용한 자료의 출처 등을 밝히는 주석을
각주 형식으로 만드는 방법에 대하여 배워 봅니다.

각주 달기

01 '유비쿼터스' 단어 뒤에 **커서를 놓은 다음 [입력]-[주석]-[각주]를 클릭**합니다.

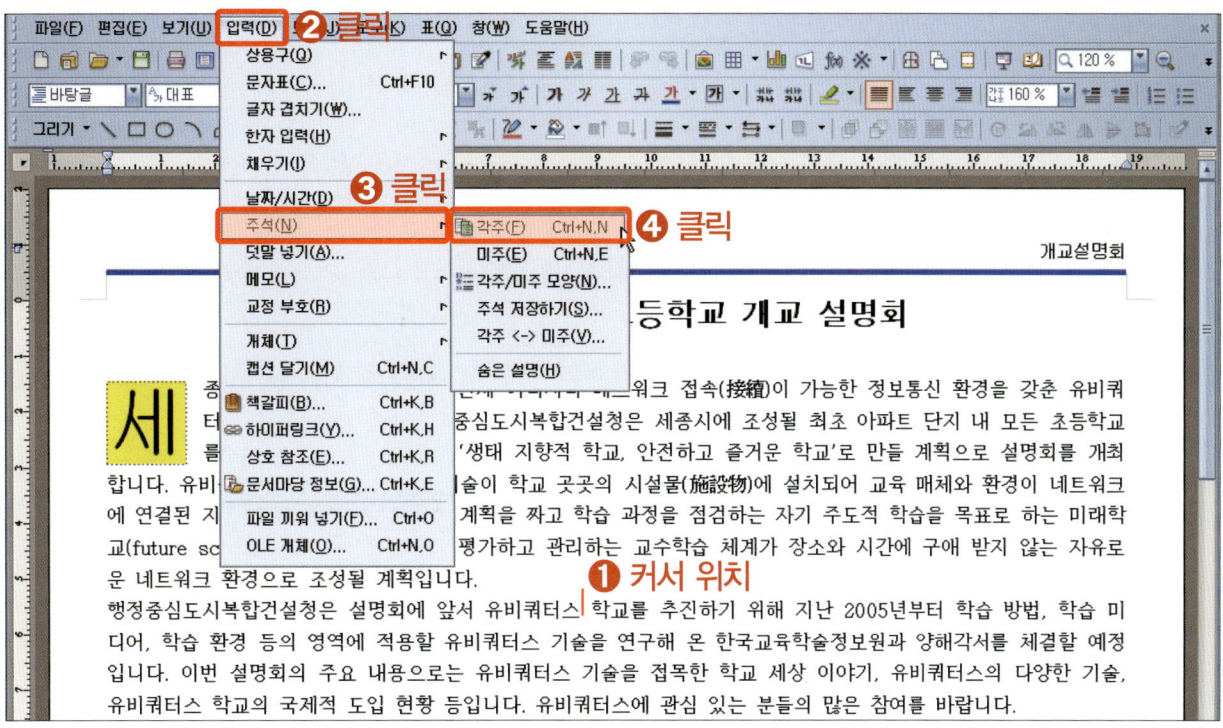

02 하단에 다음과 같이 각주의 내용을 입력합니다.

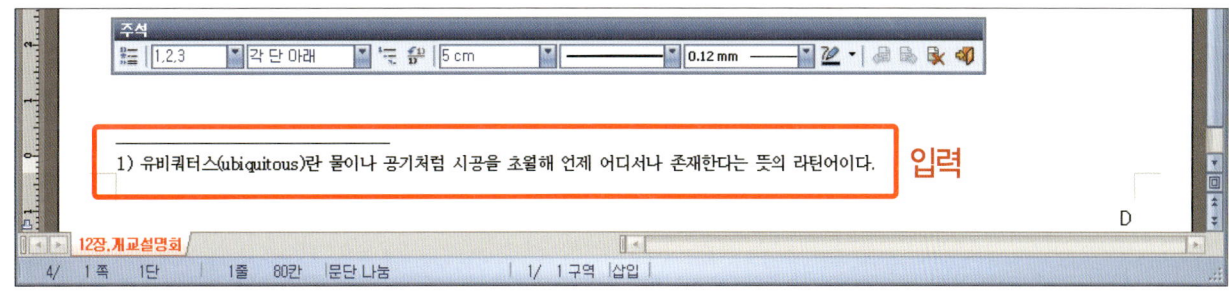

각주 시작 번호 변경

03 각주의 번호를 변경하기 위해 [주석] 도구 상자에서 번호 모양 '㉮,㉯,㉰'를 **선택**합니다.

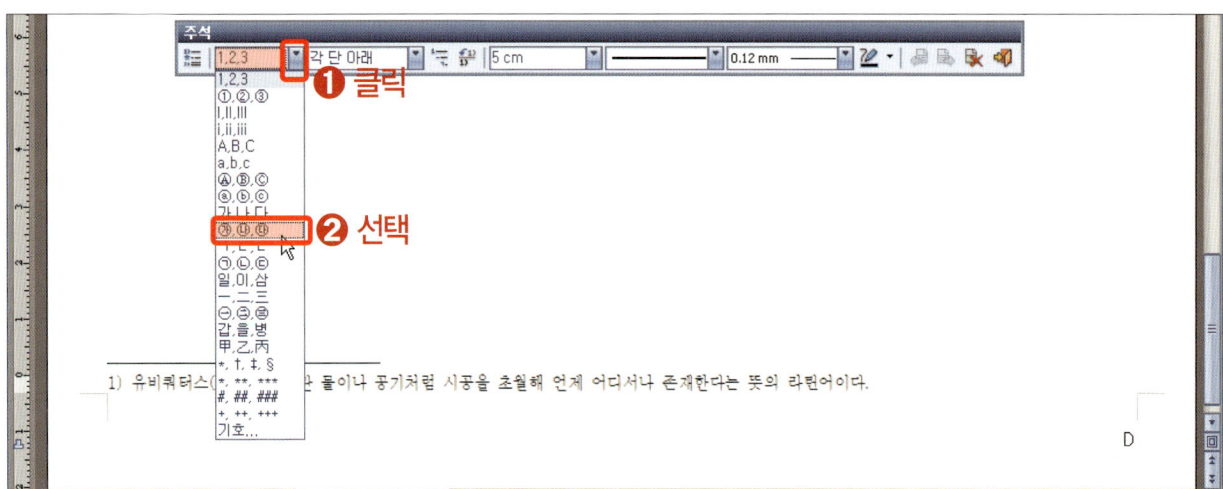

04 주석의 시작 번호를 변경하기 위해 [주석] 도구 상자에서 [각주/미주 모양]을 클릭합니다.

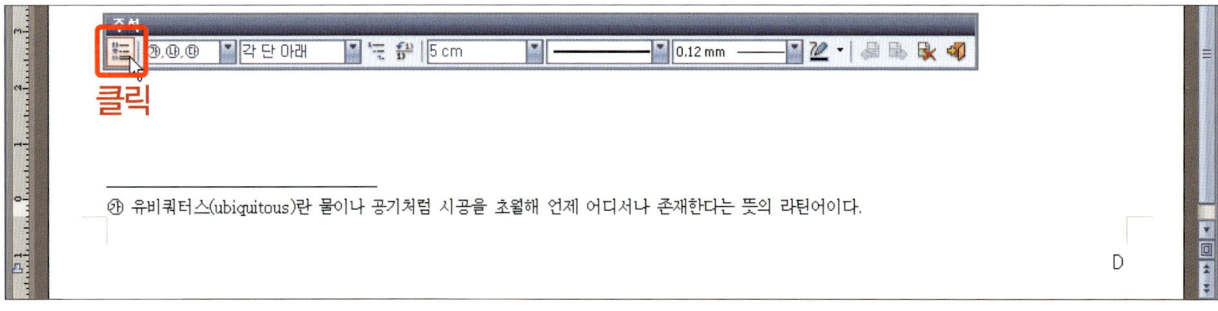

05 [주석 모양] 대화상자의 [각주 모양] 탭에서 '번호 매기기'에 '현재 구역부터 새로 시작'을 선택하고 '시작 번호'를 '3'으로 지정한 후 [설정] 단추를 클릭합니다.

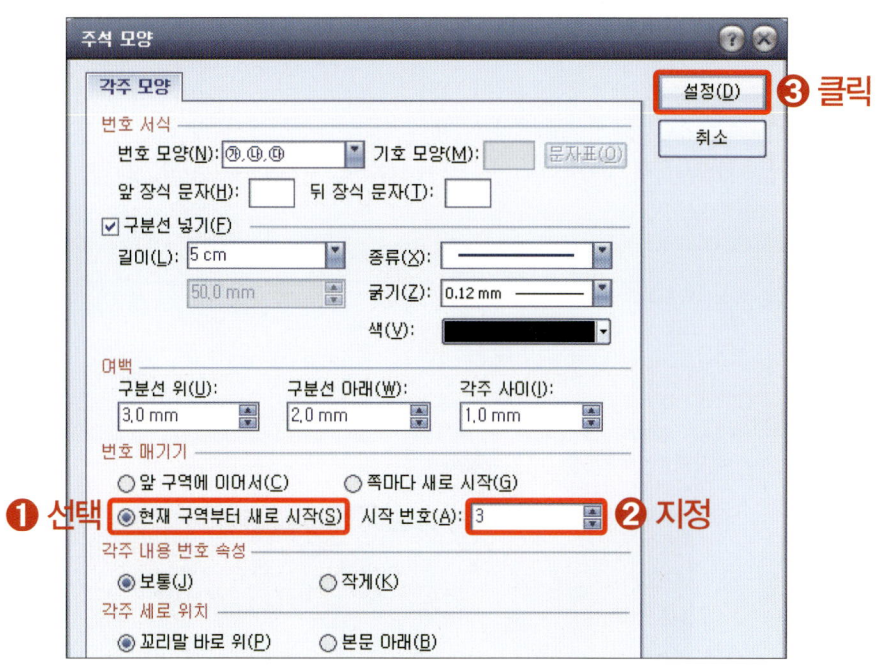

06 다음과 같이 주석이 ㉰로 지정된 것을 확인할 수 있습니다. [주석] 도구 상자에서 [닫기] 단추를 클릭합니다.

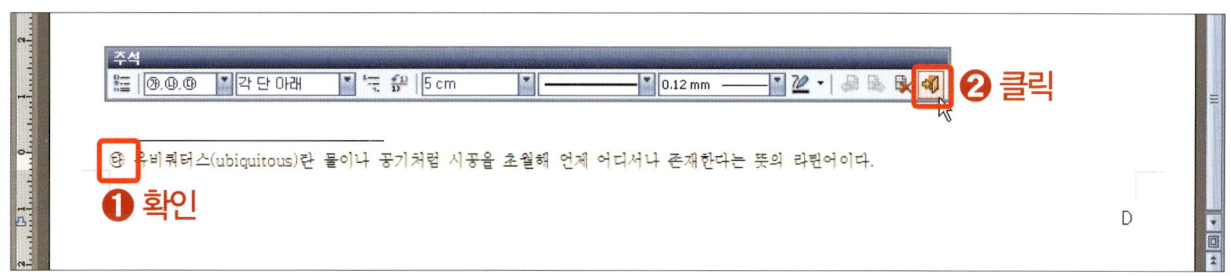

07 상단으로 이동하면 '유비쿼터스㉰'로 각주가 지정된 것을 확인할 수 있습니다.

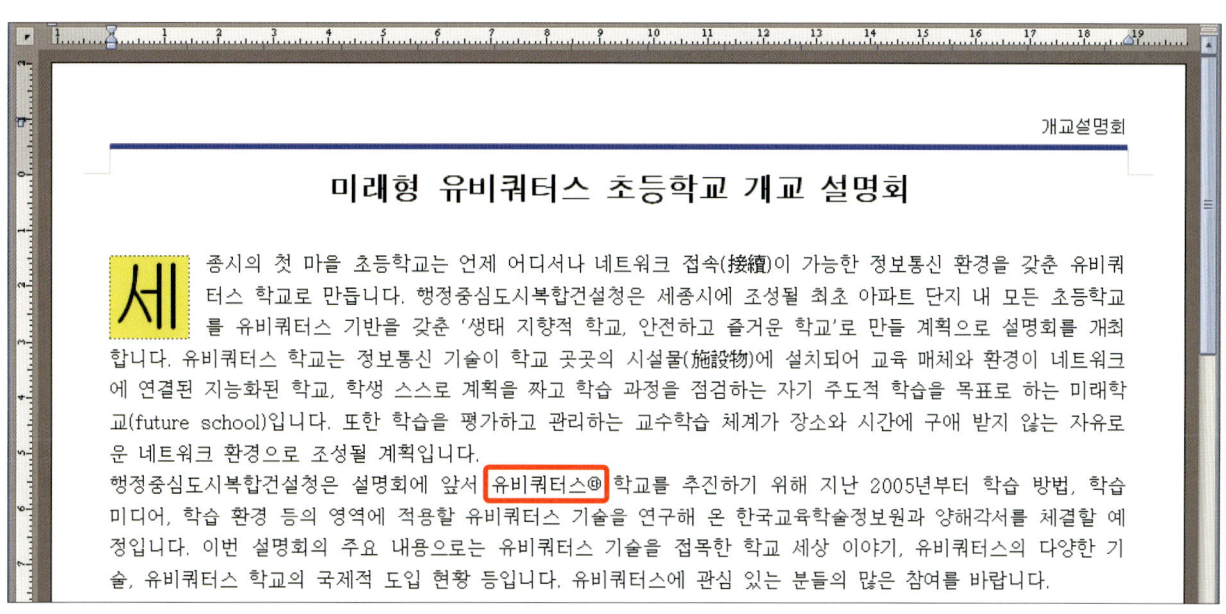

문단 번호 모양/글머리표

여러 개의 항목을 나열할 때 문단의 머리에 번호를 매기거나 글머리표를 붙여 가면서 입력할 수 있는 기능에 대하여 배워 봅니다.

01 문단 번호 모양을 지정할 내용을 범위 지정한 후 **[모양]-[문단 번호]-[문단 번호 모양]을 클릭**합니다.

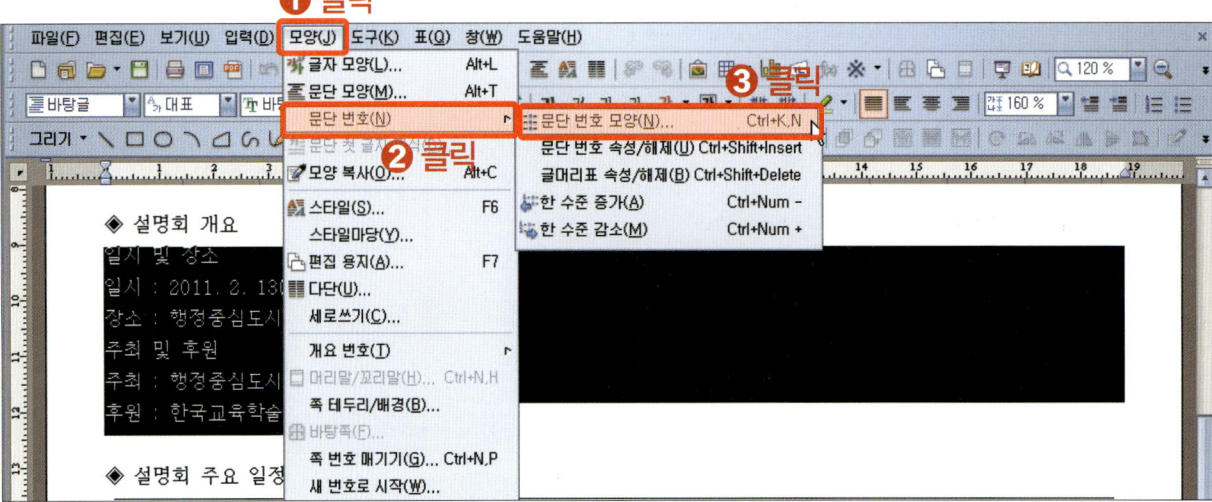

02 [문단 번호/글머리표] 대화상자의 [문단 번호] 탭에서 **'문단 번호 모양'의 두 번째 유형을 선택**한 후 **[설정] 단추를 클릭**합니다.

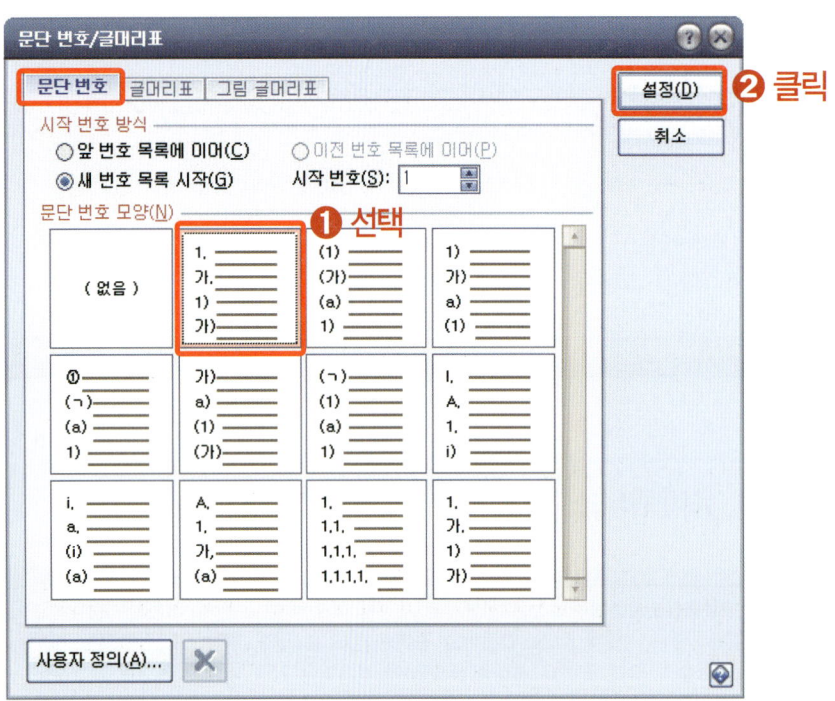

03 '일시' 단어부터 '컨벤션홀' 단어까지 범위 지정한 후 [번호/글머리표] 도구 상자의 [한 수준 감소]를 클릭합니다.

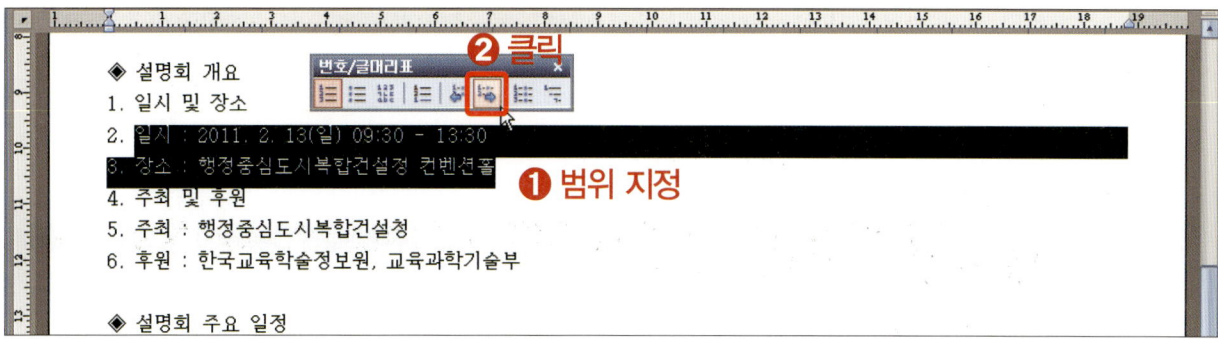

04 다음과 같이 한 수준이 감소하며 '2'가 '가'로 변경된 것을 확인합니다.

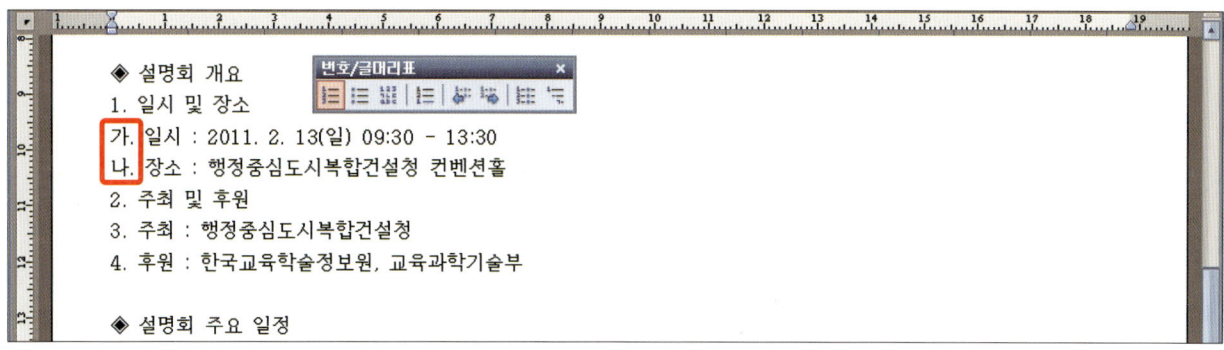

05 '주최' 단어부터 '교육과학기술부' 단어까지 범위 지정한 후 [번호/글머리표] 도구 상자의 [한 수준 감소]를 클릭합니다

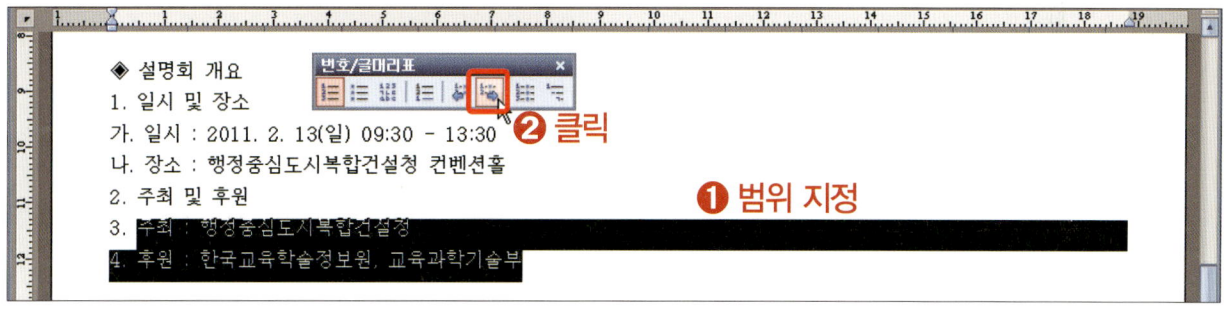

06 '일시' 단어부터 '컨벤션홀' 단어까지 범위 지정한 후 눈금자의 [문단 왼쪽 여백]을 오른쪽으로 드래그하여 여백을 조절합니다.

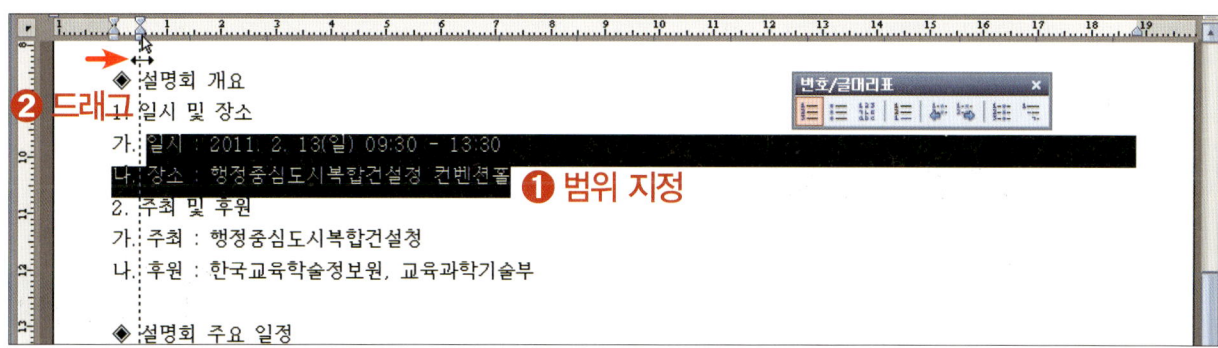

07 '주최' 단어부터 '교육과학기술부' 단어까지 범위 지정한 후 눈금자의 [문단 왼쪽 여백]을 오른쪽으로 드래그하여 여백을 조절합니다.

실력 쑥쑥 tip
문단 모양 

[모양]-[문단 모양] 메뉴의 [기본] 탭에서 여백을 지정해도 됩니다.

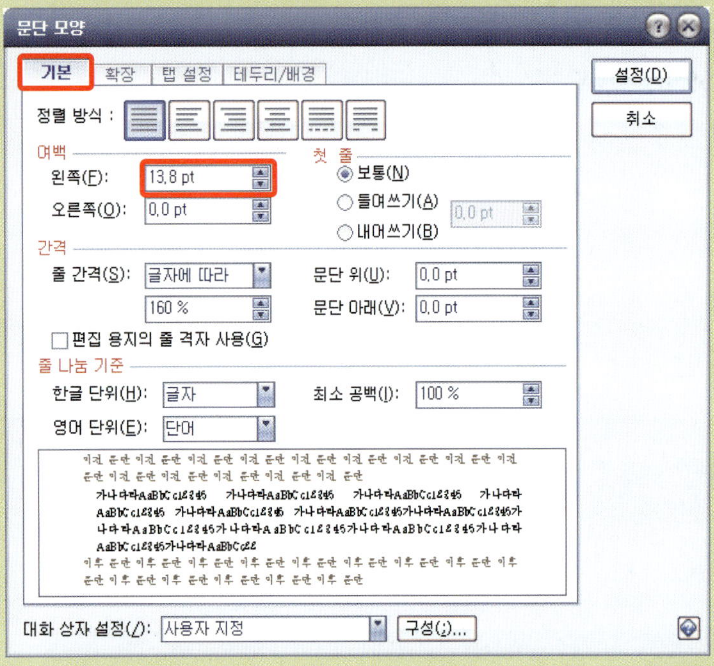

08 '일시' 단어부터 '컨벤션홀' 단어까지 범위 지정한 후 [번호/글머리표] 도구 상자의 [문단 번호 글머리표]를 클릭합니다.

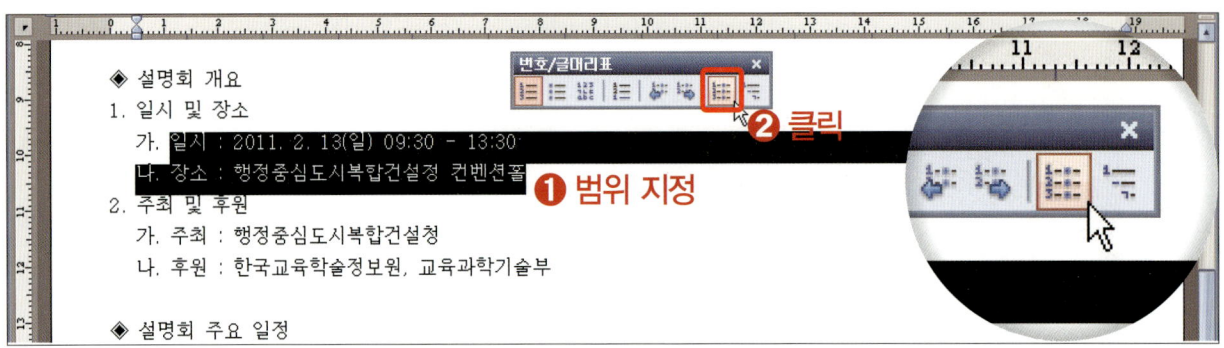

09 [문단 번호/글머리표] 대화상자의 **[그림 글머리표] 탭에서 두 번째줄 첫 번째 유형을 선택한 후 [설정] 단추를 클릭**합니다.

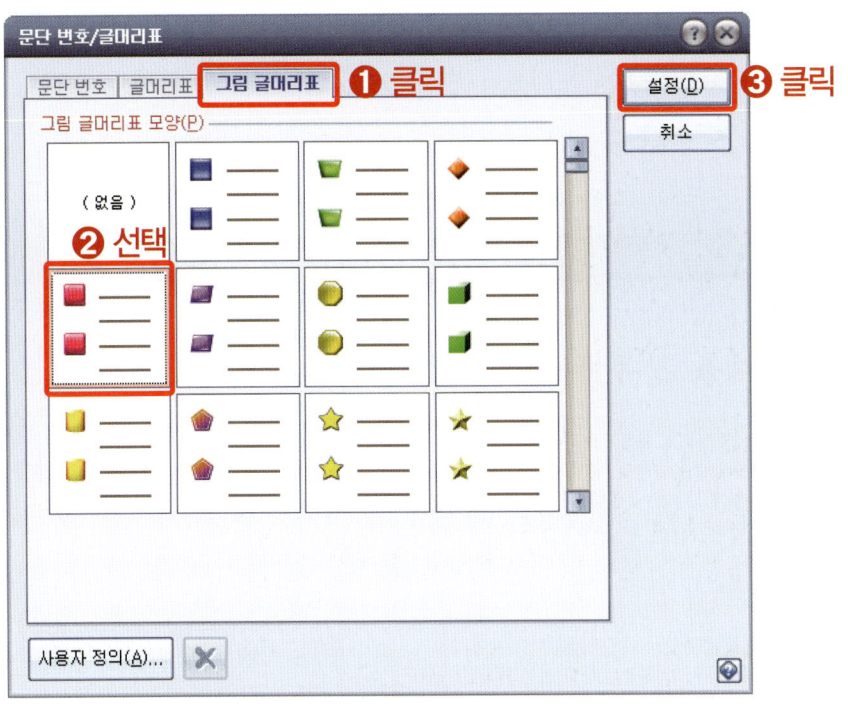

10 '주최' 단어부터 '교육과학기술부' 단어까지 범위 지정한 후 [번호/글머리표] 도구 상자의 [문단 번호 글머리표]를 클릭합니다.

11 [문단 번호/글머리표] 대화상자의 [그림 글머리표] 탭에서 첫 번째 줄 두 번째 유형을 선택한 후 [설정] 단추를 클릭하여 글머리 기호가 완성된 것을 확인합니다.

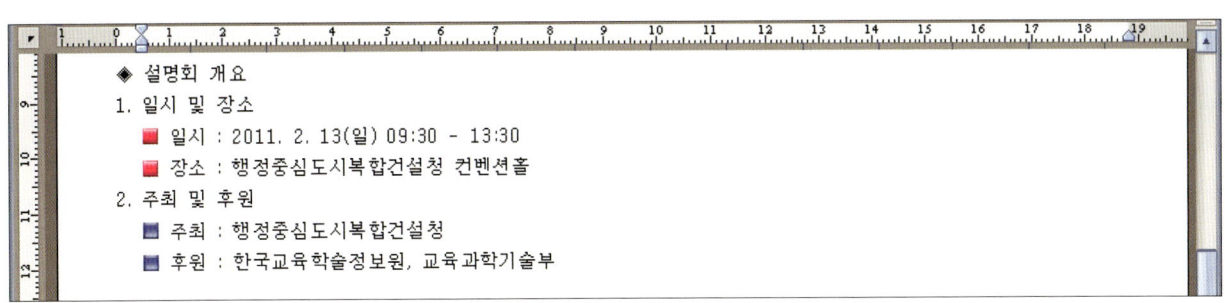

혼자 풀어보기

01 '11장.혼자풀어보기1번(소스).hwp' 문서를 불러와서 지시사항에 맞게 문서를 편집하여 보세요.

머리말 기능
돋움, 10pt,
오른쪽 정렬
문단띠 : 빨강

웹 접근성

각주

무한한 정보의 바다를 모두가 편리하게

문단 첫 글자 장식 기능
글꼴 : 굴림,
면 색 : 노랑

웹 접근성이란 장애가 있는 사람과 그렇지 않은 사람 모두가 웹 사이트 검색 등 웹상의 정보와 기능을 쉽게 이용할 수 있는 환경이 구비된 상태를 말한다. 월드 와이드 웹(World Wide Web)을 창시한 팀 버너스 리㉠는 웹이란 장애 없이 모든 사람이 손쉽게 정보를 공유할 수 있는 공간이라고 정의하였으며, 웹 콘텐츠를 제작할 때에는 장애에 구애(拘礙) 받지 않고 누구나 접근할 수 있도록 제작해야 한다고 하였다.

◆ 웹 접근성 품질마크 인증 제도의 개요
   가) 정의와 대상
      a) 정의 : 웹 접근성 표준 지침을 준수한 사이트에 품질마크 부여
      b) 대상 : 웹 사이트를 운영하는 정부 및 공공 기관과 민간 사업장
   나) 기대 효과
      a) 웹 접근성 수준 향상을 통해 지식정보사회의 정보 접근권 제고
      b) 국내 웹 개발 환경 개선 및 관련 기술 발전 촉진

문단 번호 기능 사용,
왼쪽 여백 : 20pt(1수준),
30pt(2수준), 줄 간격 : 180%

◆ 온라인 자문 서비스 내용

분류	주요 내용		비고
웹 접근성 기획	웹 접근성 이해	관련 법과 제도 및 국가 표준	웹 접근성 기초
	기획 및 설계	계획 수립, RFP 작성 등	개발 계획 수립
웹 접근성 기술	인식	대체 텍스트, 영상 매체, 색상	콘텐츠 제작
	운용	이미지 맵, 프레임 제한 등	
	신기술	Flash, Javascript	
웹 접근성 평가	평가 방법	자동, 전문가, 사용자	평가 기준

- 온라인 자문 서비스 : 위의 내용에 대한 상시적인 자문 및 정보 제공이 가능한 웹 접근성 One-Stop 서비스

한국정보화진흥원

㉠ 월드 와이드 웹의 창시자로서 그의 아이디어 공개를 통해 전 세계 인터넷 시대의 문이 열렸다.

- 가 -

쪽 번호 매기기
4로 시작

> **Hint!**
> - [모양]-[머리말/꼬리말]/[문단 첫 글자 장식]/[문단 모양]/[쪽 번호 매기기] 메뉴 이용
> - [입력]-[주석]-[각주] 메뉴 이용

02 '11장.혼자풀어보기2번(소스).hwp' 문서를 불러와서 지시사항에 맞게 문서를 편집하여 보세요.

지진 대책

지진의 원인과 재해 대책

지진이란 지구의 내부에서 급격한 지각 변동이 일어나 그 충격에 의하여 생긴 파동, 즉 지진파가 지표면까지 전해져 지반을 진동시키는 현상을 말한다. 지진은 이렇게 지구의 표면이 아닌 지각의 깊은 곳에서 일어나게 되는데, 이때 에너지가 처음 방출된 지점을 진원이라고 하며 이 지점과 지구의 중심부(中心部)를 이은 선상의 지표면을 진앙이라고 한다.

지진을 일으키는 에너지에 관한 자연 과학적 고찰은 20세기 초에 근대적 지진 관측망이 정비되면서 시작되었다. 지진의 원인에 대해서는 다양한 의견이 있으나 아직 확실하게 한 가지로 정립되어 있지는 않다. 장기간에 걸쳐 지층에 힘이 작용하면 그 속에 에너지가 축적되다가 어느 순간 한계에 이르러 더 이상 버틸 수 없는 상태의 한 부분이 쪼개지면서 발생하는 탄성 에너지 때문이라고 보는 탄성반발설이 있으며, 지구 내부의 압석권㉮에 있는 판이 이리저리 움직이면서 서로 충돌을 일으켜 발생한다는 판구조론 등이 있는데, 현재로서는 판구조론이 가장 유력하다.

◆ **지진의 피해와 대책**

(1) 1차 재해와 2차 재해
　(가) 1차 재해 : 지표 및 구조물의 붕괴, 도로와 교량 유실, 해안 지역의 해일 등
　(나) 2차 재해 : 화재, 수도/전기/가스 등 사회 근간 시설의 파괴와 생활상의 혼란
(2) 피해 방지 및 대책
　(가) 1차 : 유동성 위험 지역의 지반 개량, 건물의 내진 설계 등
　(나) 2차 : 방재 도시 조성, 방진 설비를 갖춘 대피 시설의 설치 등

국가재난정보센터

㉮ 암석으로 된 지각과 맨틀의 상부로서 지구의 가장 바깥층이다.

- ⑨ -

머리말 기능
돋움, 10pt,
오른쪽 정렬
문단띠 : 연한파랑

문단 첫 글자 장식 기능
글꼴 : 궁서,
선 종류 : 점선,
선색 : 빨강,
면 색 : 노랑

각주

문단 번호 기능 사용,
왼쪽 여백 : 15pt(1수준),
25pt(2수준), 줄 간격 : 190%

쪽 번호 매기기
9로 시작

12장

맞춤법 검사와 인쇄하기

편집 문서에서 맞춤법을 검사하여 인쇄하고, 한글 문서를 PDF로 전환하는 방법에 대하여 배워 봅니다.

완성파일 미리보기

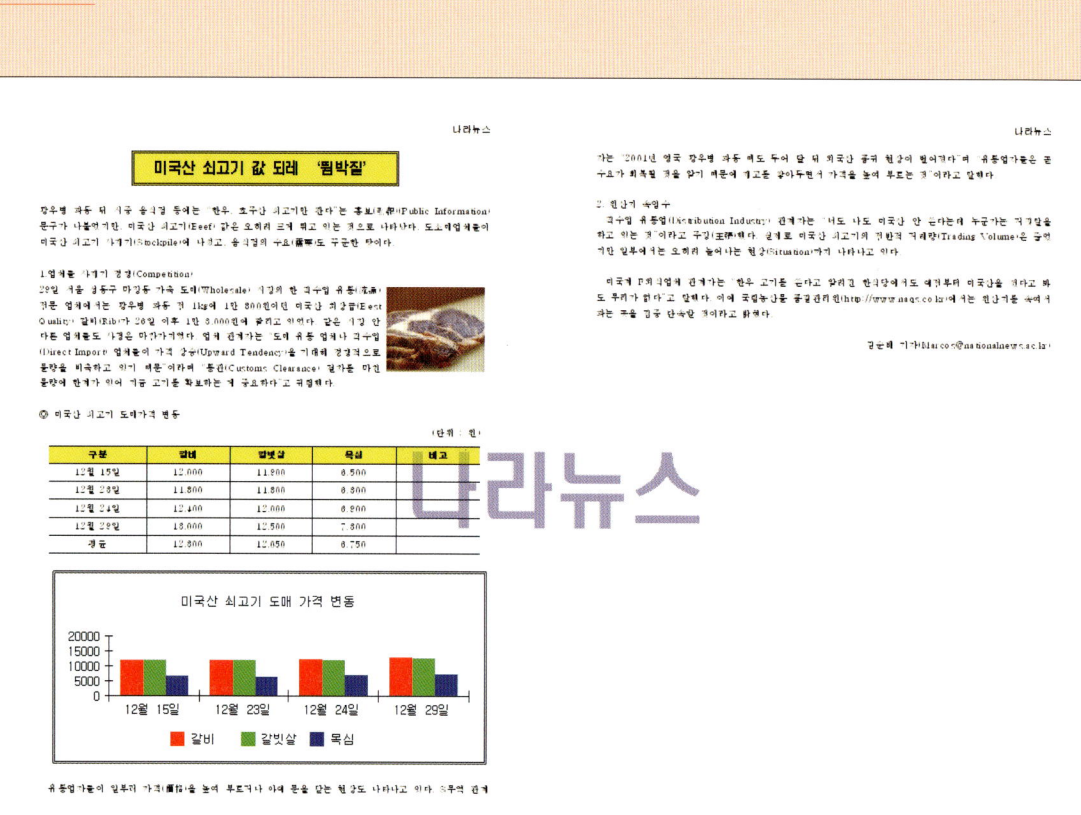

체크 포인트

실습 1 사전과 비교하여 틀린 곳을 찾아 올바른 단어를 제시해주는 맞춤법 검사에 대하여 배워 봅니다.

실습 2 보안기능과 인덱스기능으로 전자도서를 구성하는데 매우 유용한 PDF 파일로 변환하고, 인쇄하는 방법을 배워 봅니다.

실습 3 현재 편집 화면에 있는 문서를 프린터로 인쇄하는 방법을 배워 봅니다.

맞춤법 검사

사전과 비교하여 틀린 곳을 찾아 올바른 단어를 제시해주는 맞춤법 검사에 대하여 배워 봅니다.

01 '12장.맞춤법검사와인쇄(소스).hwp' **문서를 불러온 후 문서의 처음에 커서를 위치하고 [도구]-[맞춤법]을 클릭**합니다.

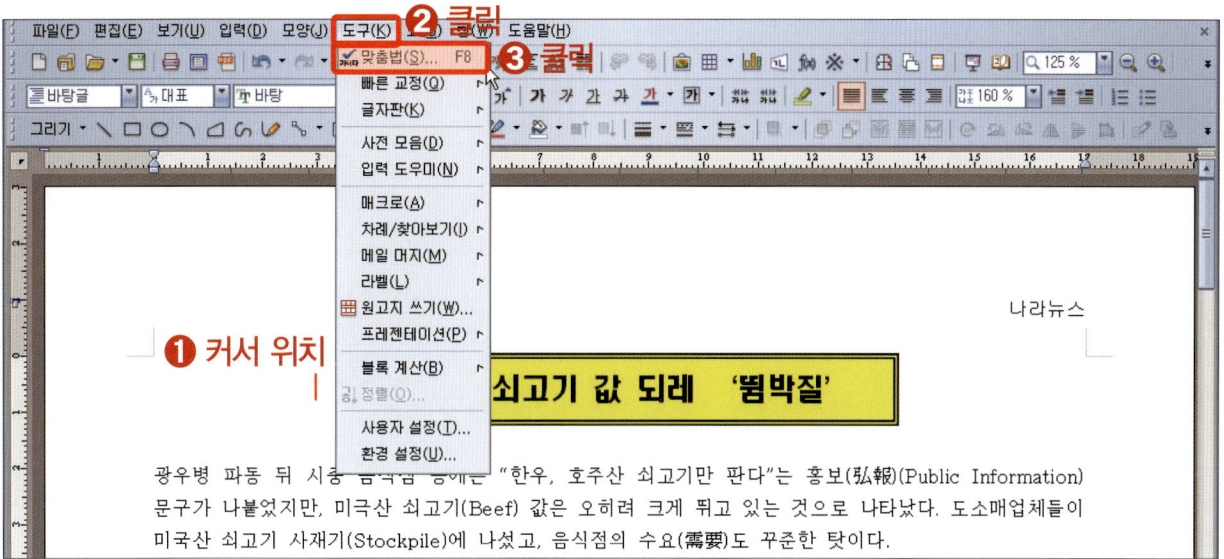

 맞춤법 단축키 : F8

02 [맞춤법 검사/교정] 대화상자에서 [시작]을 클릭합니다.

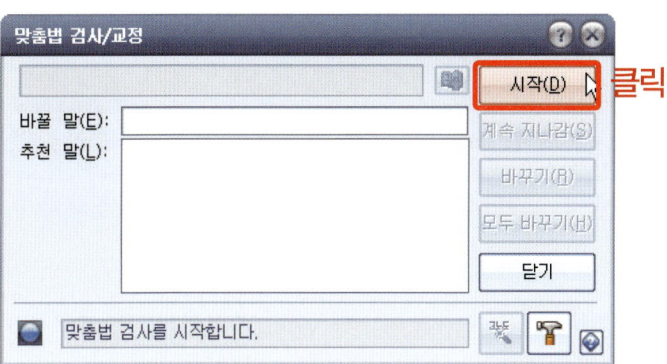

03 '미극산' 문자가 검색되면 추천 말에 **'미국산'을 선택한 후 [바꾸기]를 클릭**하여 오타를 변경합니다.

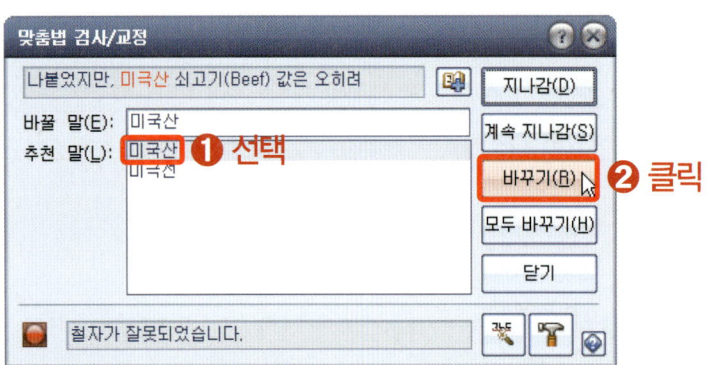

실력 쑥쑥 tip — 맞춤법 표시등

맞춤법 풀이 상자 왼쪽에 있는 맞춤법 표시등의 색깔 변화로 현재 낱말의 맞춤법 오류 정도를 알 수 있습니다.

표시등	설명
🔵	오류로 지적된 단어가 없을 때 나타나는 표시입니다.
🟢	문장 부호 오류, 높임말 오류, 혼동되는 말 사용, 이전 말 참조 등과 같은 1단계 오류 상태를 나타냅니다.
🟠	사전에 없는 말 사용, 중복 어절 사용, 부호 뒤 빈칸 입력 등 2단계 오류 상태를 나타냅니다.
🔴	철자오류, 오용어 사용 오류 등 3단계 오류 상태를 나타냅니다. 3단계 오류는 꼭 수정해야 할 오류를 뜻합니다.

04 'Competitin' 문자가 검색되면 추천 말에 **'Competition'을 선택한 후 [바꾸기]를 클릭**하여 오타를 변경합니다.

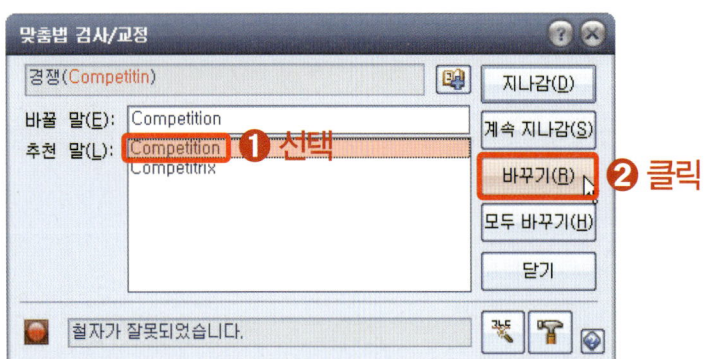

05 검색이 끝나면 '문서에 대한 맞춤법 검사가 끝났습니다.' 라고 대화상자가 나타납니다. [확인] 단추를 클릭하여 맞춤법 검사를 종료합니다.

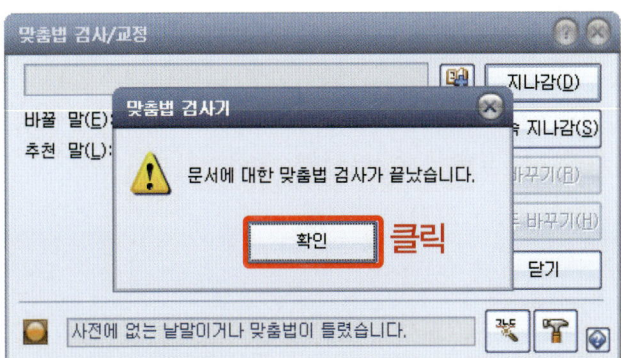

[맞춤법] 대화상자

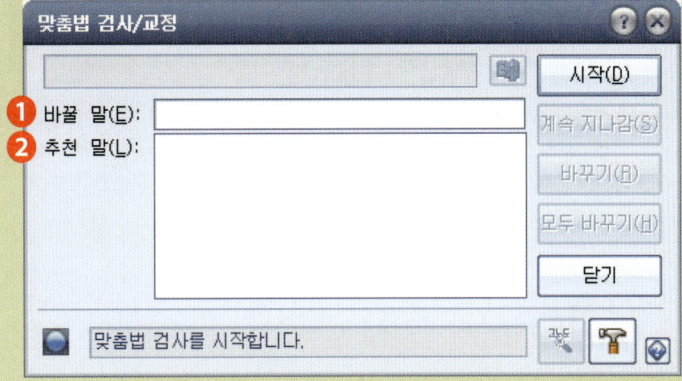

① 바꿀 말
- [바꾸기] 단추를 누르면 본문에서 오류로 지적된 단어가 [바꿀 말]에 표시된 단어로 대체됩니다.
- [바꿀 말]은 직접 입력할 수도 있고, [추천 말] 목록에서 선택할 수도 있습니다.

② 추천 말
- 오류로 지적된 단어에 대해 맞춤법 검사기에서 올바른 단어를 목록으로 제시해 줍니다.
- [추천 말] 목록에서 바꿀 말을 선택하고 [바꾸기] 단추를 누르면 본문에서 단어가 대체됩니다

현재 편집 화면에 있는 문서를 프린터로 인쇄하는 방법에 대하여 배워 봅니다.

01 '12장.맞춤법검사와인쇄(소스).hwp' 문서에서 [파일]-[인쇄]를 클릭합니다.

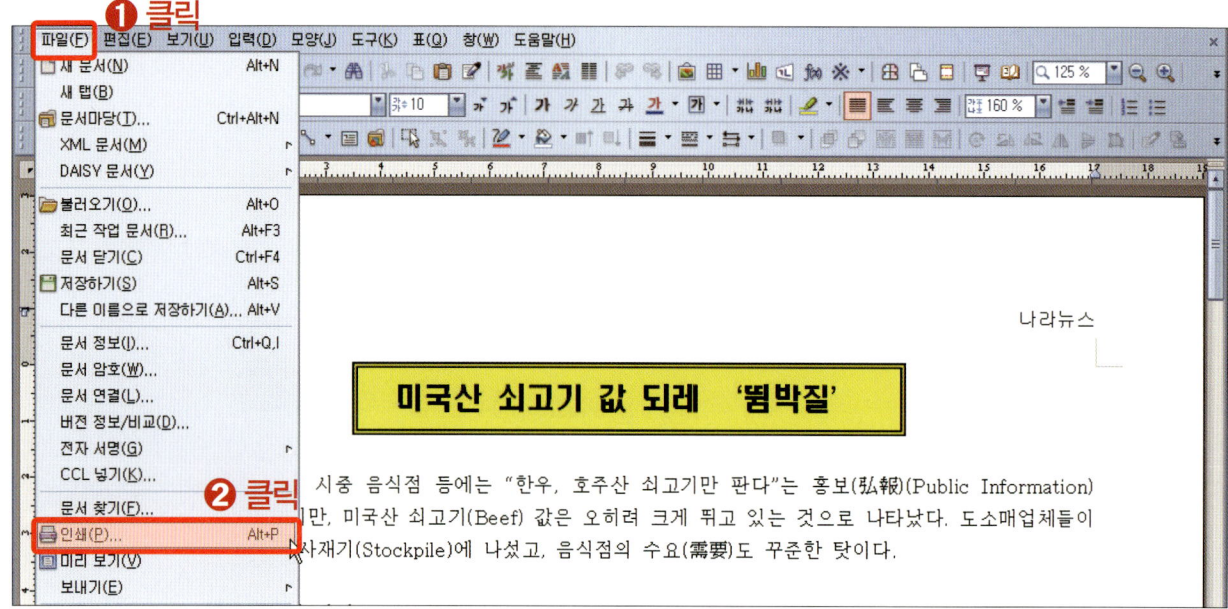

02 [인쇄] 대화상자의 [기본] 탭에서 '인쇄 방식'에 '모아찍기 : 2쪽씩'을 선택합니다.

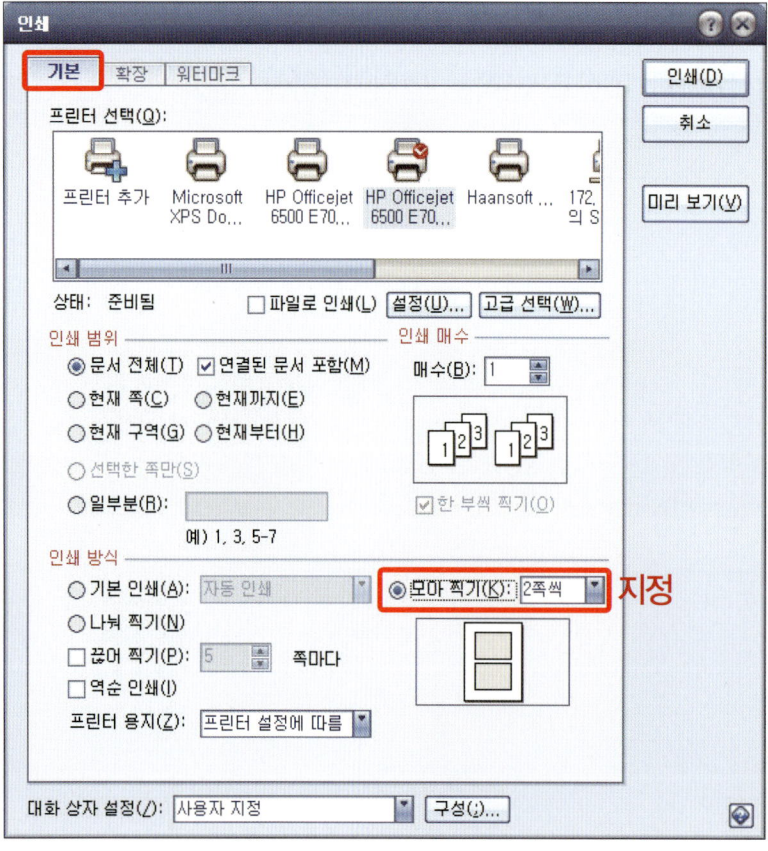

03 [워터마크] 탭의 '글자 워터마크'에서 '글자 입력'에 "나라뉴스"를 입력하고, '글꼴 : HY헤드라인', '크기 : 80pt'를 지정한 후 [미리 보기] 단추를 클릭합니다.

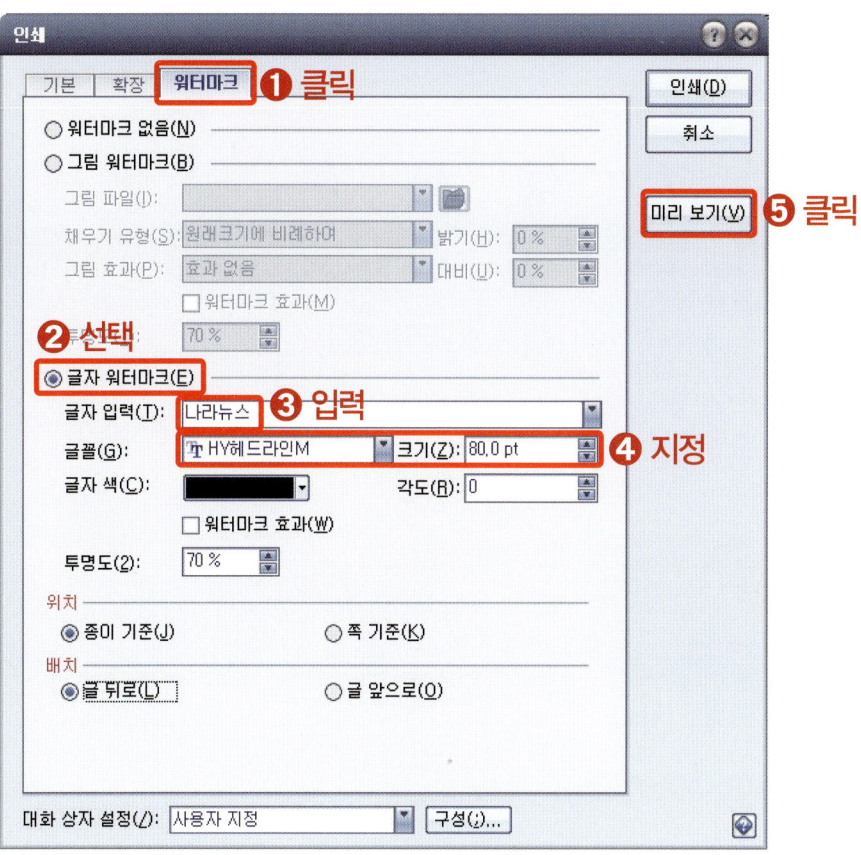

04 미리보기 화면에서 인쇄되는 내용을 확인합니다.

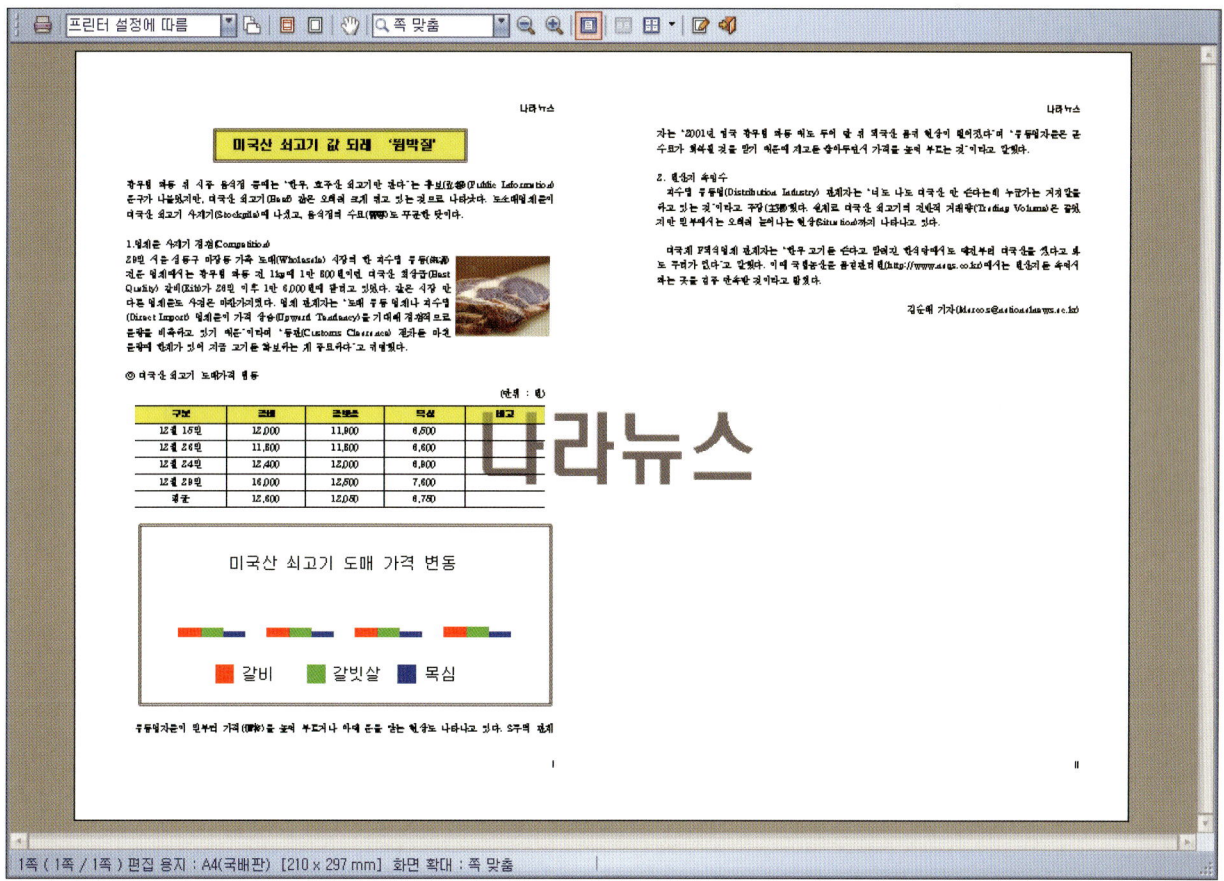

실력 쑥쑥 TIP
[인쇄] 대화상자

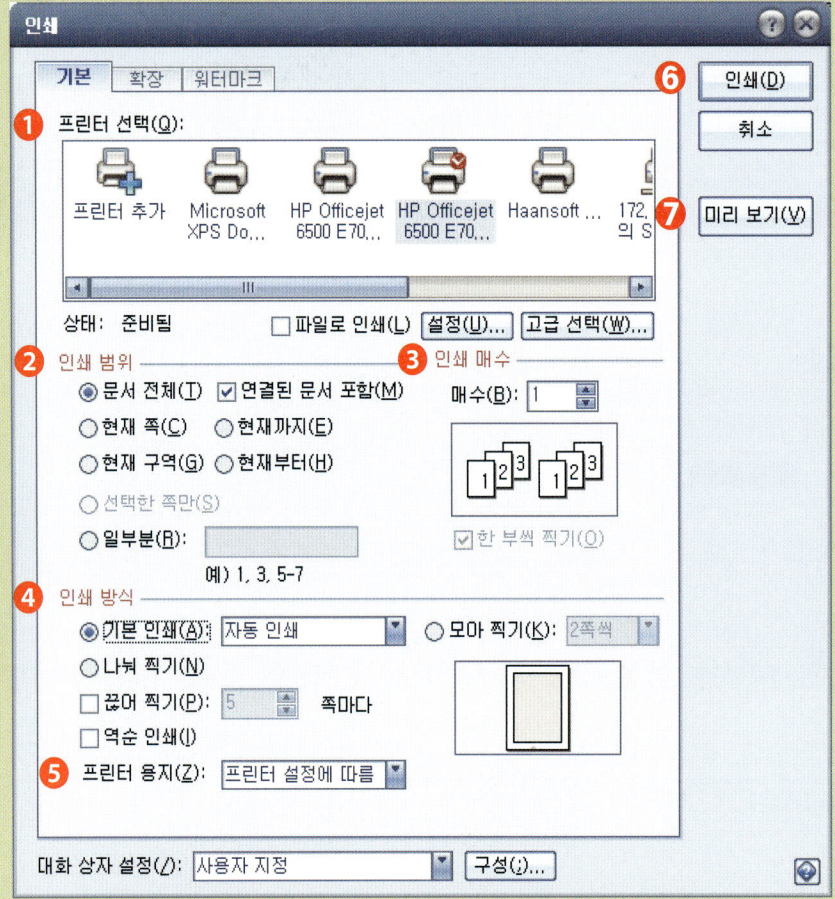

① **프린터 선택** : 인쇄할 프린터를 선택할 수 있습니다.
② **인쇄 범위** : [문서 전체], [현재 쪽], [현재까지], [현재 구역], [현재부터] 등 문서의 인쇄 범위를 지정합니다.
  - 일부분 : 1, 3, 5-7 과 같이 1페이지, 3페이지, 5~7페이지 등 원하는 페이지를 출력할 수 있습니다.
③ **인쇄 매수**
  - 매수 : 1부터~1000범위 안에서 인쇄 매수를 지정할 수 있습니다.
  - 한 부씩 찍기 : 여러 매 인쇄를 할 때 한 부씩 인쇄합니다.
④ **인쇄 방식** :
  - 기본 인쇄 : 목록 상자에서 [자동 인쇄], [공급 용지에 맞추어] 중 선택할 수 있습니다.
  - 모아 찍기 : 모아 찍을 쪽 수를 지정하면 공급 용지 한 장에 편집된 문서 내용이 정해진 쪽 수만큼씩 들어갈 수 있도록 축소 비율을 자동으로 조절하여 인쇄합니다.
  - 나눠 찍기 : 큰 종이에 맞추어 편집된 문서를 작은 종이 여러 장에 나누어 인쇄합니다.
  - 끊어 찍기 : 일정한 쪽 수만큼 인쇄를 한 다음 사용자에게 다음 인쇄를 위한 준비가 다 되었는지를 확인하므로, 인쇄를 계속 진행하거나 도중에 멈출 수 있습니다.
  - 역순 인쇄 : 문서를 맨 뒤부터 역순으로 인쇄합니다.
⑤ **프린터 용지** : A3, A4, B4 등 프린터 용지를 선택할 수 있습니다.
⑥ **[인쇄] 단추** : 인쇄를 시작합니다.
⑦ **[미리 보기] 단추** : 설정된 인쇄 상태를 [미리 보기] 화면에서 미리 확인해 볼 수 있습니다.

혼자 풀어보기

01 '12장.혼자풀어보기1번(소스).hwp' 문서를 불러와서 맞춤법 검사를 실행하여 문서를 수정해 보세요.

— 맞춤법 검사 : 'Pwer'를 'Power'로 수정, '머지 않아'를 '머지않아'로 수정

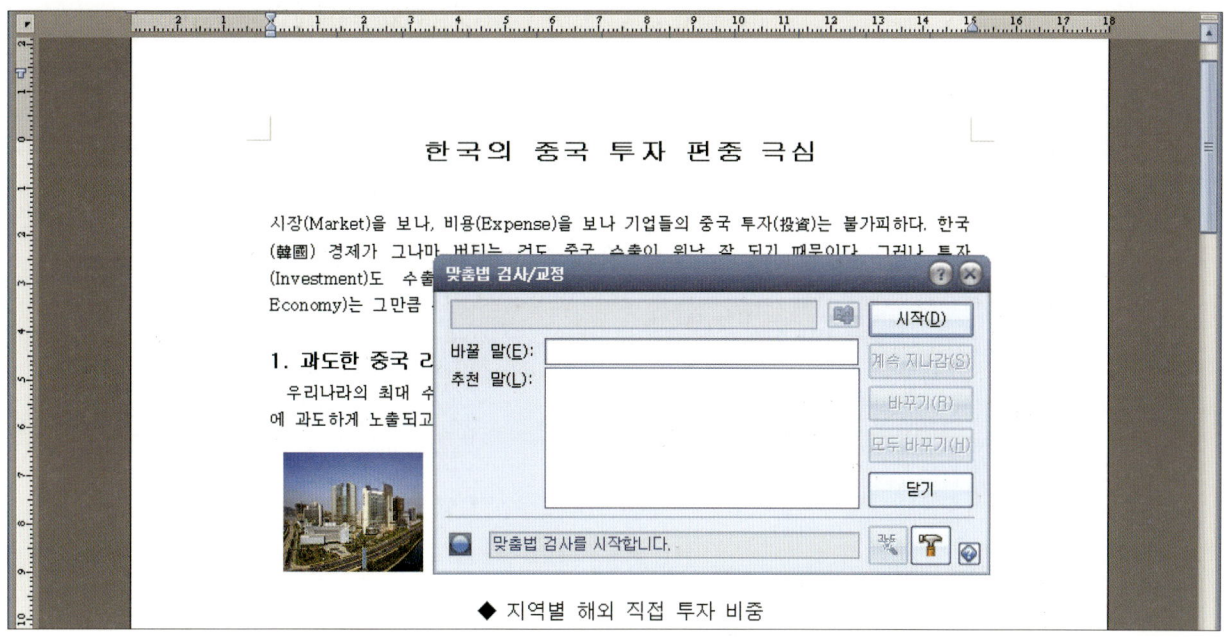

Hint! [도구]-[맞춤법 검사] 메뉴 또는 F8 키

02 '12장.혼자풀어보기1번(완성).hwp' 문서를 한 페이지에 2쪽이 인쇄되도록 설정한 후 워터마크를 지정해 보세요.

- 워터마크 : 글자 입력(NEWS), 글꼴(HY헤드라인M), 크기(80pt), 글자 색(파랑), 투명도(80%)로 지정

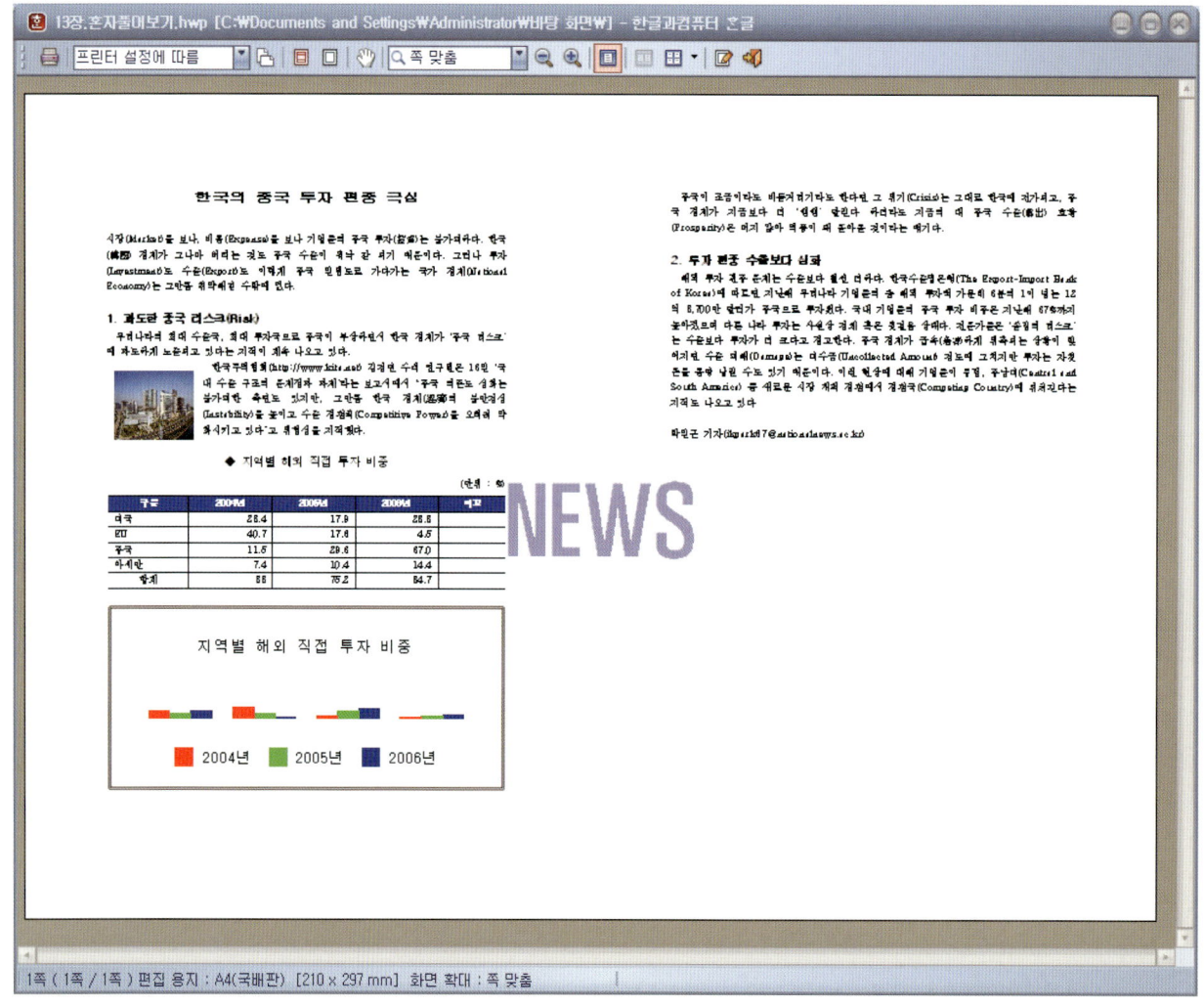

Hint!
- [파일]-[인쇄] 메뉴의 [기본] 탭에서 '모아 찍기 : 2쪽씩' 지정
- [파일]-[인쇄] 메뉴의 [워터마크] 탭에서 설정

13장

책갈피와 하이퍼링크

책갈피와 하이퍼링크 기능을 이용하여 문서내의 임의의 위치나 다른 문서 또는 웹 페이지 등으로 연결하는 방법을 배워 봅니다.

완성파일 미리보기

체크 포인트

실습 1 책갈피 기능을 이용해 같은 문서 내의 다른 위치로 찾아가는 방법을 배워 봅니다.

실습 2 하이퍼링크 기능을 이용해 같은 문서, 다른 문서, 웹 페이지에 연결하는 방법을 배워 봅니다.

책갈피

책갈피를 설정하고 찾아가는 방법을 배워 봅니다.

책갈피 지정하기

01 '13장.정부조직(소스).hwp' 문서를 열고 표 안의 **'농림수산식품부'** 앞에 커서를 위치 시킵니다.

02 [입력]-[책갈피]를 클릭합니다.

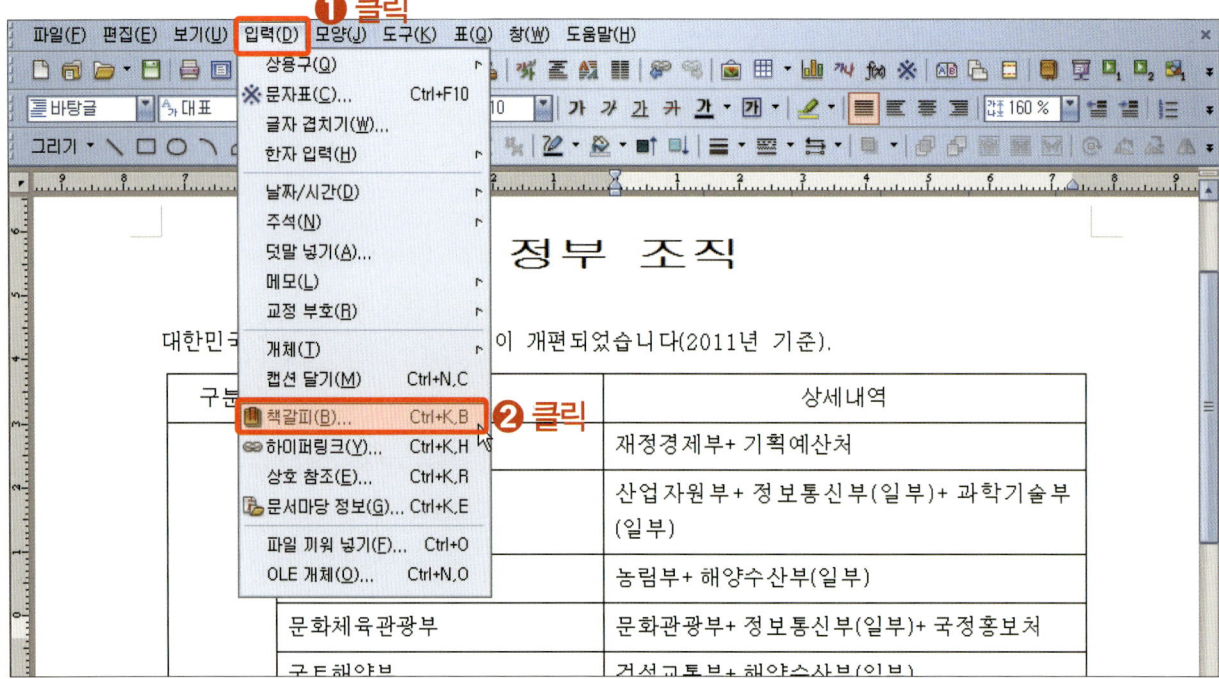

책갈피 설정
- 특정 단어의 앞에 커서를 위치시키거나 단어를 블록으로 범위 지정하여 책갈피를 설정할 수 있습니다.
- 같은 이름의 책갈피를 두 개 이상 등록할 수 없습니다.

03 [책갈피] 대화상자에서 책갈피 이름에 '농림수산식품부'를 확인하고 **책갈피 정렬 기준에 '위치'를 선택**한 후 [넣기] 단추를 클릭합니다.

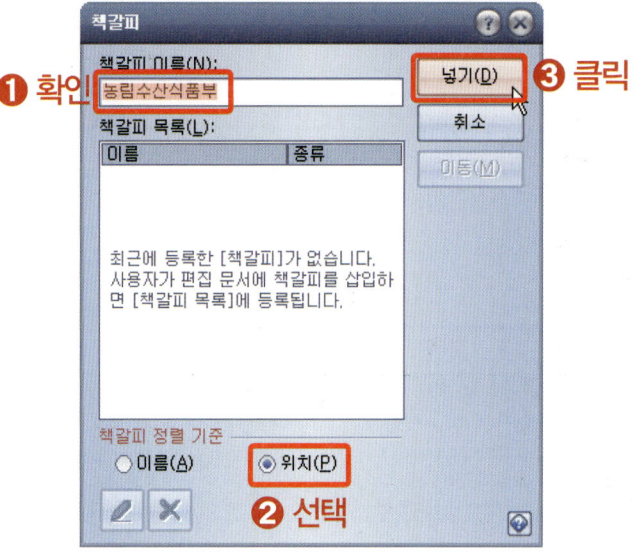

한 문서 안에 여러 개의 책갈피를 설정할 경우 '이름'이나 '위치'로 책갈피를 정렬합니다.

실력 쑥쑥 tip

책갈피 확인하기(조판 부호)

[보기]-[조판 부호]를 클릭하면 [책갈피]가 설정된 상태를 확인할 수 있습니다.

구분	부처 이름	상세내역
	기획재정부	재정경제부+ 기획예산처
	지식경제부	산업자원부+ 정보통신부(일부)+ 과학기술부(일부)
	[책갈피]농림수산식품부	농림부+ 해양수산부(일부)
	문화체육관광부	문화관광부+ 정보통신부(일부)+ 국정홍보처

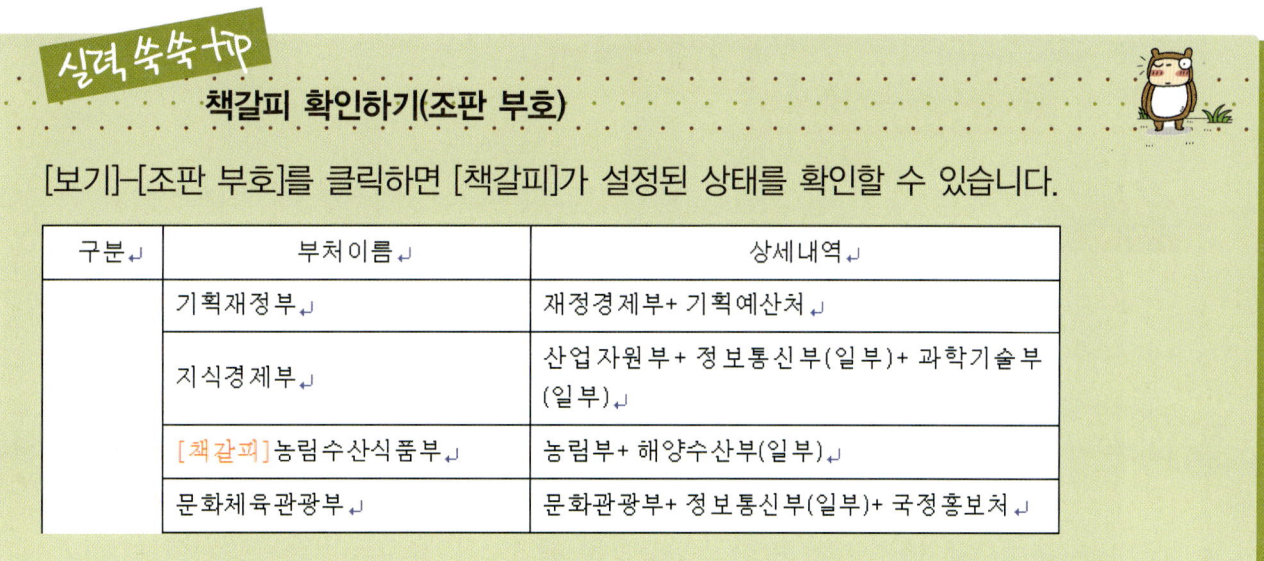

책 갈피 찾아가기

04 임의의 위치에 커서를 위치시킨 다음 **[편집]-[찾아가기]를 클릭**합니다. [찾아가기] 대화상자에서 **'책갈피'를 선택**하고 **'농림수산식품부'를 클릭**한 후 **[가기] 단추를 클릭**하면 '농림수산식품부' 앞에 커서가 위치합니다.

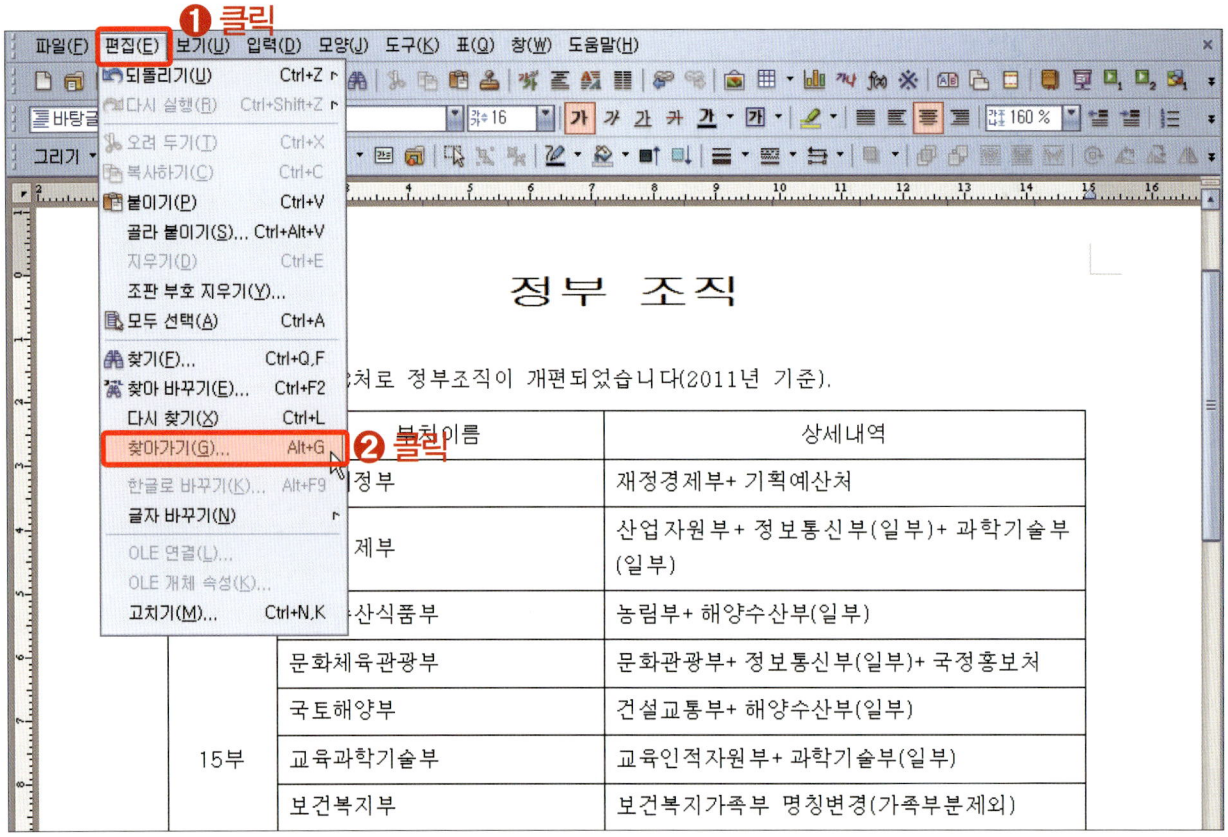

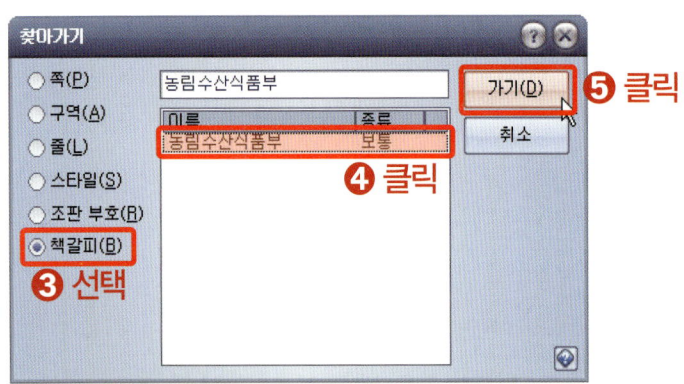

실력 쑥쑥 TIP

책갈피 찾아가기/지우기

- 책갈피를 블록으로 범위 지정하여 설정하였을 때 [입력]-[책갈피]를 클릭하면 블록이 설정되었던 그대로의 상태로 찾아가지만, [편집]-[찾아가기]를 클릭하면 블록으로 설정된 책갈피의 시작 위치로만 커서를 옮겨 줍니다.
- [입력]-[책갈피]를 실행한 후 [책갈피] 대화상자의 [책갈피 목록]에서 지우고자 하는 책갈피 이름을 선택하고 [삭제 ✖] 단추를 클릭합니다.

하이퍼링크

글자, 그림, 도형 등에 하이퍼링크를 설정하고 같은 문서, 다른 문서, 웹 페이지에 연결하는 방법을 배워 봅니다.

다른 문서에 하이퍼링크 설정하기

01 '문화체육관광부'를 블록으로 범위 지정한 후 **[입력]-[하이퍼링크]를 클릭**합니다.

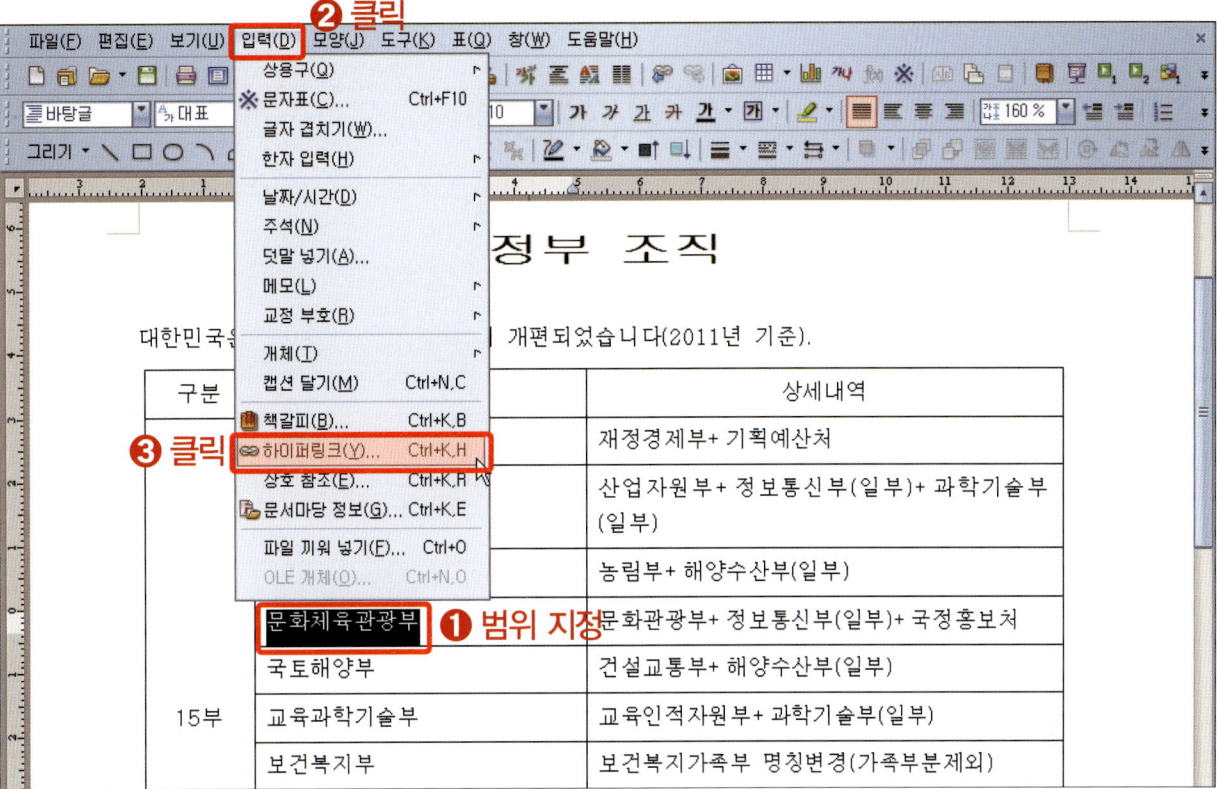

 마우스 오른쪽 단추를 클릭한 후 [하이퍼링크]를 클릭해도 됩니다.

02 [하이퍼링크] 대화상자에서 표시할 문자열에 '문화체육관광부'와 연결 종류에 '훈글 문서'를 확인하고 연결 대상에서 [문서 열기 📁] 단추를 클릭합니다.

03 [연결할 훈글 문서] 대화상자의 '찾는 위치'에서 [성안당]-[한글2007]-[13장]을 지정하고 **'13장.문화체육관광부(소스).hwp' 파일을 선택한 후 [열기] 단추를 클릭**합니다.

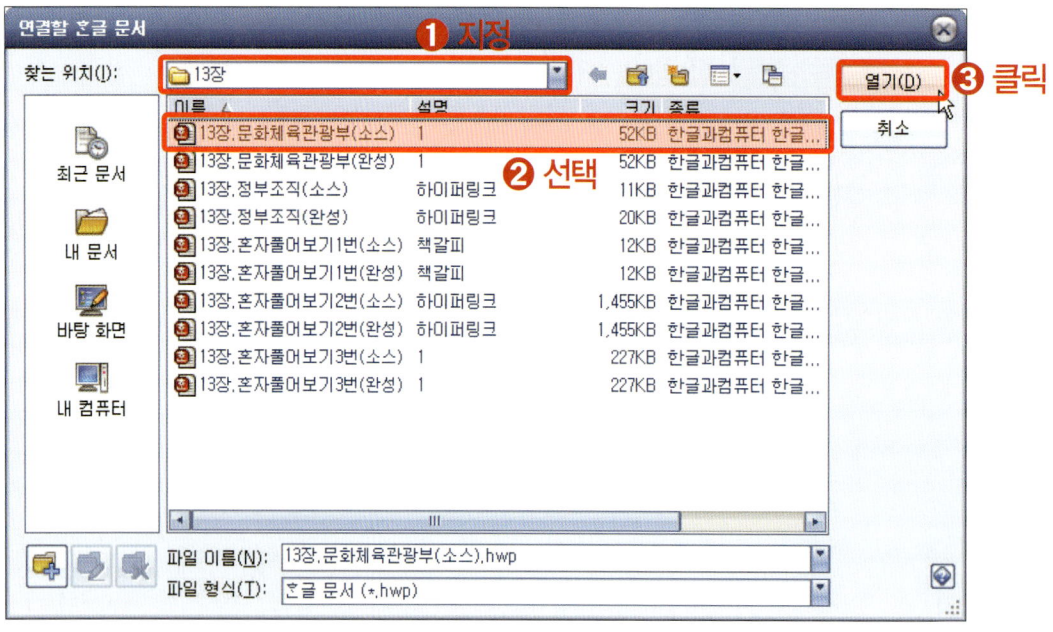

04 [하이퍼링크] 대화상자에서 [넣기] 단추를 클릭하면 하이퍼링크로 설정된 부분이 파란색 글자에 밑줄이 표시된 것을 확인할 수 있습니다.

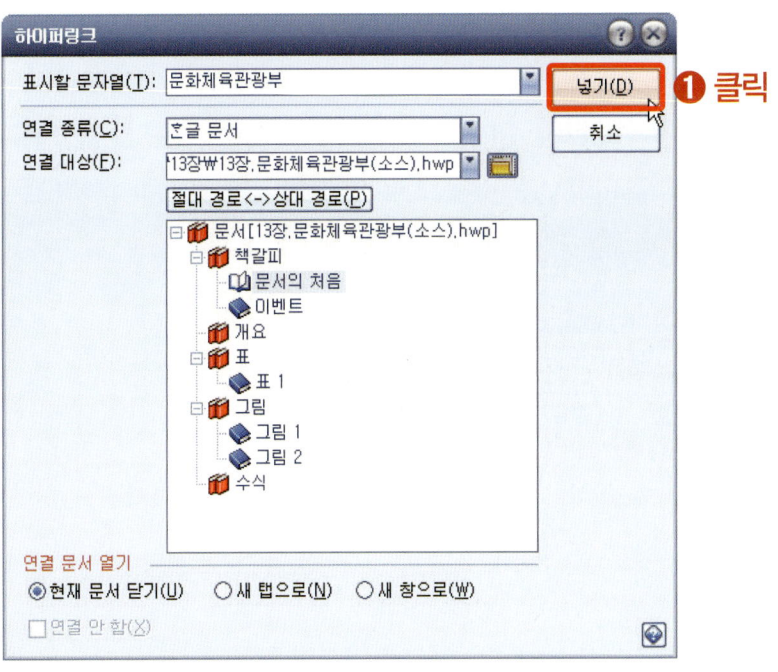

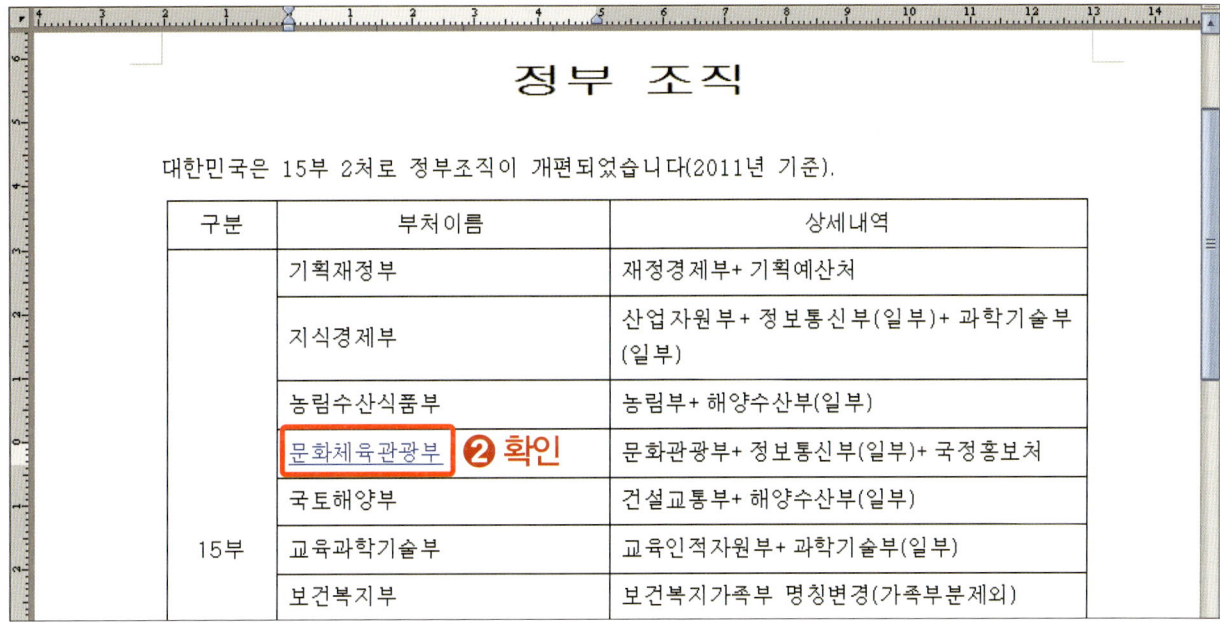

05 하이퍼링크가 설정된 '문화체육관광부'에 마우스 포인터를 위치시켜 모양으로 변할 때 클릭하면 '13장.문화체육관광부(소스).hwp' 파일을 열리면서 첫 번째 줄에 커서가 위치합니다.

실력 쑥쑥 tip   책갈피로 하이퍼링크 연결하기

'13장.문화체육관광부(소스).hwp' 파일에 '이벤트'라는 책갈피가 설정되었을 경우 하이퍼링크를 '이벤트' 책갈피로 연결할 수 있습니다. 이 경우 '13장.정부조직(소스).hwp' 파일에서 '13장.문화체육관광부(소스).hwp' 파일로 하이퍼링크를 클릭하면 '13장.문화체육관광부(소스).hwp' 파일의 '이벤트' 책갈피가 있는 곳으로 연결됩니다. 이런 방법으로 같은 문서나 서로 다른 문서에 하이퍼링크를 책갈피로 연결할 수 있습니다.

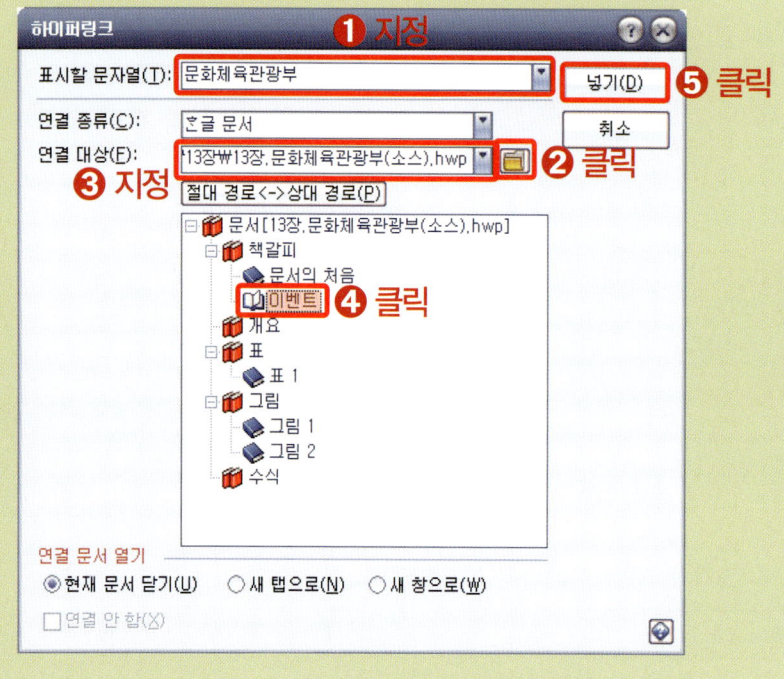

텍스트에 하이퍼링크 연결하기

06 '13장.문화체육관광부(소스).hwp' 파일에서 네이버의 URL 주소에 "www.naver.com"을 입력합니다.

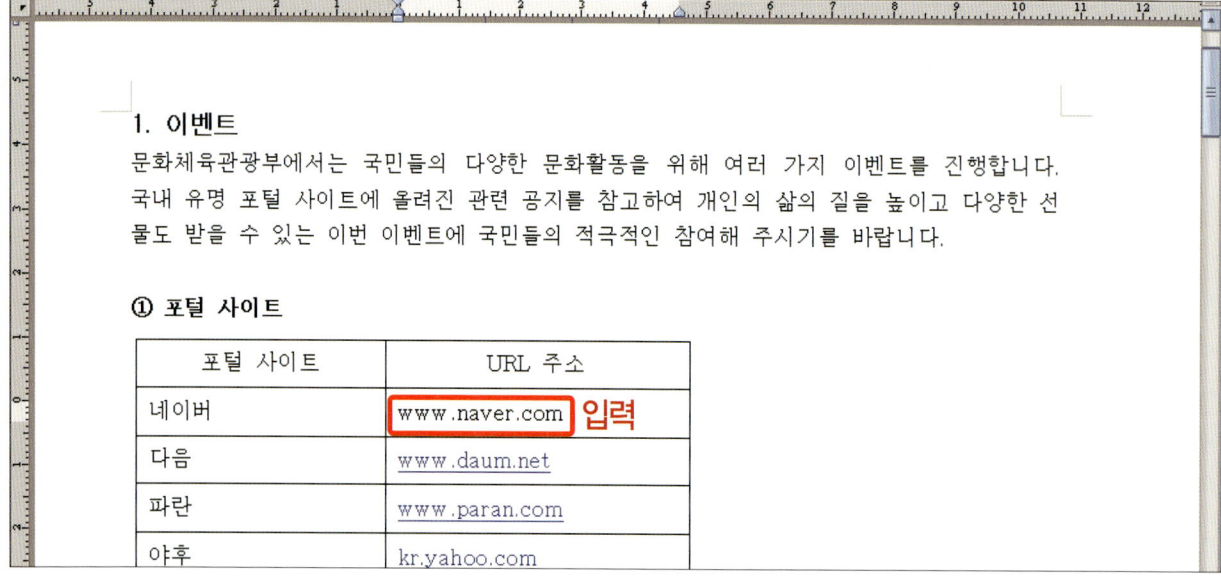

07 'www.naver.com'을 블록 범위 지정한 후 [입력]-[하이퍼링크]를 클릭합니다.

08 '연결 종류'에서 '웹 주소'를 지정하고, '연결 대상'에 "www.naver.com"을 입력한 후 [넣기] 단추를 클릭합니다.

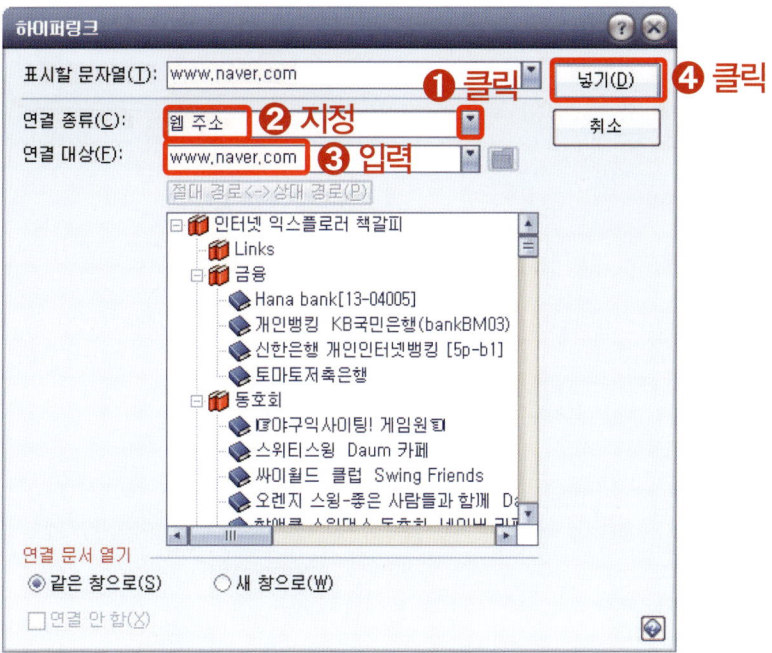

실력 쑥쑥 tip
하이퍼링크 연결하기

- 인터넷 주소를 표시하는 'http://' 또는 'www'에는 자동으로 하이퍼링크 기능이 설정됩니다.
- 'www.naver.com'을 입력한 후 SpaceBar 키를 한 번 누르면 'www.naver.com'에 자동으로 하이퍼링크 기능이 설정됩니다.

09 파란색 글자와 밑줄이 표시된 'www.naver.com'을 클릭하면 네이버(www.naver.com) 창이 열립니다. [닫기 ] 단추를 클릭하여 인터넷 창을 닫습니다.

 하이퍼링크 기능이 설정된 곳에서 마우스 오른쪽 단추를 클릭하여 [하이퍼링크 지우기]를 클릭하면 하이퍼링크 기능이 해제됩니다.

그림에 하이퍼링크 연결하기

10 '문화체육관광부' 로고가 있는 **그림을 선택한 후 마우스 오른쪽 단추를 클릭하여 [하이퍼링크]를 클릭**합니다.

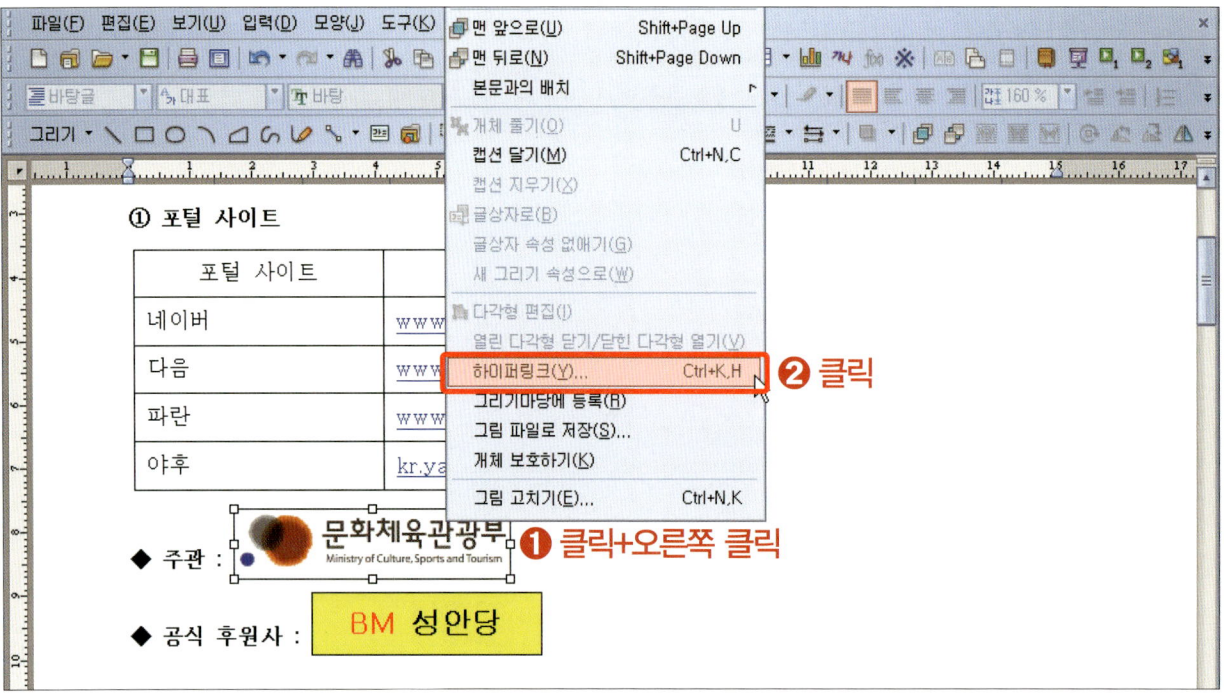

11 [하이퍼링크] 대화상자의 **'연결 종류'에서 '웹 주소'를 선택**합니다.

 그림이나 표, 그리기 개체, 글상자 또는 수식 등의 개체를 하이퍼링크로 연결시킬 수 있습니다.

12 '연결 대상'에 "www.mcst.go.kr"을 입력한 후 '연결 문서 열기'에서 '새 창으로'를 선택하고 [넣기] 단추를 클릭합니다.

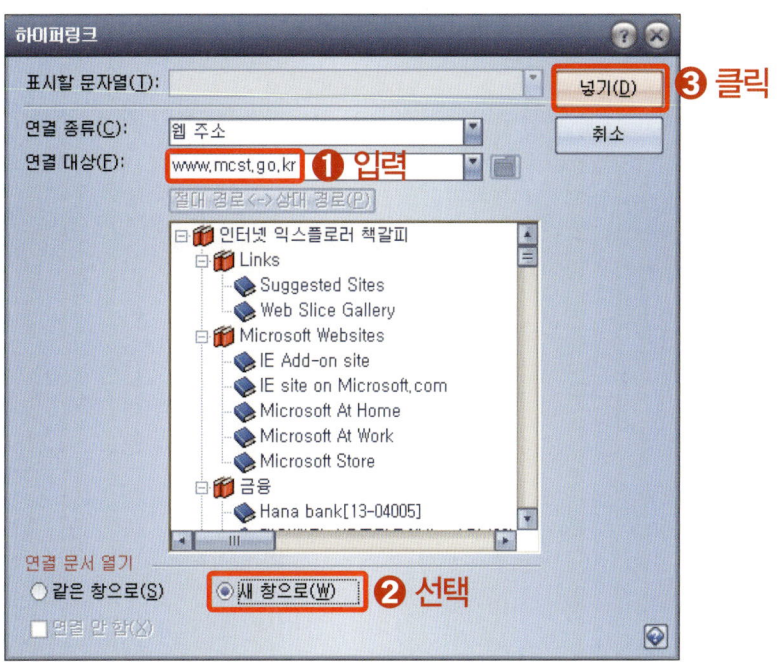

- 같은 창으로 : 기존에 열려져 있던 창에서 새 탭으로 연결된 홈페이지가 열립니다.
- 새 창으로 : 새로운 창으로 하이퍼링크가 연결됩니다.

13 하이퍼링크가 설정된 그림을 클릭하면 '문화체육관광부' 홈페이지가 새 창으로 열립니다. [닫기❌] 단추를 클릭하여 인터넷 창을 닫습니다.

[도형에 하이퍼링크 연결하기]

14 'BM 성안당'이 입력된 도형을 선택한 후 **마우스 오른쪽 단추를 클릭하여 [하이퍼링크]를 클릭**합니다.

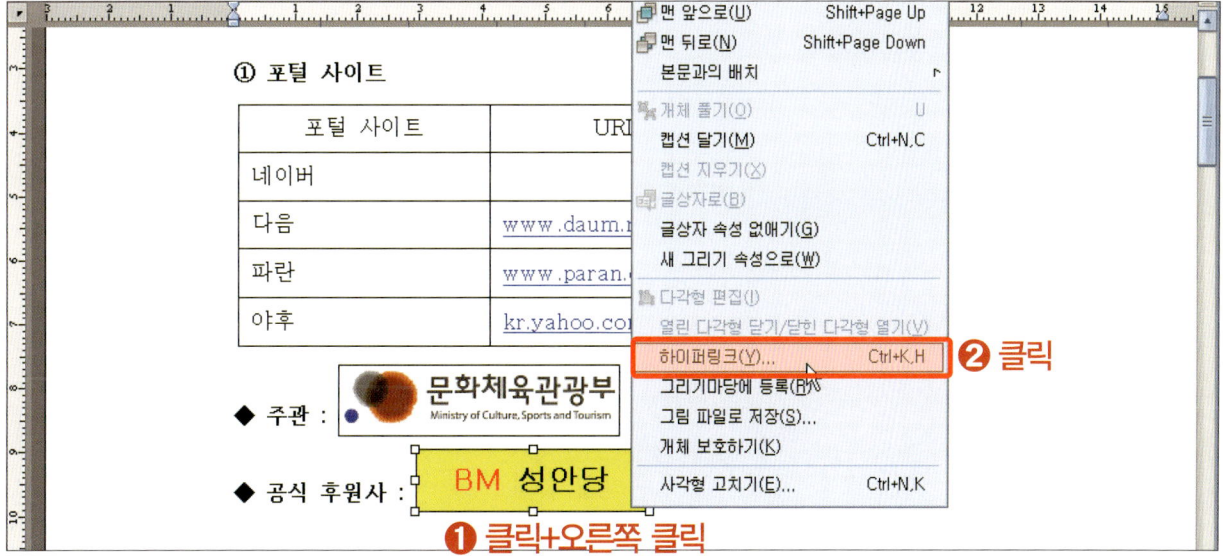

15 [하이퍼링크] 대화상자에서 '연결 종류'에 '웹 주소'를 선택하고, '연결 대상'에 "www.cyber.co.kr"을 입력한 후 '연결 문서 열기'에 '같은 창으로'를 선택하고 [넣기] 단추를 클릭합니다.

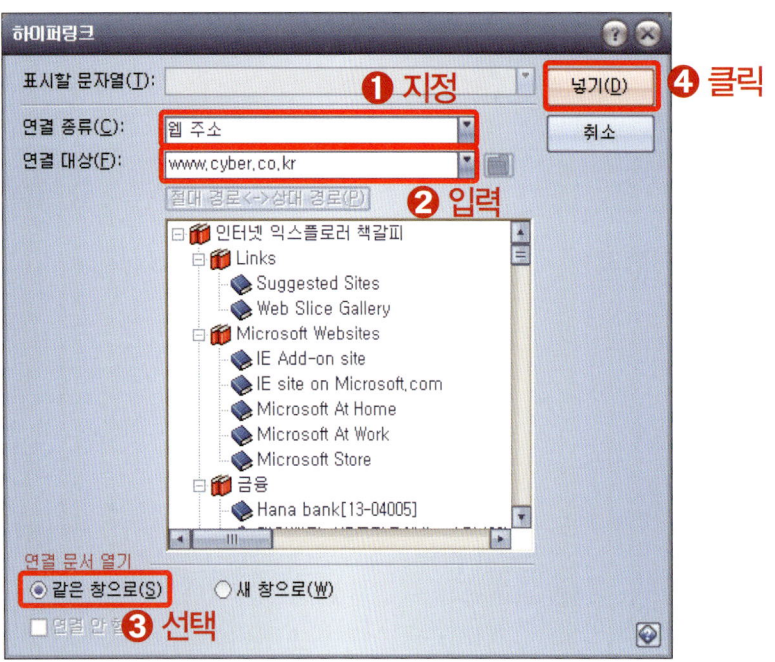

16 하이퍼링크가 설정된 'BM 성안당' 도형을 클릭하면 성안당(www.cyber.co.kr) 홈페이지가 열립니다. [닫기 X] 단추를 클릭하여 인터넷 창을 닫습니다.

실력 쑥쑥 TIP — 하이퍼링크 연결 해제

- 텍스트에 설정된 하이퍼링크를 지우려면 마우스 오른쪽 단추를 클릭하여 [하이퍼링크 지우기]를 클릭합니다.
- 그림이나 그리기 개체의 하이퍼링크 속성을 없애기 위해서는 개체를 선택하고 [입력]-[하이퍼링크]를 다시 한 번 클릭한 후 [하이퍼링크 고치기] 대화상자에서 '연결 안 함'에 체크 표시합니다.

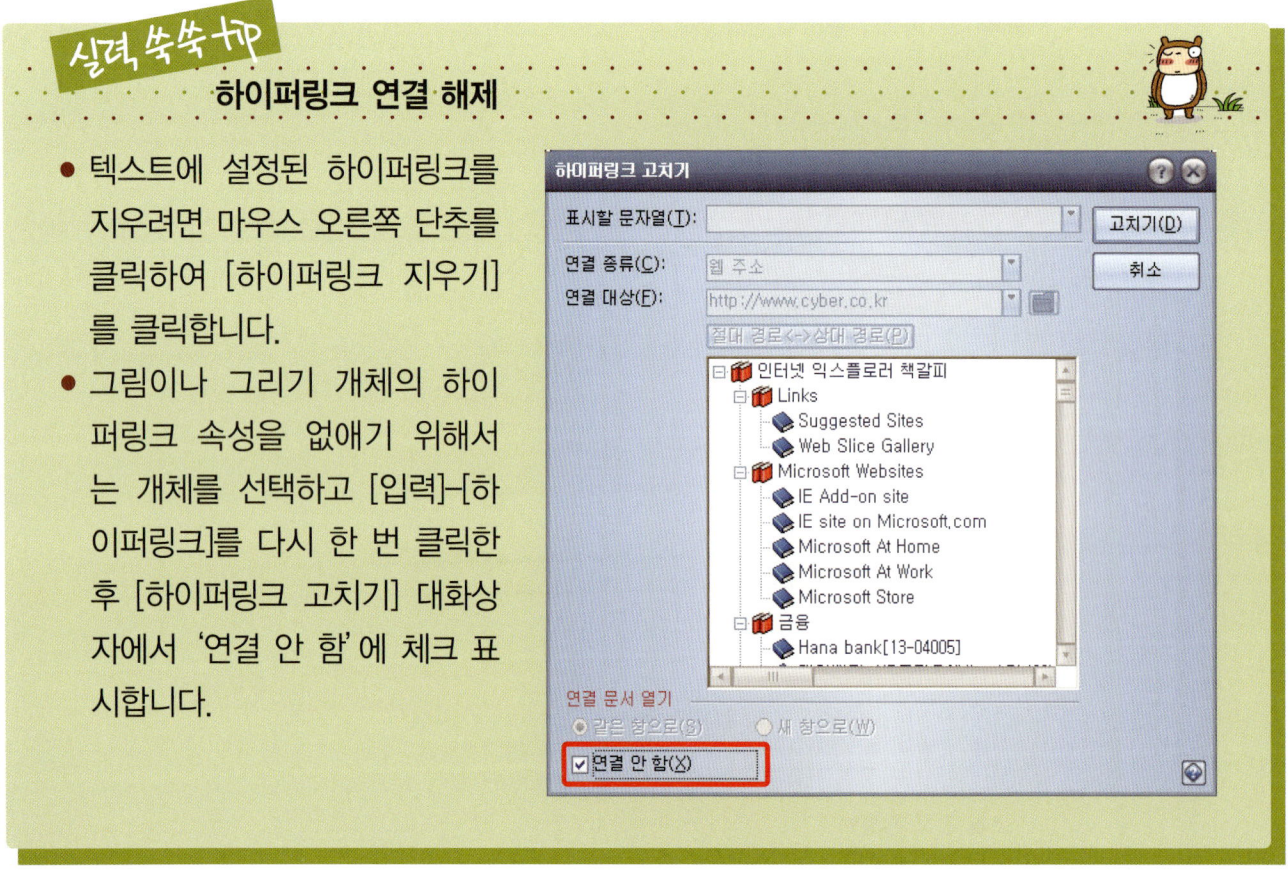

혼자 풀어보기

01 '13장.혼자풀어보기1번(소스).hwp' 문서를 연 후 책갈피를 설정하고 찾아가 보세요.
  ① 책갈피 이름 : 책갈피
  ② 블록 책갈피 이름 : 블록 책갈피
  ③ 책갈피 이름 : 본인의 이름을 입력하고 ①, ②, ③번의 책갈피를 이름순으로 정렬하세요.

책갈피 〈Ctrl+K, B〉

① 책갈피 설정하기
- 커서를 위치시킨 다음 [입력]-[책갈피]를 클릭합니다.
- [책갈피] 대화상자에서 책갈피 이름을 입력하고 [넣기] 단추를 클릭합니다.

② 블록 책갈피
블록을 설정한 상태에서 책갈피를 지정하면 블록 전체가 책갈피로 기억됩니다. 블록 책갈피로 이동하는 경우, 블록이 설정되었던 그대로의 상태로 찾아줍니다.

③ 책갈피 삽입 허용 범위
책갈피는 본문뿐만 아니라 각주/미주, 머리말/꼬리말, 바탕쪽, 표나 글상자 등의 개체 안에도 삽입할 수 있습니다.

Hint! [입력]-[책갈피] 메뉴 이용

02 '13장.혼자풀어보기2번(소스).hwp' 문서를 연 후 하이퍼링크를 설정하고 연결해 보세요.

❶ 하이퍼링크 : 청와대(www.president.go.kr), 새 창으로
❷ 하이퍼링크 : 소방방재청(www.nema.go.kr), 같은 창으로
❸ 하이퍼링크 : 한글과컴퓨터(www.hancom.co.kr), 같은 창으로

하이퍼링크 〈Ctrl+K, H〉

하이퍼링크는 문서의 특정한 위치에 현재 문서나 다른 문서, 웹 페이지, 전자 우편 주소 등을 연결하여 쉽게 참조하거나 이동할 수 있게 해 줍니다.

① 연결 대상
[연결 종류-한/글 문서]를 선택한 경우 [연결 대상]목록에는 선택된 문서의 본문에 삽입된 책갈피와 개요, 표, 그림, 수식 등의 목록을 보여 주므로, 하이퍼링크로 이동할 대상을 쉽게 선택할 수 있습니다.

② 제공 : 한글과컴퓨터

Hint! [입력]-[하이퍼링크] 메뉴 이용

03 '13장.혼자풀어보기3번(소스).hwp' 문서를 열고 책갈피와 하이퍼링크를 설정한 후 삭제해 보세요.

❶ 하이퍼링크 : 환경부(www.me.go.kr)
❷ 책갈피 : 캠페인
❸ 하이퍼링크 : 책갈피(캠페인)
❹ 하이퍼링크 : 13장.정부조직(소스).hwp(문서의 처음, 새 탭으로)
❺ 책갈피 삭제 : 자연보호
❻ 하이퍼링크 지우기

Hint! [입력]-[책갈피] 메뉴와 [입력]-[하이퍼링크] 메뉴 이용

기능정리

1장 한글 화면의 구성 및 시작
- 새 문서/새 탭
  새 문서 생성 : [파일]-[새 문서]를 클릭
  새 탭 생성 : [파일]-[새 탭]을 클릭
- 한글 2007의 종료
  메뉴 표시줄 : [파일]-[끝]
  도구 단추 : [닫기]
  단축키 : Alt + F4
- 도구 상자 설정
  [보기]-[도구 상자]에서 각 항목을 클릭하여 체크하면 화면에 표시됩니다.

2장 문서의 편집 용지 설정, 저장, 불러오기
- 문서 불러오기
  메뉴 표시줄 : [파일]-[불러오기]
  도구 단추 : [불러오기]
  단축키 : Alt + O
- 문서 저장
  메뉴 표시줄 : [파일]-[저장하기]
  도구 단추 : [저장]
  단축키 : Alt + S
- 편집 용지 설정
  메뉴 표시줄 : [모양]-[편집 용지]
  단축키 : F7

3장 수학문제지 만들어 보기
- 내용 삽입/수정
  삽입 : Insert 키를 눌러 삽입 상태로 변환한 후 내용을 입력하면 삽입됩니다.
  수정 : Insert 키를 눌러 수정 상태로 변환한 후 내용을 입력하면 수정됩니다.
- 특수문자 입력
  메뉴 표시줄 : [입력]-[문자표]
  단축키 : Ctrl + F10
- 한자변환
  한글을 입력한 후 블록지정하고 한자 키 또는 F9 키를 눌러 변환합니다.

- 글자 겹치기
  메뉴 표시줄 : [입력]-[글자 겹치기]
- 수식 입력하기
  메뉴 표시줄 : [입력]-[개체]-[수식]
  도구 단추 :
  단축키 : Ctrl + N, M

4장 우리 반 명단 주소록 만들어 보기
- 문장 복사하기
  메뉴 표시줄 : [편집]-[복사하기]
  도구 단추 : [복사하기]
  단축키 : Ctrl + C
- 문장 잘라내기
  메뉴 표시줄 : [편집]-[오려 두기]
  도구 단추 : [오려 두기]
  단축키 : Ctrl + X
- 문장 붙여넣기
  메뉴 표시줄 : [편집]-[붙이기]
  도구 단추 : [붙이기]
  단축키 : Ctrl + V
- 찾아 바꾸기
  메뉴 표시줄 : [편집]-[찾아 바꾸기]
  단축키 : Ctrl + F2
- 글자 바꾸기
  [편집]-[글자 바꾸기]를 클릭하여 '모두 대문자로', '모두 소문자로' 등을 지정하여 바꿀 수 있습니다.
- 정렬하기
  정렬할 범위를 지정한 후 [도구]-[정렬]을 클릭하고 필드를 지정하여 정렬합니다.
- 되돌리기, 다시 실행하기
  되돌리기 : Ctrl + Z 또는 [되돌리기]를 클릭합니다.
  다시 실행 : Ctrl + Shift + Z 또는 [다시 실행]을 클릭합니다.

5장 알록달록 안내문 만들어 보기
- 글자 모양 변경
  메뉴 표시줄 : [모양]-[글자 모양]
  단축키 : Alt+L
- 모양복사
  메뉴 표시줄 : [모양]-[모양 복사]
  도구 단추 : [모양 복사]

6장 목차 만들어 보기
- 문단 정렬 단축키
  양쪽 정렬 : Ctrl+Shift+M
  왼쪽 정렬 : Ctrl+Shift+L
  가운데 정렬 : Ctrl+Shift+C
  오른쪽 정렬 : Ctrl+Shift+R
- 문단 모양 변경
  메뉴 표시줄 : [모양]-[문단 모양]
  단축키 : Alt+T
- 스타일 작성
  메뉴 표시줄 : [모양]-[스타일]
  단축키 : F6

7장 표 만들기와 표 편집하기
- 표 만들기
  메뉴 표시줄 : [표]-[표 만들기]
  도구 단추 : [표 만들기]

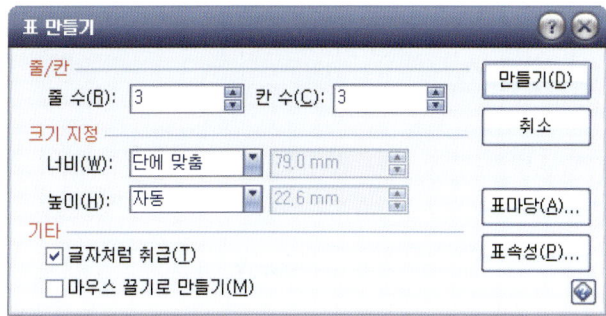

- 셀 크기 변경하기
  Shift+[방향키], Alt+[방향키], Ctrl+[방향키]
- 줄/칸 추가
  메뉴 표시줄 : [표]-[줄/칸 추가하기]
  단축키 : Alt+Insert
- 줄/칸 삭제
  메뉴 표시줄 : [표]-[줄/칸 지우기]
  단축키 : Alt+Delete

8장 표를 이용하여 차트 만들어 보기
- 표 수정하기
  셀 합치기 : M
  셀 나누기 : S
  셀 테두리 : L
  셀 배경 : C
- 차트 작성하기
  메뉴 표시줄 : [표]-[차트 만들기]
  도구 단추 : [차트]

9장 전통 한옥마을 둘러보기
- 글상자
  메뉴 표시줄 : [입력]-[개체]-[글상자]
  도구 단추 : [글상자]
  단축키 : Ctrl+N, B
- 그림 삽입
  메뉴 표시줄 : [입력]-[개체]-[그림]
  도구 단추 : [그림]
  단축키 : Ctrl+N, I
- 그리기마당
  메뉴 표시줄 : [입력]-[개체]-[그리기마당]
  도구 단추 : [그리기마당]
- 그림 자르기/개체 묶기
  도구 단추 : [자르기]
  도구 단추 : [개체 묶기]

10장 인터넷 화면 캡처하여 문서 작성하기
- 글 맵시
  메뉴 표시줄 : [입력]-[개체]-[글맵시]
  도구 단추 : [글맵시]
- 화면 캡처
  Print Screen : 모니터 화면 전체를 캡처
  Alt+Print Screen : 활성화 되어 있는 창 캡처

11장 안내문 만들기
- 문단 첫 글자 장식
  메뉴 표시줄 : [모양]-[문단 첫 글자 장식]

기능정리

- 머리말/꼬리말

메뉴 표시줄 : [모양]–[머리말/꼬리말]

도구 단추 : [머리말]

단축키 : Ctrl+N, H

- 쪽 번호

메뉴 표시줄 : [모양]–[쪽 번호 매기기]

단축키 : Ctrl+N, P

- 각주 달기

메뉴 표시줄 : [입력]–[주석]–[각주]

단축키 : Ctrl+N, N

- 문단 번호

메뉴 표시줄 : [모양]–[문단 번호]–[문단 번호 모양]

단축키 : Ctrl+K, N

12장 맞춤법 검사와 인쇄하기

- 맞춤법 검사

메뉴 표시줄 : [도구]–[맞춤법 검사]

단축키 : F8

- 인쇄하기

메뉴 표시줄 : [파일]–[인쇄]

도구 단추 : [인쇄]

단축키 : Alt+P

13장 책갈피와 하이퍼링크

- 책갈피

메뉴 표시줄 : [입력]–[책갈피]

단축키 : Ctrl+K, B

- 하이퍼링크

메뉴 표시줄 : [입력]–[하이퍼링크]

단축키 : Ctrl+K, H

실력점검테스트

01 다음 그림과 같이 도형을 완성한 후 지시사항에 따라 완성하여 보세요.

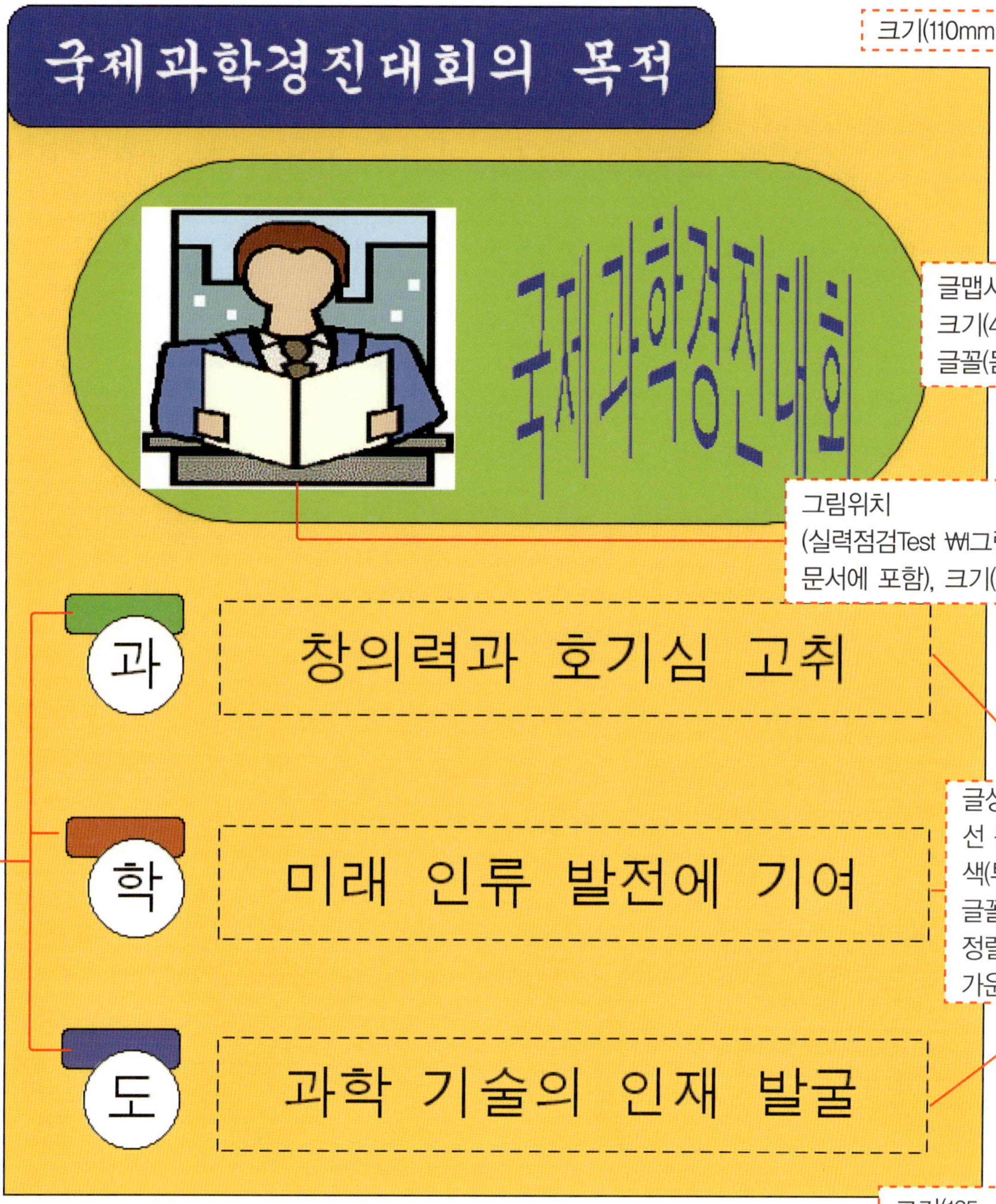

국제과학경진대회의 목적

국제과학경진대회

과 - 창의력과 호기심 고취

학 - 미래 인류 발전에 기여

도 - 과학 기술의 인재 발굴

- 크기(110mm×45mm)
- 글맵시 이용, 크기(45mm×40mm), 글꼴(돋움, 파랑)
- 그림위치 (실력점검Test₩그림1.jpg 문서에 포함), 크기(40mm×35mm)
- 글상자 이용, 선 종류(점선), 면색(투명), 글꼴(돋움, 20pt), 정렬(수평·수직-가운데)
- 크기(125mm×140mm)
- 타원 그리기 : 크기(12mm×12mm), 면색(흰색), 글꼴(돋움, 20pt), 정렬(수평·수직-가운데)
- 직사각형 그리기 : 크기(15mm×5mm), 면색(흰색을 제외한 임의의 색)

실력점검테스트

02 다음과 같이 문서를 완성한 후 지시사항에 따라 완성하여 보세요.

노후 보장의 평생 월급, 국민연금

질병, 노령, 장애, 빈곤 등의 문제는 산업화 이전의 사회에서도 존재하였다. 다만 이 시기의 위험은 사회 구조적인 성격을 띤 것이 아니라 개인적인 차원에서 그 해당 개인이나 가족의 책임 아래 해결해야만 했다. 그러나 산업 사회로 넘어오면서 환경오염(環境汚染), 산업재해, 실직 등 스스로의 힘만으로는 해결할 수 없는 각종 사회적 위험에 노출되고 있으며, 부양 공동체 역할을 해 오던 대가족 제도의 해체로 노부모 부양 문제는 개인 차원을 넘어서 국가 개입의 필요성이 요구되는 사회적 문제로 대두되었다.

이에 따라 각종 사회적 위험으로부터 모든 국민을 보호하고 빈곤을 해소하며 생활의 질을 향상시키기 위한 국가적 장치가 마련되었는데 이것이 바로 사회보장제도①이다. 국민연금(國民年金)은 국가가 보험의 원리를 도입한 것으로 18세 이상 60세 미만이면 누구나 소득이 있을 때 조금씩 납부하였다가 노후에 또는 장애, 사망 등으로 소득 능력을 상실하였을 때 본인이나 유족이 연금을 받아 기본적인 생활을 유지하도록 하는 사회 보험이다. 국민연금은 소득 활동을 하지 않는 전업주부, 공무원연금이나 군인연금 가입자의 소득이 없는 배우자도 가입할 수 있는 등 전 국민이 든든한 노후를 준비할 수 있는 유용한 수단이다.

● **사회보장제도의 종류 및 관련 제도**

    가) 사회보장제도의 종류
        a) 사회 보험 : 연금보험, 건강보험, 산재보험, 고용(실업)보험, 노인장기요양보험
        b) 공적 부조 : 생활보호, 의료보호, 재해보호
    나) 관련 제도
        a) 주택 및 생활 환경, 지역사회 개발, 공중 보건 및 의료
        b) 양육 및 교육, 인구 및 고용 대책, 인구 조절 계획

● **지역별 노후생활비 수준**

지역	부부		개인	
	최소생활비	적정생활비	최소생활비	적정생활비
서울	150만 1천 원	215만 4천 원	93만 4천 원	139만 5천 원
광역시	124만 4천 원	176만 7천 원	77만 1천 원	113만 원
도 단위	108만 9천 원	157만 6천 원	68만 6천 원	100만 4천 원
전국 평균	120만 8천 원	173만 6천 원	75만 6천 원	111만 2천 원

- 특별한 질병이 없다고 가정할 때 부부 단위의 평균적인 적정 노후생활비는 약 174만 원으로 추산된다.

보건복지부/국민연금공단

---
① 건강보험(1977년)과 국민연금(1988년)의 실시로 사회보장제도의 틀을 갖춤

- ⑥ -

교재로 채택하여 강의 중인 컴퓨터학원입니다.

[서울특별시]

한양IT전문학원(서대문구 홍제동 330-54)
유림컴퓨터학원(성동구 성수1가 1동 656-251)
아이콘컴퓨터학원(은평구 갈현동 390-8)
송파컴퓨터회계학원(송파구 송파동 195-6)
강북정보처리학원(은평구 대조동 6-9호)
아이탑컴퓨터학원(구로구 개봉1동 65-5)
신영진컴퓨터학원(구로구 신도림동 437-1)
방학컴퓨터학원(도봉구 방학3동 670)
아람컴퓨터학원(동작구 사당동 우성2차 09상가)
국제컴퓨터학원(서대문구 천연동 4)
백상컴퓨터학원(구로구 구로1동 314-1 극동상가 4층)
엔젤컴퓨터학원(도봉구 창2동 581-28)
독립문컴퓨터학원(종로구 무악동 47-4)
문성컴퓨터학원(동작구 대방동 335-16 대방빌딩 2층)
대건정보처리학원(강동구 명일동 347-3)
제6세대컴퓨터학원(송파구 석촌동 252-5)
명문컴퓨터학원(도봉구 쌍문2동 56)
영우컴퓨터학원(도봉구 방학1동 680-8)
바로컴퓨터학원(강북구 수유2동 245-4)
뚝섬컴퓨터학원(성동구 성수1가2동)
오성컴퓨터학원(광진구 자양3동 553-41)
해인컴퓨터학원(광진구 구의2동 30-15)
푸른솔컴퓨터학원(광진구 자양2동 645-5)
희망컴퓨터학원(광진구 구의동)
경일웹컴퓨터학원(중랑구 신내동 665)
현대정보컴퓨터학원(양천구 신정5동 940-38)
보노컴퓨터학원(관악구 서림동 96-48)
스마트컴퓨터학원(도봉구 창동 9-1)
모드산업디자인학원(노원구 상계동 724)
미주컴퓨터학원(구로구 구로5동 528-7)
미래컴퓨터학원(구로구 개봉2동 403-217)
중앙컴퓨터학원(구로구 구로동 437-1 성보빌딩 3층)
고려아트컴퓨터학원(송파구 거여동 554-3)
노노스창업교육학원(서초구 양재동 16-6)
우신컴퓨터학원(성동구 홍익동 210)
무궁화컴퓨터학원(성동구 행당동 245번지 3층)
영일컴퓨터학원(금천구 시흥1동 838-33호)
셀파컴퓨터회계학원(송파구 송파동 97-43 3층)
지현컴퓨터학원(구로구 구로3동 188-5)

[인천광역시]

이컴IT.회계전문학원(남구 도화2동 87-1)
대성정보처리학원(계양구 효성1동 295-1 3층)
상아컴퓨터학원(계양구 계산3동 18-17 교육센터 4층)
명진컴퓨터학원(계양구 계산5동 946-10 덕우빌딩 6층)
한나래컴퓨터디자인학원(계양구 임학동 6-1 4층)
효성한맥컴퓨터학원(계양구 효성1동 77-5 신한뉴프라자 4층)
시대컴퓨터학원(남동구 구월동 1225-36 롯데프라자 301-1)
피엘컴퓨터학원(남동구 구월동 1249)
하이미디어아카데미(부평구 부평동 199-24 2층)
부평IT멀티캠퍼스학원(부평구 부평5동 199-24 4, 5층)
돌고래컴퓨터아트학원(부평구 산곡동 281-53 풍성프라자 402, 502호)
미래컴퓨터학원(부평구 산곡1동 180-390)
가인정보처리학원(부평구 삼산동 391-3)
서부연세컴퓨터학원(서구 가좌4동 140-42 2층)
이컴학원(서구 석남1동 513-3 4층)
연희컴퓨터학원(서구 심곡동 303-1 새터빌딩 4층)
검단컴퓨터회계학원(서구 당하동 5블럭 5롯트 대한빌딩 4층)
진성컴퓨터학원(연수구 선학동 407 대영빌딩 6층)
길정보처리회계학원(중구 인현동 27-7 창대빌딩 4층)
대화컴퓨터학원(남동구 만수5동 925-11)
new중앙컴퓨터학원(계양구 임학동 6-23번지 3층)

[대전광역시]

학사컴퓨터학원(중구 석교동 68-12번지 2층)
대승컴퓨터학원(대덕구 법동 287-2)
열린컴퓨터학원(대덕구 오정동 65-10 2층)
국민컴퓨터학원(동구 가양1동 579-11 2층)
용운컴퓨터학원(동구 용운동 304-1번지 3층)
굿아이컴퓨터학원(서구 가수원동 656-47번지 3층)
경성컴퓨터학원(서구 갈마동 1408번지 2층)
경남컴퓨터학원(서구 도마동 경남(아)상가 301호)
둔산컴퓨터학원(서구 탄방동 734 3층)
로얄컴퓨터학원(유성구 반석동 639-4번지 웰빙타운 602호)
자운컴퓨터학원(유성구 신성동 138-8번지)
오원컴퓨터학원(중구 대흥동 205-2 4층)
계룡컴퓨터학원(중구 문화동 374-5)
제일정보처리학원(중구 은행동 139-5번지 3층)

[광주광역시]

태봉컴퓨터전산학원(북구 운암동 117-13)
광주서강컴퓨터학원(북구 동림동 1310)
다음정보컴퓨터학원(광산구 신창동 1125-3 건도빌딩 4층)
광주중앙컴퓨터학원(북구 문흥동 999-3)
국제정보처리학원(북구 중흥동 279-60)
굿아이컴퓨터학원(북구 용봉동 1425-2)
나라정보처리학원(남구 진월동 438-3 4층)
두암컴퓨터학원(북구 두암동 602-9)
디지털국제컴퓨터학원(동구 서석동 25-7)
매곡컴퓨터학원(북구 매곡동 190-4)
사이버컴퓨터학원(광산구 운남동 387-37)
상일컴퓨터학원(서구 상무1동 147번지 3층)
세종컴퓨터전산학원(남구 봉선동 155-6 5층)
송정중앙컴퓨터학원(광산구 송정2동 793-7 3층)
신한국컴퓨터학원(광산구 월계동 899-10번지)
에디슨컴퓨터학원(동구 계림동 85-169)
엔터컴퓨터학원(광산구 신가동1012번지 우미아파트상가 2층 201호)
염주컴퓨터학원(서구 화정동 1035 2층)
영진정보처리학원(서구 화정2동 신동아아파트 상가 3층 302호)
이지컴퓨터학원(서구 금호동 838번지)
일류정보처리학원(서구 금호동 741-1 시영1차아파트 상가 2층)
조이컴정보처리학원(서구 치평동 1184-2번지 골든타운 304호)
중앙컴퓨터학원(서구 화정2동 834-4번지 3층)
풍암넷피아정보처리학원(서구 풍암 1123 풍암빌딩 6층)
하나정보처리학원(북구 일곡동 830-6)
양산컴퓨터학원(북구 양산동 283-48)
한성컴퓨터학원(광산구 월곡1동 56-2)

[부산광역시]

신흥정보처리학원(사하구 당리동 131번지)
경원전산학원(동래구 사직동 45-37)
동명정보처리학원(남구 용호동 408-1)
메인컴퓨터학원(사하구 괴정4동 1119-3 희망빌딩 7층)
미래컴퓨터학원(사상구 삼락동 418-36)
미래컴퓨터학원(부산진구 가야3동 301-8)
보성정보처리학원(사하구 장림2동 1052번지 삼일빌딩 2층)
영남컴퓨터학원(기장군 기장읍 대라리 97-14)
우성컴퓨터학원(사하구 괴정동 496-5 대원스포츠 2층)
중앙IT컴퓨터학원(북구 만덕2동 282-5번지)
하남컴퓨터학원(사하구 신평동 590-4)
다인컴퓨터학원(사하구 다대1동 933-19)
자유컴퓨터학원(동래구 온천3동 1468-6)
영도컴퓨터전산회계학원(영도구 봉래동3가 24번지 3층)
동아컴퓨터학원(사하구 당리동 303-11 5층)
동원컴퓨터학원(해운대구 재송동)
문현컴퓨터학원(남구 문현동 253-11)
삼성컴퓨터학원(북구 화명동 2316-1)

[대구광역시]

네트CAD그래픽컴퓨터학원(달서구 상인동 725-3 10층)
해인컴퓨터학원(북구 동천동 878-3 2층)
셈틀컴퓨터학원(북구 동천동 896-3 3층)
대구컴퓨터학원(북구 국우동 1099-1 5층)
동화컴퓨터학원(수성구 범물동 1275-1)
세방컴퓨터학원(수성구 범어1동 371번지 7동 301호)
네트컴퓨터학원(북구 태전동 409-21번지 3층)
배움컴퓨터학원(북구 복현2동 340-42번지 2층)
윤성컴퓨터학원(북구 복현2동 200-1번지)
명성탑컴퓨터학원(북구 침산2동 295-18번지)
911컴퓨터학원(달서구 성당동 705-18번지 3층)
메가컴퓨터학원(수성구 신매동 267-13 3층)
테라컴퓨터학원(수성구 달구벌대로 3090)

[울산광역시]

엘리트정보처리세무회계(중구 성남동 청송빌딩 2층~6층)

경남컴퓨터학원(남구 신정 2동 명성음악사3,4층)
다운컴퓨터학원(중구 다운동 776-4번지 2층)
대송컴퓨터학원(동구 대송동 174-11번지 방어진농협 대송지소 2층)
명정컴퓨터학원(중구 태화동 명정초등 BUS 정류장 옆)
크린컴퓨터학원(남구 울산병원근처-신정푸르지오 모델하우스 앞)
한국컴퓨터학원(남구 옥동 260-6번지)
한림컴퓨터학원(북구 연암동 375-1 3층)
현대문화컴퓨터학원(북구 양정동 523번지 현대자동차문화회관 3층)
인텔컴퓨터학원(울주군 범서면 굴화리 49-5 1층)
대림컴퓨터학원(남구 신정4동 949-28 2층)
미래정보컴퓨터학원(울산시 남구 울산대학교앞 바보사거리 GS25 5층)
서진컴퓨터학원(울산시 남구 달동 1331-13 2층)
송샘컴퓨터학원(동구 방어동 281-1 우성현대 아파트상가 2, 3층)
에셋컴퓨터학원(북구 천곡동 410-6 아진복합상가 310호)
연세컴퓨터학원(남구 무거동 1536-11번지 4층)
홍천컴퓨터학원(남구 무거동(삼호동)1203-3번지)
IT컴퓨터학원(동구 화정동 855-2번지)
THC정보처리컴퓨터(울산시 남구 무거동 아이컨셉안경원 3, 4층)
TOPCLASS컴퓨터학원(울산시 동구 전하1동 301-17번지 2층)

[경기도]
샘물컴퓨터학원(여주군 여주읍 상리 331-19)
인서울컴퓨터디자인학원(안양시 동안구 관양2동 1488-35 골드빌딩 1201호)
경인디지털컴퓨터학원(부천시 원미구 춘의동 116-8 광덕프라자 3층)
에이팩스컴퓨터학원(부천시 원미구 상동 533-11 부건프라자 602호)
서울컴퓨터학원(부천시 소사구 송내동 523-3)
천재컴퓨터학원(부천시 원미구 심곡동 344-12)
대신IT컴퓨터학원(부천시 소사구 송내동 433-25)
상아컴퓨터학원(부천시 소사구 괴안동 125-5 인광빌딩 4층)
우리컴퓨터전산회계디자인학원(부천시 원미구 심곡동 87-11)
좋은컴퓨터학원(부천시 소사구 소사본3동 277-38)
대명컴퓨터학원(부천시 원미구 중1동 1170 포도마을 삼보상가 3층)
한국컴퓨터학원(용인시 기흥구 구갈동 383-3)
삼성컴퓨터학원(안양시 만안구 안양1동 674-249 삼양빌딩 4층)
나래컴퓨터학원(안양시 만안구 안양5동 627-35 5층)
고색정보컴퓨터학원(수원시 권선구 고색동 890-169)
셀파컴퓨터회계학원(성남시 중원구 금광2동 4359 3층)
탑에듀컴퓨터학원(수원시 팔달구 팔달로2가 130-3 2층)
새빛컴퓨터학원(부천시 오정구 삼정동 318-10 3층)
부천컴퓨터학원(부천시 원미구 중1동 1141-5 다운타운빌딩 403호)
경원컴퓨터학원(수원시 영통구 매탄4동 성일아파트상가 3층)
하나탑컴퓨터학원(광명시 광명6동 374-10)
정수천컴퓨터학원(가평군 석봉로 139-1)
평택비트컴퓨터학원(평택시 비전동 756-14 2층)

[전라북도]
전주컴퓨터학원(전주시 완산구 삼천동1가 666-6)
세라컴퓨터학원(전주시 덕진구 우아동)
비트컴퓨터학원(전북 남원시 왕정동 45-15)
문화컴퓨터학원(전주시 덕진구 송천동 1가 480번지 비사벌빌딩 6층)
등용문컴퓨터학원(전주시 완산구 풍남동1가 15-6번지)
미르컴퓨터학원(전주시 덕진구 인후동1가 857-1 새마을금고 3층)
거성컴퓨터학원(군산시 명산동 14-17 반석신협 3층)
동양컴퓨터학원(군산시 나운동 487-9 SK5층)
문화컴퓨터학원(군산시 문화동 917-9)
하나컴퓨터학원(전주시 완산구 효자동1가 518-59번지 3층)
동양인터넷컴퓨터학원(전주시 완산구 삼천동1가 288-9번 203호)
골든벨컴퓨터학원(전주시 완산구 평화2동 893-1)
명성컴퓨터학원(군산시 나운1동792-4)
다울컴퓨터학원(군산시 나운동 667-7번지)
제일컴퓨터학원(남원시 도통동 583-4번지)
뉴월드컴퓨터학원(익산시 부송동 762-1 번지 1001안경원 3층)
젬컴퓨터학원(군산시 문화동 920-11)
문경컴퓨터학원(정읍시 연지동 32-11)
유일컴퓨터학원(전주시 덕진구 인후동 안골사거리 태평양약국 2층)
빌컴퓨터학원(군산시 나운동 809-1번지 라파빌딩 4층)
김상미컴퓨터학원(군산시 조촌동 903-1 시영아파트상가 2층)
아성컴퓨터학원(익산시 어양동 부영1차아파트 상가동 202호)
민컴퓨터학원(전주시 완산구 서신동 797-2번지 청담빌딩 5층)
제일컴퓨터학원(익산시 어양동 643-4번지 2층)
현대컴퓨터학원(익산시 동산동 1045-3번지 2층)
이지컴퓨터학원(군산시 동흥남동 404-8 1층)
비전컴퓨터학원(익산시 동산동 607-4)
청어람컴퓨터학원(전주시 완산구 평화동2가 890-5 5층)
정컴퓨터학원(전주시 완산구 삼천동1가 592-1)
영재컴퓨터학원(전라북도 완주군 삼례읍 삼례리 923-23)
탑스터디컴퓨터학원(군산시 수송동 827-10번지 강남빌딩 2층)

[전라남도]
한성컴퓨터학원(여수시 문수동 82-1번지 3층)

[경상북도]
현대컴퓨터학원(경북 칠곡군 북삼읍 인평리 1078-6번지)
조은컴퓨터학원(경북 구미시 형곡동 197-2번지)
옥동컴퓨터학원(경북 안동시 옥동 765-7)
청어람컴퓨터학원(경북 영주시 영주2동 528-1)
21세기정보처리학원(경북 영주시 휴천2동 463-4 2층)
이지컴퓨터학원(경북 경주시 황성동 472-44)
한국컴퓨터학원(경북 상주시 무양동 246-5)
예일컴퓨터학원(경북 의성군 의성읍 중리리 714-2)
김북남컴퓨터학원(경북 울진군 울진읍 읍내4리 520-4)
유성정보처리학원(경북 예천군 예천읍 노하리 72-6)
제일컴퓨터학원(경북 군위군 군위읍 서부리 32-19)
미림-엠아이티컴퓨터학원(경북 포항시 북구 장성동 1355-4)
가나컴퓨터학원(경북 구미시 옥계동 631-10)
엘리트컴퓨터외국어스쿨학원(경북 경주시 동천동 826-11번지)
송현컴퓨터학원(안동시 송현동 295-1)

[경상남도]
송기웅전산학원(창원시 진해구 석동 654-3번지 세븐코아 6층 602호)
빌게이츠컴퓨터학원(창원시 성산구 안민동 163-5번지 풍전상가 302호)
예일학원(창원시 의창구 봉곡동 144-1 401~2호)
정우컴퓨터전산회계학원(창원시 성산구 중앙동 89-3)
우리컴퓨터학원(창원시 의창구 도계동 353-13 3층)
웰컴퓨터학원(김해시 장유면 대청리 대청프라자 8동 412호)
이지컴스쿨학원(밀양시 내이동 북성로 71 3층)
비사벌컴퓨터학원(창녕군 창녕읍 말흘리 287-1 1층)
늘샘컴퓨터학원(함양군 함양읍 용평리 694-5 신협 3층)
도울컴퓨터학원(김해시 삼계동 1416-4 2층)

[제주도]
하나컴퓨터학원(제주시 이도동)
탐라컴퓨터학원(제주시 연동)
클릭컴퓨터학원(제주시 이도동)

[강원도]
엘리트컴퓨터학원(강릉시 교1동 927-15)
권정미컴퓨터학원(춘천시 후석로 246 4층)
형제컴퓨터학원(속초시 조양동 부영아파트 3동 주상가 305-2호)